4차 산업혁명 시대 다중사회의 알고리즘 민주주의

시민 참여와 관여의 새로운 패러다임

우리시대
질문총서
9

4차 산업혁명 시대 다중사회의 알고리즘 민주주의

시민 참여와 관여의 새로운 패러다임

Algorithm Democracy of Mulitude Society
in the Age of Forth Industrial Revolution:
New Paradigm of Civic Participayion and Engagement

차재권 저

부산대학교출판문화원

차 례

차 례

표

차 례

그림

발간사

우리는 지금까지와는 다른 '격변'의 시대를 살고 있다. '변화'는 시간의 흐름에 따르는 자연스러운 결과지만, 이 시대의 '변화'는 과거와는 전혀 다른 양상을 보이고 있다. 과거의 변화가 기존의 패러다임 내에서 일어나는 크고 작은 변화들이었다면, 지금의 변화는 가히 '패러다임의 전환'이라고 일컬을 만하다. 기존의 패러다임은 인간 중심적 인식의 틀 속에서 과학기술 문명의 발전과 자본주의적 체제의 구축, 명확히 경계 지어진 세계 속에서 전문성을 강조한다는 점에서, 어쩌면 여전히 근대성의 틀을 벗어나지 못했다고 할 수 있다.

지금 이런 패러다임으로 우리 시대를 판단하고 예견하는 데는 한계가 있다. 우리 시대는 지나간 시대로부터의 위기와 예측할 수 없는 미래에 대한 불안감, 그리고 도래할 시대에 대한 희망이 공존한다는 데 그 독특함이 있다. 새로운 패러다임은 기존의 패러다임에서 잉태된 위기로부터의 출구를 모색하는 과정이자 다가올 시대의 새로운 지향과도 관련되어 있다. 그래서 우리 앞의 복잡다기한 상황에 맞서, <우리시대 질문총서>는 '환경 변화와 인류의 미래', '신자유주의의 팽창과 연대', '휴머니즘에 대한 재성찰과 대안적 삶', '첨단기술혁명과 융복합', '글로벌/로컬의 관계 속에서 인간 삶의 변화'라는 주제를 통해 지금 이 시대를 성찰하고자 한다.

인간이 세계를 지배하는 시대, 인간이 환경의 전반적 흐름에 영향을 행사하는 이른바 인류세의 시대는 역설적이게도 인간의 무력함과 한계를 절감하게 한다. 인간이 누린 풍요의 대가가 되어버린 기후 변화와 생태계 변화는 우리 시대 초미의 관심사이지만 이런 변화는 사람들을 삶의 '지속 가능함'을 확신하기 어려운 상황으로 내몰고 있다. 그럼에도 불구하고 이런 불확실한 상황은 그동안 우리의 삶 자체를 성찰하는 한편 진정한 대안들을 새롭게 모색할 것을 촉구하고 있다.

4차 산업혁명으로 인한 자본주의의 급변과 인간과 기술의 포스트휴먼적 융합 시대의 도래는 인간의 존재적 위기와 함께 전통적인 인간상의 유효성에 의문을 제기하고 있다. 기계는 인간에게 어떤 영향을 끼칠 것인가, 인간은 기계의 문제에서 주도적일 수 있는가, 혹은 이런 변화는 인간과 기계의 대립을 넘어 새로운 가능성을 제시해줄 수 있는가. 최근 포스트휴먼의 가능성은 이런 질문들과 연결되어 있다. 포스트휴먼 시대에 인간의 자리를 묻고 기술의 변화가 인간과 사회에 어떤 변화를 줄지 성찰하는 노력들이 필요하다.

한편 우리 시대는 근대 국민국가의 경계를 뛰어넘는 문화적 현상을 수없이 목격하고 있다. 국민과 난민의 경계가 모호해지면서 수많은 이질적인 문화들이 접촉하고 갈등하고 섞이는 혼종의 시대, 바로 이 시대에 우리는 민족문화의 중심성을 넘어서 글로벌과 로컬이 보다 긴밀해지는 문화적 관계 속으로 편입되고 있다. 그 결과 그동안 민족문화의 틀과 프리즘 밖에 존재하던 문화들이 새로운 관심사로 부각되고 있으며, 근대, 자본, 민족의 구조를 넘어서는 대안적 사고들이 곳곳에서 출현하고 있다. 전지구화와 함께 등장한 전지구적 자본과 문화의 압도적 힘 앞에서 무기

력해진 개인, 신자유주의의 팽창으로 인한 경쟁의 격화와 인간 소외는 '관계 맺는 존재로서의 인간'의 가능성에 대해 되묻고 다양한 방식의 '소통과 연대'를 제안하고 있다.

이러한 변화들은 우리의 기존 사고로 담아낼 수 없는 우리 시대의 현상들이다. 이런 현상들 앞에서 우리는 '왜?', '어떻게?'라는 질문을 던지고, 그 답을 찾아가는 비판적 사유의 여정을 시작하고자 한다. 이러한 비판적 사유의 여정은 분과학문으로 나누어져 전문성만을 강조해온 기존의 학문구조의 틀을 벗어나, 각 학문의 내적 융합뿐만 아니라 인문학, 사회과학, 자연과학 같은 학문 간의 융합을 전제로 한다.

<우리시대 질문총서>는 우리 앞에 놓인 이러한 현상들에 대한 성찰을 제공하고 대안을 모색하는 데에 그 취지가 있다. 이 총서는 우리 세계의 변화를 미시적이고 거시적으로 살펴볼 수 있는 학문적 시각을 제공하는 한편, 도래할 세계(the world to come)와 지나간 미래(future past)의 쌍방향적 대화와 성찰을 통해 우리시대를 비판적으로 반성하고 예견하는 우리 시대의 문제적 활동들을 기획, 소개하고자 한다. <우리시대 질문총서>를 통한 사유와 성찰이 우리시대의 성숙한 집단 지성을 형성하는 마중물이 되었으면 한다.

그리고 <우리시대 질문총서>의 출판을 위해 도움을 주신 많은 분들께 감사드린다.

우리시대 질문총서 제작위원회

책을 내며

COVID-19 팬데믹이 온 세계를 휩쓸고 있다. 언제 끝날지 모를 인류의 대재앙이 이 세계와 우리 사회를 어떤 미지의 세계로 인도할지는 지금으로서는 예측 불가한 일이다. 하지만 사회과학을 공부하는 사람으로서 비록 쉽지 않은 임무이긴 하지만 그와 같은 시대의 변화를 한발 앞서 예측해 보고자 하는 지적 호기심을 쉽게 떨쳐낼 수 없었고, 그 결과가 이 한 권의 책으로 엮여 나왔다.

시대의 흐름을 짚어 보는 이런 종류의 책을 써보아야겠다는 생각은 아주 오래전부터 갖고 있었다. 평소 인터넷 정치(internet politics)에 관심이 많았던 터라 웹 기술의 진화가 정치, 행정, 사회 전반에 어떤 영향을 미치게 되는지를 추적하는 연구를 기회 닿을 때마다 진행해 왔고, 그 성과를 몇 편의 논문에 담아 내놓기도 했었다. 하지만 그때마다 좀 더 긴 호흡으로 웹 기술이 가져올 근본적인 정치적·행정적·사회문화적 변화를 한 권의 책으로 담아 엮어낼 필요가 있겠다는 생각이 앞섰다.

그래서 마침 부산대학교 출판문화원에서 '우리 시대 질문총서' 시리즈를 기획하고 있다는 소식을 접하고 겁도 없이 선뜻 자원하고 나섰다. 하지만 막상 시작하려다 보니 상황이 녹록지 않음을 금방 깨닫게 되었다. 시대의 변화와 그런 변화가 우리에게 던지는 근본적인 시대의 화두들을 글로 녹여내는 작업이란 것이 누구나 할 수 있는 그런 쉬운 작업이 아니란 것을 절감했다. 하지만 그래도 기왕에 작심하고 나선 길이니 어쩔 수 없다면서 꾸역꾸역 원고지의 칸들을 채워 나갔고 이제 그 부끄러운 결실을 작은 책자에 담아 내놓게 되었다.

자신의 이름으로 된 책을 내놓으면서도 부끄러움이 앞서기는 이번으로 두 번째다. 그 첫 경험은『영화 속 정치이야기』라는 교양서였기에 사실상 온전한 학술서를 내놓으며 느끼는 부끄러움은 이번이 처음 겪는 것이라 할 수 있다.

저자의 부끄러움이 어디에서 연유한 것인지는 이 책의 행간을 꼼꼼히 읽어 본 독자라면 어렵지 않게 발견하게 될 터이니 달리 부연할 필요는 없을 듯하다. 그만큼 여러 가지 분석의 오류와 생각과 고민의 빈곤함이 넘쳐나는 글이니 독자 제위의 비판적 글 읽기가 그 어느 책보다 절실히 요구된다. 그런 번거로움을 독자에게 남겨 미안할 따름이다.

다만 한 가지 부끄러움 속에서도 소박한 바람이 있다면 이 책이 정치학, 사회학, 신문방송학, 행정학 등 사회과학 분야에서 인터넷 정치나 소셜미디어 정치 커뮤니케이션을 전공하는 학생과 연구자들은 물론 정책 현장에서 끊임없이 시민참여의 올바른 방식에 대해 고민하는 정책전문가들에 작으나마 지적 도움을 줄 수 있길 바랄 따름이다.

2020년 12월

저자 씀

제 1 장

들어가며

2019년 겨울 중국 우한에서 시작되어[1] 전 세계로 확산되기 시작한 COVID-19 바이러스의 위세가 좀처럼 꺾일 기세를 보이지 않는다. 2020년 초겨울에 접어들면서 미국과 유럽은 물론 세계 각국에서 COVID-19의 2차 대유행이 시작되어 1차 대유행 당시의 기록을 매일 갈아치우고 있다. 프랑스, 이탈리아 등 일부 유럽 국가에서는 1차 대유행 당시보다 더 강력한 도시 봉쇄정책을 내놓고 있다. 우리나라에서도 '사회적 거리두기' 단계를 최고 단계인 3단계로 격상시켜야 한다는 주장이 계속해서 제기되고 있고 정부도 그럴 가능성에 대비해 만반의 준비를 하고 있다.

일부 전문가들은 COVID-19 바이러스가 변이를 계속해 나가면서 생존력을 키워갈 가능성이 크기 때문에[2] COVID-19가 앞으로도 오랜 기간 인류의 삶 속에 공존할 가능성이 있다는 전망을 쏟아내고 있다. 그런 전문가의 예측에 민감한 반응을 보이는 일부 대중들은 공포에 휩싸여 전혀 다른 방식의 삶을 미리 준비하느라 부산을 떨기도 한다. 물론 유럽이나 미주 국가의 일부 대중은 자유주의의 깃발을 높이 치켜세우며 COVID-19의 맹위에도 아랑곳없이 마스크를 착용해야 하는 불편한 일상을 과감히 거부하며 바이러스가 함께 하더라도 자유를 달라고 거리로 뛰쳐나오기도 했다. 하지만 그런 사람들의 목소리마저도 COVID-19의 2차 대유행이 시작되면서 현저히 줄어들기 시작했다. 이제 그 누구도 인류가 당면한 최대의 위협인 COVID-19의 두려운 위력에 대해 의문을 제기하는 사람은 없다. 사람들은 대부분 정부의 COVID-19 대응을 예의주시하며 정부의 방역 정책에 적극적으로 협조하고 있고, COVID-19의 맹위 속에서도 조심스럽게 일상을 유지해 나가기 위한 노력을 이어가고 있는 것이 2020년 겨울의 현실이다.

이처럼 COVID-19 팬데믹을 대하는 태도가 나라마다 사람마다 다르긴 하지만 한 가지 분명한 사실은 어떻게든 우리가 COVID-19의 강한 영향력 아래 살아가고 있고 앞으로도 상당한 기간 영향을 받으며 살아갈 가능성이 매우 크다는 것이다. 이 시점에서 우리가 갖는 한 가지 의문은 현대 인류가 지금껏 경험해 보지 못했던[3] COVID-19 팬데믹에 따른 사회의 급격한 변화가 과연 일시적인 현상에 그칠 것인가 하는 점이다. 다시 말해 지금 우리가 국내외적으로 겪고 있는 생활의 변화가 과연 COVID-19 바이러스에 대한 인류의 통제가 가능해지는 시점에서 의심의 여지 없이 예전의 일상으로 돌아갈 수 있는 성격의 변화인가 하는 점이다.

이 물음에 대한 해답을 찾기란 쉽지 않다. 굳이 COVID-19 팬데믹이 아니더라도 우리는 이미 21세기가 시작되는 언저리에서부터 새로운 시대의 도래를 이야기해 왔고, 어떤 면에서 COVID-19는 그것에 새로운 이야깃거리를 하나 더 더하는 것일 수 있기 때문이다. COVID-19가 세상을 온통 잿빛으로 바꿔 놓기 전 인류는 1990년대 이후 본격화된 신자유주의 세계화의 거센 물결 속에서 전 지구적(global), 일국적(national) 차원에서 동시에 양극화가 심화하는 끔찍한 경험을 하게 되었다. 그리고 그러한 양극화의 극복을 위해 다양한 대안을 논의해 나가는 과정에서 생산양식(mode of production)으로서의 자본주의가 직면하게 된 새로운 위기를 인식하게 된다. 이른바 뉴노멀(New Normal)로 불리는 새로운 시대 현상에 관한 관심이 그것이다.

2004년 미국의 벤처사업가인 로저 맥나미(Roger McNamee)가 데이비드 다이아몬드(David Diamond)와 공동 출간한 저서 『뉴노멀(New Normal)』에서 유래한 이 용어를 당시 맥나미와 다이아몬드는 2000년대 초에 새롭게 형성된 미국의 부동산 거품경제 이후 새로운 기준이 일상화된 미래를 통칭하는 의미로 사용하였다. 2008년에는 엘에리온(M.A.El-Erion)이 저성장·저물가·저금리·저고용(높은 실업률) 등의 특성을 지닌 세계 경제 질서의 새로운 상태를 지칭하는 용어로 다시 뉴노멀이란 용어를 사용하면서 일반화되기 시작했다(El-Erion 2008). 이후 서머스(Lawrence H. Summers)나 크루거만(Paul Krugman) 등의 경제학자들이 뉴노멀이란 용어를 자주 사용하면서 학술적인 차원에서도 뉴노멀 현상은 중요한 연구의 대상이 되기 시작하였다(하영태 2019).

뉴노멀에 대한 인식은 기본적으로 자본주의 시장경제의 이상징후가 장기화되면서 나타나는 제반의 문제들에 대한 위기의식을 반영하고 있다. 현대 자본주의는 어떤 위기의 징후들을 보이는가? 무엇보다 먼저, 위기의 일상화와 장기화를 들 수 있다. 자본주의 경제는 1차 산업혁명을 바탕으로 전개된 첫 번째 자본주의의 황금기에 괄목할만한 생산성의 증대를 가져왔다. 따라서 초기 산업자본주의 시대에는 그와 같은 자본주의의 생산성 증대에 힘입어 경제는 침체나 후퇴를 모르고 발전을 거듭하는 것처럼 보였다. 인구 성장과 함께 대규모의 수요로 넘쳐나는 시장경제에서 불황, 경기침체, 공황과 같은 자본주의의 부정적 징표들을 예측하기란 쉬운 일이 아니었다. 과거 프랑스를 대표하는 정치경제학자였던 세이(Jean Baptiste Say, 1767~1832)가 공언했던 바대로 **"공급이 수요를 창출하는"** 자본주의 경제의 공식은 적어도 자본주의의 제1 황금기 동안에는 어느 정도 현실성이 있는 것처럼 보였다. 하지만 제1차 산업혁명기를 거치면서 자본주의 생산성 증대는 한계에 봉착하게 되었고 자본주의 시장경제에 불황과 호황이 교차하는 새로운 경기의 사이클이 생겨났다. 이후 고전파 경제학에서 신고전파 경제학으로 이름을 바꾸어서 내건 자유시장경제를 옹호하는 경제학자들은 자본주의 경제가 마치 써모미터(thermometer)의 원리처럼 불황과 호황이라는 냉탕과 온탕을 오가며 스스로 자율적인 조정을 거치면서 발전해 갈 것이라고 주장했다.

하지만 뉴노멀 시대의 도래를 주장하는 학자들은 더 이상 자본주의 경제에서 그와 같은 써모미터의 원리가 작동하지 않는다고 주장한다. 즉, 한번 침체에 접어든 경기가 좀처럼 나아질 기미를 보이지 않는 만성적인 경기침체 상태가 지속되는 이상 현상이 자본주의 경제에 어두운 그림자를 드리우기 시작했다는 것이다. 만약 불황에 빠진 경제가 다시 회복될 수 없다면 그래서 우리가 만성적인 불황에 노출되어 살아야 한다면 우리의 삶은 얼마나 달라질 것인가? 뉴노멀 시대는 이처럼 완전히 달라질 우리 삶의 조건에 대한 깊이 있는 성찰을 요구하고 있다. 결국 뉴노멀 시대의 도래는 자본주의 경제의 이상 징후로부터 비롯된 것이기에 그러한 시대가 초래하는 다양한 삶의 문제들이야말로 결국에는 경제적 생산양식으로서의 자본주의와 어떻게 이별할 것인지, 혹은 그와 같은 고장 난 자본주의를 어떻게 고쳐 쓸 것인가의 문제와 맞닿아 있다고 해도 과언은 아닐 것이다.

자본주의 경제의 종국적 위기가 불러올 뉴노멀 시대가 보여주는 또 다른 시대적 징후 중 하나는 엄청난 기술적 진화를 동반한 새로운 산업혁명 시대, 이른바 제4차 산업혁명 시대의 도래라 할 수 있다. 인공지능을 지닌 로봇이 증시의 등락을 예측하여 투자자를 관리하거나 닥터 왓슨(Dr. Watson)과 같이 인공지능 로봇 의사가 인간의 질병에 대해 진단과 처방을 내리고 로봇팔을 활용해 인간보다 훨씬 더 정교한 기술로 수술을 집도하게 되는 세상을 벌써 우리는 목격하고 있다. 사물인터넷(IoT), 인공지능(AI: Artificial Intelligence), 빅데이터(Big Data), 블록체인(Bloc Chain) 등으로 대표되는 4차 산업혁명 기술은 하루가 다르게 발전하고 있고 인간은 이제 인공지능의 지배를 받게 될지도 모른다는 불안감에 휩싸여가고 있다.

일부 시대를 앞서 나가는 예언가들은 빅데이터와 사물인터넷 기술에 기반한 인공지능이 지배하는 사회에서 인간은 거대한 권력의 판옵티콘에 갇혀 인류의 정체성과 인간적 가치의 존엄함을 잃게 될지도 모른다고 주장한다. 다양한 4차 산업혁명 기술의 진화는 결국 인간에 대한 통제를 의미하는 정치 및 행정 영역에서 광범한 변화를 수반하게 될 것이라는 주장도 나오고 있다. 정치과정의 핵심이라 할 수 있는 선거에 AI가 인간을 대신하여 출마하여 당선되고[4], ROBAMA[5]와 같은 AI 정치인이 시장이 되어 정책결정과정을 주도하게 될 날이 도래할 것이란 예측이 힘을 얻어가고 있는 것도 그러한 현실을 반영하였기 때문이다.

이처럼 사물인터넷(IoT), 인공지능(AI), 빅데이터(Big Data), 블록체인(Bloc Chain) 등으로 대표되는 4차 산업혁명은 산업과 기술 부분만의 변화가 아닌 우리 사회 전반의 변화를 예고하고 있다. 4차 산업혁명은 그 실체는 물론 그것이 가져올 미래상에 대한 학술적 논쟁의 와중에 있지만 최근 생활의 전 분야에서 그 존재감이 더욱 확산되고 있다. 행정서비스를 제공하는 중앙정부뿐만 아니라 지방자치단체들도 4차 산업혁명이 행정서비스 분야에서 가져오게 될 파급효과를 분석해서 4차 산업혁명 시대의 도래에 적극적으로 대응해 나가고자 노력하고 있다. 아울러 4차 산업혁명은 정책 과정 전반에 정책 수요자인 시민의 참여를 더욱 적극적으로 요구하게 될 가능성이 높다. 따라서 4차 산업혁명으로 인해 나타나게 될 정치사회와 시민사회의 변화를 정치과정, 정책과정, 사회운동의 관점에서 나타나게 되는 새로운 패러다임 변화를 구체적으로 분석해봄으로써 포스트 코로나 뉴노멀 시대에 도래하게 될 사회적 변화를 미리 준비하는 지혜가 필요하다.

4차 산업혁명 시대가 가져올 우리 사회의 전반적인 변화에 대해서는 분야별로 많은 예측과 전망이 이루어지고 있다. 하지만 그러한 예측과 전망은 대부분 경제·산업 혹은 사회·문화 분야에서의 영향을 중심으로 이루어지고 있어 정치·행정 분야에서 나타나게 될 변화들에 대해서는 대체로 분석이 미흡한 실정이다.

따라서 이 책에서는 포스트 코로나 뉴노멀 시대에 인간과 사회의 새로운 존재 양식을 규정하게 될 4차 산업혁명 기술이 우리 사회에 가져올 근본적인 변화를 1) 정치사회를 중심으로 한 정치 과정에서 사회변화, 2) 중앙 및 지방정부 차원에서 더 나은 행정서비스를 제공하기 위한 정책 과정에서 사회변화, 3) 정부 권력과 그에 저항하는 시민 권력 간의 상호작용적인 관계를 기반으로 하는 사회운동의 변화라는 세 가지 영역을 중심으로 살펴보게 될 것이다. 이 책이 담게 될 분석의 주요한 측면들을 정리해 보면 다음과 같다.

첫째, 이 책은 정치사회를 구성하는 핵심 요소인 정치과정이 디지털 융합이 지배하는 다중사회(multitude society)에서 어떤 근본적인 변화를 겪게 되는지를 해당 사회에서 시민참여 방식의 변화상을 중심으로 살펴보는 데 초점을 둔다. 이를 위해 스마트 폰 사용으로 보편화된 소셜미디어를 통한 정치 커뮤니케이션과 빅데이터와 블록체인 기술 등을 활용한 정치사회의 여론수집 과정에 어떤 근본적인 변화들이 나타나게 되는지를 살펴보게 될 것이다.

둘째, 이 책은 디지털 컨버전스의 기술진화와 4차 산업혁명 시대의 도래가 정책결정과정의 변화에 미치는 영향을 3가지 차원에서 평가한다. 먼저, 디지털 컨버전스의 기술진화는 정책결정과정에 참여하는 정책행위자들 간 상호작용(관계 형성)의 패턴을 변화시킴으로써 그들 간 관계의 연결망 구조를 근본적으로 바꿔 놓았다고 보아야 한다. 다음으로 디지털 컨버전스의 기술변화는 하나의 사회적 이슈가 정책의제로 설정되어 정책으로 형성되고 집행된 후 평가 혹은 환류되는 일련의 발견적(heuristic) 정책결정과정의 절차와 순서에 근본적인 변화를 가져왔을 뿐만 아니라 정책결정과정의 각 단계의 세부적인 업무 흐름에도 근본적인 변화를 초래했을 것으로 본다. 끝으로 어떤 요인에 의해서 구체적인 정책결정이 이루어지는가에 대한 정책결정의 인과적 설명모형의 유용성에도 변화를 초래하게 되는데 기존 오프라인 중심 혹은 위계적 권위구조를 전제로 정책환경에서 정책결정에 대한 인과적 설명모형들은 디지털 융합 환경에서 더 이상 그 이론적 적실성을 추구하기 어렵다.

따라서 이 책은 다음과 같은 구체적인 목적 아래 융합 환경에서 정책결정과정의 변화와 전망에 관한 분석을 전개해 나갈 것이다. 첫째, 무엇보다 먼저 디지털 컨버전스의 기술진화가 정책결정과정에 어떤 근본적 변화를 야기하는지를 제대로 이해하여 그 변화상을 종합하는데 일차적인 저술의 목적을 둘 것이다. 둘째, 이 책을 통해 디지털 컨버전스의 기술진화가 야기하는 정책결정과정의 변화가 현대 민주주의 및 거버넌스의 이론적 시각에서 어떤 함의를 제공하는가에 대한 해답을 찾고자 노력할 것이다. 셋째, 디지털 컨버전스의 기술진화에 따른 정책결정과정의 변화에 제대로 대응하여 그러한 변화가 더 긍정적인 방향으로 효과를 극대화해 낼 수 있게 하려면 시급히 해결해야 할 과제가 무엇인지 찾고자 노력할 것이다. 넷째, 디지털 컨버전스의 기술진화가 계속될 경우 새롭게 조성되는 융합 환경은 정책결정과정에 어떤 새로운 변화를 이끌어 낼 것인가를 전망해 볼 것이다. 끝으로, 이 책을 통해 디지털 컨버전스의 기술진화에 힘입어 새롭게 나타나는 소통의 도구는 물론 초기 인터넷 시대와는 전혀 다른 새로운 플랫폼 및 애플리케이션의 등장이 공공영역에서 정책의 생산과 소비 과정에 어떠한 변화를 가져오게 되는지, 공공정책의 영역에서 어떠한 경쟁과 협력 관계를 새롭게 창출해 내는지를 정책행위자들의 경쟁전략과 상호작용을 중심으로 살펴볼 것이다.

셋째, 본 저서는 디지털 융합에 바탕을 둔 다중사회의 도래와 4차 산업혁명 기술의 보편적 사용이 국가의 억압과 시민적 저항 간의 전통적인 상호작용 관계를 근본적으로 어떻게 변화시키게 되며, 그 과정에서 사회운동에서 시민참여의 본질이 어떤 근본적인 변화를 나타내게 되는지를 살펴보고자 한다. 다시 말해 본 저서는 컴퓨터와 인터넷 기술로 무장한 라인골드(Howard Rheingold)의 '영리한 군중(smart mobs)'이 참여하는 집합행동(collective action)으로서의 사회운동(social movements)의 전개 양상이 과연 1970년대~1980년대 거(Ted R. Gurr)나 터로우(Sidney Tarrow)가 국가 억압과 저항 간의 관계를 논하던 오프라인 시대 사회운동의 전개 양상과 본질적으로 어떤 차이가 있는지를 분석하는 데 초점을 둘 것이다.

끝으로 이 책은 포스트 코로나 뉴노멀 시대를 주도하는 4차 산업혁명 기술이 가져올 정부, 정치사회, 시민사회의 변화를 데이터 과학과 알고리즘의 발전에 힘입은 알고리즘 민주주의(Algorithm Democracy)의 관점에서 분석한다. 즉, AI가 민주주의에 미치는 영향을 시민적 자유와 평등, 그리고 그것을 강화하기 위한 정치참여와 관여의 측면에서 분석해봄으로써 4차 산업혁명의 기술진화가 민주주의의 관점에서 어떤 근본적 변화를 가져오게 될 것인지를 전망한다.

제 2 장

디지털 융합기술의 진화와 4차 산업혁명 시대의 도래

1. 과학기술과 인류문명

인류문명의 역사는 곧 과학기술 발전의 역사라고 해도 과언이 아니다. 지구상에 존재하는 모든 생물은 자연의 원리에 순응하며 생명을 연장했다. 진화론은 지구상에 존재하는 생물이 어떻게 자연의 원리에 순응하며 각자의 종으로 번성했으며, 그 과정에서 적자생존의 원칙에 입각한 끊임없는 진화의 과정을 통해 경쟁에서 살아남기 위해 자연에 적응해 왔는지를 잘 보여준다. 동물에게 있어 번식은 적자생존의 경쟁 속에서 종의 지속성을 유지하는 매우 중요한 요소이다. 그래서 거의 모든 동물 중 수컷은 암컷으로부터 번식의 도구로 선택받기 위해 화려한 모양과 색상의 신체 기관을 발달시켜 왔다. 반면 암컷은 포식자의 눈을 피해 새끼를 낳고 보호할 수 있는 은폐가 쉬운 유전자를 선택했다. 우리는 그런 사례를 청둥오리나 원앙 등 다양한 조류의 세계에서 쉽게 접할 수 있다. 다윈(Charles Darwin, 1809~1882) 진화론의 기반이 되었던 적자생존의 법칙은 자연 속에서 자신이 처해 있는 환경에 적합한 유전자를 가진 개체는 자연적 선택의 과정(natural selection)을 통해 생존 경쟁에서 살아남을 수 있지만 그렇지 못한 개체는 경쟁의 대열에서 탈락해 도태됐다는 사실을 잘 보여준다. 물론 인간도 자연이 강요하는 불변의 법칙으로부터 자유로울 수 없다. 종으로서의 인간 역시 기본적으로는 자신이 처한 자연환경에 순응해 오면서 끊임없는 자연환경의 도전 속에서 놀라운 적응력을 발휘하며 살아남았고 결국 파충류가 지배하던 지구를 지금처럼 영장류인 인간이 지배하는 세상으로 바꿔 놓았다. 하지만 인간이 지구상의 다른 생물들과 달리 자연이 강요하는 철의 법칙(iron law)에 순응만 하고 살아왔다면 과연 지금처럼 지구를 지배하는 종으로 우뚝 설 수 있었을까? 결코 그렇지 않았을 것이다.

인간은 끊임없이 가뭄, 홍수, 대지진, 화산활동 등 자연의 재난이 가하는 다양한 위협에 맞서 응전해 오면서 자신이 처한 환경을 더욱 능동적이고 적극적인 자세로 개조하고자 노력했고 이 과정을 뒷받침한 것이 바로 과학과 기술이다. 즉 인간은 오랜 인류의 역사 속에서 스스로 터득한 자연에 대한 지식을 바탕으로 자연의 법칙성을 이해하려 노력해 왔고 그러한 법칙성을 보편화함으로써 자연에 순응만 하는 것이 아니라 자연을 정복해 왔다.[6]

환경적 제약 속에서 인류는 생존과 번영을 추구하며 혁명적 변화를 통해 진보를 이루어 왔고, 더 편리한 삶을 살 수 있게 자연을 변화시켜 왔다. 혁명적 변화를 일으킨 과학기술은 기원전 자연을 이해하려는 밀레투스학파의 탈레스에서 시작되었다. 이후 르네상스 시대 문화운동을 겪으면서 지적이고 창조적인 힘에 대한 자각을 거쳐 17세기 근대 과학으로의 진화를 가능하게 한 과학혁명으로 이어졌으며, 과학혁명은 다시 인류에게 풍요와 편리한 삶을 제공하는 산업혁명으로 이어졌다.[7)]

과학혁명으로부터 촉발된 산업혁명은 기계혁명으로 불리는 화석 에너지를 이용한 증기기관의 발명에서부터 촉발되었다. 소위 제1차 산업혁명으로 불리는 사회적 변화는 생산 도구를 인간에서 기계로 바꿔 놓았으며, 그 결과 인간의 노동 생산성은 이전보다 수배 이상 증가했다. 또한, 1차 산업혁명은 사회 구조의 측면에서 농경사회에서 기계 산업 사회와 도시 사회로의 변화를 이끌었다. 이 시기에 증기기관 활용의 중심 역할을 했던 철강 산업은 비약적인 발전을 이루었다. 그와 함께 자동차의 발명과 다리, 항만 등 대규모 사회간접자본의 확충을 통해 연결성이 촉진되는 결과를 낳았다.

제2차 산업혁명은 19세기 전기와 전동기의 발명이란 에너지 혁명으로부터 촉발되었다. 석탄 산지로부터 멀리 떨어진 곳에도 전기에너지를 통해 공장을 가동할 수 있게 되어 분업과 기계화에 기초한 대량생산 시스템이 확산되었다.[8)] 이와 같은 생산 시스템의 획기적 변화는 국가적·국제적 공급사슬화로 이어졌으며 노동부문의 효율화를 가져와 모든 제조 산업 기술을 향상시켰다는 평가를 받을 정도였다. 더욱이 자동차, 유선전화, 텔레비전 등이 발명되면서 국가 내의 연결성이 강화되는 계기가 마련되기도 했다.

제3차 산업혁명은 1970년대 반도체, 컴퓨터, 인터넷 등 정보통신기술(ICT)이 도입되면서 시작되었다. 과거 노동집약적이었던 작업이 생산 시스템의 자동화로 인해 자본집약적 산업으로 바뀌었다. 인터넷, 이동통신 등 커뮤니케이션 기술의 발달로 인해 세계가 하나로 연결되기 시작했다. 제3차 산업혁명의 기술발달은 우리 사회를 기존의 전통적인 제조업 중심 사회에서 정보통신 네트워크를 활용하는 소프트웨어 중심 사회로 변모시켰다는 평가를 받기도 했다. 즉, 사회적 네트워크와 협업이 사회 동력으로 작동하는 정보통신 사회로 시대가 바뀌어 버리게 된 것이었다. 이는 단순한 기업 차원에서 생산방식의 변화를 뛰어넘어 개인의 일상과 지역사회 그리고 국가에 이르기까지 엄청난 영향을 미침으로써 사회 전반에 매우 큰 충격적 변화를 가져왔다는 평가를 받았다.[9)]

보는 이에 따라 논란의 여지가 여전히 존재하긴 하지만 최근에는 사물인터넷(IoT), 클라우드 컴퓨팅(Cloud Computing), 빅데이터(Big Data), 인공지능(AI: Artificial Intelligence) 등의 새로운 기술발달에 따른 4차 산업혁명 시대에 대한 담론이 활발하게 전개되고 있다. 2016년 3월 한국은 물론 세계 바둑계의 일인자라 할 수 있는 이창호 9단과 인공지능 바둑기사인 알파고(AlphaGo)간의 바둑대국에서 이창호 9단이 패배한 사건은 우리 국민은 물론 전 세계 사람들에게 신선한 충격을 안겨주었으며, AI로 대표되는 4차 산업혁명 기술에 대한 새로운 관심을 불러일으켰다. 그로부터 약 4년여의 세월이 흐른 오늘의 시점에서 바둑만 둘 줄 알았던 AI는 기자, 통·번역가, 챗봇, 인공지능 스피커, 면접관으로 활약하며, 점점 인간을 대체해 자신의 영역을 확장해 나가고 있다. 솔직히 말해 인간은 이 시점에서 AI가 개척해 나갈지도 모를 미지의 영역이 어디까지 닿아있는지조차 가늠하기 어려운 상황이다. 그래서 일부에서는 벌써 AI에 지배당하는 인간

사회의 우울한 일상을 우려하는 목소리가 높아가고 있다.

앞서 살펴본 일련의 산업혁명 과정에서 보았듯이 과학기술의 발전과 그 영향력은 개인 일상생활은 물론, 전 세계의 기술, 산업, 경제 및 사회 구조에 근본적인 변화를 초래해 왔다. 즉, 인류 역사 변화의 중심에는 기술의 등장과 혁신이 있었으며, 단순히 기술적 변화에 그치지 않고 사회와 경제 구조에 큰 변화를 야기해 온 것이다(김진하·김진경 2016). 대표적으로 과학기술의 발전에 바탕을 둔 여러 차례의 산업혁명을 통해 인간 사회에 존재하는 다양한 네트워크의 연결성이 강화되었으며, 자동화와 분업화를 통한 대량생산에서 볼 수 있듯이 생산성의 비약적인 향상이 이루어지기도 했다.

2. 인터넷 기술의 진화와 커뮤니케이션의 발달

현대사회 과학기술의 총아라 할 수 있는 인터넷 기술 역시 컴퓨터를 중심으로 하는 현대 과학기술의 발달에 힘입어 시대에 따라 진화했다. 초기 인터넷 기술이 보급되면서 나타나기 시작한 웹 1.0 기술 시대는 정보의 생산·공급·관리·배급이 사업자 내지는 한정된 공급자에 의해 주도됐다. 정보의 생산자와 소비자는 서로 분리되어 정보의 생산자는 서버(server)를 통해 접속하는 정보소비자들에게 일방적으로 선택이 강요된 정보만을 제공하였고, 정보소비자인 인터넷 사용자들은 일방적으로 주어진 정보를 받을 뿐 자신이 접한 정보에 대해 피드백이 근본적으로 제한되었다. 따라서 이와 같은 웹(Web) 기술하에서는 아무리 인터넷 사용이 활발해진다고 하더라도 일방적이고 위계적인 정보 흐름의 구조는 전혀 변화하지 않았다.

이와 같은 웹 1.0 기술 시대는 지속적인 인터넷 기술의 발달에 힘입어 이용자의 참여와 열린 플랫폼(open platform)을 강조하는 웹 2.0의 시대로 진화했다. 웹 2.0 기술 시대는 근본적으로 '플랫폼으로서의 웹'에 의해 정보의 생산자와 소비자 간의 경계가 허물어지게 된다. [표 2-1]은 웹 1.0 기술과 웹 2.0 기술의 근본적인 차이를 잘 설명해주고 있다. 기존의 웹 1.0 기술 시대에는 서버에 접속하여 일방적으로 정보를 수용하는 수동적 존재였던 인터넷 사용자들이 웹 2.0 기술 시대에 접어들어 정보생산자와의 상호작용이 가능해지면서 스스로 정보를 생산하는 동시에 소비하는 정보생비자(information prosumer)로 탈바꿈하게 된 것이다. 이와 같은 민주적이고 쌍방향적인 커뮤니케이션 구조는 웹 2.0이 지향하고 있는 참여, 공유, 개방의 3가지 이념에 잘 묻어나고 있다. 이러한 웹 2.0 정신의 핵심에는 정보를 생산하고 배분하는 주체-객체 관계의 혁명적 변화가 내재되어 있다. 기존 웹 1.0 시대에는 전자정부를 구현해 나가는 과정에서 정부는 일방적으로 정보를 생산해서 고객인 국민에게 배포해 주는 '정보 생산의 주체'였고 국민은 정부가 생산해낸 정보를 G2C(Government to Citizen) 혹은 G2B(Government to Business)를 통해 일방적으로 전달받는 객체에 불과했다.

그러나 웹 2.0 시대에는 웹 자체가 개방되어 시민참여를 통해 공유되면서 국민 역시 정보의 생산과 배분의 주체로 등장하게 되었다. 2000년대 후반에 접어들어서는 RFID(Radio-Frequency Identification) 기술 등의 발전에 힘입어 일부 영역들에서는 세만틱 웹(Semantic Web) 기술에 기반한 웹 3.0 기술이 보편화됨으로써 정보생비자로서의 인터넷 사용자들 간의 상호작용뿐만 아니라 사물과 사물 간에도 끊임없는 상호작용이 가능한 시대로 접어들었다. 최근에는 세만틱 웹에 기반한 웹 3.0을 넘어 웹 4.0 기술 시대를 향해 나아가고 있다는 주장이 폭넓게 받아들여지고 있다. 웹 기술의 빠른 진화과정은 웹 이용자들 간에 이루어지는 의사소통의 전개 방식을 근본적으로 변화시키는 것으로 이는 온라인과 오프라인에서 이루어지는 시민의 정치 및 정책과정에의 참여방식에 근본적인 변화를 초래하고 있다.

[표 2-1] 웹1.0과 웹2.0의 비교

구분	Web 1.0	Web 2.0
특징	- 대표적 단위는 포탈(Portal) - 포탈 위에 있는 서비스는 자신이 원하는 대로 할 수 없음	- 플랫폼(platform)으로서의 웹 - 플랫폼 위에 있는 서비스는 자신이 원하는 대로 할 수 있음
	- TV나 라디오처럼 정보와 서비스를 제공하기만 함 - 웹사이트에 자신이 올린 데이터/서비스하는 데이터를 움직이거나 활용할 수 없음	- 누구도 데이터를 소유하지 않음 - 모든 사람이 사용할 수 있음 - 더 나은 형태로 변경 가능함
	- 기술 중심	- 참여와 공유의 신문화 - 사람이 중심
기술	- HTML, ActiveX 등	- AJAX, XML, RSS, Atom, Wiki, Tagging 등
OS 종속성	- ActiveX를 사용하여 OS/브라우저 종속성이 있음	- OS/브라우저에 상관없이 기능 구현 가능
대표적 브라우저	- 인터넷 익스플로러 - 웹브라우저를 통해 서버에 대화 요청 - 단순한 뷰어 역할	- FireFox - 수백개 확장기능이 모두 일반 사용자들에 의해 수정, 보안
사례	- 하이퍼링크 중심의 기존 웹사이트	- 위키피디아, 아마존, eBay, Naver, Cyworld

***출처**: 이원태·차재권·홍순식(2008)

이와 같은 웹 기술의 진화와 더불어 우리 사회의 커뮤니케이션 구조를 근본적으로 바꾸는 데에는 방송과 통신의 융합과 같은 디지털 융합 환경의 조성이 큰 역할을 하게 된다. 디지털 융합기술의 발전은 플랫폼의 융합을 초래하는 한편으로 플랫폼 간 경쟁을 촉진하기도 한다. 플랫폼이란 기술적인 측면에서 컴퓨터의 응용프로그램들이 작동될 수 있는 프레임워크(frame work)를 의미하는 것으로 해석되기도 한다. 네트워크화된 개인(networked individuals)이 중심이 되는 디지털 융합 환경에서 나타나는 네트워크 사회는 끊임없이 상호 연결되어 언제든지 상호 의사소통을 할 수 있는 기술적 공간에 존재함으로써 모든 서비스와 기기가 개인에게 맞춰지는 맞춤형 개인 미디어 시대의 사회이다. 이러한 사회에서 정보의 수용자는 수용자인 동시에 정보의 생산자로서 정보의 선택과 통제에 있어 나름의 처리능력을 갖추게 된다. 수평적으로 연결된 노드를 통해 공급되는 정보가 양적으로 늘어나고 질적으로 풍부해질수록 그에 맞춰 정보 수용자의 정보를 파악하고 처리하는 능력 또한 향상되는 것이다. 즉 디지털 융합 환경에서 살아가는 네트워크화된 개인은 네트워크 상의 무한한 정보 중에서 자신의 욕구와 부합하는 정보를 취사 선택하여 이를 해석하고 활용하며 또 다른 수용자와 공유하는 다차원적인 정보 이용 역량을 갖추게 되는 것이다. 이는 실시간으로 정보에 대한 선택과 수용 여부에 대한 결정을 내려야 하는 디지털 융합 환경에 의해 형성된 네트워크 사회의 속성상 어쩔 수 없는 생존적 진화의 결과라 할 수 있다.

따라서 네트워크화된 개인을 중심으로 형성된 디지털 융합 환경에서 커뮤니케이션 구조에서는 노드를 통해 전달되는 콘텐츠의 질 또한 기존의 매스미디어 시대의 불특정 다수를 위한 대중적 콘텐츠가 아니라 특정 개인 수용자를 위한 개별적 콘텐츠가 주를 이루게 된다는 점에서 전통적인 혹은 웹 초기 환경과는 뚜렷이 구별된다.[10)]

이와 같은 디지털 융합 환경의 대표적인 기기가 바로 컴퓨터, 인터넷 및 통신 기술이 융합된 스마트 폰 및 태블릿 PC와 같은 스마트미디어 기기라 할 수 있다. 2000년대 후반부터 보급되기 시작한 스마트 폰은 개인 및 사회생활에 여러 가지 혁명적인 변화를 초래하고 있다. 시간과 장소의 제약을 받지 않고 인터넷 사용이 가능하게 되면서 디지털 기기로 무장한 젊은 세대를 중심으로 디지털 노마드가 형성되기 시작하는데 시공간의 제약을 벗어난 실시간 정보 능력이 강화된 젊은 디지털 노마드 세대는 개인의 소비생활의 패턴을 바꿔놓았을 뿐만 아니라 정치 커뮤니케이션의 패턴에도 근본적인 변화를 가져왔다.

디지털 융합 환경에서 스마트미디어 사용이 일반화되어 가고 있음은 [표 2-2] ~ [표 2-3]은 물론 [그림 2-1] ~ [그림 2-2]를 통해 쉽게 알 수 있다. [표 2-2]와 [그림 2-2]에서 나타난 바와 같이 지난 10년 사이 국내 스마트 폰 가입자 수는 30배 가까이 성장하였고 스마트 폰 보유율 역시 3배 이상 증가한 것을 확인할 수 있다. 특히 [표 2-3]에서 확인할 수 있듯이 기술의 발전에 따라 4G와 5G 서비스 가입자 비중 역시 급격하게 증가한 것을 확인할 수 있다. 2019년 12월 말 기준 전체 무선통신 서비스 가입자 가운데 80.8%가 4G 서비스에 가입하고 있으며, 6.8%는 5G 서비스에 가입하고 있는 것으로 나타났다.

[표 2-2] 스마트폰 가입자 현황

	이동통신 가입자(A)	스마트폰 가입자(B)	비중(B/A)
2011년 12월	52,506,793	2,578,408	4.9%
2015년 12월	53,660,658	43,667,799	81.4%
2019년 12월	56,195,803	51,055,434	90.9%

*출처: 과학기술정보통신부 무선통신서비스 가입자 통계 재구성

[표 2-3] 무선통신 기술별 가입자 수 추이

	전체	3G	4G	5G
2011년 12월	52,506,793	35,499,972	1,191,334	-
2015년 12월	58,935,081	12,536,632	12,536,632	-
2019년 12월	68,951,692	7,365,939	55,687,974	4,668,154

*출처: 과학기술정보통신부 무선통신서비스 가입자 통계 재구성

[그림 2-1] 국내 IPTV 가입자 비율 변화 추이(연말 기준)

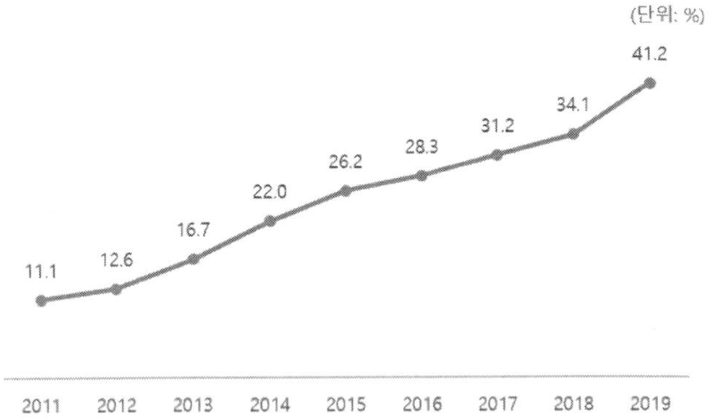

*출처: 정보통신정책연구원(2019)

[그림 2-2] 국내 스마트 폰 보유율 변화 추이(연말 기준)

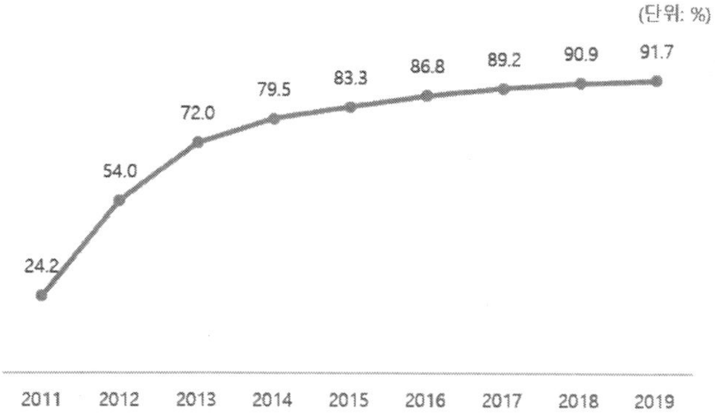

***출처**: 정보통신정책연구원(2019)

한편 [그림 2-1]에서 보이는 바와 같이 국내 IPTV 가입 비율 역시 2011년 기준 11.1%에 불과하였으나, 이후 지속해서 상승하여 2019년에는 41.2%를 기록하여 8년 만에 4배가량 증가하였다.

3. 웹 기술의 발전과 스마트미디어

1) 웹 기술의 진화과정

1990년대 중반 이후 일반화되기 시작한 인터넷 기술은 최근에 이르기까지 매우 빠른 속도로 진화했다. 일반적으로 인터넷 기술의 진화과정은 웹 1.0시대에서 웹 2.0시대를 거쳐 세만틱 웹 시대인 웹 3.0시대로의 단계적·연속적 진화과정을 의미한다. [그림 2-3]은 이러한 웹 기술의 단계적 발전 상황을 잘 보여 주고 있다. 현재 우리 사회는 소셜미디어의 발달과 함께 세만틱 웹 사용이 본격화되기 시작하는 웹 2.0 시대를 지나 웹 3.0의 성숙 및 Web OS의 시대로 진입해 가고 있음을 알 수 있다.

[그림 2-3] 웹 기술의 진화

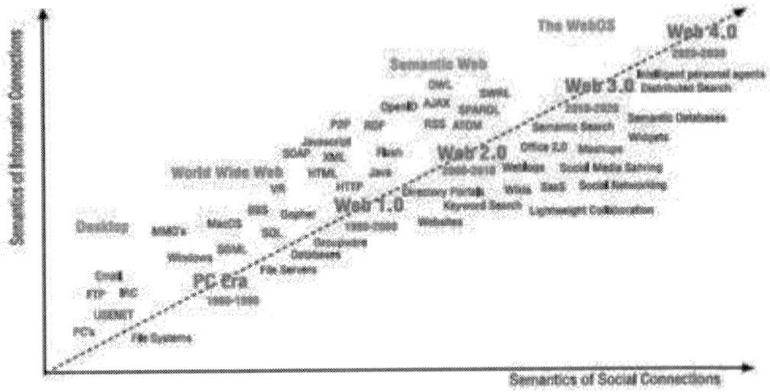

*출처: Spivack(2007), Pascu(2009), p.39에서 재인용.

웹 기술의 발전은 그 기술발전의 단계마다 사용자 간 의사소통의 방식에 근본적인 변화를 수반하면서 사회의 각 부분에 근본적인 변화를 불러일으켰다. 그러한 변화를 가장 빨리 수용한 것은 물론 민간기업을 중심으로 한 시장영역의 행위 주체들이었다. 기업들은 재빨리 웹 기술의 변화에 부응하여 소비자와 커뮤니케이션이나 서비스 제공방식의 변화를 추구했고, 그러한 변화는 다시 웹 기술의 새로운 변화를 자극하는 변화의 선순환구조가 형성되었다. 비록 시장행위자들의 변화 정도나 속도에는 미치지는 못했지만, 정부를 중심으로 한 공공영역에서 커뮤니케이션이나 서비스 제공방식의 변화 또한 웹 기술의 진화에 상응한 형태로 나타났다. 정부 행위자들은 인터넷의 보급 확산 및 인터넷 기술의 진화에 부응하여 공공서비스의 제공방식은 물론 정책의 수요자인 시민과의 커뮤니케이션 방식에도 근본적인 변화를 시도하고 있으며, 정책정보의 생비자로 성장한 시민들은 다양한 스마트미디어를 활용하여 정책과정에의 참여를 강화해 나가고 있다.

무선 휴대통신의 급속한 발전에 힘입어 휴대통신을 이용한 각종 부가 서비스가 속속 개발되고 있다. 그중 PDA와 무선 휴대통신의 기능을 결합한 스마트 폰 서비스는 전화, 무선 데이터, 통신, 개인정보 관리 등 다양한 기능이 제공된다는 점에서 유비쿼터스 컴퓨팅 환경의 발전과 더불어 디지털 컨버전스의 기술진화를 보여주는 매우 중요한 사례라 할 수 있다.[11] 물론 개발 초기 단계를 지나 이제는 보편화된 통신기기로 자리매김한 스마트 폰은 대부분 사용자에게 단순한 고성능 무선 휴대통신이기를 넘어 스마트 폰에 장착되는 다양한 웹 애플리케이션의 개발로 인해 그 활용 가능성이 무한히 확대되어 나가고 있다. 특히 스마트 폰이 유비쿼터스 컴퓨팅 환경과 잘 부합된다는 측면에서 스마트 폰에 개인화된 지능형 서비스들이 속속 탑재되고 있으며, 그에 따라 스마트 폰 성능의 고도화와 사용의 일반화에 기반하여 공공영역에서 활용도 날이 갈수록 높아지고 있다.

스마트 폰이 정치 및 행정 영역에 어떤 영향을 미칠지는 섣부른 예측이 어려운 것이 사실이다. 그만큼 스마트 폰이 가져올 영향과 변화의 폭과 너비가 넓고 깊기 때문인데 정치, 행정 영역에서의 다양한 시민 활동 및 시민적 의무들이 스마트 폰에 탑재된 다양한 웹 애플리케이션을 통해 수행될 수 있다고 가정한다면 그 적용 가능성은 무궁무진할 수 있을 것이다. 예컨대 각종 선거와 같은 전통적인 정치충원을 위한 정치과정에서도 스마트 폰은 선거문화를 한순간에 바꿔놓을 수 있을지도 모른다. 전자 투표를 시행하면서 산적한 기술적 난제들이 해결되고 스마트 폰의 보안 기능이 더욱더 강화될 경우 선거권을 가진 누구나 어디에서든 투표에 참여할 수 있을 것이고, 투표 결과는 실시간으로 집계되어 유권자들은 자신의 스마트 폰 단말기를 통해 그것을 확인할 수 있을 것이다. 더 이상 투표 참가에 따른 비용편익 계산의 합리성 여부를 논할 필요도 없을 것이며, 단 한 번의 인증과 클릭으로 자신이 선호하는 후보자를 선택할 수 있는 간편함은 투표 불참으로 인한 민의의 왜곡을 방지하게 될 것이다. 그러한 유쾌한 상상이 하나씩 정치·행정 영역에서 다양한 시민참여 과정에서 현실이 되어가고 있다. 스마트 폰에 탑재된 각종 행정 관련 애플리케이션들의 도움을 받아 논란의 대상이 되는 사회적 이슈에 대해 시민사회 내부의 활발한 토론이 가능해졌으며, 그렇게 형성된 의제들은 언제든지 정책 과정의 담당자들에게 실시간으로 전달되어 정책 집행 과정에 환류되고 있다. 정책 과정의 담당자들 역시 스마트 폰을 활용해 언제든지 관련 의제에 대해 실시간으로 시민들의 여론을 확인할 수 있다.

스마트 폰이 지닌 휴대성은 휴대 단말기기가 지닌 장점인 동시에 단점이기도 하다. 모든 종류의 스마트 폰 휴대 단말기기는 상대적으로 화면의 크기가 작고 입력장치 또한 많은 물리적 제약으로 인해 사용자 인터페이스 탑재에 어려움을 겪게 한다. 따라서 향후 휴대 단말기기는 이러한 휴대성의 단점을 해결하기 위해 사용자 주변의 사용자 인터페이스 장치에 IT 융합 서비스를 제공하는 IT 융합 장치로 발전하게 될 가능성이 크며, IT 융합 서비스 전체가 유비쿼터스 사회를 살아가는데 필수적인 미래 생활 기반이 될 가능성이 높다.[12)]

스마트 폰은 통신 접속이 이루어지지 않은 상태에서도 다양한 기능을 사용할 수 있다는 점에서 전통적인 휴대폰이나 WAP 혹은 인터넷이 가능한 휴대폰과는 근본적인 차이가 있다. 스마트 폰을 통해 무선으로 응용프로그램을 내려받아 실행할 수 있으며 다른 업체에서 개발된 수많은 응용프로그램을 통신 접속이 없는 상태에서도 작동시킬 수 있다. 스마트 폰이 가진 다양한 기능에는 달력, 주소록 관리, 문자 메시지, 무선인터넷 연결, PC와의 동기화, 일정 관리 프로그램, SMS, EMS, MMS, 이메일 전송, MPEG 및 MP3 미디어 재생기 사용이 가능한데 한마디로 휴대 가능한 PC라고 할 수 있다. 이처럼 스마트 폰의 기능이 다양해질 수 있게 된 데는 PDA처럼 스마트 폰 단말기에 운영체제를 탑재할 수 있게 된 것이 큰 역할을 담당했다. 과거 스마트 폰 운영체제는 Symbian OS, Palm OS, MS Smartphone 등이 치열하게 경쟁하였다.[13] 그러나 오늘날 세계 스마트 폰 단말기 운영체제 시장은 구글의 안드로이드와 애플의 iOS로 양분하고 있다. 2000년 초 마이크로소프트는 MS의 모바일 운영체제를 출시하여 PC 시장에서 지배력을 모바일 영역에서도 구현을 시도하였으며, 스마트 폰의 원류라 할 수 있는 PDA 시장에서 두각을 나타내었다. 그러나 아이폰 출시 이후 스마트 폰의 보급이 본격화되면서 MS의 시장점유율은 급격히 하락하였으며, 결국 2019년 12월 모바일 지원을 종료하게 된다.[14]

2019년 기준 스마트 폰 모바일 운영체제 시장은 점유율 72.82%를 차지하는 구글의 안드로이드와 점유율 25.36%의 애플 iOS가 양분하고 있다. 전반적으로 안드로이드의 우세가 지속되고 있지만, 북미와 북유럽, 호주 등 일부 지역에서는 iOS의 점유율이 더 높게 나타나기도 하였다.[15] 안드로이드는 후발주자로서

[그림 2-4] 세계 스마트 폰 판매량

(단위: 백만)

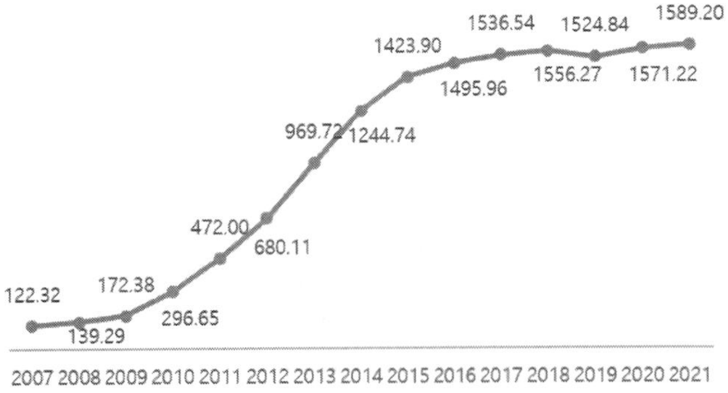

***출처**: STATISTA [18]
주: 2020~2021년은 전망치를 나타냄.

[그림 2-5] 전 세계 모바일 데이터 월평균 통신량 규모

(단위: 엑사바이트)

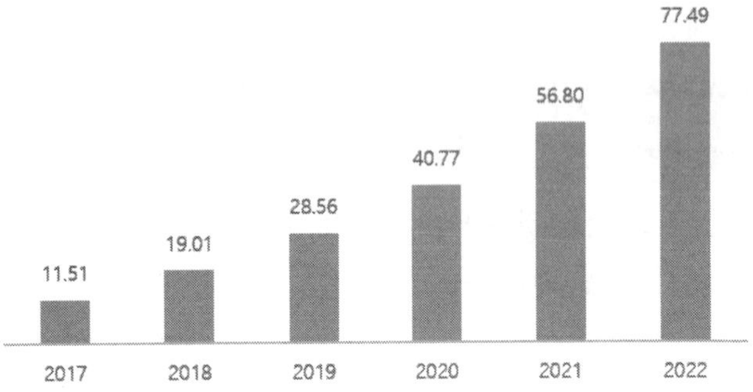

***출처**: STATISTA [19]
주: 2019~2022년은 전망치를 나타냄.

시장 파급력은 크지 않았지만, 개방형인 리눅스를 기반으로 제작되어 OS의 플랫폼과 소스 코드를 공개함에 따라 하드웨어와 서비스 개발의 폭이 넓다는 장점을 통해 빠르게 시장점유율을 높여갔다.[16] 반면 애플의 iOS는 서비스 플랫폼의 특성이 비공개/폐쇄적이다. 그러나 아이팟을 통해 구축했던 생태계를 그대로 스마트 폰 시장으로 옮긴 것은 물론, 클라우드 컴퓨팅 서비스인 아이클라우드(iCloud)와의 연계 및 확장을 시도[17]하여 꾸준히 시장 점유율을 유지하고 있다.

2020년 현재 스마트 폰은 세계 정보통신업계를 주도하는 아이템임은 틀림없다. [그림 2-4]에서 확인할 수 있듯이 지난 2007년 1억 2,232만대 수준이었던 스마트 폰 판매량은 2019년 기준 15억 2,484만대를 기록하여 10배 이상 증가하였다. 물론 과거와 같은 증가세를 기록하는 것은 무리일 것으로 보이지만 현재와 같은 높은 판매량 추세는 유지할 것으로 예측된다.

또한 스마트 폰의 활성화는 모바일 데이터의 통신량 규모를 통해 확인할 수 있다. STATISTA에 따르면 전 세계 모바일 데이터의 월평균 통신량 규모는 2017년 11.51엑사바이트를 기록하였었다. 그러나 이러한 수치는 불과 1년 뒤인 2018년 19.01엑사바이트를 기록하여 무려 65% 증가하였다. 모바일 데이터의 통신량 규모는 앞으로도 지속적으로 증가할 것으로 전망되는데, STATISTA는 2022년에는 전 세계의 모바일 데이터 월평균 통신량 규모가 77.49엑사바이트에 달할 것으로 예측하고 있다.

[표 2-4]에서 살펴볼 수 있듯이 2017년과 2018년의 모바일 데이터의 월평균 통신량 규모를 지역별로 비교하였을 때 아시아-태평양 지역과 중동/아프리카 지역 등의 경우 약 2배가량 성장하였다. 그러나 이외의 지역은 50% 내외 성장하는 것에 그쳤다. 이는 향후 성장추세에서도 고스란히 드러나는데, 아시아-태평양 지역과 중동/아프리카 지역이 2017년과 비교하여 2022년 전망치가 8배에서 10배가량 증가할 것으로 보이지만, 이외의 지역은

6배 성장하는데 그칠 것으로 예측된다. 물론 이러한 성장 규모의 차이는 현재의 모바일 데이터 사용량이나 각 지역의 경제성장률에 따라 영향을 받을 수 있다. 따라서 경제 규모나 산업 인프라 여건과 관계없이 지속적인 모바일 데이터 통신량 규모가 커질 것으로 예상된다.

[표 2-4] 지역별 모바일 데이터 월평균 통신량 규모

(단위: 엑사 바이트)

	아시아-태평양	중동/아프리카	중/동부 유럽	북 아메리카	서유럽	라틴 아메리카
2017	5.88	1.22	1.38	1.26	1.02	0.75
2018	10.35	2.05	2.15	1.80	1.47	1.18
2019	15.91	3.25	3.12	2.50	2.06	1.72
2020	22.81	5.01	4.32	3.41	2.81	2.42
2021	31.81	7.56	5.83	4.48	3.80	3.31
2022	43.17	11.17	7.75	5.85	5.12	4.44

***출처**: STATISTA [20]
주: 2019~2022년은 전망치를 나타냄.

스마트 폰이 기존 일반 이동전화나 노트북 및 PC와 비교하여 크게 다른 부분은 두 가지로 요약할 수 있다. 무엇보다 먼저 노트북 및 PC는 제조사별로 전용 운영체제(OS: Operating System)를 탑재해야 하는 데 반해 스마트 폰은 범용 OS를 탑재할 수 있다는 점에서는 노트북이나 PC와 비슷하다. 그러나 노트북이나 PC에 사용되는 범용 OS는 마이크로소프트의 윈도우(window)가 시장을 독점하고 있지만, 모바일 운영체제는 개방성이 크게 증대되었다. 아울러 일반 이동전화의 경우 제조사가 소프트웨어 대부분을 제공하고 있어 제삼자가 개발한 소프트웨어의 적용이 제한된 반면, 제삼자 개발 소프트웨어의 적용이 쉽다는 점에서 노트북이나 PC와 비슷하다. 그러나 노트북이나 PC의 경우 소프트웨어들을 반드시 오프라인이나 온라인을 통해 개별적으로 구매해야 하지만 스마트 폰의 경우 디지털 오픈 장터를 통해 구입할 수 있어 개방성과 공유성이 한창 강화된 융합 서비스라 할 수 있다.[21] 이용자의 측면에서 스마트 폰의 가치는 사용할 수 있는 애플리케이션에 의해 결정된다. 그리고 이런 애플리케이션들과 콘텐츠는 앱스토어[22]와 같은 디지털 오픈 장터에서 거래된다. 그러한 디지털 오픈 장터에서 거래되는 애플리케이션의 다양성이 전제되지 않고서는 스마트 폰과 일반 휴대전화와의 차별성이 담보될 수 없다.[23]

블로그가 웹 2.0시대를 대표하는 아이콘이라면 스마트 폰은 모바일 웹 2.0시대의 새로운 아이콘이다. 웹 2.0시대와 마찬가지로 모바일 웹 2.0시대 또한 쌍방향 소통을 통한 참여/공유/개방의 시대정신을 구현한다는 측면에서 웹 2.0시대와 크게 다를 것은 없다. 그러나 웹 2.0 기술이 유선 인터넷을 매개로 한 소통에 의존하고 있지만, 모바일 웹 2.0시대는 소통의 실시간성과 이동성이 강화된 무선인터넷 환경에 바탕을 둔 소통이라는 점에서 웹 2.0시대와는 확연히 구분된다. 스마트 폰 혁명의 변화 속도와 파급력은 그 어떤 기존의 IT 기기가 낳은 변화보다 빠르고 크다는 점에서 디지털 혁명이 정치 및 행정 영역에 어떤 변화를 가져올지는 쉽게 단정하기 어려운 문제이다.

웹 2.0 시대의 인터넷 정치는 유선 인터넷망을 기반으로 사회적으로 제기된 단일 의제에 대해 대규모 군중이 집결하는 형태를 띠었다. 그에 반해 모바일 웹 2.0 시대의 정치는 개인들의 관심사와 의제가 더욱 주목받게 된다는 점에서 크게 다르다. 따라서 모바일 웹 2.0시대에는 더욱 다양한 의제들이 실시간으로 언제 어디서든 네트워크로 연결되고 결국에는 이것이 통합적으로 전개되는 방식으로 진화하고 있는 것이다. 스마트 폰과 모바일 웹 2.0이 가지고 있는 실시간성과 이동성이라는 특징이 실현되는 까닭에 그러한 진화가 가능해진다. 그러므로 개별 사용자들이 다양한 생활 분야에서 제기하는 의제들이 주목받을 가능성이 크고 이전과는 달리 그런 생활 의제들이 오히려 기성 미디어나 정당, 정부 등의 정책에 영향을 미치는 형태로 발전할 가능성이 높다.[24] 그뿐만 아니라 모바일 웹 2.0의 시대에는 [그림 2-6]에서 드러난 바와 같이 개별 시민들이 휴대 가능한 정보의 양이 획기적으로 증대되면서 기존의 정보생산자와 소비자 간의 정보 비대칭의 문제가 해소되는 경향을 나타내게 된다.

[그림 2-6] 개인 휴대 가능 정보의 변천 현황

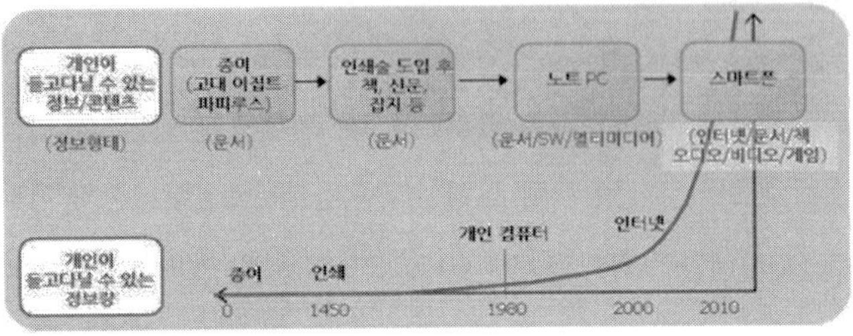

*출처: 삼성경제연구소(2010)[25]

스마트 폰 사용이 가져올 또 다른 근본적 변화는 스마트 폰에 탑재하여 사용하는 애플리케이션의 무한한 발전 가능성에 있다. 스마트 폰은 애플리케이션을 떼어 놓고 생각할 수 없다. 스마트 폰의 국내 보급이 확산되면서 그에 탑재할 애플리케이션의 개발 또한 붐을 이루고 있다. 스마트 폰 관련 비즈니스에서는 사람들에게 본인이 개발한 애플리케이션을 홍보하여 수입구조를 만드는 사람이 나타나게 되었다. 각 회사에서는 애플리케이션을 통해 고객들과의 커뮤니티 공간을 만들어 홍보하는 등 스마트 폰의 애플리케이션은 또 하나의 새로운 마케팅 공간을 형성하게 되었다.[26)]

스마트 폰의 애플리케이션도 탑재되는 운영체제(OS: Operation System)에 따라 다양하게 개발되고 있다. 모바일 서비스로 통칭되는 것으로는 '윈도우모바일폰 앱', '안드로이드폰 앱', '아이폰 앱', '모바일 웹서비스'가 대표적인 애플리케이션이라 할 수 있다. 스마트 폰 애플리케이션 개발이 가져올 혁명적 변화는 인터넷 사용자를 의미하는 네티즌(netizen)에서 스마트 폰용 애플리케이션 사용자를 의미하는 '앱티즌(apptizen)'으로의 급속한 중심 이동을 가져오고 있다. 이는 이제 인터넷을 넘어 디지털 융합 환경에서 스마트 폰 사용이 일상화되고 있음을 의미하는 것이다.

스마트 폰 사용이 확대되면서 스마트 폰에 탑재하여 사용하는 다양한 종류의 애플리케이션이 등장하고 있어 기존의 웹 시장과 구분되는 모바일 앱 시장이 형성되어 빠른 속도로 시장 규모가 확대되고 있다. STATISTA에 따르면 2014년 9,470만 달러 수준이었던 모바일 앱스토어 시장 규모는 2019년에는 3억6,520만 달러를 기록하여 불과 4년 사이 약 4배의 성장세를 기록하였다. 이러한 추세는 앞으로도 지속될 것으로 보이는데, 전 세계 모바일 앱 스토어 시장은 2023년 무렵에는 9억 3,520만 달러로 성장할 것으로 예측된다.

이와 함께 모바일 앱 다운로드 건수 역시 지속적인 성장이

[그림 2-7] 모바일 앱스토어의 성장 추이

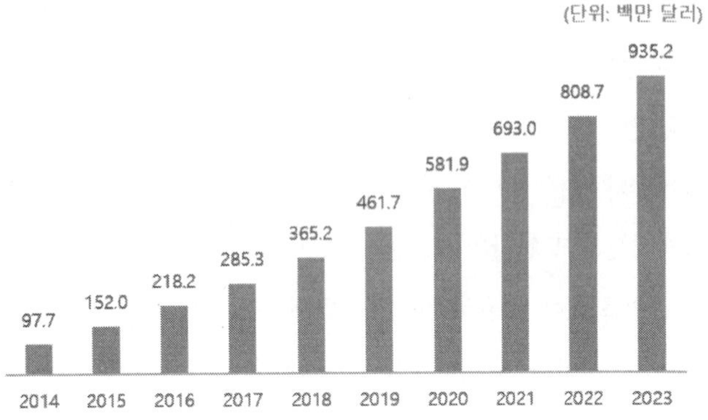

***출처**: STATISTA[27]
주: 2019~2023년은 전망치를 나타냄.

예측된다. 지난 2019년 구글플레이와 애플의 앱스토어의 앱 다운로드 건수는 각각 850억 건과 310억 건을 기록하였는데, STATISTA는 2024년 구글플레이와 애플의 앱스토어의 앱 다운로드 건수에 대해 각각 1,390억 건과 450억 건을 기록할 것으로 예측된다.

[그림 2-8] 전 세계 모바일 앱 다운로드 건수

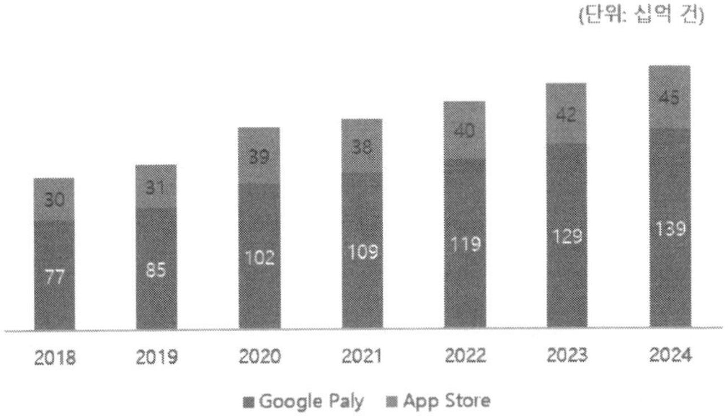

***출처**: STATISTA[28]
주: 2020~2024년은 전망치를 나타냄.

전 세계 모바일 앱 시장의 성장에도 불구하고 모바일 앱 유통 시장의 미성숙으로 인해 국내 앱 개발자가 부족한 현실이다. 따라서 우리나라의 경우 다양한 단말기에 적용할 수 있는 스마트폰용 앱 개발에 주력할 필요가 있으며, 특히 국가가 보유하고 있는 각종 공공정보의 개방, 공유를 통해 공공 애플리케이션 개발을 장려해 나갈 필요가 있다.

2) SNS 서비스의 기술적 진화과정과 발전 전망

스마트 폰을 포함한 스마트미디어의 등장과 함께 스마트미디어 시대의 정치 및 정책과정에의 시민참여를 활성화하는데 가장 크게 공헌하는 기술적 요소 중 하나로 소셜 네트워크 서비스(SNS)를 들 수 있다. SNS는 스마트미디어와 달리 이동성이 보장되지 않는 데스크톱이나 유선 노트북이 사용되는 환경에서부터 사용되기 시작하여 스마트미디어를 만나면서 그 중흥기를 맞이하고 있다. 스마트 폰이나 태블릿 PC와 같은 스마트미디어의 등장은 SNS의 성장에 더없이 좋은 기회를 제공해 주었다. SNS를 즐겨 쓰는 사용자들이 시간과 공간의 제약을 벗어나 언제 어디서든 정보를 수집하거나 배포할 수 있게 함으로써 SNS의 대중성과 보편성을 훨씬 강화해 주었기 때문이다.

소셜 네트워크 서비스(SNS)는 말 그대로 인터넷상에서 오프라인에서와 마찬가지로 인맥이 구축될 수 있도록 도와주는 웹 2.0 기술에 바탕을 둔 인터넷 서비스를 말한다.[29] 대표적인 소셜 네트워크 서비스로는 페이스북(Facebook), 트위터(Twitter)를 들 수 있겠다. 소셜 네트워크 서비스에 참여하는 이용자들은 온라인상에서 서로 친구를 소개해 줌으로써 친구 관계를 넓혀 나가는 데 목적을 둔다. 따라서 소셜 네트워크 서비스는 본질상 커뮤니티형 웹사이트라 할 수 있는데 개인 관련 정보 및 관심사를 글, 사진, 동영상 등으로 나타낼 수 있게 하고 친구나 동료 및 새로운 사람들과 연결해 줄 뿐만 아니라 그들에게 메일이나 인스턴트 메시지를 보낼 수도 있다. 소셜 네트워크 서비스는 그 서비스의 형태로 볼 때 일반적으로 온라인 커뮤니티 서비스와 혼동될 수도 있겠으나 온라인 커뮤니티 서비스가 ***"공통의 관심사를 지닌 사용자들이 특정한 공간에 모여서 활동하는 집단중심의 커뮤니티 서비스"***인데 반해 소셜 네트워크 서비스는 ***"사용자 개개인이 중심이 되어 다른 사용자와 관계를 형성하고, 이런 사용자들 간의 관계가 축적되어 하나의 네트워크를 형성"*** 한다는 점에서 서로 구별된다.[30)]

소셜 네트워크 서비스는 참여·공유·개방 등의 웹 2.0의 핵심 가치가 서비스에 반영된 웹 2.0 시대의 킬러 애플리케이션(killer application)이라 할 수 있다. 그러나 상업적 가능성에 대한 과대평가라는 지적과 다양한 역기능에 대한 우려의 목소리가 증대되는 등 저변 확산의 장애 요인도 존재하는 것이 사실이다. 따라서 소셜 네트워크 서비스는 무한한 잠재 가능성을 지닌 동시에 해결해야 하는 많은 과제를 내포하고 있다. 소셜 네트워크 서비스가 주목받는 이유는 동 서비스가 지닌 매개성과 생활 밀착성 때문이다. 즉 소셜 네트워크 서비스는 웹 2.0 기술에 기반하여 생성되는 다양한 형태의 콘텐츠들과 결합함으로써 ***"네트워크를 통해 형성된 지인 관계를 기반으로 공유와 배포를 원활하게 하는 주요 플랫폼으로 활용"***되고 있으며, 그러한 서비스 자체가 단순한 유행에 그치는 것이 아니라 사용자들의 온라인 생활의 일부로 정착되어 가면서 온라인 콘텐츠의 생산, 소비, 유통 방식의 근본적 변화를 주도하고 있다는 점에서[31] 미래에도 지속적인 발전이 예견된다.

소셜 네트워크 서비스는 현대사회의 익명성과 개인주의로 인해 오프라인에서는 줄어들고 있는 사회적 자본(social capital)을 증대시키는 역할을 하는 것으로 간주하여 학자들의 연구대상이 되고 있다.[32] Donath and Boyd(2004)는 소셜 네트워크 서비스가 다수의 약한 유대(weak ties)를 증가시키면서 이를 유지해 나갈 수 있는 기능을 하고 있어서 기존 오프라인에서의 관계 형성과 비교해 볼 때 훨씬 쉬울 뿐만 아니라 특별한 비용을 수반하지 않는다는 사실에 주목하면서 소셜 네트워크가 웹 사용이 보편화된 현대사회에서 오프라인에서 소멸되어 가는 사회적 자본을 강화할 수 있는 효율적 수단임을 강조한다. 특히 프렌드스터(Friendster)나 페이스북(Facebook)과 같은 소셜 네트워크 서비스들은 형성된 네트워크의 규모가 비교적 크지만 그럼에도 불구하고 이를 효율적으로 유지, 관리해 나갈 수 있어서 개인 수준의 사회적 자본이라 할 수 있는 '교량적 사회자본(Bridging Social Capital)'[33]을 증대시킬 수 있다고 주장하는 연구도 있다.[34] 특히 태블릿 PC와 스마트 폰 서비스의 등장으로 인해 이들 매체가 소셜 네트워크 서비스와 결합하면서 디지털 컨버전스의 기술진화가 가져오는 이동성과 개별성이 극대화됨으로써 더욱 폭발적으로 발전할 가능성이 커지고 있다.

3) 국내 SNS 동향

국내에서는 2000년대 초에 등장한 싸이월드가 가장 널리 쓰이는 소셜네트워크서비스였으나 이후 해외업체인 페이스북, 트위터 등이 진출하면서 해외업체들이 주도하고 있다. 다만 그와는 별개로 국내 SNS 이용률은 [그림 2-9]에 나타난 바와 같이 2011년 16.8%를 기록하였던 것이 2018년에는 48.2%를 기록할 만큼 급격히 증가하였다.

[그림 2-9] 국내 SNS 이용률 변화

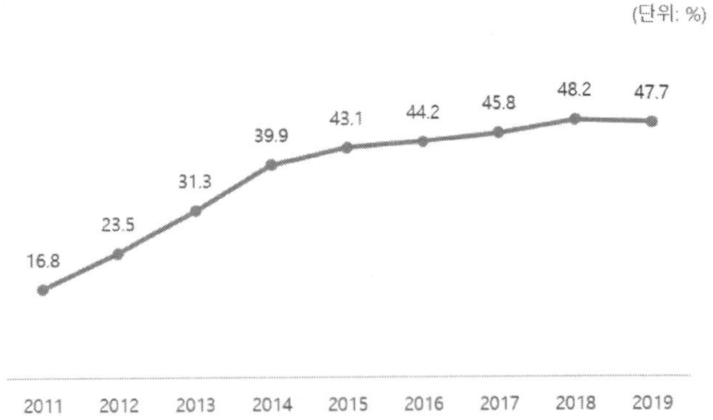

***출처**: 정보통신정책연구원(2019)

이러한 수치는 다른 미디어 서비스와의 비교에서 더욱 잘 드러나는데, [그림 2-10]에서 볼 수 있듯이 같은 기간 블로그의 이용이 줄어들고, 이메일의 이용이 정체를 보이는 동안 SNS와 카카오톡을 비롯한 인스턴트메신저의 사용은 급격하게 증가하는 모습을 보였다.

개별적인 소셜네트워크서비스의 이용률을 살펴보면 [그림

[그림 2-10] 국내 미디어 서비스 이용 추이

(단위: %)

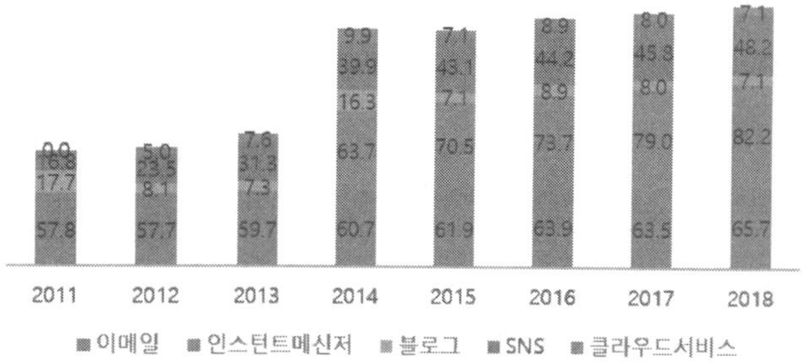

*출처: 정보통신정책연구원(2019)

2-11]에서 보여주듯이 페이스북이 29.6%를 차지하여 가장 높은 이용률을 기록한 것으로 나타났다. 또한 카카오스토리가 26.3%를 기록하여 그 뒤를 이었으며, 인스타그램(19.3%), 네이버 밴드(10.6%)의 순으로 높게 나타났다. 다만 2000년대 초 국내에서 소셜네트워크서비스의 시초를 열었던 싸이월드(0.6%)나 2000년대 후반 스마트 폰 대중화와 함께 높은 점유율을 기록하였던 트위터(5.3%)는 상대적으로 낮은 이용률을 기록하고 있다.

[그림 2-11] 국내 주요 소셜네트워크서비스 이용률(2019년)

(단위: %)

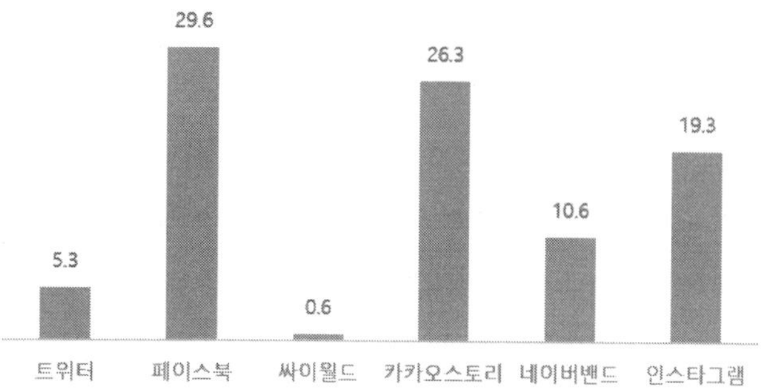

*출처: 정보통신정책연구원(2019)

[그림 2-12]에서 볼 수 있듯이 2019년 기준 한국인의 SNS 이용은 여성(47.3%)과 남성(49.1%) 사이에는 큰 차이를 보이지 않는 것을 확인할 수 있다. 그러나 세대별로 살펴보았을 때는 이용의 차이를 확인할 수 있었는데, 20대(82.3%)와 30대(73.3%)는 물론 40대(55.9%)와 10대(53.8%)에서도 응답자의 절반 이상이 소셜네트워크서비스를 사용하는 것으로 나타났다. 그러나 이러한 수치는 50대(55.9%)에 접어들어 급격하게 줄어드는 것을 확인할 수 있었으며, 10대 미만(5.7%) 역시 이용이 극히 드문 것으로 나타났다.

[그림 2-12] 성별·연령별 SNS 이용 현황(2018년)

(단위: %)

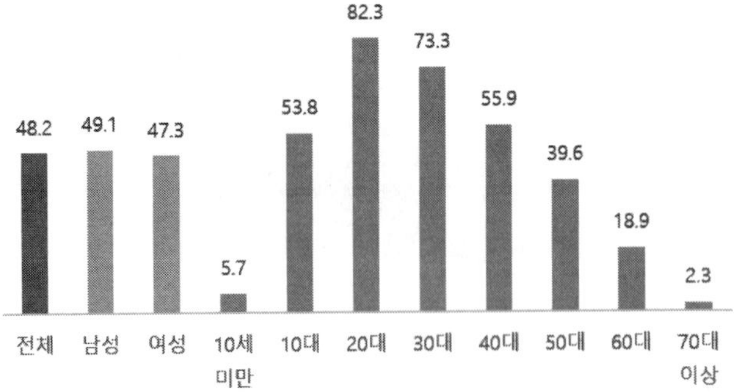

***출처**: 정보통신정책연구원(2019)

4) 해외 SNS 동향

해외에서는 초창기 소셜 네트워킹 서비스는 개인정보와 관심사 등의 프로필에 기반한 지인 관계 축적에 중점을 두었으나 성장동력을 찾지 못해 정체기를 맞이한다. 이후 콘텐츠와 결합하여 활용에 집중된 마이스페이스를 비롯한 2세대 소셜 네트워킹 서비스는 폐쇄된 관계 맺기를 넘어 콘텐츠의 생산과 공유, 배포를 시도하여 빠르게 성장하였다. 이외에도 비즈니스 소셜 네트워킹 서비스인 링크드인과 마이크로블로깅 서비스인 트위터가 등장하여 진화를 거듭한다. 페이스북은 스마트 폰의 발전과 함께 크게 성장하였으며, 핀터레스트 역시 기존의 사진 공유 웹사이트에서 소셜 네트워킹 사이트로 전환하며 빠르게 성장하였다.[35)]

또한 기존의 단순 인맥 형성 중심의 사회 커뮤니케이션 인프라를 벗어나 징가 등의 음악·게임, 링크드인으로 대표되는 비즈니스 인맥, 포스퀘어, 등의 위치기반서비스 역시 대표적인 SNS로 서비스되고 있으며, 이용 시간 증가와 스마트 폰을 통해 이동 중에도 더 많은 시간을 보냄에 따라 온라인 광고 플랫폼으로서의 영향력 또한 더욱 커졌다.

[그림 2-13] 세계 소셜네트워크서비스 이용자 추이

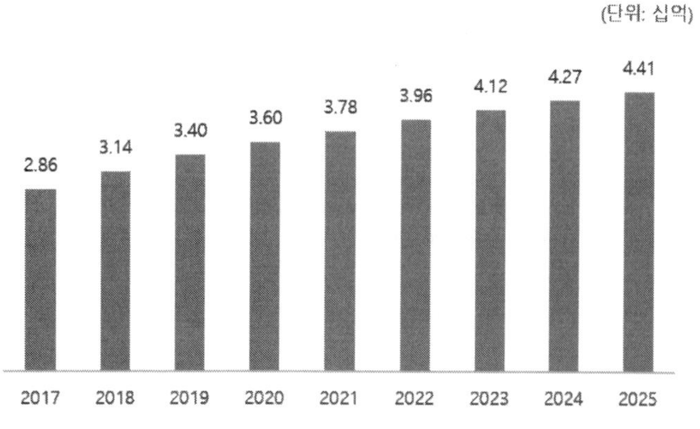

***출처**: STATISTA [36)]
주: 2020~2024년은 전망치를 나타냄

[그림 2-13]에서 확인할 수 있듯이 2020년 현재 소셜네트워크서비스 이용자는 36억 명에 달하는데, 이는 2017년 같은 통계가 기록한 28억 6천만 명과 비교하여 25%가량 성장한 모습이다. 이러한 증가 추세는 향후에도 지속될 것으로 보이는데, 2025년에는 44억 1천만 명이 소셜 네트워크 서비스를 이용할 것으로 전망된다.

[그림 2-14]에서 확인할 수 있듯이 주요 소셜네트워크서비스의 활성 사용자 수를 살펴보면 2020년 7월 현재 페이스북이 26억 3백만 명을 기록하여 가장 많은 활성 사용자 수를 기록하고 있는 것으로 나타났으며, 그 뒤를 동영상 플랫폼인 유튜브와 인스턴트 메신저인 왓츠앱 등이 뒤이었다. 눈에 띄는 것은 이미지 공유 중심 SNS인 인스타그램(10억 8,200만 명)과 숏폼 동영상 SNS인 틱톡(8억 명)의 활성 사용자 수가 높게 나타났다는 점이다. 반면 전통적인 소셜네트워크서비스로 많은 이용자를 가졌던 트위터의 경우 월간 활성 사용자의 수가 3억 2,600만 명을 기록하여 비교적 낮은 모습을 보였다.

[그림 2-14] 주요 SNS별 전 세계 활성 사용자 수(2020년 7월)

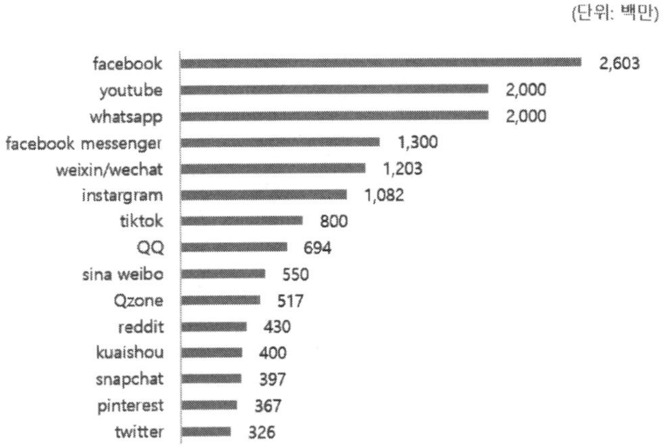

***출처**: STATISTA [37)]
주: 유튜브와 페이스북 메신저는 12개월간 업데이트를 개시하지 않았으며, 인스타그램과 스냅챗, 트위터는 수치 게시하지 않음

[그림 2-15]는 지역별 SNS의 보급률을 나타낸 것이다. SNS가 전 세계적으로 42%의 보급률을 나타내는 가운데, 동아시아(70%)와 북미(61%), 남미(61%)에서 높은 수치를 보였다. 반면 중앙아프리카(6%)와 동아프리카(7%), 중앙아시아(8%) 등 아프리카 지역과 아시아 일부 지역에서 낮은 보급률을 보였다.

[그림 2-15] 지역별 SNS 보급률(2019년 1월 기준)

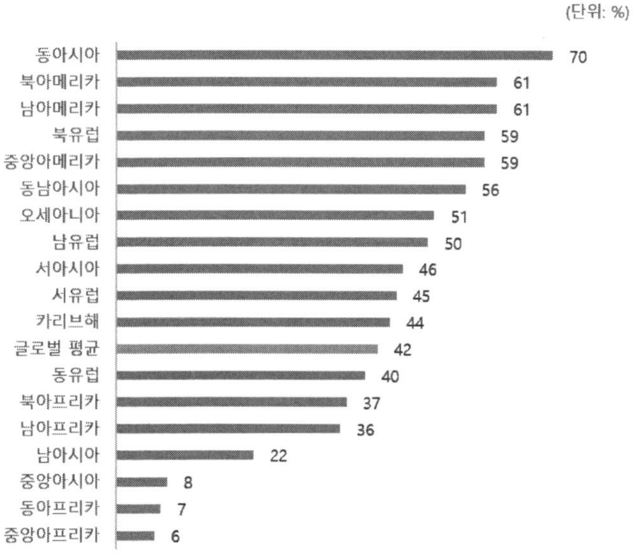

***출처**: STATISTA [38]

[그림 2-16]에 나타난 바와 같이 미국의 연령별 SNS 이용 현황을 살펴보면 유튜브의 이용률이 65세 이상을 제외한 모든 연령대에서 가장 많은 이용률을 보인 것으로 나타났다. 또한 페이스북이 전 연령대에서 높은 사용률을 보인 가운데, 인스타그램과 스냅챗이 젊은 연령(18~29세, 30~49세)에서 높은 사용률을 보였다. 특기할 점은 비즈니스 플랫폼 성격이 강한 링크드인의 경우 30~49세 연령대에서 다른 연령보다 높은 사용률을 보였다.

[그림 2-16] 연령별 SNS 플랫폼별 이용률

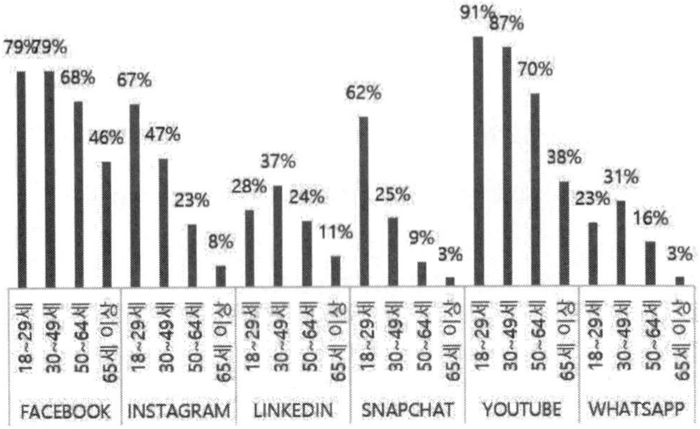

***출처**: PewResearchCenter(2019) [39]

[그림 2-17]에 나타난 바와 같이 미국의 성별 SNS 이용 현황을 살펴보면 성별에 따른 플랫폼 이용의 차이는 크게 두드러지게 나타나지 않았다. 다만 페이스북과 인스타그램의 경우 여성이 남성에 비해 높은 이용률을 보였으며, 반대로 링크드인과 유튜브의 경우 남성이 여성에 비해 다소 높은 이용률을 보였다.

[그림 2-17] 성별 SNS 플랫폼별 이용률

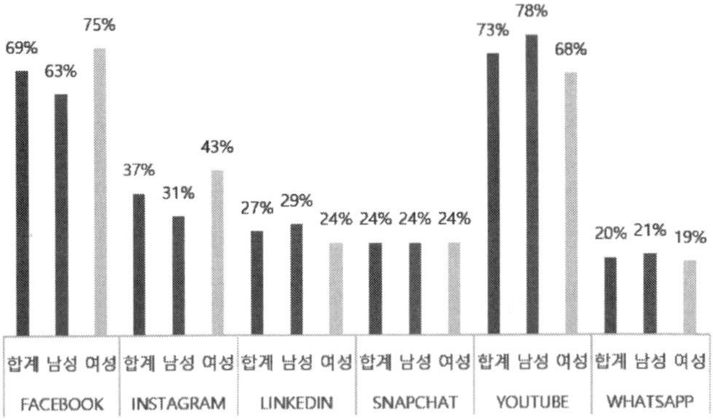

***출처**: PewResearchCenter(2019) [40]

[그림 2-18]에 나타난 바와 같이 미국 SNS 사용자의 플랫폼별 이용 빈도를 살펴보면 매일 사용한다는 응답이 모든 플랫폼에서 가장 높게 나타났다. 특히 페이스북의 경우 그 비율이 74%에 달하였다. 반면 트위터의 경우 42%에 불과하였으며, 유튜브 역시 51%를 기록하여 비교적 낮은 비율을 보였다. 또한 매주 사용한다는 응답은 유튜브(32%)와 트위터(29%)에서 높게 나타났다. 이외에 종종 사용한다는 응답은 트위터(29%)와 스냅챗(22%)에서 높게 나타났으며, 페이스북(9%)의 경우 그 비중이 가장 낮았다.

[그림 2-18] SNS 플랫폼별 이용 빈도 현황

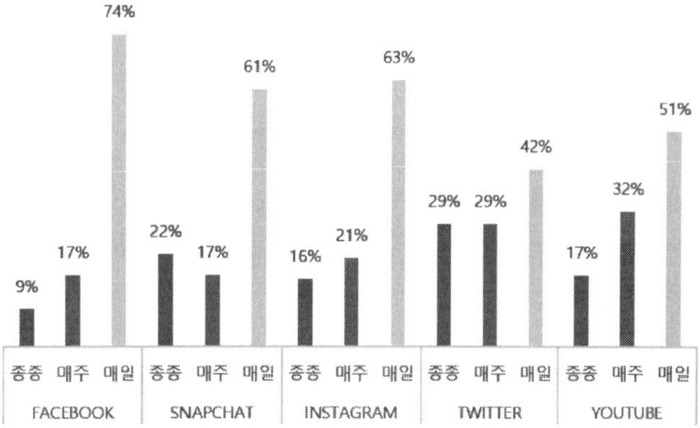

***출처**: PewResearchCenter(2019) 41)

5) 스마트 생태계(Smart Ecosystem)와 스마트미디어

(1) 스마트 생태계(Smart Ecosystem)의 구축

기존의 웹 1.0이나 웹 2.0 기술에 기반한 인터넷 생태계(ICT Ecosystem)는 [표 2-5]에서 보는 바와 같이 적용되는 기술의 수준에 따라 수직적으로 각각 구분된 기술적 층위에 속한 개별 기

[표 2-5] ICT 생태계의 층위 모델

Layer	기능	포함산업
Layer 6	최종소비 (Final Consumption)	-
Layer 5	10.35콘텐츠, 애플리케이션, 서비스	음악, 영상 등 콘텐츠, 응용 SW, 기타 서비스
Layer 4	미들웨어 (Navigation, Search and innovation Platform)	인터넷 브라우저, 검색, 보안 솔루션 등 미들웨어
Layer 3	연결성 (Connectivity)	ISP 등 인터넷 접속 사업
Layer 2	네트워크 운영 (Network Operating)	유무선 통신, 케이블 TV, 위성 등 방송산업
Layer 1	네트워크 요소 (Network Elements)	통신장비, 컴퓨터, TV 등 소비자 가전, 반도체 등 부품, 시스템 SW

***출처**: 정보통신산업진흥원(2011), p. 109.

술 분야들이 독립적인 지위를 유지하면서 층위 내에서 개별적으로 협력하거나 경쟁하는 구도였다.

그러나 이와 같은 일반적인 인터넷 생태계는 [그림 2-19]와 같이 일정한 수직적인 기술의 위계 구조 없이 계층별로 수평적으로 연결된 협력 관계나 다른 산업과의 융합을 통해 제품을 생산하거나 서비스 혁신을 가져오는 전혀 새로운 형태의 스마트 생태계로 전환되고 있다.

스마트미디어 시대의 도래는 이와 같은 기술 생태계의 근본적인 전환에 바탕을 두고 이해할 필요가 있다. 계층별로 독립적인 생태계를 유지해오던 기존의 인터넷 생태계와 달리 스마트 생태계는 생태계에 참여하는 다양한 이해관계자들 간의 상생과 제휴·협력, 그리고 소통을 통해 상호 동시적 발전을 위한 기술투자 기반을 형성하게 된다. 또한 계층 내 약육강식의 경쟁 논리에 따라 수익의

[그림 2-19] 스마트 생태계

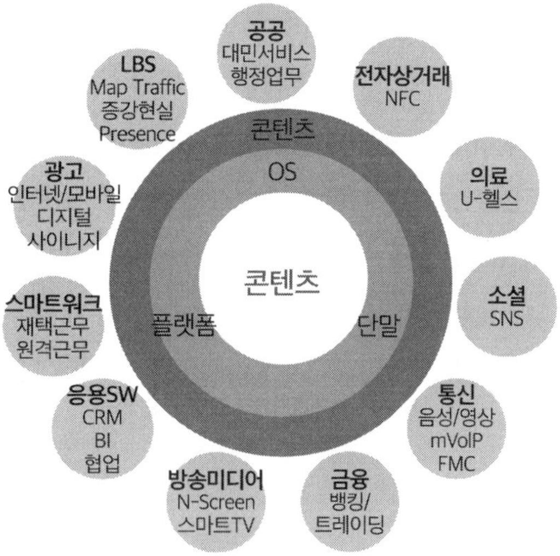

*출처: 정보통신산업진흥원(2011), p. 109.

불평등한 분배가 일상화되고 있던 기존의 승자독식 구조의 생태계와 달리 생태계 전반의 동반성장에 따른 새로운 유형의 수익 창출 구조를 형성한다는 점에서도 뚜렷이 기존의 것과 구별된다.

(2) 디지털 융합(Digital Convergence)과 스마트미디어 시대의 도래

우리나라에서 디지털 융합은 매우 빠른 속도로 전개되어 가고 있다. 방송과 통신, 인터넷과 통신, 컴퓨터와 통신의 융합은 다양한 부문에서 일어나고 있다. 이러한 융합 현상은 우리나라 무선인터넷 보급률 등을 통해 확인할 수 있는데, 한국은 2012년 이미 초고속 무선인터넷의 보급률이 OECD 국가 가운데 처음으로 100%를 넘어섰다.[42]

또 세계적인 IT 관련 기업인 가트너(Gartner)가 발표하는 10대 전략 기술의 경우 지속해서 '빅데이터(big data)'나 '차세대 분석'과 데이터양의 증가와 데이터에 대한 고도화된 분석 요구의 증대에 따른 데이터 분석 관련 기술 등이 전략 기술이 선정되고 있다. 이러한 현상은 스마트미디어 시대가 빠른 속도로 전개될 것이라는 IT 관련 기업의 현실 인식을 반영한 것으로 스마트미디어 활용이 더욱 증대될 것이라는 일반을 예측할 수 있게 하는 부분이다.

[표 2-6] 가트너 선정 10대 전략 기술 변화

2010	2015	2020
클라우드 컴퓨팅	컴퓨팅 에브리웨어	초자동화
진화된 분석	사물인터넷	다중경험
클라이언트 컴퓨팅	3D프린팅	민주화
그린IT	보편화된 첨단 분석	인간증강
데이터센터 혁신	콘텍스트 리치 시스템	투명성 및 추적성
소셜 컴퓨팅	스마트 머신	자율권을 가진 엣지
보안 동작 모니터링	클라우드/클라이언트 컴퓨팅	분산형 클라우드
플래시 메모리	소프트웨어 정의 애플리케이션과 인프라	자율사물
가용성을 위한 가상화	웹스케일 IT	실용적인 블록체인
모바일 애플리케이션	위험 기반 보안과 다가 방어	인공지능 보안

스마트 생태계의 진화에 따른 스마트미디어 시대의 도래는 SNS의 폭발적인 증가에 의해 영향을 받는 동시에 영향을 주기도 한다. 정보통신산업진흥원(2011)의 『2011 소프트웨어 산업 연간

보고서』는 2012년 네트워크, 스마트 기기, 플랫폼 등 다양한 IT 기술의 발전에 힘입어 실시간으로 진행되는 개방과 소통 중심의 커뮤니케이션에 대한 요구가 증대하면서 SNS의 폭발적인 증가 현상이 나타날 것으로 예측하면서, SNS가 새로운 비즈니스 플랫폼으로 부상할 것으로 전망한 바 있다.

또한 [표 2-7]에서 보는 바와 같이 글로벌 시가총액 상위 기업에 애플과 마이크로소프트, 알파벳(구글), 아마존, 페이스북 등 글로벌 IT 기업과 SNS 기업이 있다.

[표 2-7] 글로벌 IT 기업의 IPO 확산
(글로벌 기업 시가총액 순위, 2020.01.09. 기준)

순위	거래소	회사명	시총(억 달러)
1	사우디	아람코	18,200
2	미국	애플	13,300
3	미국	마이크로소프트	12,200
4	미국	알파벳	9,688
5	미국	아마존	9,380
6	미국	페이스북	6,138
7	미국	알리바바	5,848
8	미국	버크셔헤서웨이	5,527
9	홍콩	텐센트	4,797
10	미국	JP모건체이스	4,295

***출처**: 연합뉴스 43)

또한 [표 2-8]에서와 같이 향후 상장을 앞둔 유망기업으로도 스마트디지털 융합기술을 활용한 기업이 다수 포진하고 있다는

[표 2-8] 2020년 상장 유망기업

회사명	본사	특징	예상 기업가치
앤트파이낸셜	중국 항저우	알리바바 자회사, '알리페이' 서비스	1,500억 달러
위워크	미국 뉴욕	세계 최대 사무실 공유 업체	100억-1,000억 달러
디디추싱	중국 베이징	중국 1위 차량공유 업체	800억 달러
에어비앤비	미국 캘리포니아	세계 최대 숙박 공유 업체	310억 달러
팰런티어		빅데이터 분석 기업	260억 달러
로빈후드		수수료 없는 주식거래 서비스	70억-80억 달러

***출처**: 한국경제 44)

점에서 이러한 업종이 중요한 IT 트렌드이자 경제 산업의 한 축이라는 점을 어렵지 않게 짐작할 수 있다.

(3) 스마트미디어 활용에 관한 연구 동향

스마트미디어가 등장하기 시작한 것은 최근의 일로 그에 관한 연구 역시 시작 단계에 불과하다. 심미선·김은미(2011)는 스마트미디어 활용과 관련된 연구의 흐름을 크게 1) 스마트미디어를 채택하게 하는 요인에 관한 연구, 2) 스마트미디어를 채택한 후에 나타나는 이용행태에 관한 연구, 3) 스마트미디어 활용에 따른 만족도 증가 및 중독에 미치는 영향 요인에 관한 연구, 4) 스마트미디어 활용이 전체 미디어 이용 및 일상생활 전반에 미치는 영향에 관한 연구의 4가지 범주로 구분하였다.

먼저 스마트미디어 채택에 영향을 미치는 요인에 관한 연구로

김수현(2010)의 연구를 들 수 있는데 그의 연구는 특정 기술의 유용성과 용이성에 대한 소비자의 신념(belief)이 기술에 대한 태도(attitude)에 영향을 주고 이러한 태도는 다시 그런 기술을 이용해야겠다는 의도(intention)를 결정짓고 실제 이용 행위(behavior)에도 영향을 미치게 된다는 데이비스(Davis 1989)의 기술수용모형(Technology Acceptance Model)에 뿌리를 두고 있다. 김수현(2010)은 데이비스의 기술수용모형에 '지각된 유희성'을 변인으로 추가하여 스마트 폰을 채택하고자 하는 의도에 영향을 미치는 요인들을 실증적으로 분석한 바 있다. 연구 결과, 소비자에 의해 지각된 스마트 폰 사용의 용이성, 유용성, 유희성이 모두 스마트 폰 채택을 결정하는 데 유의미한 영향을 미치는 것으로 나타났다. 손승혜·최윤정·황하성(2011)의 연구 또한 데이비스의 기술수용모형에 스마트 폰 채택에 작용하는 사회적·조건적 변인을 추가한 새로운 채택 모형을 통해 소비자에 의해 인지된 유희성이 유용성이나 용이성 이상으로 중요한 역할을 하는 요소임을 밝혀냈다.

스마트미디어를 채택한 후 나타나는 이용행태에 관한 연구나 스마트미디어에 대한 만족 혹은 중독에 관한 최근의 연구 성과로는 김혜진·김도연(2011), 박인곤·신동희(2010), 황하성·손승혜·최윤정(2011) 등의 연구를 들 수 있다. 먼저 김혜진·김도연(2011)은 로저스(Rogers 1995)의 개혁확산이론에 착안하여 스마트 폰 채택 시기 혹은 채택 여부에 따라 개인 사용자의 혁신성(innovativeness)에 통계적으로 유의미한 차이가 있을 뿐 아니라 만족감과 인지된 유용성과 용이성에서도 유의미한 차이가 있음을 입증했다. 다음으로 박인곤·신동희(2010)의 연구는 항상 휴대가능한 스마트 폰의 특성으로 인해 오락이나 시간 보내기 용도뿐만 아니라 수시로 개인이 해결해야 할 업무에 따른 문제해결을 위해서도 스마트 폰이 활용되고 있다는 사실과 함께 신제품을 선호하고 새로운 기술에 민감한 집단일수록 접속 속도나 문제해결 능력을 스마트 폰에 대한 만족 요인을 꼽는 경우가 많다는 사실을 발견했다. 황하성·손승혜·최윤정(2011)의 연구는 만 15세 이상 스마트 폰 이용자 600명을 대상으로 인구통계학적 속성과 기능적 속성에 대한 분석을 통해 스마트 폰 중독에 영향을 미치는 요인을 분석하고 있는데, 여성과 30대와 40대 이상의 중년층에서 스마트 폰 중독이 더 심하다는 결론을 도출하고 있다.

스마트 폰 이용이 일반생활에서 미디어 이용 패턴의 변화나 일상생활 전반에 미치는 영향에 관한 연구 또한 폭넓게 이루어져 오고 있다. 황주성·이재현·이나경(2010)의 연구는 일반휴대전화 이용자와 스마트 폰 이용자 간에 미디어 이용 패턴에 분명한 차이가 존재함을 실증적으로 입증한 바 있다. 하성보·강성묵(2011)은 스마트 폰 이용자에 대한 심층 인터뷰를 통해 스마트 폰과 애플리케이션이 이용자의 신체와 연결되어 마치 신체의 일부처럼 기능하면서 동시에 제2의 신체로 인식되어 스마트 폰과 애플리케이션을 통한 커뮤니케이션으로 공통 관심사를 공유하고 새로운 일상 문화를 구성할 정도로 스마트 폰 이용자의 일상생활에 깊은 영향을 미친다는 결론을 도출하였다.

위와 같은 스마트미디어 활용에 관한 연구성과들은 주로 스마트 폰의 기술적 특성이나 미디어 이용행태에 관한 영향과 관계된 연구들로서 스마트미디어 사용자의 정치 사회적인 공적 생활에 스마트 폰 사용이 어떤 영향을 미치는가에 관한 연구는 상대적으로 미흡한 실정이다.

스마트 폰의 활용이 인터넷과 SNS 등 다른 인터넷 서비스의 이용에 긍정적인 영향을 미치는지에 관한 연구도 활발하게 진행되었다. 먼저 스마트 폰 사용에 따른 데스크톱 컴퓨터 활용 패턴의 변화를 연구한 칼손과 동료들[45]의 연구는 스마트 폰의 높은 휴대성이 매우 가치 있는 것으로 나타나긴 하였으나 스마트 폰 자체가 음성통화나 문자 메시지 전달 기능을 넘어 데스크톱 컴퓨터를 대체하여 업무영역까지 그 사용이 확대되는 것은 아니라는 사실을 발견했다. 즉, 스마트 폰과 컴퓨터의 관계에서는 서로에 대한 상호작용이 크게 일어나지 않는다는 사실이 밝혀진 것이다. 매튜와 그의 동료들[46] 역시 비슷한 결론을 얻었는데, 21명의 스마트 폰 신규 구매자를 대상으로 한 심층 인터뷰 조사에서 스마트 폰은 데스크톱이나 노트북의 보완재로 기능할 뿐 결코 대체재로 이용되지는 않는다는 사실을 발견했다. 그러나 스마트 폰의 사용이 인터넷 활용에 미친 영향을 분석한 링과 썬소이[47]의 연구는 기존의 연구들과는 달리 아이폰이라는 특정 스마트 폰 기기가 일반 휴대전화나 다른 스마트 폰 기기보다 인터넷 접속과 다운로드 횟수를 크게 증가시키는 역할을 수행하였음을 발견했다.[48]

최근 국내에서도 스마트 폰 이용에 따른 인터넷 및 SNS 이용 패턴에 변화가 나타나는지를 분석한 실증적 연구들이 계속되고 있는데, 대표적인 경우가 방송통신위원회와 한국인터넷진흥원이 2010년 7월부터 반기마다 실시해온 '스마트 폰 이용행태 조사'가 있다. 매년 2회씩 조사하며 지금까지 총 5회에 걸쳐 실시된 조사는 스마트 폰의 이용률과 함께 스마트 폰을 활용한 다양한 모바일 서비스의 이용행태를 폭넓게 조사하고 있다. 그러나 동 조사의 경우 2010년 7월 실시된 1차 조사부터는 매번의 조사 시점마다

조사항목들에 많은 변화가 있어 특정한 스마트 폰 이용행태 항목에 대해 일정한 증감 패턴을 파악하기 어려운 면이 있어 아쉬움으로 남는다. 한국언론진흥재단(2010)의 '미디어 이용과 효과 조사' 역시 스마트 폰 이용이 인터넷 이용에 어떤 영향을 미치는지에 초점을 두어 연구를 수행한 바 있다.

심미선·김은미(2011)의 '스마트미디어 서비스 이용실태 조사'는 기존 연구가 고려하지 못했던 다양한 기존 대중 매체들에 대한 스마트미디어의 영향을 분석하고 있다는 점에서 차별화된 연구 결과를 보여 준다. 그들의 연구에 따르면 스마트 폰과 태블릿 PC는 각각 구분된 스마트미디어 기기로서 종이신문, TV, 노트북, 데스크톱 등 기존 미디어 기기의 사용에 각기 다른 영향을 미친 것으로 나타났다. 스마트 폰과 태블릿 PC 모두 기존 미디어 기기의 사용 시간을 줄이는 효과를 가져왔으나 스마트 폰보다 태블릿 PC가 종이신문, 노트북 등 기존 미디어의 이용 시간을 더 많이 줄이는 효과를 거두었을 뿐만 아니라 가족이나 친구와의 개인적인 대화 시간까지 줄이는 효과를 나타낸 것으로 드러났다. 그뿐만 아니라 심미선·김은미(2011)의 연구는 스마트미디어 기기 이용자와 非이용자 간에도 기존 대중매체의 활용에 있어 뚜렷한 차이가 존재함을 보여 주고 있다. 특히 스마트미디어 이용자와 非이용자 간 SNS 이용 패턴은 매우 두드러진 대조를 보여 주고 있는데 스마트미디어 非이용자 중 SNS 이용자는 15.3%인데 반해 스마트미디어 이용자 중 SNS 이용자는 무려 52.6%에 달한다. 이는 스마트미디어 기기의 활용 여부가 SNS의 이용 여부에 매우 깊은 영향을 미치고 있음을 말해주는 것이다. 그러나 스마트미디어의 이용 여부가 SNS의 이용 정도나 이용 빈도, 그리고 SNS 교류대상에는 유의미한 영향을 미치지 않는 것으로 조사되었는데, 이는 SNS가 여전히 친밀한 대인관계의 보완적 커뮤니케이션 도구로 활용되고 있음을 보여주는 것이다.

앞서 살펴본 연구들은 대체로 스마트미디어의 정치·사회적 기능과는 무관한 기술적이거나 심리적인 부분의 영향 효과를 분석하는 데 초점을 맞추고 있다는 점에서 이 책이 지향하는 정치참여나 정책참여와는 거리가 있다. 금희조·조재호(2010)의 연구는 이런 점에서 스마트미디어 관련 연구에 새로운 지평을 열었다. 그들은 스마트 폰 채택 및 이용과 관련한 디지털 격차 및 커뮤니케이션 격차 현상을 분석하면서, 스마트미디어 채택 여부의 차이가 정치참여에 어떤 영향을 미치는지를 제시하였다. 그들의 연구 결과에 따르면 스마트 폰 이용자도 기존 인터넷 사용자와 마찬가지로, 남성일수록, 연령이 낮을수록, 학력과 수입이 높을수록 이용 경향이 더 높을 뿐만 아니라 그러한 차이는 정치정보의 습득 및 커뮤니케이션에도 그대로 반영되어 디지털 격차와 마찬가지의 커뮤니케이션 격차를 만들어낸다. 다시 말해 스마트 폰 이용이 다양한 미디어를 통한 정치정보의 습득과 정치적 커뮤니케이션을 가능하게 함으로써 정치참여의 격차를 유발하게 된다는 것이다.

금희조·조재호(2010)의 연구에서 정치참여의 격차를 유발하는 매개변수는 스마트미디어를 통해 SNS를 사용하느냐에 달려 있다. 즉, 그들은 SNS를 포함한 소셜미디어를 정치적 의사소통을 위해 얼마나 자주 이용하는가를 중심으로 스마트미디어의 정치참여 효과를 측정하였다. 따라서 이들이 내린 연구 결론을 일반적인 '이용과 충족'을 목적으로 한 SNS 사용으로까지 일반화하는 것은 위험한 일이 아닐 수 없다. 국내외 연구를 막론하고 SNS 등장 초기의 연구들은 금희조·조재호(2010)의 경우와는 달리 SNS를 '이용과 충족'이라는 매우 일반적인 이용 동기에 초점을 맞추어 SNS의 영향력을 분석하고 있다.[49]

SNS를 이용하는 일반적인 목적은 사이버공간에서 친분을 유지하거나 새롭게 인맥을 형성하고자 하는 욕구와 관련되어 있다는 연구 결과가 주를 이룬 가운데,[50] 자기표현을 통한 자아존중감의 확인을 개인적인 SNS 이용 동기로 보는 연구들도 있다.[51] 이처럼 개인적인 욕구의 충족이라는 동기 요소 외에 금희조·조재호(2010)의 연구처럼 SNS가 가진 사회적 기능에 초점을 두어 SNS 이용 동기의 사회적 맥락을 밝히려 한 연구도 있다.[52]

SNS 서비스의 성장세가 지속될 것으로 전망되는데 시장조사기관인 이마케터(eMarketer)의 전망에 따르면 한 달에 1회 이상 SNS를 이용하는 사람의 수는 2011년 12월을 기준으로 12억 명이었으나 2014년 12월에는 약 18.5억 명으로 증가할 것으로 예상된다. 이는 전 세계 인구의 약 1/3에 해당하는 엄청난 규모라 할 수 있다.

4. 디지털 융합기술의 진화

인간이 이뤄낸 여러 가지 기술의 혁신 중에서도 21세기에 접어들어 가장 괄목할 만한 기술혁신이 이루어진 분야로 들 수 있는 것 중의 하나가 바로 커뮤니케이션과 관련된 기술 분야이다.

디지털 컨버전스 사회는 각종 디지털 융합기기로 무장한 디지털 노마드가 사회적 커뮤니케이션을 주도하는 사회이다. 따라서 디지털 노마드의 문화나 의식 코드를 제대로 읽어내지 않고서는 공공영역에서 산출되는 정책에 대한 시민의 순응을 이끌어내기 어렵다. 융합 환경하에서 이루어지는 정책 과정의 각 단계에서 정책결정 혹은 집행의 주체들은 디지털 노마드로 유형화된 시민들의 반응을 의식하지 않을 수 없다. 정책 과정의 주체들 스스로 디지털 노마드화 하지 않고서는 융합 환경에서 정책 과정을 성공적으로 이끌어 가기 힘든 것이다. 특히 디지털 컨버전스의 기술진화는 우리 사회의 커뮤니케이션에 있어 동시성과 이동성을 더욱 강화하는 결과를 초래함으로써 디지털 노마드의 수적 증가를 촉진할 가능성이 크다. 스마트 폰의 탄생은 그 자체로 디지털 노마드의 생활환경을 혁명적으로 변화시켰다는 점에서 디지털 노마드를 21세기의 보편적 트랜드로 만들어 가고 있다.

디지털 네트워크는 사회가 시공간적으로 조직되고 관리되는 방식에 급격한 변화를 가져오게 된다. 따라서 이런 사회에서 디지털 융합기술이 정책결정과정에 미치는 영향은 정책결정과정에서 필수적인 정책결정에 관여하는 주체들 간의 커뮤니케이션 방식을 근본적으로 변화시키고 있다는 사실에서부터 출발해야 제대로 이해될 수 있을 것이다. 디지털 융합 환경의 시대에 소통방식의 변화를 주도하고 있는 대표적 의사전달 매체로 소셜미디어(social media)를 들 수 있다. 사회 각 분야에서 급속하게 확산하고 있는 소셜미디어를 활용한 커뮤니케이션은 서비스 이용자들이 매체 선택에 대한 더욱 많은 권한을 누리게 하고 정보를 생산하고 유통하는 주도권을 이용자에게 더 많이 부여하고 있기에 사회의 민주적 소통에 더없이 중요한 역할을 수행한다.

커뮤니케이션 형태가 정보 습득의 질과 범위를 결정하고 정보의 질과 범위가 다시 사고의 방향을 결정한다는 측면에서 디지털 컨버전스의 기술진화가 커뮤니케이션 형태의 근본적 변화를 가져오고 그것이 그러한 변화로 형성된 융합 환경에서 활동하는 행위자들의 사고의 방향에 근본적인 영향을 끼치게 됨은 당연한 일일 것이다. 기존의 방송 미디어가 상대적으로 수용자들에게 ***"단편적이고 피상적이고 일반적인 정보"***를 알려준 것이라면 디지털 컨버전스의 기술진화 때문에 새롭게 나타나는 커뮤니케이션 매체들은 ***"피상적인 단편적인 내용을 많이 접하게 되지만 자신의 동기를 유발하는 한 두 분야에 대해서는 아주 깊고 심층적인 지식을 가진"*** 쪽으로 커뮤니케이션의 방향을 본질적으로 변화시킨다고 볼 수 있다.

융합 환경은 그 환경 속에 깃들어 사는 행위자의 생활 및 행동양식에 근본적인 변화를 초래하게 되며, 그러한 변화는 융합 환경을 구성하는 사회적 속성과 행위자들의 사고의 방향에 근본적인 수정을 가져오게 된다. 이러한 디지털 융합 환경에서 환경변화는 개별성(individuality), 동시성(synchronicity), 복잡성(complexity), 상호작용성(interactivity), 이동성(mobility)의 증대로 요약될 수 있다. 또한 앞선 [표 2-7]의 2020년 가트너가 선정한 10대 전략 기술에서 확인한 바와 같이 디지털 융합기술은 사람과 기술이 개방적으로 연결되고, 지능화를 통하여 사람과 사물 사이의 상호작용이 가능한 '스마트 공간'으로 진화가 이루어지고 있다.[53]

5. 4차 산업혁명 시대의 도래

사물인터넷(IoT), 인공지능(AI: Artificial Intelligence), 빅데이터(Big Data), 블록체인(Bloc Chain) 등으로 대표되는 4차 산업혁

명은 산업과 기술 부분만의 변화가 아닌 우리 사회 전반의 변화를 예고하고 있다. 4차 산업혁명이 가져온 인간과 인간, 인간과 사물(기계), 사물과 사물 간의 폭넓은 교류방식의 변화는 결국 인간사회의 권력 구조의 작동양식은 물론 모든 관계의 구조적 변화를 가져올 수밖에 없음. 관료적 혹은 권위적 위계 관계에 바탕을 둔 4차 산업혁명 이전 시대의 권력에 의한 통제 방식은 4차 산업혁명 시대의 핵심기술인 소셜미디어, 블록체인, 클라우드 컴퓨팅, 사물인터넷(IoT)과 같은 기술의 확산에 힘입어 집중형의 교류방식에서 분산형의 교류방식으로 변화시키면서 그와 함께 권력의 공간적 분할과 위임 혹은 이양을 촉진하는바, 그런 점에서 4차 산업혁명이 현대 혹은 미래사회의 구성 원리를 수직 사회에서 수평 사회로 변모시키면서 그 동력으로 인해 중앙과 지방 간 권력 구조 그리고 지방 내에서 지방정부와 주민 간의 권력 관계에도 근본적인 변화를 초래하게 된다.[54] 아래의 [그림 2-20]은 4차 산업혁명의 기술진화가 가져오게 될 사회 환경의 변화를 잘 보여 주고 있다.

[그림 2-20] 4차 산업혁명의 기술진화가 가져올 지방자치의 환경변화

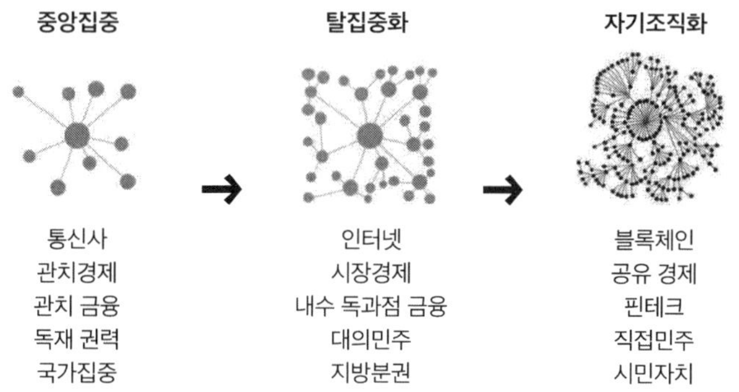

***출처**: 윤예지 외(2017), p.56.

1) 4차 산업혁명의 등장과 개념

4차 산업혁명은 2016년 다보스 세계경제포럼(World Economy Forum: WEF)의 핵심 주제였던 '4차 산업혁명의 이해(Mastering the Forth Industrial Revolution)'를 계기로 전 세계적으로 논의가 확산되었다.[55] 4차 산업혁명의 개념은 매우 다양하다. 다보스포럼 회장인 클라우스 슈밥은 4차 산업혁명을 '물리적, 디지털, 생물학적 영역 간 경계를 모호하게 하는 기술의 융합(WEF 2016a)'으로, 우리나라 4차 산업혁명위원회는 '인공지능, 빅데이터, 초연결 등으로 촉발되는 지능화 혁명, 그리고 그 이상'으로 정의하고 있다. 그 외에 4차 산업혁명의 개념은 아래와 같이 정의된다.[56]

- **다보스포럼('16):** 인간과 기계의 잠재력을 획기적으로 향상시키는 '사이버 - 물리 시스템(Cyber- Physical System)'
- **니콜라스 데이비스:** 기계가 지능이 필요한 작업을 수행하고, 인간 신체에 컴퓨팅 기술이 직접 적용되고, 기업/정부 및 수요자 간의 소통을 새로운 차원으로 향상시키는 등 기술이 사회에 자리 잡는 방식이 새로워지는 시대
- **제이콥 모건:** 실제 세계(real world)와 기술 세계(technological world)의 구분을 모호하게 만드는 컨셉
- **한국전자통신연구원(ETRI):** 초연결·초지능·초실감의 ICT 기술과 다양한 과학기술의 융합에 기반한 차세대 산업혁명으로, 인류의 사회·경제·문화에 걸쳐 새로운 대 분기를 초래할 변혁
- **한국 산업연구원(KIET):** 20세기 후반 이후 정보통신기술을 기반으로 한 인터넷 확산과 정보처리 능력의 획기적 발전을 기초로 하며, IoT, 클라우드, 빅데이터 및 인공지능 등의 디지털화를 기반으로 물리적·생물학적 영역을 포함한 모든 영역의경계가 없어지고 연결

성이 극대화되는 한편, 융합이 가속화되어 기존과 완전히 다른 체계의 생산 - 소비 패러다임의 디지털 경제

- **매일경제 용어사전:** 기업들이 제조업과 ICT 기술을 융합해 작업 경쟁력을 높이는 차세대 산업혁명을 가리키는 말로, '인더스트리 4.0'

이처럼 전문가마다 4차 산업혁명을 다르게 이해하고 정의하기 때문에, 일반인들이 쉽게 이해할 수 있는 합의된 개념은 아직 없다.

2) 4차 산업혁명의 특성

산업혁명은 기술 및 동력원의 발전을 통해 자동화(Automation)와 연결성(Conectiviety)을 발전시켜온 과정으로 축약될 수 있다. 1차 산업혁명은 기계의 발명으로 인한 자동화의 탄생과 증기기관의 발명을 통한 국가 내의 연결성 강화를 이루었다. 2차 산업혁명은 전기 등 에너지원의 활용과 작업의 표준화를 통해 기업 간/국가 간 노동 부문의 연결성을 강화하고, 대량생산체제를 성공적으로 수립하였다. 3차 산업혁명은 전자장치/ICT를 통하여 급진적인 정보 처리 능력의 발전을 이루었으며, 이를 바탕으로 정교한 자동화를 이루고 사람, 환경, 기계를 아우르는 연결성을 강화했다.[57] 그렇다면 다가오는 4차 산업혁명에 대한 우리의 전략은 어떠한가? 과학기술정책연구원의 발표에 따르면 4차 산업혁명은 초연결성·초지능화·초혁신의 특징을 가지며, 이를 통해 모든 영역의 통합이 이루어져 새로운 혁신의 시대가 시작되어 기술 패러다임 전환을 맞이하고 있다. 4차 산업혁명은 범

용기술로서의 ICT가 그 핵심으로, 최근 주목받고 있는 서비스는 IoT, 클라우드, 빅데이터, 모바일과 인공지능 등 지능정보 기술이다.

이러한 제4차 산업혁명의 특성을 통해 모든 것이 상호 연결되고 더 지능화된 사회로 변화하게 되는데, 이 과정에 5G는 제4차 산업혁명에 필요한 초연결성과 초지능화에 필요한 기술적 근간을 제공한다. 즉, 5G의 초고속성, 초저지연, 초밀집성, 초경제성 등은 4차 산업혁명에 꼭 필요한 기능을 제공한다. 즉, 5G의 초고속성, 초저지연, 초밀집성, 초경제성 등은 4차 산업혁명에 꼭 필요한 기능을 제공한다.[58]

3) 5G 기술

ITU에 의하면, 향후 5G 환경에서 데이터 전송은 이동통신의 핵심 요소일 뿐만 아니라 4G보다 약 10배 빠른 전송 속도를 갖게 될 것이다. 즉, ITU-R WP 5D가 제시한 5G 이동통신 기술의 8대 핵심 성능 요소(Key Performance Capabilities Index, KPI)에 따르면 5G 이동통신은 지속해서 최소 100Mbps 이상, 최대 1Gbps 수준의 전송 속도를 보장해야 한다. 시스템 용량 측면에서는 단위 면적당 10Mbps/m2의 용량을 제공해야 하고, 4G와 대비해 최소 3배 이상의 주파수 효율성을 확보해야 한다. 또한 5G 환경에서는 가상현실, 초고용량 영상 스트리밍 등의 서비스가 보편화되면서 트래픽이 폭발적으로 증가할 것으로 예측되기 때문에 스몰셀 등을 활용한 핫스팟 중심의 주파수 이용이 이루어질 것으로 전망된다. 특히, 5G 이동통신은 초고주파 대역을 활용할 것으로 예측되기 때문에 5G 이동통신 환경에서는 스몰셀 구성을 위한 이종 간 네트워크 기술적용이 더욱 활발하게 발생할 것으로 보인다.

향후 신규 주파수 이용 서비스들을 기반으로 다양한 기기나 사물들이 네트워크에 연결되어 추가적인 가치를 창출할 것으로 전망되고 있다. 이러한 분야별 원활한 시장 전개를 위한 적절한 주파수 관리 및 조치가 필요하다. 이를 위해서는 관련 서비스들의 특징별로 분류되어 분야별로 적절한 조치가 제공될 필요가 있다. 이동통신을 살펴보면 다음과 같다. 5G는 차세대 이동통신 기술로서 2020년경에 상용화될 것으로 전망되고 있으며, 최대 전송 속도 20Gbps의 빠른 속도 외에도 다양한 연결을 통한 소통이 가능하여 다수의 신산업을 창출할 전망이다. 즉, 과거 2G부터 3G까지의 이동통신은 음성 위주의 서비스 및 데이터 서비스의 시작점을 제공하였던 반면에, 4G 이동통신에서는 본격적인 데이터 중심 이동통신 서비스로의 큰 변화가 발생하였고, 5G에서는 기존 4G 이동통신을 더욱 고속화하는 ① 향상된 무선통신 외에 ② 사물 통신, ③ 고신뢰성 저지연 통신이 가능하다. 이를 바탕으로 미래는 5G 기반 초연결 시대의 도래로 모든 것이 연결되고 이동통신의 다양한 생활 속으로의 이용 심화는 물론이고 새로운 가치 창출이 가능하다. 이러한 초연결 시대는 인터넷을 중심으로 모든 것이 연결되어 그 연결을 기반으로 모든 것이 '**재정의(redefining)**' 되어 새로운 가치와 서비스 창출이 가능하다. 즉, 진화된 초고속 무선 서비스 외에도 새로운 서비스인 사물인터넷, 실시간 저지연 통신 등의 제공이 가능하여 유력한 미래 성장 동력 후보 중 하나로 볼 수 있다.[59)]

4) 4차 산업혁명의 전개 방향

4차 산업혁명의 전개 방향은 산업 전반에 영향을 미치는 변화 요인이 무엇이냐에 좌우될 것이다. WEF에서는 변화요인을 인구 및 사회적 요인과 기술적 요인으로 구분하여 제시하였다.

(1) 인구 및 사회적 요인

인구 및 사회적 요인은 수요자의 소비행태를 변화시켜 산업구조에 영향을 준다. 인구 및 사회적 요인의 경우 업무환경 변화 및 노동 유연성(44%), 신흥시장에서 중산층(23%), 기후변화와 자연자원(23%) 등의 영향력이 높게 나타났다. 특히, 선진국을 중심으로 나타나는 고령사회나 여성의 경제력도 요인에 포함되었다.

(2) 기술적 요인

기술적 요인은 산업의 가치사슬에 직접적인 영향을 미친다. 모바일 인터넷 및 클라우드 기술(34%), 연산 능력 및 빅데이터(26%), 그리고 새로운 에너지 공급 및 기술(22%)이 중요하게 고려되었으며, 사물인터넷(IoT)이나 크라우드 소싱(crowd sourcing), 로봇공학, 인공지능(AI), 3D 프린팅 등도 향후 영향을 미칠 것으로 전망하였다.

기대수명의 연장으로 늘어난 고령 인구는 건강관리나 헬스케어 등의 시장에 더욱 관심을 가지고, 여성의 경제참여 확대는 육아나 가사 관련 서비스의 수요 증가 요인으로 고려된다. 1인 가구 확산의 경우 특정 업종의 수요보다 '혼술', '혼행' 등과 같이 소비행태를 변화시키고 있다. 이러한 변화는 5G, AI, 블록체인,

바이오인증 등의 기술이 산업에 적용되거나, 첨단화된 로봇이나 다양한 형태의 스마트 폰 등에 활용되면서, 과거와 다른 새로운 개념의 비즈니스 모델이 나타나고 있다. 즉 인구 및 사회적 요인으로 인해 해당 시장 규모가 변화하거나 새로운 수요시장이 형성된다면, 그에 대응한 비즈니스 모델의 제공이 요구되는데, 실제로 기술적 요인이 이를 구현 가능하게 한다. 그런데 그 과정에서 이들 기술은 서비스 제공방식을 변화시키고 있다. 4차 산업혁명의 핵심기술이라고 할 빅데이터와 AI, 그리고 블록체인은 데이터의 축적과 분석을 통해 고객의 성향을 파악, 고객 맞춤형 서비스를 안전하고 신뢰 가능한 방식으로 제공할 수 있게 하였다.[60]

6. 4차 산업혁명 시대의 구체적인 기술들

1) 사물인터넷

(1) 사물인터넷의 개념

사물인터넷(Internet of Things: IoT, 이하 IoT)은 각종 사물에 네트워크 기능이 탑재되어 사람, 사물, 공간, 데이터 등 모든 것이 인터넷에 연결되어 정보 생성·수집(IoT), 저장·공유(Cloud), 분석·예측(Big data)을 가능하게 하는 기술이다. 사물인터넷의 핵심기술로는 디바이스(Device), 네트워크(Network), 플랫폼(Platform), 콘텐츠(Contents), 보안(Security) 등이 있다.[61] 제4차 산업혁명과 초연결사회 그리고 사물인터넷 시대[62] IoT 환경에서는 각종 센서와 통신 모듈을 통해 우리 주위의 사물과 사람이

다양한 방식으로 연결되어 상호작용하고 이를 통해 새로운 가치를 창출하게 된다.[63)]

(2) ITU의 사물인터넷 정의

ITU(International Telecommunication Union)에서는 ITU-T Y.2060 문서에서 IoT에 대한 개념을 명확히 기술함과 동시에 그 범위와 핵심 특성, 상위 레벨에서 요구 사항 등에 관해 설명하고 있다. 해당 문서에서는 사물에 '디바이스(device)'가 결합돼 기능이 부여되면 IoT가 되는데, 디바이스는 그 필수조건으로 '통신 기능'을 갖추어야 하고 부가 조건으로 다양한 센서, 데이터 저장, 처리 장치 등을 가진다고 설명하고 있다. 즉, ITU 문서에 따른 IoT가 되기 위한 최소 요구 조건은 '통신 기능'으로 볼 수 있다. 하지만 사물이 IoT의 형태적인 최소 요구 사항을 갖추었더라도 그 자체만으로는 IoT라 할 수 없고, 기능상으로 갖추어야 할 최소 요구 조건이 존재한다. IoT가 갖출 수 있는 추가적인 기능으로 제시한 10가지는 다음과 같다.[64)]

① 식별에 기반한 연결

사물과 IoT간의 연결은 사물의 식별자에 기반해 이루어져야 하며, 서로 이질적인 식별절차에 대해서도 통일된 방법으로 이루어져야 한다.

② 상호운영성

여러 이질적이고 분산된 시스템에서 다양한 정보의 생산과 소비를 위한 상호운영성이 보장되어야한다.

③ 자동 네트워킹

IoT는 서로 다른 응용 분야, 통신 환경, 다양한 유형의 장치에 적응하기 위해 자동으로 네트워킹이 가능해야 한다. 여기에는 자가-관리, 자가-설정, 자가-최적화, 자가-보호, 자가-치료 등의 기능이 포함된다.

④ 자동 서비스 제공

IoT 장치는 그 설정된 규칙에 따라 데이터를 포착하고, 통신하고, 처리할 수 있어야 한다.

⑤ 위치기반 능력

IoT 기기는 자동으로 지리 정보를 감지하여 위치에 기반한 서비스를 제공할 수 있어야 한다. 위치에기반한 서비스는 관계 법령과 규정에 의해 제약될 수 있으며 관련 법규를 따라야 한다.

⑥ 보안

모든 IoT 기기들은 데이터와 서비스 모두에 대한 기밀성, 인증, 무결성에 대한 심각한 위협이 될 수있다. 다양한 기기 간에 서로 다른 보안 요구조건이 있을 때 이를 통합하는 방법이 제공되어야 한다.

⑦ 프라이버시 보호

많은 사물에는 그 소유자와 이용자가 있다. 수집된 데이터에는 소유자와 이용자에 대한 프라이버시정보가 포함될 수 있으므로 데이터 전송, 수집, 저장, 마이닝과 처리 단계에 있어 프라이버시를 보호해야 한다.

⑧ 고품질 고보안의 인체관련 서비스

인체관련 서비스란 사람의 정적인 특징이나 동적인 행동에 대한 데이터를 사람의 개입에 상관없이 수집하고, 통신하고, 처리하는 서비스를 의미한다. 이러한 서비스에는 각 국의 관계 법령이 상이할 수 있으므로, 유관 법규를 잘 준수해야 한다.

⑨ 플러그 앤 플레이

사물이 상호 연결될 때, 문맥에 기반하여 중단 없는 통합과 협업 서비스를 제공하기 위해서는 플러그 앤 플레이 기능이 지원되어야 한다.

⑩ 관리가능성

IoT 응용은 대부분의 시간 동안 사람의 개입 없이 자동으로 작동하지만 전체 운영 프로세스는 관련자에 의해 관리 가능해야 한다.

(3) 사물인터넷과 초연결 사회

초연결사회(Hyper connectivity Society)란 인터넷, 통신 기술 등의 발달에 따라 네트워크로 사람, 데이터, 사물 등 모든 것을 연결한 사회를 말한다. 사람과 사람을 둘러싸고 있는 다양한 사물들이 생성하는 데이터 간의 연결을 통해 사회 전 분야에 변화와 혁신을 이끄는 사회로 정의한다. 즉, 세상 모든 것(사람-사람, 사람-사물, 사물-사물)이 연결되는 초연결사회는 단순히 모든 것(Everything)의 물리적 연결 수단으로서의 네트워크 개념에서 모든 서비스(Every Service)의 연결로 진화 중이다.[65)]

(4) 사물인터넷의 적용사례

사물인터넷 응용은 스마트카. 홈, 시티, 팜, 팩토리, 에너지, 헬스케어 또는 웨어러블 등 산업 전반에 걸쳐 새로운 수요를 창출하고 다양하게 적용되고 있다. 또한 최근 IoT는 여러 분야에 응용되어, 스마트홈, 스마트 헬스케어, 스마트 카, 스마트 빌딩, 스마트 시티, 스마트 공장 등 다양한 IoT 서비스들이 제공되고 있다.[66)]

(5) 사물인터넷의 현황

[그림 2-21]에서 볼 수 있듯이 사물인터넷은 2016년 기준 63억 8,180만대가 설치되었다. 이러한 수치는 향후 지속해서 증가세를 보일 것으로 가트너는 예상하였으며, 2020년에는 2,000억대 이상의 사물인터넷이 설치될 것으로 전망한 바 있다.

사물인터넷의 활용은 [그림 2-22]에서 보여주듯이 한국에서도 활발히 진행되고 있다. 전체 사물인터넷 서비스의 매출액은 지속해서 증가세를 보이고 있으며, 2019년 10조 9,379억 원을

[그림 2-21] 사물인터넷 설치 현황 및 전망

(단위: 십만 대)

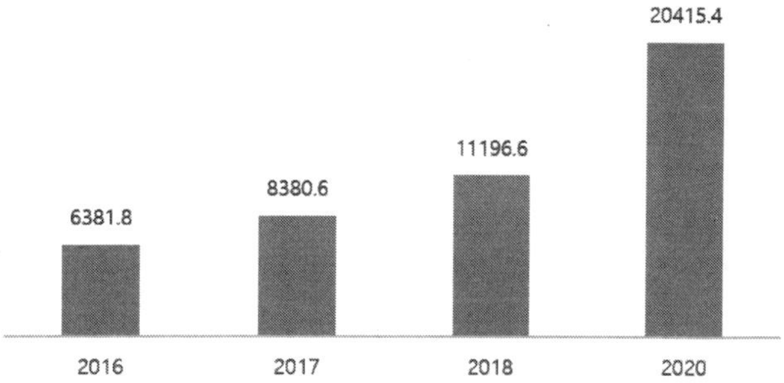

*출처: Gartner(2017) 67)

기록하였다. 이는 2019년 9조 4,149억 원보다 16.2% 증가하였으며, 연평균 23.7%의 성장한 것으로 나타났다. 또한 사물인터넷은 공공안전 및 지역 보안, 지능형 교통산업, 건물 및 교량 등의 국가·사회 인프라를 중심으로 다양한 분야에서 활용되어 성장할 것으로 전망되며, 개인과 공공분야에서도 적용이 늘어날 것으로 전망되는 등 시장성은 유망할 것으로 예측된다.

[그림 2-22] 사물인터넷 매출액(한국)

(단위:백만원)

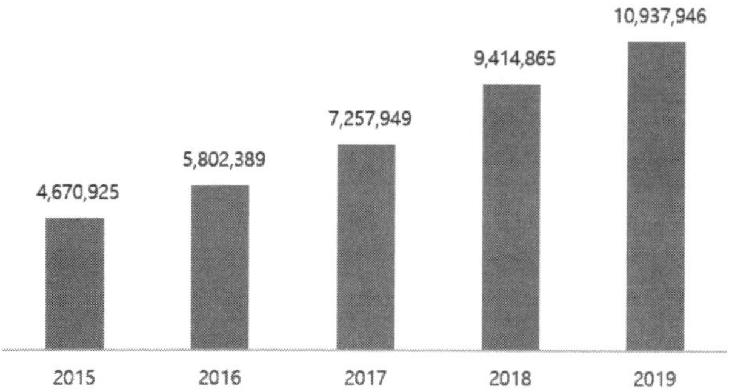

*출처: 과학기술정보통신부 68)

2) 블록체인

(1) 블록체인의 개념

블록체인은 데이터 분산 저장 기술로서 데이터를 참여 노드에 공유하고, 이러한 데이터 신뢰성을 합의 알고리즘으로 증명하는 방식으로 사용자는 네트워크상에서 발생하는 모든 데이터를 기록 및 조회할 수 있다. 즉, 블록체인은 공유형 원장과 합의 알고리즘의 결합 기술로 공유형 원장은 블록체인 내에서 발생하는 데이터를 참여자인 노드 전체에 공유하며 합의 알고리즘은 공유된 데이터의 무결성을 검증하고, 참여 노드가 동일한 데이터가 저장되도록 한다.[69)]

블록체인 네트워크 안에서 기록된 데이터들은 하나의 블록 안에 수집되어 저장된다. 그 블록들은 각자 앞뒤로 연결되어 저장되고, 그 모습이 블록들이 연결된 모습이기 때문에 블록체인이라 불리게 되었다.[70)]

(2) 블록체인의 유형

블록체인은 공공형 블록체인, 프라이빗 블록체인, 컨소시엄 블록체인으로 크게 나뉜다. 공공형 블록체인은 누구든지 운영 주체가 되어 특별한 인증 및 허가 절차를 거치지 않고 블록체인의 모든 내부거래 데이터를 공유, 검증할 수 있는 블록체인을 의미한다. 블록체인의 모든 당사자가 이를 철저히 검증하기 때문에 거래의 투명성이 매우 높은 편이며, 이러한 블록체인 시스템에 스마트계약을 결합하면 Escrow를 결제방식을 통하는 경우 수수료 부분이 없으므로 비용 절감 측면에서 매우 유용하다.

프라이빗 블록체인은 블록체인 시스템으로 진입하기 위해 미리 만들어 놓은 고유 인증을 거친 후 진입이 가능한 블록체인을 의미한다. 사용자 권한을 부여받은 당사자에게만 허용되기 때문에 신뢰성이 검증된 당사자들 사이에서만 데이터를 함께 공유할 수 있다.

컨소시엄 블록체인은 정부나 중요 유관 기관들의 관리하에 인증된 유관 기관들만 하나의 그룹을 구성하여 블록체인 네트워크에 참여할 수 있도록 한 블록체인이다. 컨소시엄 블록체인은 블록체인에 참여한 유관 기관들은 동일한 자격으로 참여하기 때문에 현재는 금융기관이나 연구기관 등이 주로 사용하고 있다. 따라서 특정 참여자에게만 블록체인 기록 및 열람 등의 권한이 주어지기 때문에 국제무역 거래를 위한 스마트계약에 적합하다.[71]

(3) 블록체인의 특징

첫째, 탈중개성이다. 탈중개성이란 공인된 중개 기관의 개입 없이 분산 파일 시스템 기술을 사용하여 개별적 거래가 가능하게 한 것이다. 중개 기관의 개입으로 발생하는 모든 비용들을 제거할 뿐만 아니라, 시스템 구축 및 유지보수 비용 등을 절감하는 효과를 가져올 수 있다.

둘째, 효율성이다. 신뢰할 수 있는 공인된 기관을 운영하기 위한 인력 및 자원의 투입이 필요하지 않고, 시스템의 오류 예방, 보안사고 등을 방지하기 위한 투자 비용을 절감할 수 있다.
셋째, 확장성이다. 블록을 용이하게 구축하여 연결할 수 있고, 새로운 전략의 간편한 사용이 가능하다.

넷째, 보안성이다. 모든 정보가 집중된 중앙처리장치가 없고,

담당 조직도 존재하지 않기 때문에 해킹 등의 공격으로부터 안전하다. 또한 원장이 모든 블록 참가자에게 공개되기 때문에 정보 유출의 염려가 없다.

다섯째, 안정성이다. 블록체인은 모든 블록 참가자에게 동일한 정보가 담긴 내용을 분산하여 저장 및 관리함으로 네트워크 일부에 문제가 발생해도 전체 블록체인에는 영향을 미치지 않는다.

여섯째, 투명성이다. 블록체인 시스템은 모든 거래기록 장부를 공개하기 때문에 높은 투명성을 갖게 되며, 거래 추적이 용이하다.

일곱째, 취소 불능 및 불변성이다. 블록체인 시스템을 변경하기는 매우 어렵기 때문에 사기에 대한 기회를 사전에 줄일 수 있다. 거래가 취소 불가능하기 때문에 기록의 명확성을 증가시키고 백오피스 과정을 간소화할 수 있다.[72]

(4) 블록체인 적용사례

블록체인 최초 사용 시점은 암호화폐 '비트코인'에서 사용되면서부터이다. 비트코인은 기존 온라인에서 화폐 거래가 가능하게 한 디지털 화폐로 볼 수 있는데, 기존 화폐와 다른 것은 이러한 거래를 중개하는 시스템이 없는 점이다. 다시 말해, 거래 내역을 검증하는 중개 시스템이 없다. 이는 이중지급과 같은 중복거래가 일어날 수 있게 하지만 비트코인에서는 이러한 중복거래가 일어나지 않는다. 블록체인이 비트코인 거래 이력을 검증하고 무결성을 보증하기 때문이다. 거래 이력을 참여 노드 전체에 공유하고, 합의 알고리즘 방식에 의해서 참여 노드 중 하나가 이를 검증하게 한다.

비트코인에서 블록체인은 네 과정을 거친다. 첫째, 거래 내역

공유이다. 거래 내역은 비트코인 내의 노드에 공유된다. 둘째, 거래 내역 검증을 묶는 과정을 거친다. 검증에 참여하는 노드는 거래 내역의 타당성을 검증하고, 타당성을 가진 내역을 블록으로 묶는다. 셋째, 합의 과정을 거친다. 검증 참여 노드에서 만들어진 블록은 여러 개이다. 그러나 블록체인은 그중 한 개만을 선택할 수밖에 없다. 블록 간에는 서로 중복된 거래 내역이 있을 수밖에 없기 때문이다. 이에 비트코인의 블록체인은 작업증명알고리즘(PoW)을 활용해 노드가 컴퓨팅 파워로 경쟁해 1개의 블록만이 합의된 최종 거래 승인 내역으로 보고 전파되도록 한다. 끝으로 마지막 과정은 전파 및 검증이다. 앞서 말했듯이, 가장 빠르게 만들어진 블록은 전체 노드에 공유된다. 그리고 참여 노드는 이러한 블록의 타당성을 다시 한번 더 검증한다. 검증 후에 올바른 블록을 판단하면 해당 블록에 또 다른 블록 생성을 새롭게 시도한다. 그렇지 않다면, 공유된 블록을 따르지 않는다. 참고로 노드가 블록 검증에 적극적으로 참여하기 위해서는 동기 부여가 필요하다. 비트코인에서는 암호화폐로 보상한다.[73]

(5) 블록체인의 현황

[그림 2-23]에서 확인할 수 있듯이 전 세계 블록체인 기술 시장의 규모는 향후 급격히 커질 것으로 예상된다. 이미 2008년 전 세계 블록체인 기술 시장의 규모는 12억 달러를 돌파하였으며, 이는 2025년 무렵 39억 7천만 달러 규모로 확장될 것으로 예상된다.

[그림 2-23] 전 세계 블록체인 기술 시장 규모

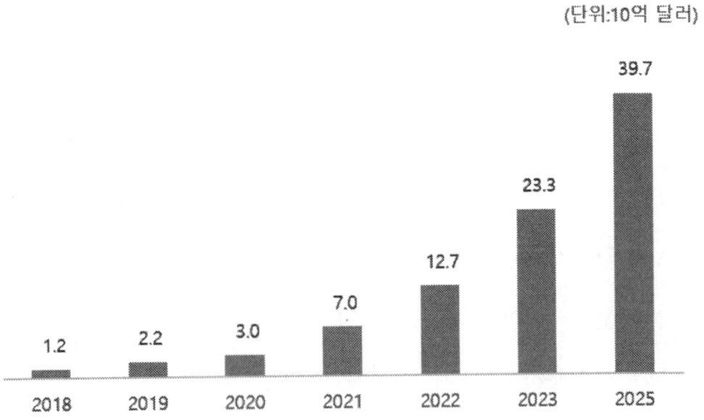

***출처**: Statista [74]
주: 2019-2025년은 추정치

이러한 증가 추세는 국내시장에서도 동일할 것으로 보이는데, [그림 2-24]에서 보여주듯이 한국의 블록체인 기술 시장의 규모는 2016년 2,000억 원을 돌파하였으며, 2020년에는 1조 원 규모로, 2022년에는 3조 원 규모로 시장이 커질 것으로 예상된다.

[그림 2-24] 국내 블록체인 시장 규모 전망

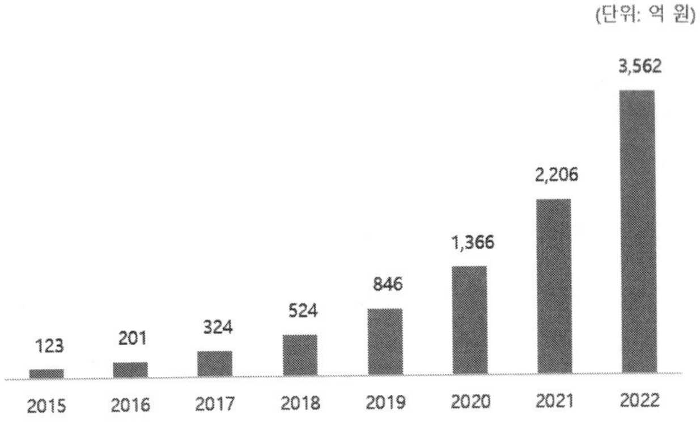

***출처**: 한국과학기술정보연구원(2017) [75]
주: 2017-2022년은 추정치

3) 인공지능

(1) 인공지능의 개념

학계와 연구계에서는 인공지능을 각기 다르게 정의하고 있으나, 큰 틀에서는 인간과 유사한 지적 사고와 활동을 하는 소프트웨어 및 시스템으로 귀결된다. 인공지능의 아버지로 불리는 존 메카시(John McCarthy)는 2007년 11월 자신의 스탠퍼드대학교 홈페이지에 공개한 질의/답변 형태의 문서에서 인공지능을 ***"지능적인 기계를 만드는 과학 및 엔지니어링"***이라고 정의했으며 우리나라는 2016년 12월 공개한 「제4차 산업혁명에 대응한 지능정보사회 중장기 종합대책」에서 인공지능을 ***"인간의 인지능력(언어·음성·시각·감성 등)과 학습, 추론 등 지능을 구현하는 기술로 인공지능 SW/HW, 기초기술(뇌과학·산업 수학 등)을 포괄"***한다고 정의한다.[76]

(2) 인공지능 기술의 분류체계

인공지능 구성 기술은 알고리즘과 컴퓨팅, 데이터 등으로 구분될 수 있고, 각각의 기술들은 기존의 한계점들을 극복하며 지속 발전 중이다.[77]

- 알고리즘 분야

알고리즘 분야에서는 규칙 기반 모델(Rule-based Model), SVM(Support Vector Machine), k-means clustering, HMM(Hidden Markov Model) 등 고전적인 알고리즘에 이어, 딥러닝 기반의 CNN(Convolutional Neural Network), RNN(Recurrent Neural Network), 강화학습, GAN(Generative Adversarial

Network) 등이 있다.

– 컴퓨팅 분야

컴퓨팅 분야를 대표하는 클라우드 컴퓨팅은 여러 대의 전산 자원을 한 대처럼 운영하는 가상화 기술, 대규모 분산처리, 서비스 수준 관리(SLA) 등 다양한 기술들을 접목해 왔고, 최근 자원 배분의 효율성과 속도를 개선한 컨테이너(container), 서버리스(serverless) 기술이 있다.

– 데이터 분야

빅데이터를 효율적으로 처리하기 위한 분산처리 기술은 2000년대부터 발전해왔고, 자바(Java) 기반의 오픈소스 프레임워크인 하둡(Hadoop), 메모리 기반으로 빠른 데이터 처리가 가능한 스파크(Spark)가 상호보완적인 관계로 발전했다.

(3) 인공지능 현황

[그림 2-25]에서 볼 수 있듯이 세계 인공지능(AI) 시장 규모는 2025년까지 연평균 38.4% 성장하여 1천 840억 달러(약 204조원) 규모의 시장을 형성할 것이라고 전망된다.[78)]

세계 인공지능 시장 규모에는 인공지능의 구현에 필요한 하드웨어, 소프트웨어, 인공지능을 이용한 서비스 시장이 모두 포함된 것으로 2019년 기준 하드웨어 시장이 43.8%, 소프트웨어 시장 27.9%, 서비스 시장 28.3%의 규모를 형성하고 있다. 특히 세계 인공지능 시장 규모는 2018년 대비 2019년 32.1%로 급성장하였다.

[그림 2-25] 세계 인공지능 시장 규모 전망

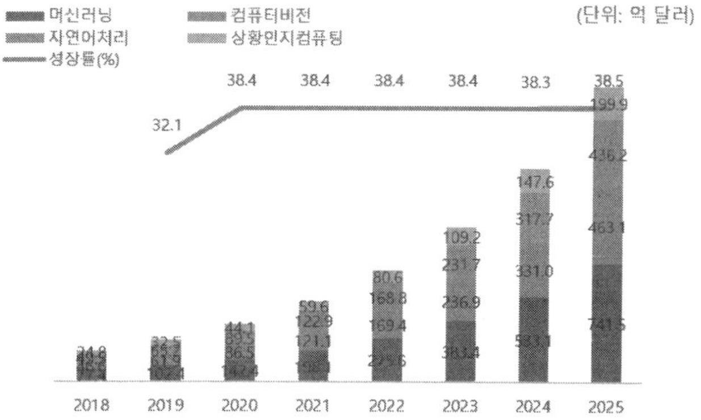

*출처: Global Artificial Intelligence(AI) Market, BCC(2020). 허석중(2020) p.8. 재인용
주: 2020-2025년은 전망치

국내 인공지능(AI) 시장 규모는 2018년 1.07조 원에서 2019년 1.50조 원으로 연평균 39.5% 성장하였다. 이러한 성장세가 지속될 경우 2025년까지 연평균 38.4%의 성장하여 10.51조 원 규모의 시장을 형성 할 것으로 전망된다.

[그림 2-26] 국내 인공지능 시장 규모 전망

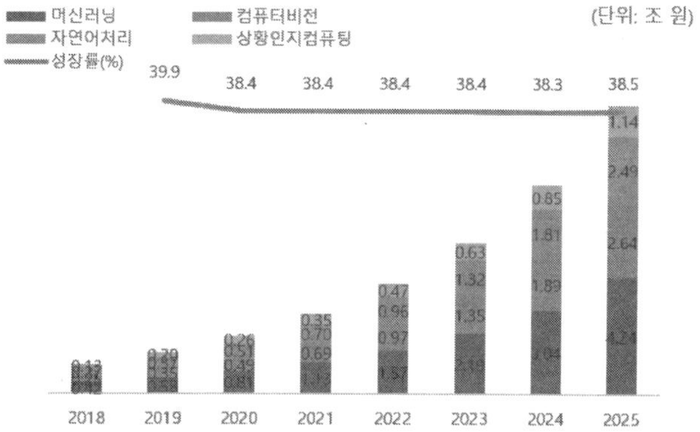

*출처: 허석중(2020) p.7. [79]
주: 2020-2025년은 전망치

4) 빅데이터

(1) 빅데이터의 개념

빅데이터(Big Data)에 대한 학계에서 합의된 정의는 없지만 '정형 또는 비정형을 포함하는 대용량의 데이터'라고 보는 견해가 많다. 가트너(Gartner, 2012)는 빅데이터에 대해 ***"대량의 데이터가 실시간으로 끊임없이 다양한 형태로 들어오는 것"***이라고 했고 맥킨지(McKinsey, 2011)는 ***"일반적인 데이터베이스 소프트웨어로는 수집, 저장, 관리, 분석하기 어려운 정도의 큰 규모의 데이터"***라고 보았다. 갠츠(Gantz, 2011)는 ***"다양한 종류의 대규모 데이터로부터 가치 있는 정보를 추출할 수 있는 기술"***이라고 했으며 최해옥(2012)은 ***"단순한 데이터양의 증가가 아니라 데이터의 형식과 입출력 속도 등 수집, 저장, 검색, 분석이 어려운 데이터를 총칭해서 일컫는 용어"***라고 설명했다. 김종호(2013)는 빅데이터를 빅데이터란 아날로그 체계에서 생성되던 데이터에 비하면 그 규모가 방대하고, 생성 주기가 짧고 형태도 숫자, 문자, 영상 데이터를 망라하는 비정형적인 대규모 데이터로 보았다. 마이어 쇤베르거와 쿠키어는 (Mayer-Schonberger & Cukier, 2013) 빅데이터를 기존의 데이터베이스 소프트웨어로 분석할 수 있는 범위를 넘어선 다양하고 방대한 양의 데이터로 보았다.

이처럼 데이터의 양적 증가에서 출발한 빅데이터는 활용 목적에 따라 정의와 특징이 조금씩 다르기 때문에 엄밀하게 정의하기보다는 데이터와 기술 등 생태계를 아우르는 새로운 개념적 틀로 접근하는 것이 타당할 것으로 보인다.[80)]

(2) 빅데이터의 특징

빅데이터는 정형성을 지닌 기존 데이터와 확연히 구별되는 특성이 있다. 빅데이터는 정형, 반정형, 비정형 등 데이터 형태의 제한이 없다는 다양성(variety)을 속성으로 한다. 그러므로 기존 데이터보다 방대한 양(Volume)의 데이터가 축적될 수 있으며, 더욱 빠른 속도(velocity)의 데이터 분석과 처리를 위한 프로그램이 필요하다. 이러한 빅데이터의 다양성, 방대한 양, 빠른 처리 속도를 일컬어 3V(김기환, 2013: 4)라고 하며, 최근에는 정확성(veracity)과 유용한 가치 창출(value)이 더해져 5V라고 부르기도 한다.[81]

(3) 빅데이터의 성격

빅데이터는 전통적인 데이터가 가지는 한계를 여러 가지 차원에서 극복할 수 있게 해주는데, 그중 가장 핵심적인 부분이 현재성이다. 전통적 자료의 대표적 사례인 센서스의 경우 일정한 시점에 조사가 이루어지고 그 결과는 이후에 데이터화되어 이용할 수 있게 되므로 시간적인 간극이 발생하게 된다. 이럴 경우 지식서비스와 같이 시공간적으로 매우 유연한 경제활동 부문 고용분포의 경우 현재의 정확한 상황을 파악하는 데 한계가 있을 수밖에 없다.[82] 이 경우 정보통신기술을 활용하여 빅데이터가 집계된다면 현재 시점에 더 정확한 정보를 제공할 수 있는 가능성이 커지게 된다.

현재성과 함께 또 한 가지 핵심적인 부분은 참여성이다. 기존의 데이터들에서 도시민은 집계되는 데이터의 수동적인 대상이었다면 빅데이터의 경우에는 더욱 능동적으로 데이터의 구축에 참여가 이루어질 가능성이 높다.[83] 여기에는 휴대전화의 위치추적 신호나 교통카드의 단말기 태그 등 소극적인 방식뿐만 아니라 소셜 네트워크 서비스(SNS) 등을 통한 보다 적극적인 방식의 참여가 포함된다. 이와 같은 자발적 참여에 의한 능동적인 데이터의 구축이 가능한 배경에는 스마트 폰 등 모바일 디바이스의 휴대성과 뛰어난 자료수집 능력,[84] 그리고 스마트 폰의 이용률과 이용 시 공간의 확장[85] 등을 꼽을 수 있다.[86]

(4) 빅데이터 현황

[그림 2-27]에서 볼 수 있듯이 세계 빅데이터 시장은 2014년 이후 지속해서 증가 추세에 있다. 2017년 세계 빅데이터 시장의 규모는 350억 달러에 달하였으며, 이로부터 10년 뒤인 2027년에는 약 3배 증가한 1,030억 달러 규모로 성장할 것으로 예측된다.

[그림 2-27] 세계 빅데이터 시장 규모 전망

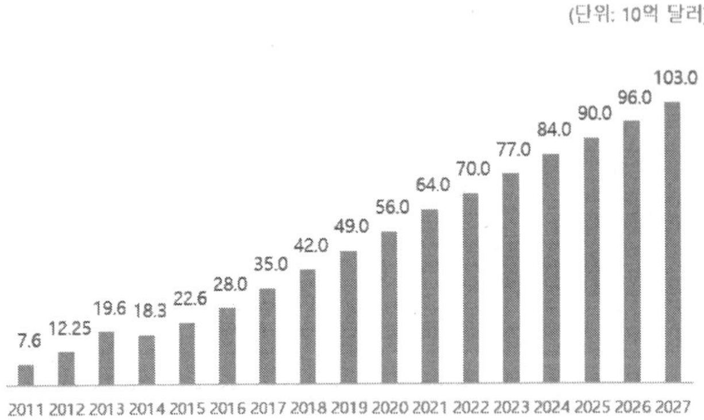

***출처**: statista[87]
주: 2018-2027년은 전망치

[그림 2-28] 국내 빅데이터 시장 규모 전망

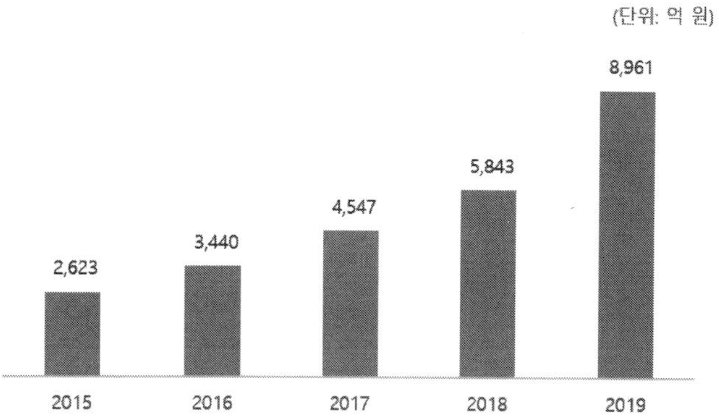

***출처**: 과학기술정보통신부 (2020) [88]
주: 2019년은 전망치

한편 [그림 2-28] 에서 볼 수 있듯이 국내시장 역시 지속적인 성장추세를 보이는데, 2018년 빅데이터 시장의 규모는 5,843억 원에 달하며, 2019년에는 8,961억 원 규모로 성장할 것으로 예측된다.

5) 클라우드 컴퓨팅

(1) 클라우드 컴퓨팅 개념

클라우드 컴퓨팅 개념에 대해서는 다양한 정의가 존재하지만, 대체로 기존의 기반 기술들을 융합하여 하나의 커다란 구름(Cloud)과 같은 컴퓨팅 환경을 만드는 기술과 서로 다른 물리적인 위치에 존재하는 컴퓨팅 자원을 가상화 기술로 통합하여 제공하는 기술들을 포함하고 있다. 즉 인터넷 기술을 기반으로 기업, 공공기관, 개인과 같은 외부 사용자에게 IT로 구현된 'as a service'로 제공되는 컴퓨팅 환경을 의미한다. 즉, 클라우드 컴퓨팅이란, '인터넷이 접속되는 곳 어디든지 이용자가 원하는 서비스를 다양한 단말을 통해서 구현할 수 있는 컴퓨팅 방식'으로, PC, 휴대폰 및 TV 등 다양한 단말 이용자들이 네트워크 접속을 통해 자신이 필요로 하는 만큼의 서버, 스토리지 및 응용프로그램을 유틸리티 서비스 형태로 제공받는 방식을 말한다. 클라우드 컴퓨팅은 사용자 중심의 서비스 제공방식으로 고객은 인터넷을 통해 IT 자원을 빌려 쓰고, 사용한 만큼 지불하는 Service이다. 개별적으로 IT 자원을 보유·관리하는 대신 저렴한 비용으로 간단하게 빌려서(임대) 사용하는 서비스로, 이용자는 언제 어디서나 인터넷에 접속할 수 있는 다양한 형태의 단말을 통해, 자신이 필요한 프로그램이나 문서 등을 특정 서버에 저장해 두고서 원하는 시점에 소프트웨어를 실행하여 사용할 수 있다. 또한 가상화 기술을 이용하여 IT 자원의 가용률을 높이고(Maximize Utilization) 사용자가 필요로 하는 것을 직접(Self Service) 인터넷을 통해 IT 자원을 실시간으로 빌려 쓰며(Easy to Use) 사용한 만큼 지불하는 서비스방식(Pay as you Go)이라고 할 수 있다.

(2) 클라우드 컴퓨팅의 서비스 구분

클라우드 컴퓨팅은 IT 자원 여부에 따라 응용 소프트웨어 서비스, 플랫폼 서비스, 인프라 서비스로 분류할 수 있고, 개방 여부에 따라서는 Private Cloud, Public Cloud, 기타 Community Cloud 및 Hybrid Cloud가 있다.

- IT 자원에 따른 분류

응용 소프트웨어 서비스(SaaS; Software as a Service)는 클

라우드 컴퓨팅 서비스 사업자가 인터넷을 통해 소프트웨어를 제공하고, 사용자가 인터넷상에서 이에 원격 접속해 해당 소프트웨어를 활용하는 모델로, 비용 절감과 빠른 서비스 도입, 운영 생산성 향상 등의 장점이 있다. 클라우드 컴퓨팅의 최상위 계층에 해당하는 것으로 다양한 애플리케이션을 임대방식을 통해 온디맨드(On Demand) 서비스 형태로 제공하고, 응용 소프트웨어 서비스는 클라우드 컴퓨팅이 IT업계의 화두로 부상하기 이전에 이미 독립적으로 사용되어 다른 서비스에 비해 인지도가 높은 편이다. 응용 소프트웨어 서비스는 다중 사용자 환경에 기반하고 있어, 여러 사용자가 안정적인 서비스 공유를 위한 플랫폼 기술 확보가 중요하다. 클라우드 컴퓨팅이 IT 업계의 화두로 부상하기 이전에 독립적인 영역으로 이미 상용화된 서비스로 다른 서비스에 비해 인지도가 높으며 언제 어디서나 사용 가능한 개별 SW 또는 솔루션이기 때문에 주로 B2C 용도로 사용할 수 있다.

플랫폼 서비스(PaaS; Platform as a Service)는 사용자가 소프트웨어를 개발할 수 있는 토대를 제공해 주는 서비스(컴파일언어, 웹 프로그램 제작 툴, 데이터베이스 인터페이스, 과금 모듈, 사용자 관리 모듈 등 제공)로 오픈소스 소프트웨어 기반의 애플리케이션 프레임워크를 조합하여 수요자가 응용 소프트웨어 및 서비스를 개발할 수 있는 환경을 제공한다. 플랫폼 서비스 사업자는 애플리케이션을 개발하는데 필요한 개발 환경, 프레임워크 등의 개발 플랫폼을 제공하고, 응용 서비스 개발자들은 플랫폼 서비스 사업자가 제공하는 플랫폼상에서 IT 자원을 활용하여 새로운 애플리케이션을 만들어 사용할 수 있다. 최종 솔루션 공급이 아닌 하부 기능들과 툴을 제공함으로써 이를 가공하여 원하는 서비스를 직접 사용하거나 상품 형태로 제삼자에게 재판매하기 때문에 주로 B2C보다는 B2B 용도로 사용되는데 대표적인 플랫폼 서비스로는 구글의 앱 엔진 서비스가 있다.

인프라 서비스(IaaS; Infrastructure as a Service)는 가상화 기술을 활용하여 전산 자원 풀(pool)을 구축하고 사용자가 필요할 때 신속하게 ICT 자원(서버, 스토리지, 네트워크 등)을 제공한다. 즉 하드웨어가 지닌 '컴퓨팅 능력'만을 서비스를 하는 것으로, 인프라 서비스(IaaS)는 대규모 연산 능력이 필요할 경우 확장성이 풍부한 가상화된 전산 자원(CPU, 메모리 등)을 제공하거나 이미지, 동영상 등의 자료를 저장할 수 있는 스토리지 자원을 제공하는 서비스를 의미한다. 물리적인 서버의 세팅 및 SW 설치 과정보다 훨씬 빠르고 효율적이며 관리비용이 절감되고 사고처리에 유연하여 여러 측면에서 클라우드 컴퓨팅의 경제적 효과가 가장 크게 나타난다. 클라우드 서비스 모델 중에 가장 많은 업체가 제공하는 서비스로서 CPU, 메모리 등 전산 자원을 사용량에 따라 과금하는 형태로 KT의 개인용 서비스인 ucloud home 및 기업용 서비스인 ucloud pro가 대표적인 사례이다.

- 개방 여부에 따른 분류

Private Cloud는 보안 기능이 강화된 방화벽 내에서만 배타적으로 이용이 가능한 서비스로 주로 대기업에서 데이터 소유권을 확보하고 프라이버시를 보장받고자 할 때 구축한다. 온디맨드 가상화 인프라 형태로 구축되고 컴퓨팅 자원이 필요할 때 논리적인 가상 머신을 할당하고 더 많은 자원이 필요하면 자연스럽게 확장하여 안정적인 서비스를 제공한다. 이 서비스는 운영자인 기업이 전체 인프라에 대한 완전한 통제권을 가질 수 있다는 장점은 있으나, 규모의 경제 효과를 보기 어렵고 IT 자원 투자는 기존 방식과 같이 해당 기업에서 직접 하여야 하므로 사용한 만큼만 비용을 내는 운영료 산정방식의 클라우드 컴퓨팅 서비스의 장점을 확보하기 어렵다는 단점이 있다.

Public Cloud는 클라우드 서비스 이용 대상을 제한하지 않는 소비자, 기업, 공공기관과 정부 등 누구나 네트워크에 접속해 서비스에 접근할 수 있다. 사용한 만큼 지불하는 (Pay-as-you-go) 구조를 갖추고 있으며, 규모의 경제를 통해 경쟁력 있는 서비스 단가를 제공한다는 장점이 있다.

Public Cloud 및 Private Cloud 이외에 Community Cloud 및 Hybrid Cloud가 있다. Community Cloud는 커뮤니티 클라우드는 특별한 보안 요구나 공통 미션 같은 관심사를 공유한 조직의 그룹에 의해 제어 및 이용되고, Hybrid Cloud는 상호운용 가능한 공공시설 클라우드의 조합으로 구성되며, 일반적으로 사용자는 비즈니스에 중요하고 보안이 필요한 서비스와 데이터는 사설 클라우드의 통제하에 두고 덜 중요한 정보나 처리는 공공 클라우드를 이용한다.[89)]

(3) 클라우드 컴퓨팅 현황

[그림 2-29]에서 볼 수 있듯이 2018년 퍼블릭 클라우드 시장은 아마존이 약 47.8%의 시장점유율을 차지하고 있으며, 그 뒤를 마이크로소프트(15.5%)와 알리바바(7.7%) 등의 순으로 높은 점유율을 보이고 있다.

[그림 2-29] 퍼블릭 클라우드 서비스 시장 현황

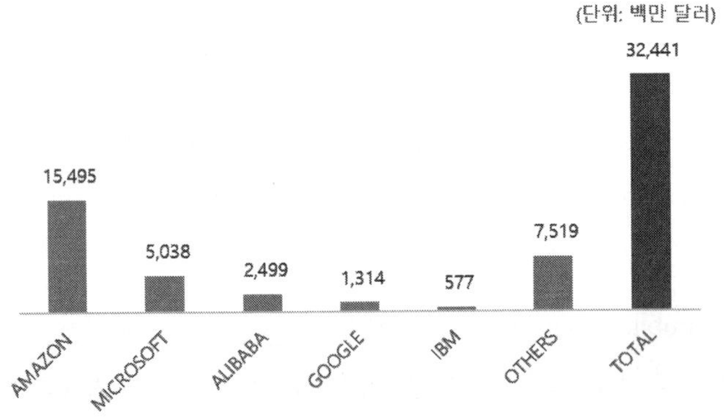

***출처**: Kinsta [90]

한편 국내시장 역시 [그림 2-30]에서 볼 수 있듯이 지속적인 성장세를 보이고 있다. 2017년 국내 퍼블릭 클라우드 시장의 규모는 약 8,476억 원에 달하였으며, 이러한 수치는 2022년 무렵에는 2배 이상 증가한 1조 7,350억 원에 달할 것으로 전망된다.

[그림 2-30] 국내 퍼블릭 클라우드 시장 규모 및 추이

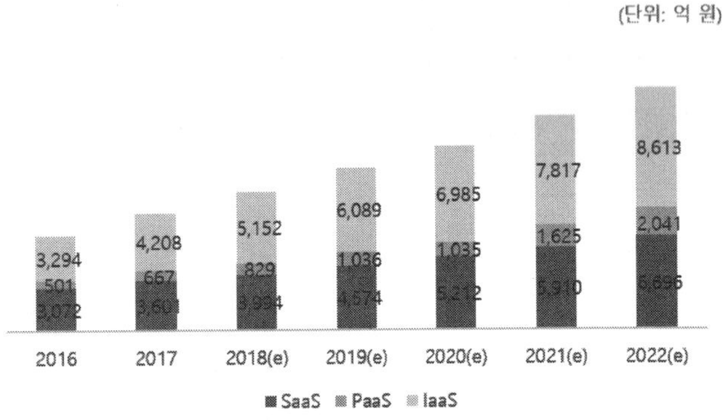

***출처**: IDC(2018.7.); 전자신문(2019) 재인용 [91]

제 3 장

4차 산업혁명 시대 다중의 탄생과 사회 변화

1. 디지털 기술과 시민

민주주의에서 시민은 가장 중요한 정치 행위자이자 주체이다. 알려져 있다시피, 고대 그리스의 도시국가 시대의 시민은 공동체(폴리스)의 성원으로 성인 남성에 한정된 개념이었다. 어린이와 여성, 외국인, 노예 등은 시민의 범주에 포함되지 않았다. 성인 남성만을 한정해서 국가를 수호하는 병역의 의무를 진다는 의미에서 시민으로 간주했다. 물론 이 범위도 로마 공화정 시대에 해방 노예와 식민지 속 주민까지 확장되어 시민의 개념은 더 큰 의미를 가진 범주가 되었다. 그 이후 중세와 근대를 이어 시민이 사회·정치적 의미를 부여받게 된 것은 지난 수백 년 동안 자의식과 지향성을 가진 사람들이 증가해 왔기 때문이다. 따라서 시민은 도시와 국가공동체의 관심사를 상호 공유하고 자유롭고 평등한 주체로서 관계를 형성하며 공동체의 문제를 해결하는 주

체라는 점에서 현대적 시민은 그 자체로 사회적인 성격을 지닐 수밖에 없다.[92)]

21세기 정보사회의 급속한 변화는 기존 정치 주체로서의 시민의 권능과 의무, 권리 등의 변화를 수반했다. 무엇보다 디지털 기술 또는 ICT(정보통신기술)는 수평적 네트워크를 구축하여 다층적인 차원에서 정치정보의 교환이 가능한 장점이 있다. 산업사회에서 소수가 점유하고 있는 사회정치 정보가 디지털 기술을 통해 정보사회에서는 다수의 시민에게 확산되기 시작한 것이다. 이 과정은 정보통신기술이 진화하면서 시민의 권능은 더욱 강화되고 시민참여라는 새로운 정치 현상이 보편화되었다. 20세기 이래 대의민주주의 체제에서 수동적인 존재로 머물러 있었던 시민이 21세기 정보사회에서는 디지털이라는 참여의 무기를 가지게 되면서 능동적인 참여 시민으로 진화한 것이다.[93)]

정보사회의 참여적 성향의 시민에 대한 세계의 관심은 1990년대 이후 본격화되기 시작했다. 기존에는 특정 지역에 한정되어 고립적이었던 저항운동이 ICT를 활용해 전 세계적인 이슈로 등장할 수 있게 됨으로써 그런 과정을 통해 지구적 차원의 연대 네트워크가 형성되었다. 그 대표적인 사례가 바로 1990년대부터 멕시코 치아파스지방의 사파티스타 민족해방군(Ejército Zapatista de Liberación Nacional, EZLN)의 저항운동이다. 초기 멕시코 지역 반란군으로 알려진 사파티스타는 사실 세계화에 반대하는 민중의 생존권 투쟁이자 반세계화 운동이었다. 이러한 사파티스타 민족해방군 사례는 시민들이 자발적인 인터넷 정보 네트워크를 구성하여 지구적 차원에서 권익을 제기한 최초의 디지털 기반 지구적 시민운동이라고 할 수 있다. 그리고 1999년의 시애틀 반세계화 운동은 인터넷 네트워크를 활용하여 시민사회가 연계하여 효과적으로 전 세계적인 이슈를 확산시킨 또 하나의 사례이다.

정보사회에서 시민들은 디지털화된 정보통신기술을 활용하여 스스로 사회의 다양한 구성원들과 어울려 네트워크를 구성하는 한편, 스스로 행동하는 참여의 주체가 되어 그 자체로 집단적인 정치세력화가 가능한 주체로 변모했다. 이러한 1990년대 후반의 소규모 움직임은 21세기에 접어들면서 점점 본격화되기 시작했고, 그동안 억눌려 왔던 정치적 욕구와 열망을 직접 표현하는 사이버 액티비즘(cyber activism)으로 발전했다.[94] 그런 차원에서 초기 인터넷의 정치 현상을 분석한 카스텔(Castells 2009)은 자발적인 시민이 인터넷을 통한 시민운동에 참여하게 되었다고 평가한다. 그는 디지털 기술이 단순한 과학기술이 아니라 역사상 유례없는 시민참여, 조직화, 동원의 도구가 되었고 이러한 현상이 전 세계적으로 확산될 것으로 보았다. 실제 카스텔이 언급했던 정보통신기술의 도구들은 웹 2.0의 등장에 이어 4차 산업혁명이 전개되면서 시민참여, 조직화, 동원의 과정에서 디지털 기술이 더욱 적극적으로 활용됨으로써 이제는 시민사회 운동의 가장 강력한 도구가 되었다.

오늘날 정보통신기술을 활용한 시민은 과거와 같은 수동적인 시민이 아니라, 사회적 현안의 해결에 적극적으로 참여하면서 자신의 목소리를 정치사회에 직접적으로 전달하고자 노력한다. 때에 따라서는 직접행동에 나서며 자신의 권리를 주장하기도 한다. 이와 같은 스스로 참여하는 현명한 시민을 라인골드(Rheingold 2002)는 참여 군중(smart mobs)이라고 규정하고 새로운 시민의 등장으로 평가했다. 디지털 기술이 등장하기 시작했던 초기의 디지털 융합사회를 분석하면서 라인골드는 전 세계적으로 능동적이면서도 자신의 권리에 눈을 뜬 시민들이 인터넷 네트워크를 활용하여 저렴한 비용으로 조직화와 동원을 할 수 있다는 사실에 주목했다. 실제 2000년대 초반에 있었던 필리핀과 한국, 영국 등 인터넷 활용을 통한 시민운동 과정에서 인터넷은 가장 강력한 커뮤니케이션 방식이자, 조직화와 집합행동(collective action)의 도구가 되었다. 그 결과 시민들은 정보사회에서 자발적으로 참여하고, 온라인과 오프라인을 넘나들면서 과거와는 다른 새로운 형태 시민참여의 모습을 보여 주었다. 그리고 디지털 기술발전과 함께 시민참여의 학습효과가 반복되면서 시민들의 참여는 스스로 진화해 왔다. 단순한 참여의 학습장이나 진화론적인 관점이 아니더라도, 점차 네트워크가 강화되면서 디지털에 익숙한 시민은 사회·정치적인 이슈에 목소리를 냈고 온라인과 오프라인의 상호작용적이며 창조적인 참여 방법을 고안했다. 인터넷이 보급되기 시작한 초기부터 시민들이 집단을 형성하기 어려웠던 산업사회와 달리 정보 네트워크 사회에서는 디지털을 활용해 집단을 형성할 수 있기 때문이다.

디지털 기반의 시민과 시민이 주도하는 디지털 사회운동이 주목받는 것은 주된 행위자인 시민의 변화 때문이기도 하다. 단순히 기술적인 측면만을 고려한 것이 아니라 웹 1.0에서 웹 2.0으로 진화하면서 스마트 디바이스를 통해 정치정보를 획득하고, 이를 확산하는 과정에서 시민들의 자발적인 참여가 눈에 띄게 진화해 가고 있다. 또 우리가 주의 깊게 보아야 할 것은 투표장에 가거나 시민단체에 참가하는 등의 행위와 함께 비제도적인 시위나 저항적인 행위에도 스마트화된 시민이 적극적이란 점이다.[95] 웹 2.0이 확산되고 디지털 기술이 더욱 고도화됨에 따라 온라인과 오프라인 시민참여는 확대되고 있다. 이러한 흐름은 시민이 디지털화될 때 시민참여와 온라인 사회운동의 기회를 열어주고, 사회운동을 촉진할 가능성이 증대할 것이란 해석을 가능하게 한다. 시민성의 변화, 즉 행위자의 인식변화는 기존의 정치적 지배구조의 변화를 요구하고 있으며, 그에 대한 더 많은 정보를 요구하고 있다. 구조적인 차원에서 참여하는 시민의 등장은 필연적으로 내용이 형식을 규정하는 변증법적 발전의 법칙에 따라 이전과 다른 미래 시민사회 운동 형식을 한 단계 끌어올릴 수도 있다. 여기에 최근 급속도로 발달하기 시작한 인공지능과 빅데이터 활용, 블록체인 등과 같은 4차 산업혁명의 기술들은 전자 투표와 같이 시민참여의 방법을 다양화하는 데 크게 기여한다.

요컨대, 정보통신기술이 발달하면서, 시민은 디지털 기술에 익숙하게 되고 이를 사회운동의 도구로 활용할 수 있게 되었다. 이에 디지털 커뮤니케이션 기술 자체가 하나의 도구가 되어 시민참여를 증진하는 데 없어서는 안 될 중요한 자원이 되어가고 있다. 물질적 자원이 부족한 시민들이 정보통신기술을 새로운 자원으로 활용하기 시작한 것이다. 이와 같은 정보 네트워크 사회에서 나타난 시민의 권리의식 강화와 참여 열기가 보여 주는 공통점은 시민의 역할과 위상이 한층 강화되고 있다는 사실이다. 그런 차원에서 민주주의 이론가들은 정보사회의 도래가 전통적인 대의민주주의의 대표성과 책임성의 한계를 극복하고 새로운 단계로의 전자민주주의로 나아가는 디딤돌이 될 수 있다고 주장한다.[96] 정보사회에서 민주주의는 실시간(real-time)으로 정보를 공유하고 즉각적으로 반응하는 시민들과 정치행위자들 간 공동의 통치라는 새로운 모델을 만들 수도 있다는 것이 그런 주장들에 내재해 있는 논리의 핵심이다.

물론 아직은 디지털 기술이 전통적인 정치과정을 운영하는 데 있어 하나의 보완적인 역할과 기능을 수행하는 도구로 활용되지만, 현재와 같은 빠른 변화 속도로 미루어 짐작건대 비관적인 전망만이 가능한 것은 아닌듯하다. 하지만 앞서도 지적한 바와 같이 시민의 적극적이고 능동적인 디지털 활용과 관련하여 내용적인 측면에서 민주주의를 강화하려면 디지털 기술을 활용하는 데 대한 시민의 인식 전환과 시민참여의 교집합을 확대해 나갈 필요가 있다. 그리고 디지털 기기로 무장한 스마트한 시민은 시민권 증진과 민주주의 강화를 가능하게 하는 정치환경을 조성하는 데 이바지할 가능성이 크다.[97] 다음 장에서 살펴볼 디지털 컨버전스의 기술진화와 유비쿼터스 디지털 노마드로의 진화에 관한 내용은 디지털 기술의 활용이 가져올 시민성의 변화를 잘 보여준다.

2. 디지털 컨버전스의 기술진화와 유비쿼터스 디지털 노마드 (Ubiquitous Digital Nomad)의 출현

정보사회의 고도화는 디지털 기술 간의 컨버전시(또는 융합)와 새로운 시민으로의 진화를 가능하게 했다. 그 대표적인 유형이 21세기 디지털 노마드(digital nomad)로 불리는 시민의 등장이다.[98] 라인골드의 참여 시민을 넘어서 디지털화된 노마드적인 특성을 가진 시민이 등장한 것이다. 디지털 기술의 온라인과 오프라인 융합이 정보 처리에서 시간성과 공간성의 제약을 뛰어넘게 해준다는 측면에서 디지털 컨버전스의 기술진화는 결국 정치과정과 정책결정과정의 변화를 가져올 수밖에 없다. 시간성의 문제는 속도의 문제인데 디지털 매체 기술의 발달에 힘입은 유비쿼터스(ubiquitous) 세계의 도래는 디지털 노마드로 대표되는 21세기형 인간을 그 세계의 시민이 되게 하였고 그들은 시공간적 제약을 벗어나 가상과 현실을 한 번의 '클릭'으로 오갈 수 있는 존재로까지 되기에 이른다.[99]

디지털 노마드는 디지털 컨버전스의 기술 진화로 서비스와 네트워크 그리고 단말기가 완전히 융합된 하나의 네트워크를 구성하는 개별화된 노드(node)의 형태로 존재하게 된다. 디지털 매체가 막 발달하기 시작했던 지식 정보화 사회로의 진입 초기에는 이동 전화망과 유선 전화망 그리고 데이터·IP망과 지상파 방송·케이블 방송망이 각자의 영역에서 개별적 서비스를 제공하면서 개별 단말을 통해 개별 네트워크를 형성해 오고 있었으나 디지털 컨버전스가 진행되면서 인터넷망의 공용 네트워크화가 이루어지게 되고 서비스-네트워크-단말의 완전한 융합이 일어나게 된 것이다.[100] 결국 이런 상황에서라면 기존의 전통적인 정책 과정의 전제가 되었던 위계적 구조나 폴 바란(Paul Baran)이 제시한 집중형 혹은 탈집중형의 네트워크 구조는 이제는 존재의 의미를 찾기 어렵게 된다. 따라서 디지털 컨버전스의 기술진화 때문에 완성된 융합 환경하에서는 최종적인 정책의 공급자와 소비자 모두가 철저히 분산된 분산형 네트워크 구조에서 각 노드를 구성하는 단위로 존재할 수밖에 없게 된 것이다. 집중형 네트워크가 사라지고 분산형 네트워크 구조에서 새로운 기술진화가 시작된 것이다.

디지털 컨버전스의 기술진화는 시간성과 공간성의 제약을 벗어나 개방과 공유 그리고 참여의 정신에 입각한 디지털 노마드의 분산된 네트워크를 만들어 내는 한편으로 각종 디지털 기기와 매체로 무장한 노마드족의 개별성(individuality)을 강화하는 방향으로 디지털 융합 환경에서 살아가고 있는 시민의 존재론적 속성에 영향을 미칠 가능성이 크다. 결국 디지털 컨버전스의 기술진화가 계속되면서 유비쿼터스 컴퓨팅 기술이 완벽히 구현되는 미래사회에서는 디지털 노마드들의 분산된 네트워크는 복잡계 네트워크(complex system network)의 형태로까지 발전해 갈 가능성이 있다.

디지털 노마드의 개념은 디지털 컨버전스의 기술진화가 정책과정에 미칠 영향을 분석하는 데 매우 중요한 개념이라 할 수 있다. 디지털 컨버전스의 기술진화 때문에 조성된 융합 환경에서의 정책 소비자로서의 시민의 전형적 모습이 디지털 노마드로 급속히 대체되어 가고 있기 때문이다. 따라서 디지털 노마드의 문화나 의식 코드를 제대로 읽어내지 않고서는 공공영역에서 산출되는 정책에 대한 시민의 순응을 끌어내기 어렵다. 융합 환경하에서 이루어지는 정책 과정의 각 단계에서 정책결정 혹은 집행의 주체들은 디지털 노마드로 유형화된 시민들의 반응을 의식하지 않을 수 없다. 정책 과정의 주체들 스스로 디지털 노마드화 하지 않고서는 융합 환경에서의 정책 과정을 성공적으로 이끌어 가기 힘들다.

또한 디지털 컨버전스의 기술진화는 우리 사회의 커뮤니케이션에 있어 동시성과 이동성을 더욱 강화하는 결과를 초래함으로써 디지털 노마드의 수적 증가를 촉진할 가능성이 크다. 특히 스마트 폰의 탄생은 그 자체로 디지털 노마드의 생활환경을 혁명적으로 변화시켰다는 점에서 디지털 노마드를 21세기의 보편적 트렌드로 만들어 가고 있다.[101]

따라서 디지털 융합 환경에서 정책결정과정의 변화상을 제대로 파악하기 위해서는 디지털 융합 환경에서 생활하고 있는 주체로서의 디지털 노마드가 지닌 속성을 제대로 이해할 필요가 있다. 존스(Jones 2009)는 디지털 노마드의 속성을 공동체성(community), 투명성(transparency), 신뢰성(trust), 결과지향성(result only)의 네 가지로 들고 있다. 디지털 노마드는 독립심이 강하고 개인의 자유와 이동성(mobility)에 무한한 가치를 부여하지만, 한편으로 공동체 지향적이면서 공동 작업을 통해 일을 처리하는 데 익숙하기도 하다. 트위터나 페이스북과 같은 소셜 미디어 플랫폼이 디지털 노마드들에게 인기를 끄는 것도 이러한 맥락에서 이해될 수 있는 부분이다. 디지털 노마드는 전통적인 노마드와 마찬가지로 모든 것이 그들 사이에서 숨김없이 공개되길 원한다는 점에서 투명성을 추구하는 경향이 있다. 디지털 노마드에게 무엇보다 중요한 것은 그들 간에 축적된 신뢰(trust)이다. 신뢰는 디지털 노마드가 공동체 내에서 문제해결을 더 쉽게 하는 장점을 제공한다. 또한 디지털 노마드는 과정보다는 결과에 더 큰 비중을 두는 경향이 있다. 그러므로 디지털 노마드 대부분이 재택 혹은 원격지 근무 환경에서도 기대에 부응하는 결과를 만들어 내게 되는 것이다.[102]

디지털 융합 기술의 발달에 따른 개별 시민의 디지털 노마드화는 [그림 3-1]에서 보는 바와 같이 개별 시민의 탈국가화와 탈

[그림 3-1] 전통 산업사회~디지털 융합사회의 국가-시민사회 관계유형 변화

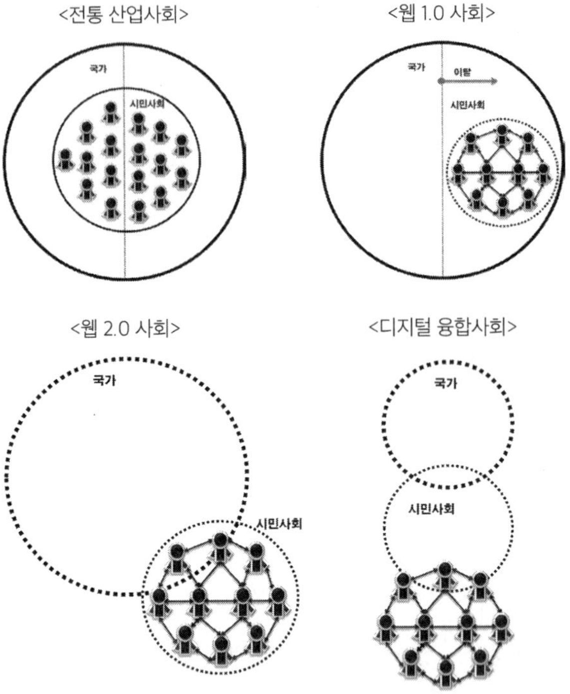

***출처**: 한국정치학회(2019). [103)]

시민사회화를 촉진한다. 전통 산업사회에서 시민사회는 국가에 포섭된 형태로 존재한다. 전통 산업사회의 정치적 존재 양식이 어떠하든 - 다시 말해, 전체주의 정치체제이든, 권위주의 정치체제이든, 자유민주주의 정치체제이든 상관없이 - 국가는 대내외적인 주권의 담지자로서 물리적 경계인 국경을 기준으로 서로 구분되어 있으며, 대내적으로는 국가의 보호 아래 사적 영역에서 삶을 영위해 가는 개별 시민들로 구성된 시민사회(civil society)에 대해 대내적인 최고성을 지닌 권력으로서의 주권을 행사하게 된다. 시민사회를 구성하는 개별 시민들은 산업사회의 분업구조에 의해 상호 간의 연계를 형성하지 못한 채 고립되고 원자화된 개인으로 남게 된다. 따라서 국가의 권력 작용을 중심으로 국가-시민사회-개별 시민의 위계적 동원 체제가 전통 산업사회의 근간을 이룬다.

그에 반해 기술적인 서버(server) 중심의 인터넷 서비스를 바탕으로 한 정보화 사회의 초기적 형태인 웹 1.0 사회에서는 시민사회의 개별 시민들에게 전달되는 정보의 양과 정보 전달의 속도가 현저히 개선되면서 전통 산업사회에서는 산업생산을 중심으로 폐쇄적 형태를 띠고 있던 시민사회의 외연이 확대되면서 시민사회의 권력이 강화되고 시민사회는 점점 국가의 직접적인 권력 작용에서 벗어나 국가권력의 영향권에서 멀어지게 된다. 시민사회의 구성원인 개별 시민들 간에는 비록 일방적인 관계지만 인터넷 공간과 정보를 매개로 한 약한 연대(weak tie)가 형성되기 시작한다. 이들은 강화된 시민사회의 새로운 권력 - 예컨대, 온라인과 오프라인을 통해 동시적으로 활성화하기 시작한 각종의 자발적인 시민사회단체 - 과 끊임없이 교호한다. 그러나 개별 시민은 여전히 국가와 시민사회의 권력 작용에 대해 수동적으로 수용할 뿐 능동적으로 대응하지 못한다.

웹 2.0 사회는 국가와 시민사회의 권력 작용에 대한 시민의 능동성이 더 고양된 형태로 나타난다. 쌍방향 커뮤니케이션을 가능하게 하는 각종 소셜미디어의 탄생이 개별 시민 간의 상호작용과 연계를 더욱 강화함으로써 국가와 시민사회의 조직화된 권력에 대한 시민의 반응(reaction)이 증대된다. 민주화·세계화·지식 정보화의 흐름 속에 대외적 독립성을 유지하던 국가 주권의 의미가 퇴색되면서 국가의 외연이 약화된다. 시민사회 또한 더 이상 개별 시민을 웹 1.0 사회에서와 같은 조직화된 형태로 포섭하지 못해 시민사회의 외연 또한 약화된다. 국가와 시민사회라는 전통적인 이분법적인 권력 관계를 벗어나 각종 소셜미디어로 연결된 개별 시민 간의 연결성(connectivity)이 강화된다. 그러나 개별 시민은 여전히 개인용 컴퓨터라는 고정되고 제한적인 단말에 의해 연결되어 있어 그들 간의 연계는 시민사회의 조직적인 영향력의 넘어서지 못한다.

이와 같은 디지털 융합 사회는 여러 가지 측면에서 웹 2.0 사회의 국가-시민사회-개별 시민 관계의 패턴을 그대로 유지한다. 초기 디지털 기술의 시민적 활용과 시민사회 운동의 활용을 넘어 각종 디지털 융합 기기로 무장한 디지털 노마드로서의 개별 시민의 존재 양식이 보편화되면서 개별 시민의 개체적 권력이 확대된다. 따라서 디지털 융합 사회에서 개별 시민은 국가는 물론 시민사회의 조직적인 영향력으로부터 더욱더 자유로워진다. 디지털 융합 사회에서 개별 시민 간 연계의 복잡성, 이동성, 즉시성이 강화되면서 개별 시민은 조직화된 시민사회의 도움이 없어도 쉽게 사회적 이슈를 공중 의제화할 수 있게 된다.

3. 디지털 컨버전스 기술진화와 커뮤니케이션 패턴 변화

자연스럽게 디지털이 진화하면서 융합되는 디지털 컨버전스 사회에서는 시민과 시민사회, 국가의 관계만이 아니라 커뮤니케이션의 변화도 빨라진다. 기술의 진화가 사회를 변화시키며 커뮤니케이션까지 영향을 미치는 것이다. 사실상 인터넷 또는 디지털 기술은 네트워크로 구성되기 때문에 정보의 공급과 유통, 소비구조에 큰 영향을 미칠 수 있다.[104] 이와 같은 정보전파는 단지 기술진화의 산물이 아닌 인간 본연의 소통하는 속성 때문이기도 하지만 웹 2.0의 등장과 소셜미디어의 확산, 그리고 디지털 컨버전스의 가속화는 이 현상을 더욱 가속화하고 있다.

무엇보다 디지털 컨버전스는 다층적 융합 환경에서의 커뮤니케이션이 가능하므로 시민은 과거보다 다른 형태의 정보 습득의 질과 범위를 결정할 수 있다. 그리고 이러한 정보의 질과 범위가 다시 사고의 방향을 결정한다는 측면에서 디지털 컨버전스의 기술진화가 커뮤니케이션 형태의 근본적 변화를 가져온다. 그러한 변화 때문에 형성된 융합 환경에서 활동하는 행위자들의 사고의 방향에 근본적인 영향을 끼치게 됨은 당연한 일 일 것이다. 기존의 방송 미디어가 상대적으로 수용자들에게 ***"단편적이고 피상적이고 일반적인 정보"***를 알려준 것이라면 디지털 컨버전스의 기술진화로 새롭게 나타나는 커뮤니케이션 매체들은 ***"피상적, 단편적인 내용을 많이 접하게 되지만 자신의 동기를 유발하는 한두 분야에 대해서는 아주 깊고 심층적인 지식을 가진"*** 쪽으로 커뮤니케이션의 방향을 본질적으로 변화시킨다고 볼 수 있다.[105]

류춘렬(2004)이 지적한 바와 같이 일반적으로 인터넷의 등장으로 ***"과거에는 사회적으로 권위가 부여된 사람들이, 또는 미디어에 의하여 권위가 부여된 사람들이, 공적인 공간에서 발언할 기회를 얻게 되었지만"*** 디지털 컨버전스의 기술진화로 형성된 융합 환경하에서는 각각의 개인들이 자신을 표현할 수 있는 공간을 갖게 되었으며, 이는 ***"견해의 권위에 대한 기존 체계의 게이트키핑 기능"***의 축소를 의미하는 것이다. 앞서 설명한 디지털 컨버전스의 기술진화 때문에 나타난 유비쿼터스 디지털 노마드의 출현에서 예견된 바와 마찬가지로 융합 환경은 그 환경 속에 깃들어 사는 행위자의 생활 및 행동 양식에 근본적인 변화를 초래하게 되며, 그러한 변화는 융합 환경을 구성하는 사회적 속성과 행위자들의 사고의 방향에 근본적인 수정을 가져오게 된다. 이러한 디지털 융합 환경에서 환경변화는 개별성(individuality), 동시성(synchronicity), 복잡성(complexity), 상호작용성(interactivity), 이동성(mobility)의 증대로 요약될 수 있다. [표 3-1]과 [그림 3-2]는 디지털 컨버전시 환경에서 이러한 환경적 특성들이 무엇이며 어떻게 현실의 융합 환경에서 구현되어 나타나는지를 시각적으로 잘 나타내고 있다.

디지털 융합 환경에서의 커뮤니케이션의 특성 변화를 논함에 있어 웹 2.0의 인터넷 기술진화와 관련된 내용을 빼놓을 수 없다. 디지털 융합 환경을 구성하는 대부분의 인터넷 서비스의 융

[표 3-1] 디지털 융합 환경에서 커뮤니케이션 행위자의 주요 특성

구분	내용	소통 매체	비고
개별성	각 노드를 차지한 개별 행위자의 독립성 정도	마이크로 블로그, 스마트폰	연결의 자율성
동시성	각 노드 간 정보 전달의 속도	마이크로 블로그	실시간 소통 여부
복잡성	각 노드에 연결된 다른 노드의 수	마이크로 블로그	허브의 다원성
상호작용성	각 노드 간 커뮤니케이션의 빈도	SNS	모바일의 경우
이동성	각 노드의 위치 이동 가능 정도	마이크로 블로그, 스마트폰	휴대 가능 여부

***출처**: 차재권 외(2010), p.56.

[그림 3-2] 디지털 융합 환경의 사회적 특성과 사고의 중심요소

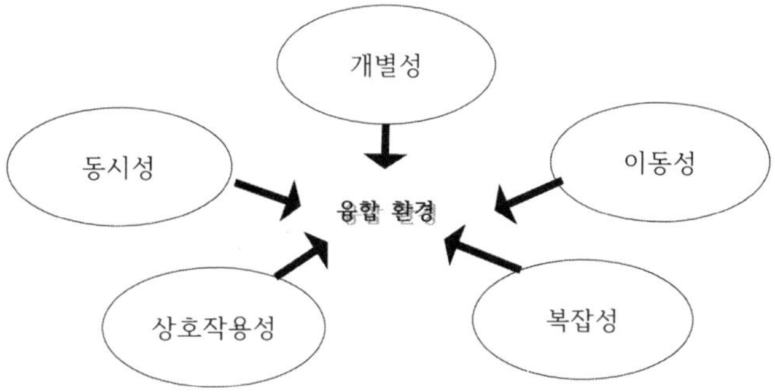

*출처: 차재권 외(2010), p.56.

합이 웹 2.0의 인터넷 기술진화로부터 비롯되었기 때문이다. 따라서 디지털 융합 환경은 참여·공유·개방의 정신 아래 이루어진 웹 2.0의 기술진화와 더불어 나타난 서비스 이용자, 서비스되는 콘텐츠 및 플랫폼의 세 가지 영역에서 융합으로 발현된다고 할 수 있을 것이다.

웹 1.0 기술이 주류를 이룬 초기 인터넷 생태계에서는 인터넷 생태계에 콘텐츠를 투입하는 생산자와 그 콘텐츠들을 소비하는 사용자 간에 뚜렷한 경계가 존재하였으나 웹 2.0 기술진화는 이와 같은 콘텐츠의 생산자와 사용자 간에 존재해 온 경계를 허물고 사용자 스스로가 콘텐츠의 생산자인 동시에 사용자, 즉 생비자(prosumer)가 될 수 있게 함으로써 인터넷 생태계에서 행위자뿐만 아니라 콘텐츠의 생산 및 소비 패턴에도 큰 변화를 가져왔다. 특히 인터넷 생태계의 사용자 스스로에 의해 생산되는 콘텐츠의 배포 기능이 대폭 확대, 강화되었는데 웹 2.0 기술의 진화로 웹서비스에 대해 개방된 플랫폼 간의 연결성이 높아짐에 따라 사용자 생산 콘텐츠가 더욱더 빠르고 쉽게 확산될 수 있는 인터넷 생태계가 생겨나게 된 것이다.[106]

그 대표적인 사례로 들 수 있는 것이 최근 폭발적인 인기를 끌고 있는 소셜 네트워크 서비스(SNS)이다. 소셜 네트워크 서비스는 서버(server) 운영자가 콘텐츠를 생산하고 이를 수직적으로 연결된 이용자들에게 일방적으로 배포하는 기존의 콘텐츠 생산-배포-사용 구조에서 이용자 스스로가 콘텐츠를 생산해내고 또 생산된 콘텐츠를 이용자 간의 수평적 커뮤니케이션 연결망을 통해 배포하는 분산된 콘텐츠의 생산-배포-사용 구조로 전화되었다는 것이다. 디지털 융합기술의 발전으로 가능해진 콘텐츠 융합은 기존 텔레비전, 개인용 컴퓨터(PC), 휴대폰이라는 서로 다른 종류의 단말기 융합을 통해 각기 다른 단말기를 통해 제공되던 콘텐츠의 융합을 가져오고 있다. 텔레비전과 개인용 컴퓨터 그리고 휴대폰에서 같은 콘텐츠를 볼 수 있게 되는 이른바 '3 스크린' 혹은 '4 스크린'[107] 시대의 도래는 그러한 콘텐츠의 공급자와 수용자, 수용자와 수용자 간 관계 패턴에 질적, 양적 변화를 초래하고 있다.

디지털 융합기술의 발전은 플랫폼의 융합을 초래하는 한편으로 플랫폼 간 경쟁을 촉진하기도 한다. 플랫폼이란 컴퓨터의 응용프로그램들이 작동될 수 있는 프레임워크를 의미하는 것으로 기술적으로 해석되기도 한다. 네트워크화된 개인(networked individuals)이 중심이 되는 디지털 융합 환경에서 나타나는 네트워크 사회는 끊임없이 상호 연결되어 언제든지 상호 의사소통을 할 수 있는 기술적 공간에 존재함으로써 모든 서비스와 기기가 개인에게 맞춰지는 맞춤형 개인 미디어 시대의 사회이다. 이러한 사회에서 정보의 수용자는 수용자인 동시에 정보의 생산자로서 정보의 선택과 통제에 있어 나름의 처리능력을 갖추게 된다. 수평적으로 연결된 노드를 통해 공급되는 정보가 양적으로 늘어나고 질적으로 풍부해질수록 그에 맞춰 정보 수용자의 정보를 파악하고 처리하는 능력 또한 향상되는 것이다. 즉 디지털 융합 환경에서 살아가는 네트워크화된 개인은 네트워크상의 무한한 정보 중에서 자신의 욕구와 부합하는 정보를 취사선택하여 이를 해석하고 활용하며 또 다른 수용자와 공유하는 다차원적인 정보 이용 역량을 갖추게 되는 것이다. 이는 실시간으로 정보에 대한 선택과 수용 여부에 관한 결정을 내려야 하는 디지털 융합 환경에 의해 형성된 네트워크 사회의 속성상 어쩔 수 없는 생존적 진화의 결과라 할 수 있다.

따라서 네트워크화된 개인을 중심으로 형성된 디지털 융합 환경에서 커뮤니케이션 구조에서는 노드를 통해 전달되는 콘텐츠의 질 또한 기존의 매스미디어 시대의 불특정 다수를 위한 대중적 콘텐츠가 아니라 특정 개인 수용자를 위한 개별적 콘텐츠가 주를 이루게 된다는 점에서 전통적인 혹은 웹 초기 환경과는 뚜렷이 구별된다.[108] [표 3-2]는 정보통신기술의 발전이 전통 산업사회에서부터 디지털 융합사회에 이르기까지 커뮤니케이션 패턴의 변화를 보여준다.

[표 3-2] 커뮤니케이션 패턴 변화

구분	의사소통	특징
전통 산업사회	일방향, 수직적 의사소통	• 위계화된 사회구조 • 주요 행위자를 중심으로 한 정보의 비대칭성(정보 집중 현상) 심각
웹 1.0 사회	전통 산업사회에 비해 비교적 활발한 의사소통	• 정보의 비대칭성 온존
웹 2.0 사회	인터넷상 활발한 의사소통	• 폐쇄된 온라인 커뮤니티 • 정보의 비대칭성 온존
디지털 융합사회	양방향, 수평적 의사소통	• 개별 시민의 개체성 뚜렷 • 무정형의 분산된 네트워크로 복잡

***출처**: 차재권 외(2010), p.56.

4. 4차 산업혁명과 다중과 다중운동의 등장

1) 4차 산업혁명과 다중

웹 2.0의 등장이 디지털 컨버전스에서 네트워크화된 개인의 등장을 촉진했다면 4차 산업혁명(Fourth Industrial Revolution)은 기존 디지털 노마드나 참여 시민, 네트워크화된 시민적인 특성을 포함하는 다른 차원의 행위자가 등장하는 계기가 되었다. 알려져 있다시피, 4차 산업혁명은 정보통신기술(ICT)의 융합으로 이뤄지는 차세대 산업혁명이다. 인공지능(AI), 사물인터넷(IoT), 로봇 기술, 드론, 자율주행차, 가상현실(VR) 등이 주도하는 새로운 산업혁명이라 불린다.[109]

4차 산업혁명이란 새로운 기술 진보에 따라 시민의 다층성은 복잡해지고 있다. 디지털 기술을 기반으로 하는 참여 시민에서 디지털 컨버전시의 네트워크화된 시민으로, 4차 산업혁명의 발전은 기존 시민의 위상 및 역할과는 다른 형태 시민의 등장을 가져오게 된 것이다. 특히 인공지능과 빅데이터 기술의 발전은 인간과 디지털 간의 관계를 새롭게 정립하고 있으며 이를 기반으로 하는 능동적이고 자립적·독립적·비판적 시민이 나타나고 있다. 특히, 4차 산업혁명 기술이 빠르게 확산되면서 과거보다 신속한 데이터 처리, 광범위하고 조밀한 네트워크가 가능하고 5G라는 초고속 이동통신망의 전 세계적인 보급은 디지털 융합 환경보다 더 고도의 정보사회를 가능하게 하고 있다.

물론 일부 학자들이 제시하듯이 4차 산업혁명이 사회에 미치는 영향은 아직 제한적이다. 하지만 일부 기술들은 이미 인간과 인류의 삶에 큰 영향을 미치고 있으며 이 변화는 정치와 행정과정에도 반영될 것이다. 이미 인공지능과 빅데이터, 자율주행기술, 5G, 가상현실, 디지털 트윈 등은 기존의 정보기술을 뛰어넘는 정보 처리 속도와 디지털 융합기술이 녹아있다. 특히 빅데이터와 인공지능의 발전은 시민의 삶에 큰 영향을 미칠 것이다. 빅데이터를 통해 정책당국은 시민의 취향과 선호도, 불편 사항을 미리 파악하여 선제적인 정책결정이 가능하다. 그리고 인공지능은 편견 없는 관점에서 정책결정에 도움을 주는 선택지를 다양하게 제시하여 중립적인 정책대안을 결정할 수도 있다. 이미 일본에서는 지방자치단체가 미래 발전 시나리오 구축에 인공지능을 활용하고 있다.

이 같은 기술변화를 가능하게 한 것은 역시 데이터 처리 속도의 혁신인 5G의 상용화에 따른 결과라 할 수 있다. 5G는 4G, LTE 대비 데이터 용량은 약 1,000배 많고 속도는 200배 빠른 이동통신이다. 과거에도 정보의 빠른 속도는 시민의 실시간 정보 습득에 도움이 되었지만, 5G의 보급은 단순한 텍스트나 이미지를 넘어 동영상까지 실시간으로 전송이 가능한 환경을 구축하고 있다. 이러한 5G의 확산에 따라 커뮤니케이션 환경은 크게 변화하고 있다. 이른바 라이브방송이 등장하면서 실시간으로 동영상을 제작, 송출이 가능한 플랫폼이 구축된 것이다. 유튜브나 인스타그램 등 해외 소셜미디어만이 아니라 국내 네이버와 다음 등의 포털을 위시해 많은 정보통신기업은 라이브방송을 진행 중이다. 이제 진입장벽이 높고 인적·물적 자원이 많이 소요되는 방송국을 대체하는 1인 미디어, 1인 방송의 시대가 열린 것이다. 이러한 기술 환경의 변화에서 진화한 시민은 모두 다른 이름으로 불리고 있지만, 시민의 참여 강화를 공통의 키워드로 삼고 있다.

4차 산업혁명 스마트 기술의 발전으로 데이터의 양적 증가로 식견 있는 시민(informed citizen), 통찰력 있는 시민(insightful citizen)들의 요구도 동시에 증대하고 있다. 이는 기존의 정상적인 정치과정에서 폭증하는 요구를 담아내기 어려운 상황이다. 소셜미디어, 스마트 디바이스 등장에 따른 데이터의 양적 증가와 시민 요구의 증대는 전통적인 정치과정으로는 더 폭증하는 데이터와 시민의 참여 욕구를 감당하기 어려운 상황에 직면한 것이다. 디지털 노마드에서 새로운 네트워크화된 시민으로의 진화에 이어 새로운 시민의 개념화가 진행 중이다.

그중에 가장 주목받고 있는 논의가 저항과 다층적 참여의 시민이다. 이미 저항적인 시민은 노리스(Norris 2011)에 의해 비판적 시민(critical citizen)으로 소개된 바가 있다. 그는 21세기적 상황과 변모하는 정치참여의 경향을 고찰하여 정보화로 다양한 참여의 방식이 등장했다고 해석했다. 그는 이슈와 사안에 따라 탈집중적인 저항과 참여를 하는 시민이 1950년대 이후 인권이나 반핵과 같은 시민 불복종운동 등 조직화 된 저항의 정치로 싹을 틔웠고 60년대 반전시위, 68운동에서 잠재적 저항(protest potential)으로 연계된다고 지적한다. 또한 노리스는 저항과 참여의 시민은 정보사회에서 본격적으로 정보통신기술을 통한 새로운 참여방식을 활용하고 있다고 보았다.[110)]

이 같은 저항과 참여의 시민은 4차 산업혁명의 시대에는 더욱 다층적인 형태로 나타나고 있다. 21세기 스마트 기술의 발전과 인공지능, 빅데이터, 5G의 활용은 무수히 많은 네트워크와 데이터의 발생으로 인해 복합적인 시민의 다양한 요구를 파악하기 어려운 부분을 해소하는 데 도움이 된다. 새로운 시민의 등장에 대해 이미 오래전부터 학자들은 다층적 참여 시민을 다중이란 용어로 정의했다. 그러나 '다중(multitude)'의 개념은 정보사회로의 이행 특히 4차 산업혁명이 가시화되면서 빠른 정보 생산과 다층적 관심을 가진 시민, 그리고 저항하는 시민이란 의미에서 재조명되고 있다.

주목해야 할 것은 시민들의 요구가 과거 거대 담론 중심에서 점차 현실적으로 구체성을 보여 주고 있다는 것이다. 과거와 같은 민주주의 실현을 위한 정권의 퇴진이나 새로운 정치 질서를 제시하는 것이 아니라 개선과 시민권을 보호하기 위한 다양한 시민권 이슈들이 증가하고 있다. 주지하듯이 과거 시민권 확대 투쟁은 그 자체가 기성 질서를 혁파하고 대안적 민주주의를 설계하는 과정의 성격을 띠었다. 시민의 이슈들이 다양화된다는 것은 여전히 내용으로서의 민주주의에 대한 고민과 시민들의 요구가 계속된다는 것은 우리의 민주주의가 개선할 것도 많음을 알려준다.

디지털 컨버전시를 넘어 4차 산업혁명에 직면한 시민은 세계화와 정보화가 동시에 고도화되어가는 환경에서 생태·복지·정보인권 등 제반 사회적 권리로 시민권을 확대해 나가고 있다. 아울러 권위주의와 신생 민주주의 국가에서는 전환기 정의(transitional justice)를 주창하는 등 근대 시민권의 경계마저 뛰어넘고 있다. 이러한 시민권의 확장으로부터 부여된 시민의 제도적 권능은 기성 정치·경제 질서를 재편하는 동력으로 활용될 수 있다. 오늘날 세계 환경의 변화 및 시민권 확대를 통한 시민성 변화로 말미암아 시민의 존재론적 의미도 재구성되고 있다.

이처럼 정치적으로 저항 행동주의(protest activism) 기반의 다층적 사고를 가진 시민을 네그리와 하트(Negri & Hardt 2008)는 네트워크에 기반을 둔 시민으로 제시했다. 이들은 디지털 컨버전시를 넘어, 4차 산업혁명이란 새로운 기술 환경에서 정치의 변화를 주도하고 있다. 그런 차원에서 네그리와 하트는 공적인 시민이 등장할 것이고 더욱 탈권위와 탈집중, 탈근대 시민이란 의미로 등장한 다층적 시민을 '다중(multitude)'이라 명명한다. 이러한 다중은 하나의 통일성이나 단일한 동질성으로 결코 환원될 수 없는 수많은 내적 차이로 구성돼 있다는 점에서 기존의 민중이나 인민의 개념과는 차별성을 가진다. 그리고 계급적인 관점에서 노동자와도 다른 의미성을 가진다. 네그리와 하트는 근본적으로 전 지구적인 체제의 정치·경제적 측면들에 대항하는 엄청난 투쟁들은 민주주의의 위기로 연결되고 이 같은 위기를 극복할 실마리를 다중이 지닌 다수성과 차이성을 무기로 삼는 민주주의 형태에서 찾을 수 있다고 주장한다.[111)]

다중의 등장은 전통적인 정치과정에서 민주주의에 대한 요구로 발전하고 다중의 새로운 운동은 한 단계 진화한 개념으로서 다중운동으로 발전했다. 다중은 21세기 지구화, 정보화 사회에서 제기된 지역적·지구적 의제에 관한 저항을 주도한다. 특히 스마트 기술 기반의 4차 산업혁명과 5G 네트워크의 이용, 그리고 다양한 민주주의 토론 기술을 적용하여 활동한다. 다중은 기존의 사회운동이 권력의 문제에 한정되거나, 신사회 운동적인 요구를 제기한 것과 달리 수십 년간 누적된 정치적·법적·경제적제 문제에 대한 불만이 누적되면서 등장한다. 이러한 불만은 그 자신만의 독특한 메시지를 가지고 있으며 다양한 항의들이 하나의 집단으로 무엇에 이르게 될지는 명확하지는 않지만 현실체로서 존재하는 불만으로 다중의 등장 배경이 된 것이다. 시민이 전통적인 권력 관계에서 근대적인 권리와 의무라는 차원에서 접근했다면, 네그리와 하트는 다중의 개념을 계급주의적인 시각에서 제기하고 있다. 다만 이들은 계급적인 한계를 넘어서 사회의 다양성을 반영한 새로운 집단으로서 다중을 정의하며 이들의 권익 주창과 사회변혁에 대한 열망이 새로운 운동으로 발전한다고 본 것이다.[112)]

네그리와 하트가 근대 제국주의 시대의 저항 주체인 '인민(people)'이 '다중(multitude)'으로 대체되고 있음을 역설한 것은 이런 신자유주의 세계화에 따른 전 세계적 차원의 새로운 패러다임 변화를 염두에 둔 것이었다. 네그리와 하트에게 있어 다중은 마르크스주의에서 적대적 계급관계에 기반을 둔 '인민'이나 '민중'과는 차원이 다른 개념으로 그들이 제시한 다중은 적대적 계급관계를 제거하는 것에 방점이 찍혀 있는 것이 아니라 상호 다양한 차이를 인정하고 존중하며 특정한 사안이나 작업에 능동적으로 참여하는 전혀 새로운 시민 생활의 주체적 존재로서의 다중인 것이다. 그들이 말하는 다중은 ***"다수이면서 동시에 하나"***라는 점에서 기존의 국민이나 인민(혹은 민중), 대중과는 구별되는 개별 인격의 존재 양식이다. 그들은 서로 이질적인 독립된 개인들로 분산하여 존재하지만 동시에 어떤 계기가 생겨나면 언제든지 하나의 거대한 집합체로 묶여 집단행동의 주체가 될 수 있는 그런 독특한 존재이다.

그리고 새로운 유형의 다중이 주도하는 다중운동도 주목받고 있는데 이러한 다중운동에 대해서도 네그리와 하트는 ***"처***

음 보기에는 서로 분리된 문제들에 대한 불만들(discontents)의 집합"으로 정의하고 대의의 불만, 권리와 사법의 불만들, 경제적 불만, 삶 정치적 불만 등의 4가지 영역에서 목록들(cahiers de doleances)의 새로운 21세기적인 형태가 재연된다고 보았다. 이 과정은 1788년 프랑스혁명의 전야에 프랑스에서 수집된 불만과 유사한 것이다.[113] 네그리와 하트는 다중운동이 노동계급이 다중을 규정하는 근본 동력이지만, 사회계급이 다양화되면서 인종·민족성·지역성·젠더·섹슈얼리티 등의 다양한 집단을 포함하는 것으로 보면서 신사회 운동과는 다른 차원에서 접근하고 있다.

그런 차원에서 다중은 한편에서는 통일되고 다른 한편에서는 다양해지는 모순 속에 있는 것처럼 보이지만, 실제 현 단계의 운동 주체인 시민들은 다중적인 속성을 가지고 있다. 제국이 위력을 더할수록 새로운 종류의 민주주의를 위한 가능성도 커지기 때문에 서로 다른 여러 집단과 개인들로 구성된 다중은 민주적인 대안을 제시하는 힘을 가지고 있다.

2) 다중과 다중운동

자본주의는 제2의 황금기를 지난 이후 침체기를 맞이하게 되었다. 하지만 자본주의는 나름대로 새로운 활로를 모색하면서 새로운 질서로 진화해 나가게 되는데 1980년대 이후부터 전개되는 신자유주의 세계화의 과정이 그것이다. 신자유주의 세계화는 주권국가의 권위를 약화하면서 새로운 정치 질서를 만들고 있다. 살라몬(Lester Salamon)이 제시한 사회주의, 복지국가, 발전국가, 지구환경의 4가지 위기 속에서 세계화와 지방화가 동시에 전개되면서 국가 주권의 약화 현상이 두드러지게 나타나기 시작했다. 주권국가의 약화는 자연스럽게 그 주권국가 안에 깃들어 사는 국민 혹은 시민(nation or people)의 존재 양식에도 변화를 가져왔다.[114)]

특히 정보통신기술의 발전은 이러한 시민의 위상에 큰 변화를 주고 있다. 학자들은 디지털 기술에 익숙해진 시민의 등장은 시민의 정치질서에 대한 근본적인 고민을 해결하는 답으로서 참여 민주주의, 전자 민주주의적 요소에 주목하게 되었다. 특히 대의민주주의를 비판하며 시민의 참여를 강조한 참여 민주주의가 제기되면서 시민의 참여는 권한 강화(empowerment)라는 측면에서 새롭게 정의되었다. 참여 민주주의자들은 참여를 전통적인 대중사회의 시민과는 다른 개념으로 정의하고 시민은 토론하고 논쟁하며 공익(public good)을 실현하는 공적 시민(public citizen)의 가능성에 주목한다. 즉 시민의 변화가 이루어지는 과정에서 참여적 사회가 만들어지며 공적 시민이 주도하는 민주주의가 필요하다고 본 것이다.[115)]

이와 같은 시민에 관한 인식의 전환은 전통적으로 시민이 객체에서 주체로 전환되었으며 현대 민주주의에서 중요한 의미를 가지게 되었다. 이들이 주도하는 사회변혁 운동이 바로 사회운동이다. 사회운동(social movement)은 기든스(A. Giddens)가 정의한 바와 같이, ***"한 사회에서 사회변동의 제 양상을 저지하거나 영향을 미치고자 하는 사람들의 광범위한 집합적 행동"***을 지칭한다. 정치 매개조직인 정당이나 고도로 조직화된 이익집단, 압력집단, 그리고 정당이나 제도화된 집단과 연계되고 때로는 정당의 형성으로 발전되기도 하지만, 그것은 처음에는 비공식적으로 시작한다.

최근 새롭게 제기되고 있는 다양한 이해관계를 가진 시민으로서의 다중은 네그리와 하트가 정의한 계급주의적인 관점을 벗어난 포괄적인 개념으로 진화하고 있다. 실제 네그리와 하트의 다중의 개념은 다양하게 해석되지만, 일부 학자들에 의해 문제점을 지적받고 있다. 첫째, 다중의 개념과 관련된 것으로 네그리와 하트는 지나치게 계급주의적인 시각을 제기하고 있다. 물론 그들이 계급주의적인 관점에서 사회운동의 다양성을 존중하여 다양한 이슈의 확장으로 형성된 것이란 점은 인정하지만, 근본적으로 네그리와 하트의 다중은 계급주의적 한계를 가진다. 둘째, 이런 네그리와 하트의 계급주의적인 시각으로 인해 다중운동 역시 사회 변혁적인 차원에서만 고민되는 한계가 있다. 현대사회에서 다중운동은 신사회주의의 등장으로 다원화된 새로운 운동방식이 등장하고 있으나 지나치게 사회 변혁적 측면만을 파악한다는 점에서 한계가 발견된다.

그런 맥락에서 시민에서 다중으로의 변화를 고려하여 다중과 다중운동의 개념을 포괄적으로 재정의할 필요가 있다. 다중은 지나친 계급주의적인 네그리와 하트의 시각을 확장하여 21세기 시민사회의 영역을 포괄하는 ***"하나로 뭉친 군중이 아니라 각자 자율적인 개인들로 구성된 집단"***으로 간주한다면 계급주의 시각을 벗어나 다양한 이해관계를 가진 시민으로서의 현대적 의미를 포괄할 수 있을 것이다. 이 개념적 정의는 앞서 제기한 네그리와 하트의 급진적 계급주의 시각을 현대사회에 조응하게 확장하여 사회계급이 다양화되면서 민족과 인종, 지역, 온라인 가상공간, 젠더, 생태 등의 다양한 시민의 모습을 집체화하여 이해할 수 있을 것이다.

이상의 시각으로 다중을 재정의한다면 다중운동은 전통적으로 정치학에서 논의된 사회운동의 연장선에 있다. 그동안의 다중운동 역시 계급주의적인 관점을 벗어나지 못한 한계가 있다. 아무래도 다중을 현대적으로 정의한 네그리와 하트의 영향이 남아있기 때문이다. 가장 중요한 다중의 운동은 네트워크를 기반으로 한다는 점이다. 다중운동의 방식은 분산된 네트워크 형식으로 발전한다. 각각의 지역적 운동은 하나의 마디로 기능하면서 지성의 어떠한 중추나 중심이 없이 다른 모든 마디와 소통하는 형태이다. 다중들의 각각의 운동은 특이한 채로 남아있고 자신의 지역적인 조건에 묶여 있지만 동시에 공통적인 네트워크(또는 웹) 속에 포함된다. 다중운동의 확산은 네트워크에 참여하는 각각의 특이성을 부정하지 않으며 같이 운동하는 타자들과 소통하고 협동하는 가운데에서도 더 큰 공통적인 습관들, 실천들, 관습들, 행동들, 욕구들을 형성하는 가운데에도 공통된 것을 기동하고 확대하면서도 가운데에도 특이성이 축소되거나 감소하지 않는 모델을 제공한다고 볼 수 있다.[116]

그런 차원에서 다중운동은 계급적인 관점보다는 현대사회에서 제기되는 다양한 이슈와 의제를 바탕으로 사회적 불만(social discontent)을 능동적이며 자발적으로 해결하는 운동이 되어야 한다. 이에 대해 송경재(2018)는 네그리와 하트의 다중과 다중의 개념이 계급적인 성격을 벗어나, 사회변혁과 개선 등의 전방위적인 차원에서 운동을 포괄할 수 있다는 장점이 있다고 강조하고 있다. 요컨대 다중의 개념과 다중운동을 처음 제기한 네그리와 하트의 선행연구를 바탕으로 지나친 극단적 시각을 배격하고 현대적인 맥락에서 살펴보아야 함을 강조하였다.

그리고 다중운동은 디지털 기반의 정보통신기술, 최근에는 네트워크 기반의 시민참여 도구를 적극적으로 활용한다. 정보통신기술을 참여의 무기로 활용한 참여 군중에 이어 다중은 네트워크를 기반으로 한 조직화와 집합행동을 촉진한다는 점에서 일 진보했다. 따라서 다중운동은 수많은 자율적 개인들이 스마트 폰이나 분산적 네트워크로 연결되면서 중심 없이 수행하는 사회운동이라는 점에서 특징이 있다. 그런 차원에서 한국의 2016년 촛불시위, 미국의 2011년 월가 점령시위(Occupy Wall Street), 아랍의 봄(Arab's spring) 등은 하나의 공동 목표를 공통분모로 갖되 다양한 목표를 달성하기 위해 다중이 나섰다는 점에서 다중운동의 전형이었다고 할 수 있다.

무엇보다 다중운동은 중앙 집중적인 기획이 아니라는 점에서 일종의 아메바 운동처럼 지향이나 방향이 뚜렷하지 않고 분산된 것처럼 보일 수 있지만, 미시적으로 보면 정보 네트워크로 이어져 있는 '스워밍(swarming)' 방식의 운동을 지향한다는 점에서 특징이 있다. 스워밍은 얼핏 보면 무질서한 것처럼 보이지만 때가 되면 가장 진보된 형태의 조직 형식으로 평상시에 벌떼나 늑대, 하이에나 등과 같은 무리 군집이 아무런 연계 없이 산개해 있는 것 같지만 일단 목표가 정해지면 각자의 방식으로 목표 달성에 나서며 임무가 해소되면 즉각 힘을 분산해 반격을 피하는 방식의 운동이다. 디지털의 발달 이전에는 단일 지역 내의 대중(Mass)이었지만 90년대 월드 와이드 웹(WWW: WorldWide Web)이 생겨나면서 다양한 인종·종교·국적·민족이 연결된 다중이 두드러졌고 트위터, 유튜브, 페이스북 같은 SNS가 다중의 공론장 역할을 수행하고 있다.[117)]

디지털 융합기술에 의해 구현된 새로운 네트워크 사회에서 이루어지는 사회운동인 다중운동에 참여하는 사람들은 특정 집단이나 공적 조직에 대한 소속감보다는 자아의 정체성을 더 소중하게 여기는 경향이 강하다. 아울러 그들은 대중 동원 능력에 의존하는 집단적 수단에 의해 목표를 달성하기보다는 자기 나름대로 독특한 운동방식을 통해 운동의 목표를 달성하는 데 더 많은 관심을 두는 경향이 있다. 일사불란한 동원 체제에 의존하는 전통적인 운동방식보다는 더 유연한 형태의 개인화된 집합행동에 의존하는 방식을 더 선호하고 있다. 물론 이들이 그러한 형태의 개인화된 집합행동을 통해서도 운동의 목표를 달성할 수 있는 데는 오프라인을 통하지 않고도 활발한 의사소통을 가능하게 하는 디지털 기술의 발달이 큰 역할을 했다.

다중운동의 시작 원인은 다양하지만, 근본적으로 다양한 이해관계가 결집된다. 그리고 이를 바탕으로 지역적 이슈가 지구적 의제로 확산되고, 온라인과 오프라인에서 다양한 정보 전달이 기본적으로 진행된다. 소셜미디어와 웹 2.0의 커뮤니케이션 도구는 실시간으로 시민들 개인의 의견을 교환하고 다양한 시민참여 빅데이터의 분석을 통해서 집단지성이 형성된다. 이러한 과정은 온라인 1인 미디어에 의해 동영상으로 제작되고 다수 시민에게 새로운 정치 운동의 공감대를 확산한다. 이 과정에서 이해관계가 결집한 집단이 바로 다중이고 다중은 디지털 기술을 활용한 새로운 운동 주체가 되었다. 다중의 운동은 개별적으로 진행되지만, 무리를 지지 않는 스워밍 방식의 운동으로 승화하고 다양한 이해관계의 집성에서 유연한 방식의 집합적인 행동주의를 표방한다.

이렇듯 다중운동은 이제 사회운동의 주요한 형태가 되었으며 전 세계적으로 다양한 다중운동이 등장하고 있다. 이 책의 4장과 5장, 6장에서 확인할 수 있는 다양한 시민참여와 정책결정과정의 다중운동은 때로는 다른 측면이 있지만, 시민참여의 극대화 그리고 과학기술의 활용을 통한 효율적인 운동, 자발적인 시민참여를 토대로 한다는 공통점이 있다. 다중운동에 활용되는 디지털 기술은 때로는 낮은 수준의 정보 전달 방식에서 높은 형태로는 빅데이터, 블록체인, 인공지능, IoT 등을 활용하여 실시간으로 시민들이 심의와 토론을 할 수 있는 정책결정과정에 이르기까지 다양하다. 특히 4차 산업혁명 기술이 등장하면서 블록체인 기술을 활용한 다양한 아고라 방식의 투표가 활성화되고 있고, 토론과 심의 기능을 실시간으로 분석할 수 있는 빅데이터 처리와 인공지능은 이러한 시민운동의 권능을 강화할 수 있는 기술적인 토대가 될 것이다. 그런 차원에서 오늘날 현대 사회는 첨단 스마트 기술로 무장한 다중과 다중운동의 시대라고 해도 과언이 아닐 것이다.

5. 4차 산업혁명 시대의 다중의 사회운동: 다중운동

시민은 정치의 주체이면서도 오랫동안 소극적·수동적 지위에 머물렀다. 민주주의가 어원적으로 민(民)에 의한 지배라고 했을 때 민의 의미는 다양하지만, 현대적 의미에서 본다면 시민을 지칭한다. 현대 민주주의국가에서 본원적 의미에서 시민은 정치공동체가 보장하는 모든 권리를 완전하고도 평등하게 누리는 주체이다. 그러나 시민이 정치공동체에서 실질적으로 권리를 행사하기 위해서는 고대 이래 지난한 과정이 요구되었다. 고대 그리스에서 중세, 그리고 근대의 시민혁명에 이르기까지 시민이 자신의 주권을 행사하기 위해서는 많은 시간이 필요했다. 현대 민주주의의 이행과 정립 과정에서 시민은 항상 주체로 간주하였지만, 실질적이고 내용적인 주인으로 자리매김한 것은 얼마 되지 않는다.

20세기 후반 정보통신기술의 발전은 시민들이 정치와 사회문제에 관심을 가질 수 있는 도구가 되었다. 매스 미디어에 이어 등장한 인터넷과 소셜미디어는 정치과정에서 여론의 중요성을 확인해 주었고 시민들의 의사를 대변하는 것이 매우 중요함을 확인했다. 그리고 초기 엘리트적 대의민주주의의 문제점을 극복하고 시민들이 적극적으로 정치과정에 참여하는 것이 중요하게 되자 시민들의 정치참여 열기는 확산하였다.[118] 이 시기에 개발된 인터넷과 디지털 기술은 시민의 정치참여 촉매제가 되었다고 해도 과언이 아니다. 앞서 서키(Shirky)가 아랍의 봄을 분석하고 강조한 바와 같이 정보통신기술은 정치를 바꿀 수 있는 시민들의 참여 도구가 된 것이다.

이와 같은 시민의 참여가 증가하고 정보화와 세계화 진전으로 지구시민의식이 확장됨에 따라 사회운동 또는 시민운동 이슈의 성격도 다층화되고 있다. '지역적' 이슈에서 '초국적' 이슈로 확산하고, 소수자의 이슈가 두드러지는 등 이슈가 시공간적 장벽 없이 확산하는 양상이 빈번해졌다. 즉 이는 이슈의 확산 범위가 시공간을 넘어 개별 국가나 지역의 한계를 넘어선다는 의미이며, 다른 한편 이슈의 발원지에 무관하게 지구시민으로서 이슈에 대한 공감대가 글로벌화된다는 의미이기도 하다. 우리가 앞서 디지털 기술의 활용을 통한 참여 시민이 지역 이슈를 지구적 의제로 변화시킨 대표적인 사례로 제시한 1980년대 멕시코 치아파스지방의 사파티스타(Zapatistas) 운동은 그 시작을 알리는 시민들의 새로운 방식의 사회운동이었다.

정보통신기술이 더욱 발전한 21세기에는 스마트 폰과 1인 미디어의 보급, 그리고 소셜미디어 초고속 인터넷 네트워크를 이용해 누구나 손쉽게 의제를 형성하고 설정할 수 있게 되었다. 초기에는 개인이 작성한 사회고발 블로그의 글이나 소셜미디어의 고발성 글이 국내 정치에 큰 파장을 일으키거나, 국제적으로 주목을 받게 된 사례는 매우 다양하다. 그리고 디지털 컨버전시, 웹 2.0, 4차 산업혁명 등의 새로운 디지털 기술의 발전은 이를 활용할 수 있는 현명하고 통찰력 있는 시민의 등장을 촉진한 면이 있다. 이와 함께 시민들이 참여하는 국경을 가로질러 인류 보편의 이익에 관련된 글로벌 사회정의 이슈의 확산과 함께 사회운동의 파급력도 향상되고 있다.

디지털 기술의 발전, 세계화의 가속화, 참여 시민의 진화란 내외부 환경의 변화에서 다중은 민중으로서의 동질성 또는 대중으로서의 획일성에서 탈피하여, 개별 이해를 경쟁적으로 추구하면서 동시에 공동의 관심사와 이해를 집성하고 소통하며 공동으로 행동하는 존재로서 등장했다. 그런 차원에서 디지털 기술로 무장한 다양한 이해관계를 가진 시민인 다중은 전통적인 개념들 - 계급(class), 민중(people), 대중(mass) - 에서 벗어나, 서로의 차이를 인정하는 자율적 정치공동체의 주체이자 21세기형 사회운동 주체가 되었다.

앞서 우리가 살펴본 다중의 등장 배경은 시민의 의식 발전, 경제적 풍요, 그리고 정보통신기술의 발전 등 다양하게 제시할 수 있을 것이다. 하지만 여러 원인 중에서 물질적 풍요와 교육 수준의 향상에서 비롯된 사회 다원화와 미디어 등 커뮤니케이션 채널을 통한 연결과 공공 관심사 확대는 실질적 의미로서 다중 형성의 주요인이었다. 나이(Nye)와 잉글하트(Inglehart)가 분석한 바와 같이, 1970년대 이후 교육 수준의 향상과 풍요의 시대를 거치면서 시민은 종래의 정치적 기본권을 넘어 노동·복지·생태 등으로 시민권 범위의 확장을 제기하였다. 다중의 등장 역시 20세기 후반부터 촉진된 디지털 기술의 보급과 기술 친화적인 시민세력의 등장 등 사회적 조건과 환경변화에 따라 다중은 노조와 NGO 등 기존의 정치적 결사체로부터 독립성을 추구하며 개별적으로 소통·연대하고 자주적으로 결사하는 사회운동 주체로 등장하였다.

이처럼 21세기 세계화·지역화·정보화 현상이 심화하면서 시민에서 참여 시민으로, 그리고 네트워크화된 개인에서 다중으로의 진화과정은 디지털 기술과 상호 조응하면서 공진화(co-evolution)했다고 할 수 있다. 이에 4차 산업혁명의 새로운 시민인 다중의 등장은 시민참여 영역에서 새로운 변화를 예고하고 있다. 이미 정치과정의 각 영역에서 그리고 정책결정과정, 시민운동 차원에서 다중은 영향력을 행사하며 때로는 집합행동으로, 때로는 토론과 논의, 협의를 통해 새로운 정치 질서를 재구조화하고 있다. 특히 정보통신기술인 매스미디어, 인터넷, 소셜미디어의 등장과 확산은 이러한 변화를 추동하는 강력한 촉매제였다. 21세기 정보사회에서는 인터넷을 통해 정보 소통이 표준화되었을 뿐 아니라, 그것에 반응하는 수용자 그룹이 분화하면서 이슈 네트워크가 구축되었다. 이는 사회운동 집단에게도 기회를 제공하였는데, 운동 이슈의 환기는 물론 여론의 반응과 변화를 우호적인 방향으로 유인하는 것이 중요한 전략이 되었다. 나아가 인터넷과 소셜미디어, 1인 미디어 등 개인 미디어 환경에서는 이슈 네트워크와 여론의 추이가 역동적으로 전개되고 있다. 이들이 시민권의 확대를 실현하는 것과 함께, 국가 및 초국적 차원에서 구체제를 변혁하고 신질서를 구축하는 4차 산업혁명 기술 등 첨단 디지털로 무장한 새로운 다중의 운동은 전 세계적으로 진행 중이다.

앞으로 우리가 살펴볼 여러 가지 유형의 사례는 정보통신기술이 다중과 결합하여 시민참여와 정책결정과정의 변화, 그리고 사회변화를 추동하는 다중과 다중운동의 사례들이다. 다음 4장부터는 정치과정과 정책 과정, 사회운동 차원에서 다중으로 성장한 시민들의 다층적인 참여에 대해 깊이 있게 살펴볼 것이다.

제 4 장

다중사회의 새로운 변화(1): 정치과정의 변화와 시민참여

1. 근대 산업사회의 대의제 정당민주주의의 정치과정

1) 정당과 시민사회, 그리고 정치발전

(1) 국가-시장-시민사회 관계에 대한 이론적 고찰

국가-시장-시민사회 간의 관계를 설명하는 대표적인 이론은 국가-시장-시민사회의 삼분모델과 국가-시민사회의 이분모델로 구분된다. 삼분모델은 시민사회 영역을 시장에서 분리해 사적 이윤만을 추구하는 시장을 공적 이익과 관련된 시민사회와 구분한다. 이는 주로 후기 마르크스주의의 사상적 전통에 기반한 것으로 시민사회가 대체로 노동자계급이 중심이 되어 지배 블록인 국가와 시장에 대해 저항적인 헤게모니를 구축한다는 시각에서 비롯된 구분 방법이라 할 수 있다. 이러한 삼분모델에서 시민사회는 시장과 국가에 대한 쌍방향적 작용을 통해 시장과 국가를 연결하는 매개적 역할을 수행하게 된다. 시민사회는 국가권력의 억압에 저항하는 노동자계급의 저항을 표상하기도 하지만 다른 한편으로는 국가의 지배를 정당화하는 이데올로기 국가기구를 의미하기도 하며 시장에 대해서도 시장을 장악하고 있는 자본가 계급에 대해 노동자 계급의식의 조직화를 통해 저항을 표출하기도 한다. 한편, 일상적인 자본주의적 시장 소비를 통해 자본주의 경제 질서를 정당화하고 자본가와 노동자 간의 계급의식을 호도하는 기제로 작동하기도 한다. 이러한 측면에서 국가-시민사회-시장의 삼분모델에서 시민사회가 국가 및 시장과 맺는 관계는 양면적인 속성을 지니고 있다.[119]

삼분모델에 반해 국가-시민사회의 이분모델에서는 시민사회의 이중성에 초점을 맞추어 시민사회가 한편으로는 국가에 대해 자율적이며 다원적인 이해관계가 마음껏 표출되는 영역이기도 하지만, 다른 한편에서는 자본가계급의 이익과 시장의 이윤논리에 의해 지배되는 불평등의 영역이기도 한 것으로 이해한다.[120] 이분모델이 천착하는 이러한 시민사회의 이중성은 이분모델 자체의 시각이 시민사회를 바라보는 자유주의적 시각과 마르크스주의적 시각이 혼재되어 나타나는 현상으로 보인다.[121] 본 연구에서는 시장과 구분된 시민사회의 공공성을 정치사회 영역의 주요 주체인 정당과 연결해야 하는 연구의 목적에 부합하도록 시장과 시민사회를 특별히 구별치 않는 이분모델보다는 삼분모델의 시각에 바탕을 두고 국가와 시민사회 그리고 정치사회와의 관계를 이해하고자 한다.

(2) 전통적인 국가-시장-시민사회의 관계에서 정당의 역할

전통적인 국가통치에 관한 인식 틀에서는 국가와 시민사회가 본질적으로 별개의 영역으로 완전히 분리된 상태에서 둘 간의 관계는 오로지 정치사회의 주역인 정당에 의해 매개되는 것으로 이해된다. 따라서 정당은 시민사회의 이익을 대변하는 대표적 기제로 작동하게 되며, 국가는 정당을 거쳐 정책 과정에 투입되는 시민사회의 이익을 정책이라는 산출물을 통해 대변한다.

그러나 이러한 전통적 국가-정당-시민사회의 관계는 오늘날과 같은 거버넌스 시대를 설명해내기에는 여러모로 부족한 점이 많다. 지식 정보화, 세계화, 민주화에 의해 추동된 최근의 거버넌스 논의의 핵심에는 국가와 시민사회의 명확한 경계의 소멸이 전제되어 있다. 세계화 시대 주권국가는 대외적인 차원에서 국가주권을 침식당하고 있을 뿐만 아니라 대내적으로 시민사회에 대한 주권적 권리를 주장하기 어려운 상황에 봉착하게 된다. 1970년대 복지국가의 위기 담론이 확산되기 시작하면서 국가(정부)의 최대 관심사는 국가영역의 사무를 시장 혹은 시민사회에 위임함으로써 정부의 규모를 줄여 재정의 위기에서 탈출하는 것이었다. 따라서 국가는 다양한 종류의 행정개혁을 통해 국가의 행·재정적 부담을 줄이는 방안을 고심하게 되었고 그 결과 민관 파트너십, 아웃소싱, 사회계약 등의 방법과 함께 시장과 시민사회를 국가통치의 틀 안으로 끌어들이는 시도를 하게 된다. 이는 국가 스스로가 전통적인 국가-시민사회 관계를 규정하던 명확한 경계선을 허무는 행위이기도 했다.

다른 한편에서 전 세계적으로 민주화의 물결이 몰아치면서 생겨난 이른바 'NGO 현상'으로 불리는 시민사회의 성숙과 발

전 또한 국가-시민사회 관계의 근본적인 변화와 그 매개적 기능을 담당하는 정당의 역할 감소에 큰 영향을 미쳤다. 따라서 거버넌스의 새로운 시대에 국가는 시장과 시민사회를 포함하는 거버넌스의 다양한 비국가적 행위 주체들과 활발하고 포괄적인 파트너십을 형성함으로써 국가-시민사회를 명확한 분리에서 상호의존적이며 보완적인 관계로 발전시켜 나가게 되는 것이다. 이러한 과정에서 정당의 매개 기능에 대한 요구는 점점 줄어들 수밖에 없게 되었으며, 결국 정당은 시민사회를 대표하여 그들의 이해관계를 국가영역에 투입하는 기제로 작동하기보다는 다양한 시민사회의 구성 부분에 대한 이익대표과정에서 시민사회의 결사체들과 경쟁하는 위치로 후퇴하게 된다.

(3) 정당과 시민사회

– 정당의 역할과 기능

민주주의 사회에서 정당은 민주주의의 기본원리를 실천하는 정치참여의 기본적인 조직이다. 특히 정당은 시민사회로부터 분출하는 다원적 욕구와 이익을 집약하고 통합하는 정치적 매개 기능을 지닌다. 이를 통해서 정당과 같은 정치사회는 본질적으로 대립과 긴장 관계에 있는 국가와 시민사회 간의 상호 관련 양상을 규정하게 된다. 이때 시민사회는 정당의 기반이자 토대가 되는 동시에 정당은 그들의 의미 있는 선택의 결과 및 국가에 대한 영향을 촉진하는 주요 장치로서 역할을 담당하게 된다.[122]

정당에 주어진 본연의 역할과 기능은 매우 다양하다. 무엇보다 먼저 정당은 다양한 시민들의 이해관계를 대표하는 이익대표의 역할과 기능을 수행한다. 이런 점에서 정당은 시민사회의 다양한 결사체들과 경쟁 관계에 놓여 있다. 그러나 정당이 수행하는 이익대표 기능은 시민사회에 존재하는 다양한 이익집단들의 이익대표 기능과는 구별된다. 정당은 공익을 추구하는 존재이기 때문에 어디까지나 시민들의 이해관계를 대표하되 그러한 이해관계가 공익적인 측면에서 의미가 있는 것이어야 한다는 점에서 사적인 이해관계에 매몰되는 이익집단들과는 다르다.

계급적 이해관계에 기반한 근대적 대중정당이 쇠퇴하고 모든 사회계급의 이해관계를 대변해 주고자 노력하는 망라형 정당(catch-all party)이 들어서게 되면서 사회의 절대다수를 포함하는 중산층의 이해관계를 대변하는 정당들도 속속 출현하고 있다. 그러나 이런 정당들이 내세우는 계급/계층적 이해관계는 비록 그들이 어느 한 계층의 이해관계에 더 많은 관심을 두고 있다 하더라도 결국 그런 이해관계를 추구하는 것이 사회 전체의 일반이익을 증대시키게 된다는 점에서 공익적 성격을 띠게 되는 것이다.

정당이 수행하는 또 다른 중요한 역할과 기능은 선거를 통해 정치 권력을 획득하고 그러한 정치 권력을 바탕으로 정부를 구성하는 것이다. 이를 위해 정당은 정치 권력을 획득하기 위한 선거전에 내세울 자당의 후보를 사회의 정치적 엘리트계층으로부터 선발하여 정치체제에 끊임없이 공급해주는 역할과 기능을 수행한다. 따라서 정당이 자당의 잠재적인 정치 엘리트 집단을 어떻게 선발하여 충원하며 관리하는지는 향후 그들이 쥐게 될 정치권력의 행사 방식, 정부 구성의 성격과 국정 운영 방향에 매우 직접적인 영향을 미치는 만큼 민주주의 정치발전에 중요한 변수로 작용하게 된다.

이외에도 정당은 정치사회의 공동체 구성원들에 대해 정치사회화 교육기관의 기능을 하게 된다. 정당은 평상시에는 당원이나 일반 국민을 대상으로 한 다양한 교육프로그램을 통해 정치사회화 교육을 시행한다. 특히 정당의 정치사회화 기능은 선거공간에서 더욱 확대된 형태로 나타나는데 선거 시 정당은 유권자들을 대상으로 대대적인 정치 이념과 정책에 대한 선전전을 펼침으로써 사회의 구성원들이 정치과정은 물론이고 사회적 의제의 중요성에 대해 일정한 인식을 공유하도록 함으로써 정치사회화 기능을 담당하게 되는 것이다.[123] 또한 정당은 선거 과정에서 그들 혹은 그들이 지지하는 후보들이 개발하여 제시하는 공약이나 정책과제들을 통해 유권자들에게 복잡한 사회적 의제와 정책에 대한 일종의 참고자료(reference)를 마련해 줌으로써 민주주의의 정치과정을 더욱 유연하게 만들어 준다.[124]

– 시민사회의 역할과 기능

시민사회가 무엇이냐고 물었을 때 그것을 한마디로 정의하기란 쉽지 않다. 시민사회는 그 자체로 역사의 산물이어서 다양한 개념으로 정의되고 이해된다. 예컨대 서양 고대사회에서 근대초기까지만 해도 시민사회는 국가와 달리 구별된 것이 아니어서 단순히 사적인 개인 및 가족생활과 구별되는 공적 영역에서 시민이 정치체의 의사결정에 참여하는 일종의 정치사회와 같은 개념으로 이해되었다.

보다 현대적인 시각에서 살펴보았을 때, 시민사회는 국가와 정치사회 영역에 압력을 가하고 그들의 활동을 제약하는 집단으로 구성된 영역으로 정의되기도 하고,[125] 때에 따라서는 여러 사회집단의 이해관계를 결집해 공공적인 정책결정과정 속으로 투입시키는 사회운동의 성격을 갖는 것으로 정의되기도 한다.[126] 시민사회는 사회에 존재하는 다양한 개인·집단·조직·사회세력들이 각각 자신의 이해관계를 놓고 경쟁함으로써 사회공동체에 영향을 미치는 이슈들에 대해 공론(public opinion)을 형성하는 영역이라 할 수 있다. 따라서 공론영역으로서의 시민사회는 이러한 공론 형성의 과정이 수없이 반복되면서 그 안에서 일정한 정체성이 형성되고 확산되어 사회공동체의 도덕적·담론적 기초를 만들어내게 된다. 한편, 시민사회는 정치적 영향력을 행사할 수 있는 다양한 이익집단과 사회 세력들이 존재하여 여론을 형성하고 정치적인 지지와 정당성을 뒷받침하는 기반이 되는 까닭에 무엇보다도 다원적인 속성이 있다.[127]

국가-시민사회-시장의 전통적 삼분모델에서 시민사회가 국가 혹은 시장과 맺는 관계의 성격에 따라 시민사회의 역할과 기능은 확연히 달라진다. 먼저 시민사회와 국가와의 관계에서 그 관계가 협력적이고 상호보완적인 성격을 띠게 되면 시민사회가 국가에 대해 수행하는 역할과 기능 또한 협력적이고 상호보완적인 특성을 보이게 된다. 반면 국가와의 관계가 갈등적·상호대립적일 경우 시민사회는 국가 권력에 대항하는 하나의 저항 거점으로 작동하면서 국가 권력에 대한 직접적인 도전 세력으로 해야 할 역할과 기능을 수행하게 되는 것이다.

시장과 시민사회의 관계에서도 이와 유사한 논리가 성립된다. 시장과의 관계가 협력적·상호보완적일 경우 시민사회는 시장 세력에게 거대한 소비생활의 영역을 제공하고, 소비자에게 친시장적인 일상 의식을 주입함으로써 기존의 시장경제 질서를 정당화하면서 그 속에 감춰져 있는 여러 가지 계급·계층 간의 모순과 갈등을 희석하는 역할과 기능을 수행하게 된다. 반면 시장과 시민사회 관계가 갈등적·상호대립적일 경우 시민사회가 주동이 되어 시장경제 질서의 이면에 있는 계급·계층적 갈등 요소를 드러내어 계급적 의식화와 조직화를 담당함으로써 시장을 견제하는 역할과 기능을 수행하게 되는 것이다.[128]

- 시민사회의 특성과 정당-시민사회 관계

시민사회의 가장 핵심적인 구성요소는 시민사회 자체를 표상하는 개별 시민이라 할 수 있는데, 독립된 존재로서의 시민은 일정한 시민성을 지닌 자율적 존재라 할 수 있다. 시민사회에는 이런 자율적, 독립적 존재인 시민들이 자신의 의지에 따라 구성하는 다양한 종류의 결사체들이 존재하며, 이 또한 시민사회의 핵심적인 구성요소라 할 수 있다. 이러한 개인과 결사체들은 서로 복잡하게 상호작용하며 활동하는 과정에서 자율적인 공론장을 형성하거나 시민운동을 펼치면서 다양한 문화양식을 산출해내는 한편, 나름의 가치를 생산하고 보존한다. 따라서 시민사회가 지닌 그러한 문화와 가치 또한 시민사회를 구성하는 주요한 무형적 구성요소라 할 수 있다.[129]

시민사회를 하나의 전체로 보지 않고 그것을 구성하는 세부적인 구성요소로 구분하여 이해하는 것은 정당-시민사회 관계의 현대적 변화를 살펴봄에 있어 중요한 의미를 지닌다. 정당과 시민사회와의 관계는 정당과 시민사회의 조직화된 부분인 결사체들과 그 결사체들의 잠재적인 구성요소라 할 수 있는 개별화된 시민 간의 구분된 관계로 표현될 수 있다. 정당과 시민사회의 조직화된 결사체들이 조직의 외연을 확대하기 위해서는 시민사회 속에 존재하는 개별화된 시민들의 자발적인 지지와 참여에 의존할 수밖에 없으며, 그런 경우 정당과 시민사회의 결사체들은 제한된 인적 자원을 놓고 서로 경쟁하게 되는 것이다. 따라서 개별 시민의 입장에서는 자신들의 정치적 이해관계와 이상을 대변해 줄 수 있는 조직적 형태로 정치사회 영역에 속하는 정당을 선호할 수도 있고 정당과 같은 정치사회의 제도적 장치가 자신들의 이해관계나 이상을 구현할 수 없다고 판단되는 경우에는 시민사회의 다양한 결사체 조직에 의존할 수 있는 것이다. 그러나 정당이나 시민사회의 결사체 모두 집합적 의미에서 개별화된 시민의 이해관계와 이상을 구현해 줄 수 없다고 판단되는 경우에는 정당이나 시민사회의 결사체들을 경유하지 않고 직접 국가(정부)를 상대로 자신들의 이해관계를 직접적인 행동을 통해 표현할 수도 있을 것이다.

커뮤니케이션 수단이 제한적이었던 산업사회에서는 개인으로서의 시민이 정당이나 시민사회의 결사체로부터 실망한 경우에도 그런 개인들 간의 커뮤니케이션이 용이치 않았으므로 달리 국가에 대해 집합적인 불만을 표출할 방법이 없었다. 그러나 ICTs의 발달에 힘입은 시민사회 내의 개별화된 시민들 간의 시간과 공간을 뛰어넘는 동시다발적인 커뮤니케이션이 가능해짐으로써 마침내 지식정보사회의 개별 시민은 정당과 시민사회의 결사체들을 매개함이 없이 직접적인 개별 시민의 조직화와 정치세력화가 가능하게 되는 것이다.

특히 디지털 매체 간의 융합으로 인해 온라인 커뮤니케이션의 동시성, 즉시성, 이동성이 강화되는 시대, 즉 SNS를 포함한 소셜미디어의 시대에 접어들어 디지털화된 유목적 시민들 간의 동시적 커뮤니케이션을 통한 조직화는 더욱 활발하게 일어나게 된다. 따라서 정당과 시민사회의 결사체들의 개별 시민에 대한 영향력은 그만큼 줄어들 수밖에 없게 되는 것이다.

2) 민주주의의 정치발전과 정당-시민사회 관계의 변화

민주주의는 시민적, 정치적 자유를 바탕으로 정당으로 대표되는 정치 세력 간의 경쟁(competition)과 시민의 활발한 참여(participation)가 이루어지는 정치과정이라 할 수 있다.[130] 민주주의 정치제도의 핵심인 정치 세력 간의 경쟁은 다양한 형태로 이루어질 수 있다. 개인과 개인 간의 경쟁이 있을 수 있고 개인과 집단 간, 집단과 집단 간 경쟁이 있을 수 있다. 그러나 민주주의 정치제도가 제도화되면 될수록 정치 세력 간의 경쟁 형태 역시 제도화된 형식을 띠게 되는데 그러한 제도화된 경쟁 메커니즘을 대표하는 것이 바로 정당제도이다. 어떤 사회이든 민주주의 제도가 도입된 초기에는 영향력 있는 개인이나 그들을 중심으로 모여든 정치적 파벌 그룹 간에 정치 권력을 둘러싼 경쟁이 펼쳐지게 된다. 그러나 선거제도나 의회제도와 같은 민주주의 정치제도가 제 모습을 갖추게 되면서 개인 간 혹은 정치적 파벌 그룹 간의 정치적 경쟁은 더욱 공적인 성격을 지닌 집단 간 경쟁으로 바뀌어 가게 되고 그런 집단들은 대부분 정당의 형태를 갖추게 되는 것이다. 따라서 민주주의 정치제도의 성숙 과정에서 정당은 거의 모든 정치적 경쟁을 담당하는 역할과 기능을 수행하게 된다.

현대 민주주의 발전에 있어 정당의 역할은 아무리 강조해도 지나침이 없을 정도이다. 많은 정치학자가 현대 민주주의를 떠받치는 주요한 정치 원리의 하나로 정당정치의 기제를 들고 있는 것도 그 때문이다. 따라서 현대 민주주의 정치에 있어 정당정치의 중요성은 '국민주권의 원리'나 '법치주의의 원리'와 더불어 결코 간과할 수 없는 요소이다.[131)]

바야흐로 민주주의 사회에서 정당은 시민사회 내부의 다양한 정치적 선호를 반영하여 국민의 의사를 대변하거나 주기적인 선거에 정당의 후보자를 내보냄으로써 정부 지도자를 선택하게 하는 ***"민주주의의 기본원리를 실천하는 정치참여의 기본적인 조직"***으로 그 역할과 기능을 수행하게 되는 것이다.[132)] 특히 정당이 수행하는 기능 중에 가장 중요한 것 중 하나가 시민사회의 이익대표 기능인데, 민주주의 사회에서 분출하는 다양한 이해관계를 다양한 정당조직들이 흡수하여 이를 정치사회 영역에 전달함으로써 시민사회 영역과 정치사회 영역을 매개하는 역할을 하게 되는 것이다. 반면 정당이 그러한 매개적 역할을 제대로 수행하지 못하고 시민사회의 다원적 이해관계가 정당조직에 의해 적절히 대표되지 못할 때 정치사회 영역에 대한 시민사회의 불만과 불신은 높아지며, 시민사회는 자신들의 이해관계를 대변해 줄 다른 대안적 기제들에 비로소 관심을 갖거나 시민사회 스스로가 더욱 직접적인 형태의 정치참여(예컨대, 시위나 청원 등)를 통해 자신의 이해관계를 표출하게 되는 것이다.

그러나 정당정치의 중요성을 충분히 이해함에도 제대로 된 민주주의의 성숙을 위해서는 정당정치의 기제만으로 현대 민주주의의 발전을 기대할 수만은 없다는 학자들의 견해도 많다. 예컨대 그람시, 아렌트, 하버마스 등의 이론은 전통적인 정당정치의 한계를 지적하며 시민사회의 정치활동이 민주주의 발전에 있어 하나의 보완 기제로 작동될 필요가 있음을 주장한다.

정당-시민사회 관계와 관련하여 한 가지 중요한 담론은 시민사회의 정치적 중립성에 관한 담론이다. 시민사회가 제도정치의 핵심인 정당정치로부터 떨어져 중립적인 위치를 유지한다는 것이 과연 가능한 것인지에 대해서는 논쟁의 여지가 있다. 문병주는 국가, 정치사회, 시민사회라는 세 층위 간의 관계에서 정당이 주도하는 정치사회는 국가와 시민사회를 매개하는 중간적 역할을 수행하는 것으로 이해하고 있다.[133]

정당과 시민사회는 각각 정치사회 영역과 시민사회 영역에서 공공의 의제를 다룬다는 점에서는 유사한 면이 많지만, 시민사회가 정치사회 영역과의 일정한 거리를 유지하면서 시민사회의 도덕성과 합리성, 공공성을 증진시키는 권력 감시나 여론 형성 활동에 주력하는 반면 정당은 정치사회 영역의 핵심적인 구성요소로 정치적 관여 자체를 존재의 목적으로 삼고 있다는 점에서는 확연한 차이가 있다.[134] 따라서 정당과 시민사회는 확연히 구분된 활동 영역과 존재 목적의 구별됨으로 인해 서로 밀접한 관련을 갖기 어려운 면이 있을 것으로 생각되기 쉽다. 그러나 정치사회 영역에서 정치적 이념이나 이해관계를 대변하는 정당은 오로지 제도정치의 영역에 머물고 시민사회 영역에서 개별 시민의 다양한 이해관계를 대변하는 시민사회의 결사체들은 비제도 정치의 영역만을 책임진다는 정당-시민사회 간 관계에 대한 분리적 시각은 현대사회에서 시민사회의 이해관계 표출이 제도화된 형태를 띠면서 일상화되어 가고 있다는 '운동 사회(Movement

Society)'의 관점에서 볼 때 시대착오적인 발상이라고 할 수 있을 것이다.[135] 젠킨스[136]나 골드스톤[137]이 주장하듯 제도권 집단은 오로지 정치에만 집중하고 비제도권 집단은 저항에만 열중하는 전통적인 이분적 사고는 현대 민주주의 사회의 현실과는 맞지 않으며, 따라서 시민사회운동과 정당 간의 관계 맺음의 양상에 따라 서로 연장선상에서 바라볼 필요가 있다.

[그림 4-1] 국가-정당-시민사회 관계의 변화

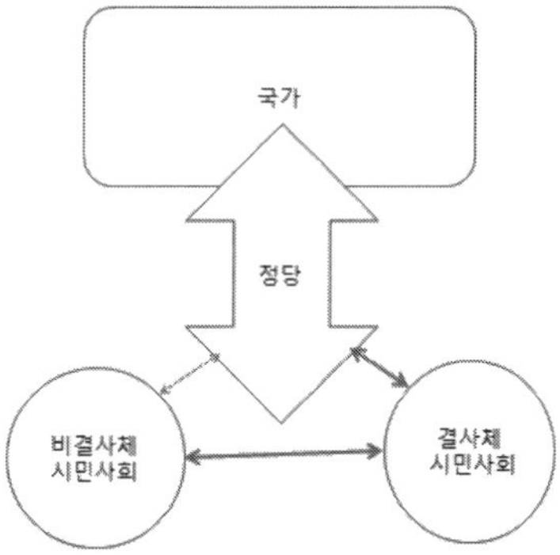

<전통적 국가-정당-시민사회 관계모형>

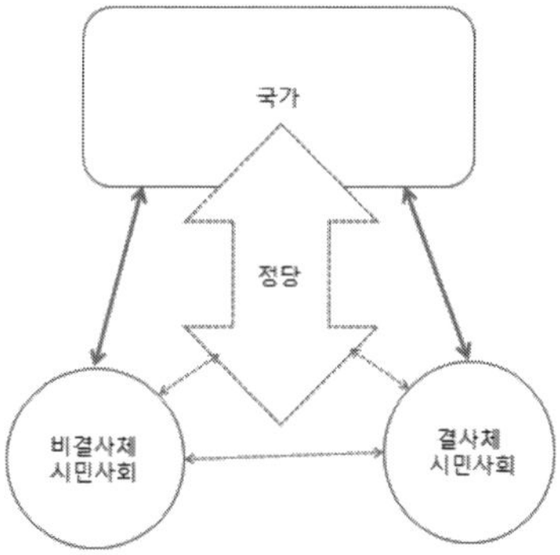

<현대적 국가-정당-시민사회 관계 모형>

[그림 4-1]은 전통적인 국가-정당-시민사회의 관계가 현대적인 참여 민주주의로 발전해 가면서 나타나는 관계의 변화를 나타낸 것이다. 전통적인 국가-정당-시민사회 관계 모형에서 정당은 조직화된 시민사회인 결사체 시민사회와 결사체의 형태로 조직화 되지 않은 채 개별 시민들의 느슨한 관계로 형성된 비결사체 시민사회에서 표출되는 다양한 이해관계를 국가로 전달·대변하는 뚜렷한 역할과 기능을 수행한다. 그 반대급부로 결사체 시민사회의 다양한 시민사회 조직과 단체들 그리고 비결사체 시민사회의 개별 시민들은 정당에 대해 조직적 혹은 개인적 차원의 지지(당원 가입, 정치자금 후원, 선거에서의 지지 등)를 보내게 된다. 이 과정에서 정당의 이익대표 기능은 개별 시민들로 이루어진 비결사체 시민사회보다는 결사체 시민사회를 중심으로 더 활발히 이루어지게 되며, 결사체 시민사회는 조직화를 통해 비결사체 시민사회의 이익을 집약하여 정당에 전달·표출하는 매개적 기능을 수행하게 된다. 이처럼 전통적 국가-정당-시민사회 관계 모형에서 정당과 시민사회 간 관계는 관계의 강도를 나타내는 선의 형식과 굵기가 나타내듯 비교적 견고한 유대관계를 보인다. 반면 현대적 국가-정당-시민사회 관계 모형에서는 정당의 역할 축소로 인해 정당의 영향력이 약화되면서(정당의 외연을 표시한 화살표가 굵은 실선에서 점선으로 변화) '비결사체 시민사회→결사체 시민사회→정당→국가'로 이어지던 이해관계의 표출 경로가 '비결사체(결사체) 시민사회→국가', '비결사체(결사체) 시민사회→정당→국가', '비결사체 시민사회→결사체 시민사회→정당→국가' 등의 형태로 다양화된다.

3) 정당-시민사회 관계의 이론적 유형화

민주정치의 제도적 발전에 힘입어 정당-시민사회 관계가 역동적으로 변화해가고 있음에도 불구하고 정당과 시민사회 간의 관계에 대한 학문적 관심은 의외로 미흡한 편이다. 정당과 시민사회 간의 관계는 국가와 시민사회 관계를 설명하면서 정치사회 영역의 매개적 성격을 보여주기 위한 보조적 설명에 그치고 있다. 시민사회가 주체가 된 사회운동의 과정에서 시민사회 세력이 정당과 맺게 되는 관계를 시민사회운동의 형성·성장·쇠퇴라는 시간적 흐름에 따라 유형화를 시도한 대표적인 이론적 시도는 피븐과 클로워드(Piven and Cloward)의 사회학적 연구에서 찾을 수 있다. 그들은 시민사회운동이 급진적인 성격을 지닌 저항운동에서부터 시작되어 제도권 안으로 흡수되고 이어 체제 내에 완전히 포섭되면서 시민사회운동 본연의 성질을 잃게 되며 결국에는 소멸의 길을 걷게 된다는 생애주기(life cycle) 이론의 시각에서 정당-시민사회 관계를 바라본다. 오페(Offe)[138]나 갬슨(Gamson)[139]의 설명 역시 저항을 표출하는 시민운동의 요구가 지배 권력에 의해 수용되는 경우, 시민사회운동은 급진성을 잃고 제도화된 영역으로 흡수되면서 합법적 이익집단의 형태로 진화하게 된다고 주장함으로써 생애주기 이론과 유사한 시각에서 정당-시민사회 관계를 파악하고 있다. 그러나 이러한 정당-시민사회 관계의 초기적인 이론적 인식은 시민사회운동이 조직의 정체성과 집단행동의 자율성을 유지해 나가는 반응양식에 따라 다양한 형태로 지배적인 정치 권력과의 관계를 형성해 가고 있는 현대 시민사회운동의 경험적 증거들에 견주어 보았을 때 이론적

적실성이 부족하다고 할 수 있다.[140]

이와 같은 생애주기 이론에 기초한 초기 사회학적 시각에서 정당-시민사회 관계에 대한 이론적 시도는 하나겐(Hanagen)[141]과 달톤(Dalton)[142]의 정당-시민사회 관계 분석에 이르러서는 더 세련되고 정형화된 형태로 발전하게 된다. 하나겐(1998)은 사회운동과 정당의 관계를 표명(articulation), 침투(permeation), 협력(alliance), 독립(independence), 경쟁(competition)의 다섯 가지 유형으로 구분한다. 하나겐의 설명에 따르면 이러한 다섯 가지 유형의 정당-시민사회운동 관계는 역사적 경험에 비추어 볼 때 시민사회운동이 좌파 정당과의 연계 없이 상호 독립적으로 활동했던 불간섭의 단계(1870~1914), 사회주의 정당과 시민사회운동 간 연대가 공고해지고 통합되는 단계(1919-1960), 시민사회운동의 정치적 중립성 훼손에 대한 비판 고조로 시민사회운동이 다시 정당과 차별화되면서 독립적 활동을 하게 되는 독립 단계(1960-현재)의 연대기적 흐름을 나타낸다. 달톤(1996) 역시 서유럽 시민사회의 환경운동이 정당과 맺게 되는 관계 유형을 기성정당과의 동맹모델, 신생 정당과 협력하거나 스스로 정당을 만드는 모델, 시민사회운동의 자율성과 독립성을 유지하기 위해 다시 제도정치 밖에서 활동하게 되는 무당파모델로 구분하고 있다.

한국에서 정당-시민사회 관계에 관한 연구는 주로 정부와 시민사회조직(NGO) 간의 관계라는 차원에서 접근하거나 시민사회 세력의 정치세력화의 시각에서 접근하는 경우가 많다. 김영래(2005)의 한국과 캐나다에 대한 시민사회 정치참여의 유형화에 관한 비교연구를 비롯하여 박상필(1999), 신광영(1999), 권해 수(1999), 오재일(2000), 김준기(2000), 전영평(2003) 등의 연구가 전자에 해당하며,[143] 박재묵(2001), 오현철(2004), 이재명(2004) 등의 연구가 후자에 해당한다.

이런 점에서 정상호(2007)의 연구는 우리나라에서 정당-시민사회 관계의 이론적 유형화를 시도한 거의 유일한 학문적 시도라 할 수 있다. 정상호(2007)는 공식적 정치제도로서의 선거제도와 정치동맹의 이용 가능성이라는 두 가지 정치적 기회구조(political opportunity)를 기준으로 [표 4-1]과 같이 독자정당 모델(서유럽 녹색당), 정책연대 모델(미국형 로비 및 정치활동 위원회), 대안적 운동-정당 모델(동유럽), 비정치 모델(한국)의 네 가지 유형으로 정당-시민사회 관계를 유형화하고 있다. 비록 정치적 기회구조 이론이 지닌 지나친 구조 결정론적 시각이 문제가 되고 있긴 하지만 정상호(2007)의 정당-시민사회 관계의 유형화 시도는 현존하는 정당-시민 관계를 이해하는 데 있어 적절한 모델로 평가받을 만하다. 따라서 본 저서에서는 정당-시민사회 관계를 이론적으로 유형화하는 모델로 정상호의 유형 모형에 바탕을 둘 것이다.

[표 4-1] 정치적 기회구조에 따른 시민사회의 정치참여 모델

정치동맹 (politicalcoalition)	선거제도(electoral system)	
	비례대표제	다수제
OS 종속성	독자정당 모델	정책연대 모델
사례	대안적 운동-정당 모델	비정치 모델

***출처**: 정상호(2007).

4) 정당-시민사회 관계와 정치발전 간의 관계

정당의 쇠퇴와 침체는 어제, 오늘의 일도 아니고 우리나라에만 국한되어 일어나는 현상이 아니다. 한국의 경우 1987년 민주화 이후 정당정치가 만개할 것으로 예상하였으나 현실은 정반대로 일반 국민들의 정치에 대한 혐오감이 확산되면서 지지 정당이 없거나 정치 자체에 무관심한 부동층과 무당파층이 대폭 늘어났고 지속적으로 증가 추세를 보인다. 특히 민주화 이후 영호남 지역주의에 입각한 특정 지역에서 일당 독점 경향이 만연하면서 정치 자체의 효능감에 대한 국민적 불신이 자라나기 시작했다. 지역주의 정서와 비민주적 정당 운영 그리고 끊임없는 파벌정치를 보여 온 후진적인 우리의 정당 체제가 정치에 대한 국민적 불신의 근저에 깔려 있다 해도 과언은 아니다.

이와 같은 정당 체제에 대한 국민적 불신으로 인한 정당의 쇠퇴와 그에 따른 정치의 위기는 비단 우리나라에만 국한된 현상이 아니었다. 영국과 프랑스 등 민주적인 정당정치의 전통이 비교적 오래된 유럽 국가도 1960년대 이후 후기산업사회의 탈물질주의화 경향에 힘입어 젊은 층의 탈정치화와 정당 혐오 경향이 점점 거세어지기 시작했다. 유럽보다 정당정치의 역사가 그리 깊지 않은 미국의 경우는 1960년대 말 이후 이어진 베트남전에 대한 국민적 불신이 증대하고 권위적이고 독점적인 정치 엘리트 집단에 대한 염증이 확산되면서 기성정당에 대한 선호와 지지가 급격히 하락하기 시작했다. 유명한 미국의 정치학자 샤트슈나이더(E. E. Shattschneider)가 늘 강조한 바대로 민주주의를 창출하는 주체로서의 정당에 대한 중요성은 대부분의 미국 정치학자들이 공유해 온 사실이다. 그러나 거세게 불어 닥친 정당에 대한 불신의 회오리는 미국 정치학자들이 앞다투어 정당의 쇠퇴와 위기를 중요한 화두의 하나로 삼게 만들었다.[144]

역설적이게도 당의 쇠퇴와 그에 따른 위기는 시민사회운동 단체와 조직들에는 더없이 좋은 조직 확대의 기회를 제공했다. 자신들이 지지하는 인류 보편의 가치와 이념을 기성 정당들이 구현해 줄 것으로 믿지 않는 젊은 층들은 사회의 혁신적인 변화를 부르짖는 다양한 사회운동 세력에게 경도되어 갔다. 베트남전을 전후로 해서 미국 사회에 흑인 인권운동을 필두로 여성운동, 환경운동 등이 활성화되기 시작한 것도 이런 맥락에서 이해할 수 있다.

사회계급에 기반한 전투적인 대중정당의 전통이 강했던 유럽 국가들과는 달리 미국의 경우에는 정당의 쇠퇴와 위기의 문제를 미국적 다원주의 문화의 산물인 이익집단정치와 연결하여 생각하지 않을 수 없다. 미국은 다원적 이해관계의 자유로운 표출을 중시해 온 국가인 까닭에 건국 초기부터 사회의 다양한 이해관계를 따라 수많은 이익집단이 만들어져 왔다. 따라서 정당과 이익집단은 미국정치에서 이익대표의 측면에서는 항상 긴장과 대립의 관계에 있을 수밖에 없다. 파네비안코(Panebianco)[145]가 주장하듯 일반적인 대중정당의 형태인 대중 관료정당과는 달리 선거전문가가 중심적인 역할을 수행하며 공적 대표자의 수월성과 개인화된 리더십이 정당의 존속과 지지를 결정하는 선거전문가 정당의 성공이 역설적으로 대중정당의 위기를 가져왔다는 사실도 지적될 필요가 있다.

2. 디지털 기술의 발전과 정치과정에의 영향

1) 정당-시민사회 관계의 변화상과 동인

(1) 인터넷 기술의 발전과 SNS

웹 1.0에서 웹 2.0에로의 인터넷 기술의 발달과 함께 디지털 컨버전스의 기술진화가 본격화되면서 ***"전달하는 매체와 내용, 개인적 의사소통과 개별화된 방송, 문화 비즈니스와 비즈니스 문화, 생산과 소비, 사적 영역과 공적 영역, 자원·생산·금융·교육·오락 등 기존에는 서로 분리되어 있었던 영역 간의 경계가 허물어진"*** 전혀 새로운 디지털 융합 환경이 형성된다.[146] 새롭게 형성된 디지털 융합 환경은 사회가 시공간적으로 조직되고 관리되는 방식에 급격한 변화를 가져오게 되고, 이런 사회에서 디지털 융합기술의 적극적 활용은 시민사회 구성원들 간의 커뮤니케이션 방식뿐만 모든 국가와 시민사회, 정당과 시민사회 간의 커뮤니케이션 패턴을 근본적으로 변화시켰다.

[그림 4-2]는 전통 산업사회로부터 웹 1.0과 웹 2.0 사회를 거쳐 디지털 융합사회로 발전해 가는 과정에서 나타나는 커뮤니케이션 패턴의 변화를 도식화 한 것이다. 전통 산업사회는 주로 일방적 의사소통을 위해 개발된 통신기기들에 의존하면서 위계화된 사회의 권력 구조와 마찬가지로 커뮤니케이션 구조 또한 위계화된 형태로 나타나게 된다.

초기 정보화 사회의 웹 1.0 기반 기술을 중심으로 전개되는 웹 1.0 사회에서 커뮤니케이션의 계층구조는 전통 산업사회의 그것과 비교하여 훨씬 단순해졌다. 커뮤니케이션의 최하층부를 구성하

[그림 4-2] ICTs 발달에 따른 커뮤니케이션 패턴의 변화

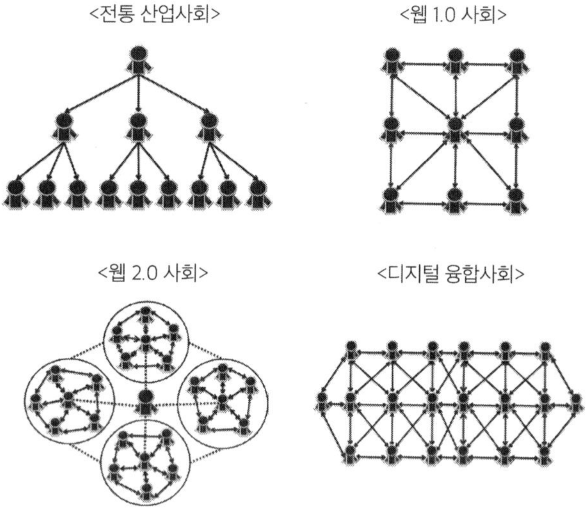

***출처**: 차재권·장우영(2010), p.60.

는 개별 시민들 간의 커뮤니케이션도 비록 쌍방향적 특성을 나타내지는 못하지만 비교적 활발하게 이루어진다. 그러나 오프라인에서 권력의 위계 순서가 높은 만큼 온라인에서 커뮤니케이션 구조에서도 더 많은 권력을 누리게 될 뿐만 아니라 커뮤니케이션을 통해 소통되는 정보의 집중 현상이 나타나고 있다는 점에서 여전히 전통 산업사회의 커뮤니케이션과 유사한 면이 있다.

웹 2.0 사회의 커뮤니케이션 패턴은 인터넷상의 플랫폼을 중심으로 이슈 영역별로 활발한 커뮤니케이션이 가능한 웹 커뮤니티가 생겨나고 이런 커뮤니티 간에 약한 유대(weak tie)가 생겨나거나 각 커뮤니티를 연결하는 중요한 결절점의 역할을 수행하는 주요 행위자(key actor)가 나타나게 된다. 그러나 여전히 관심 있는 커뮤니케이션의 이슈 영역별로 배타적 공간들이 형성되고 있고 주요 행위자를 중심으로 한 정보의 비대칭성이 온존한다는 점에서 전통산업 사회나 웹 1.0 사회에서 존재했던 폐쇄성이 발견된다.

그에 반해 디지털 융합사회에서는 모바일 환경에서 구현되는 다양한 소셜미디어를 통해 디지털 유목민으로 변신한 개별적 시민들이 수평적으로 네트워크화된 각 노드를 장악하게 된다. 웹 2.0 사회에서 나타나던 이슈 영역 중심의 폐쇄된 온라인 커뮤니티의 해체 현상이 나타나면서 개별 시민들의 개체성이 더욱 뚜렷해지고 그들 간의 상호작용이 시공간의 제약 없이 가능해지면서 무정형의 분산된 네트워크를 통한 커뮤니케이션은 더욱 복잡한 양상을 띠게 된다.

웹 2.0시대 및 디지털 융합 환경의 시대에 그와 같은 근본적인 커뮤니케이션 방식의 변화는 소셜미디어(social media)에 의해 주도되고 있다.[147] 사회 각 분야에서 급속하게 확산되고 있는 소셜미디어를 활용한 커뮤니케이션은 서비스 이용자들이 매체 선택에 대한 더욱 많은 권한을 누리게 하고 정보를 생산하고 유통하는 주도권을 이용자에게 더 많이 부여하기 때문에 사회의 민주적 소통에 더없이 중요한 역할을 수행한다.[148]

SNS는 주로 이용하는 젊은 세대가 자신의 정치적 신념을 자유롭게 표현함으로써 그들 간에 서로 동일한 신념을 공유하는 공동체 의식을 형성하게 만든다는 점에서 정치사회의 변화에 큰 의미를 지닌다. SNS 이용자들은 SNS를 통해 정당이나 공직선거에 나선 후보자들에 대한 지지를 더 쉽게 표현할 수 있게 됨으로써 더욱더 쉽고 저렴한 방법으로 자발적인 정치참여와 조직화를 이뤄낼 수 있다. 반대로 정치인으로서는 SNS의 활용이 저렴한 비용으로 손쉽게 대중들에게 빠르고 친근하게 다가갈 기회를 제공할 뿐만 아니라 중요한 사회적 의제들에 대해 자신의 의견을 손쉽게 표현함으로써 견해를 같이하는 지지자들을 더 쉽게 규합할 수 있는 이점을 제공한다.[149] 또한, SNS는 선거 과정에 대한 유권자의 관심을 끌 수 있게 하는 유용한 도구로 활용됨으로써 시민의 정치참여를 증진할 수 있는 수단으로도 활용된다.

그러나 SNS의 적극적 활용과 확산이 반드시 긍정적인 영향만 낳은 것은 아니다. 지난 몇 번의 선거에서 SNS는 후보자 간의 네거티브 선거전에서 흑색선전의 유용한 수단으로 활용되기도 했고, 선거법상 규제를 회피하는 편법적인 수단으로 쓰이기도 했다. 예컨대 2011년 8월 24일 치러진 서울시의 무상급식에 관한 주민 투표 과정에서는 투표일이 변경되었다는 괴담과 함께 미개표 시 상당한 액수(150억 원)의 선거비용이 절감된다는 등의 근거 없는 유언비어가 유포되어 선거 분위기를 흐리기도 했다(이상현 2011, 87).

(2) 인터넷 기술발전이 정당-시민사회 관계에 가져온 변화

ICTs의 발달은 선거에 입후보한 공직선거의 후보자가 기존의 오프라인을 통한 조직 동원 형태의 전통적 선거방식에서 탈피해서 인터넷을 이용한 정치 캠페인을 활용하게 함으로써 더 쉽게 자신이 목표로 삼는 유권자집단을 집중적으로 공략할 수 있게 한다. 그뿐만 아니라 인터넷을 통한 선거 캠페인은 유권자들의 입장에서도 후보자에 대한 정보획득의 비용을 낮추어 손쉽게 후보자의 정보를 얻을 수 있게 한다는 점에서 후보자의 정당 소속이 정보획득의 비용을 절감했던 것과 같은 효과를 얻게 한다.

문병주(2002)는 전통적인 정당-시민사회 관계에서 정당은 정치사회를 대표하는 주체로서 시민사회 영역을 국가와 연결하는 중요한 고리의 역할을 수행하게 된다고 주장한다. 그러나 우리나라의 경우 1987년 민주화 이후 민주주의가 공고화되어가는 과정에서 정당이 이러한 고유의 역할을 제대로 수행해내지 못함으로써 정당-시민사회 간의 전통적 관계에 단절이 생겨나게 되고 정당을 통해 정치사회 영역에 끊임없이 정치개혁의 요구를 투입해왔던 시민사회 영역이 마침내 정당의 매개 없이 직접 정치개혁에 나서게 되었다. 2000년 4.13 총선 과정에서 등장한 '2000총선 시민연대'의 활동은 시민사회의 직접적인 정치개입의 대표적 사례로 들 수 있다.

특히, 20세기 후반 인터넷의 발달은 정치과정에 대한 시민의 참여 방식에 큰 변화를 불러왔다. ICTs의 발달, 특히 인터넷의 발달은 유선과 무선, 온라인과 오프라인, 공적인 활동 영역과 사적인 활동 영역이 혼재되거나 융합되도록 함으로써 인터넷을 통한 의사소통 매체를 중심으로 광범한 사회적 네트워크가 형성되도록 유도하고 있다.[150]

정치적 의사소통 과정에서 인터넷의 쓰임 또한 매우 활발하게 이루어지고 있다. 인터넷을 통한 선거운동은 이미 일상화된 형태로 나타나고 있으며, 의회 의원들 역시 자신들의 의정활동 과정에서 다양한 ICTs를 활용하여 지역구민들과의 정치적 의사소통을 시도하고 있다. 일부 국가들에서는 의원들의 고유한 입법 활동까지 ICTs를 활용해 일반 시민의 의사가 반영될 수 있도록 개방하고 있다. 정당 역시 일찍부터 ICTs에 익숙한 디지털 세대와 공감하기 위해 정당 활동에서 다양한 ICTs를 활용하고 있으며, 심지어는 전통적인 오프라인 정당의 틀을 과감히 벗어던지고 온라인 기반의 정당 활동을 강화하고 있다. 최근 각 국가의 정당들이 디지털 정당 체제를 경쟁적으로 구축해 나가려고 시도하고 있는 점은 이러한 정치사회 영역의 활동에 ICTs가 큰 영향을 미치고 있음을 보여주는 단적인 사례라 할 수 있다. 비교적 ICTs가 잘 발달해 있는 유럽, 미국, 한국을 비롯한 아시아 국가들에서 정당들이 e-party를 활용한 시민과 당원 간의 정치 커뮤니케이션을 시도하고 있으며, 웹 기술을 활용한 다양한 형태의 선거운동이 점점 더 활발해지고 있다는 사실로도 이제 ICTs는 현대 민주주의 정치에 있어 없어서는 안 될 필수적 요소로 자리 잡아가고 있음을 알 수 있다.[151)]

우리나라 시민사회 결사체들은 인터넷이 본격적으로 발달하기 이전부터 컴퓨터를 매개로 한 커뮤니케이션에 관심을 두고 PC통신을 이용한 전자우편, 게시판(BBS) 혹은 뉴스그룹 서비스를 활용하여 시민사회운동의 외연을 확대하고자 노력했다. 1980년대 말 시작된 사설 BBS 시스템을 활용한 네트워킹[152)]은 1990년대 중반 천리안, 하우텔, 나우누리 등 상업통신망이 발달하면서 서서히 거대한 시민사회의 가상공동체가 형성되어 가기 시작했다. 1990년대 중반 이후에는 월드 와이드 웹(WWW: World Wide Web)이 등장하면서 시민사회 영역의 폐쇄적인 PC통신 중심 네트워크는 더욱 개방적인 인터넷 기반의 대중적 커뮤니케이션으로 발전해 가게 된다. 이후 ADSL 등 인터넷 전용선의 대중적 보급과 인터넷 접속환경의 브로드밴드화가 진행되는 등 인터넷 기술의 급속한 발전과 함께 시민사회 영역에서 인터넷을 통한 커뮤케이션은 본격적으로 기존 언론 및 방송 매체의 기능을 대체하는 수준으로까지 발전해 가기 시작했다.

이러한 웹 1.0 기술 시대나 초기 웹 2.0 기술 시대에는 여전히 영향력 있는 서버나 플랫폼을 유지할 수만 있으면 시민사회 커뮤니이션 네트워크의 핵심을 틀어쥘 수 있었다는 점에서 인터넷 기술의 발전은 시민사회 네트워크의 활성화에 순기능으로 작용하였다. 그러나 쌍방향의 소통구조와 다대다의 동시적 커뮤니케이션을 특징으로 하는 소셜미디어 중심의 네트워크 사회에서는 시민사회 역시 다양한 네트워크상의 하나의 노드에 불과한 지위로 전락할 가능성이 농후하다. 따라서 SNS의 보급과 확산은 정당뿐만 아니라 시민사회의 결사체들에도 하나의 기회 요소인 동시에 위기 요소로 작용하게 됨으로써 시민사회의 결사체들에 변화하는 커뮤니케이션 환경에 '적응'을 요구하게 된다. 이 과정에서 시민사회의 결사체들은 정당과 더불어 디지털 유목민화 된 정보 생비자인 개별 시민들을 자신들의 네트워크 속으로 동원해내기 위해 끊임없이 경쟁해야 하는 처지에 놓이게 된 것이다.

2) IT 시대의 정치과정 변화

IT 시대의 정치과정 변화의 초점은 그것이 종래 대의정치의 구조와 관행을 혁신하거나, 혹은 대의정치를 대체하는 새로운 제도를 형성할 수 있는가에 맞추어져 왔다. 그렇다면 IT를 매개한 이러한 정치과정의 활성화가 제기되는 근본적인 이유는 무엇일까? 이에 관련해서는 다양한 이유가 거론되고 있는데, 그중에서도 대표의 정치 독점 및 시민의 불신에서 비롯된 측면이 특히 크다. 정치제도에 대한 신뢰가 취약한 경우에 비 관습적 정치참여가 활성화되며, 신뢰가 강한 경우에는 시민들은 정치참여 자체에 대한 신뢰를 느끼지 않을 수도 있다. 가령 민주주의 공고화가 지체된 사회에서 정부와 의회 등 대의정치 집단의 부패, 불규칙성, 불투명성 등이 두드러져 제도에 기반한 통치가 어려움을 겪게 된다. 오늘날 대의정치 집단에 대한 불신은 세계적으로 보편적인 위기 양상으로 표출되고 있으며, 공직 선거에서 투표율 하락이나 정치적 냉소와 무관심은 이를 뒷받침한다. 이러한 불신은 종종 통치제도에 대한 불신으로 확장되어 공동체의 존립을 위태롭게 만들기도 한다.[153]

한편, 대의정치 집단의 입장에서 ICTs 활용은 산업화 시대이래 가중되어온 정당정치의 위기를 돌파하기 위한 전략으로 이해할 수 있으며, 이는 정당의 ICTs 활용 전략은 정치과정의 기반을 오프라인에서 온라인으로 확장하는 데 있다. 이를 실현하는 온라인 구심은 전자정당(e-party)으로 일컬어지는데, 전자정당의 발전은 ICTs의 발전과 궤를 같이하기 때문에 그 미래상에 대해서는 다양한 전망이 제시되고 있다. 이러한 전망은 크게 정당강화론과 정당쇠퇴론으로 대별된다.[154] 정당강화론에 따르면 ICTs는 조직내외의 취약한 소통 및 정당의 탈중개화를 극복하는 유용한 자원으로 활용된다. 즉 온라인 프로세스는 정당 운영의 효율성을 제고할 뿐만 아니라 시민사회에 정당을 개방함으로써 대의제 민주주의의 재활성화를 촉진한다. 반면 정당 약화론에 따르면 ICTs는 시민들의 직접적인 이익표출과 의사결정을 촉진하여 정당 등 매개 조직의 이익대표 기능을 잠식한다. 또한 온라인 프로세스를 통해 시민들의 이해와 요구가 폭증하게 되면 그것이 오히려 정치적 과부하로 작용하여 정당의 조직 한계를 드러내게 된다.

나아가 전자정당은 단순히 정당조직에 온라인 기능을 외삽하는 차원을 넘어 새로운 정당 모델의 변화를 추동하는 방향성을 보여주고 있다. 영국 정당들의 IT 활용을 분석한 스미스(Smith)[155]는 뉴미디어 커뮤니케이션 시스템에 적응하여 조직과 활동 양식이 변화되는 정당을 ICTs/Leadership 정당으로 명명한다. ICTs/Leadership 정당은 하부구조로서의 IT와 상부구조로서의 리더십이 결합하여 대규모 멤버십을 대체하며 투표/공직 극대화(vote/office maximization)를 추구하는 정당이다. ICTs/Leadership 정당은 종래의 탈대중정당화 흐름의 총결산으로, 기술적으로 초 고도화된 망라형 정당 혹은 선거전문가 정당으로 이해할 수 있다.[156] 이 정당 유형에서는 대중정당 이후의 대표 기능의 퇴조와 통치 기능의 강화 흐름이 지속되고 있다. 서유럽과 미국의 경험을 중심으로 선행 분석들에서 관찰된 ICTs/Leadership 정당의 주요 특징을 정리하면 [표 4-2]와 같다.[157]

최근 SNS 환경은 정치 주체를 다변화하고 새로운 대의정치 모델의 창발을 촉진하고 있다. 최근 20~40대의 변화 욕구와 계급균열을 내재한 복지 담론의 확산은 정부와 집권당에 대한 심판을 넘어 대의정치 집단의 근본적 처방을 요구하고 있다. 최근 정국에서 이러한 사회적 탈보수화와 진보 세력의 SNS 공론 활동은 배제된 이해의 제도적 수용을 촉구하는 압력을 강화하고 있다. 그리고 이들은 과거와 같이 기성 대의정치 집단에 대한 의존을 넘어, 유럽의 해적당(Pirate Party) 같은 온라인과 오프라인이 결합된 네트워크형 정당 모델을 추구하기도 한다. 요컨대, 기성 정당들에 대한 압박과 함께 새로운 정당 모델을 지향하는 새로운 형태의 정치실험이 SNS 공간을 기반으로 확산되고 있

[표 4-2] 정당의 조직·기능·사회적 관계 특징 비교

	엘리트정당	대중정당	ICTs/Leadership 정당
등장	19세기	1880~1960년	2000년대 전후
기원	내생적 (의회 내부)	외생적 (의회 외부)	망라형 정당, 선거 전문가 정당
목표	정부 통제	사회개혁의 추구 또는 반대	정부 통제
기능	통치	대표	통치
지지의 주장	지도자들의 권위	사회집단의 대표	통치 능력
멤버십	소규모, 엘리트 중심적	대규모(동질적), 당원 중심적	규모와 충성심 쇠퇴, 엘리트 중심적
당원-엘리트 관계	Top-down, 정당 사인화	Bottom Up, 과두제	상호작용적, 정당 사인화
정당 활동	개인적	노동집약적	기술집약적
선거 캠페인	개인적	멤버십의 대중적 동원	선거 캠페인 자원의 중앙집중화
재정 출원	사적인 계약	당비	국고보조를 포함한 다양한 출원

***출처**: Katz & Mair(1995)와 Smith(1998)를 보완하여 재작성. 장우영·송경재(2010) 재인용.

다.[158] 이렇듯 IT에 기반한 미디어 플랫폼의 변화와 이에 상응한 정치 플랫폼의 변화가 광범하게 일어나고 있다. 그리고 이러한 변화가 대의정치의 혁신을 불러일으킬 것이 자명해 보이는 가운데, 혁신의 폭과 깊이는 시민사회의 압력과 정치집단의 성찰에 달려 있다고 할 수 있다.

3. 다중사회의 새로운 정치과정

4차 산업혁명은 인간의 경제활동에만 영향을 미치고 있는 것이 아니라 사회 전반에 막대한 영향을 미치고 있다. 특히 정치사회에 미치는 영향은 날이 갈수록 커지고 있다. 이른바 다중사회(multitude society)와 초연결사회의 등장이 그것이다. 처음으로 다중(multitude)의 개념을 제시했던 네그리와 하트(Nagri and Hardt)[159]는 그들의 저서 『다중(multitude)』에서 근대 제국주의 시대의 저항 주체인 '인민(people)'이 '다중'으로 대체되고 있다고 역설한 바 있다. 그들이 말하는 다중은 마르크스주의에서 계급적 적대관계에 기반을 둔 '인민'이나 '민중' 혹은 근대 산업사회의 '대중'과는 차원이 다르다. 적대적 계급 관계를 떠나 상호 다양한 차이를 인정하고 존중하며 특정한 사안이나 작업에 능동적으로 참여하는 전혀 새로운 시민 생활의 주체이다.

4차 산업혁명의 시대에는 인공지능, 사물인터넷, 블록체인 등의 4차 산업혁명 기술을 기반으로 사람과 사람, 사람과 사물, 사람과 기계가 이러한 다중을 연결해주는 엄청나게 복잡한 초연결사회가 구축되며, 인간의 정치적 소비행위는 그런 다중사회와 초연결사회의 이중구조 속에서 이루어지게 된다. 과거 '인민', '민중', '대중'이 지배하던 사회에서는 권력의 위계구조(hierarchy) 속에 정부와 정치제도를 중심으로 정치사회가 운영되었다면, 다중이 지배하는 미래 초연결사회의 정치는 소위 헤테라키(heterarchy)로 불리는 수평적 네트워크 거버넌스가 지배하는 모습으로 바뀌게 된다. 그리고 하이어라키(수직 사회)가 아닌 헤테라키의 시대에는 디지털 융합을 기반으로 하는 정보통신기술의 발달에 힘입어 시민들의 폭넓은 정치참여가 이루어지게 된다.

본 장에서는 이러한 문제의식에 입각해 4차 산업혁명의 시대에는 정치사회의 권력 구조가 위계적 구조에서 헤테라키 구조로 변모해 가는 과정을 추적하고 그 경험적 증거들을 국내외의 다양한 사례들을 통해 소개하는 데 초점을 둘 것이다.

4차 산업혁명은 다양한 정보통신 기술(ICT: Information Co-mmunication Technology)의 융합 현상이 만들어낸 새로운 기술혁명을 일컫는 말이다. 컴퓨터 기술의 발달로 도래한 3차 산업혁명이 정보통신기술의 발달로 기계와 사람, 사람과 사람의 연결을 강화해 준 것이라면 4차 산업혁명은 인간을 포함한 세상의 모든 존재를 연결하는 전혀 새로운 디지털 융합사회의 도래를 의미하는 것이다. 한편, 4차 산업혁명은 사회 전반에 막대한 영향을 미치고 있으며 특히, 정치사회에 미치는 영향은 날이 갈수록 커지고 있다. 이른바 다중사회(multitude society)와 초연결사회의 등장이 그것이다.

21세기형의 새로운 인류라 해도 과언이 아닌 '다중'은 첨단의 정보통신기기들로 무장한 채 세계를 자유롭게 돌아다니며 정보의 생산과 소비를 동시적으로 수행하는 정보의 생비자(prosumer)로 행동한다. 그들은 특정한 이념이나 조직에 헌신하지 않으며 개인적 주체성과 삶의 의미를 찾아 뿔뿔이 흩어져 고립된 개인으로 존재한다. 하지만 그들이 보유하고 있는 스마트미디어를 통해 지속적인 소통과 지식을 공유하는 일을 게을리하진 않는다. 스마트 기기를 통해 약한 연대(weak tie)로 연결되어 있던 그들에게 분노의 공통분모가 생기는 순간, 그들은 라인홀드가 예견했듯 영리한 군중으로 돌변한다. 집단지성을 발휘해 문제를 해결하기도 하고 오프라인에서 직접적인 현실정치 참여를 통해 사회의 변화를 꾀하기도 한다. 이런 '다중'과 그들의 사회참여는 전통적인 사회운동의 원리로는 쉽게 설명하기 어려운 특성들을 보여주고 있다.

이러한 '다중'의 모습이 사회운동과 결합하여 가장 극적인 형태로 드러난 것이 2016~2017년의 촛불시위이다. 2016~2017년의 촛불시위가 2008년 5월~8월의 광우병 촛불시위와 명백히 다른 점은 자발적으로 참여한 시민들이 시위 전반을 주도하였다는 점이다. 2008년과 2016~2017년 촛불시위는 이전의 전통적인 사회운동이 보여주는 존재 양식과는 매우 다른 모습을 보여주었다. 2016~2017년의 촛불시위에서 조직화되지 않은 다수의 개인, 즉 다중이 보여준 엄청난 에너지는 네그리와 하트가 제시한 '다중'의 개념과 일맥상통한 것이었다.

소셜미디어를 중심으로 한 정보통신기술의 발달이 사회운동에서 다중의 힘을 강화함으로써 사회운동의 근본적인 변화를 초래했다면 빅데이터와 인공지능은 대의민주주의의 정치과정을 근본적으로 변화시키는 힘으로 작용하고 있다. 빅데이터와 인공지능이 지배하는 4차 산업혁명의 시대에는 거대한 조직을 갖춘 정당에 소속된 국회의원이 아니라 인공지능과 빅데이터가 시민들을 대표해 정부와 협상하며 사회적 합의를 도출해내는 전혀 새로운 미래 대의민주주의의 모습, 이른바 알고리즘 민주주의(Algorithm Democracy)를 만들어낼지도 모른다. 따라서 정치과정의 핵심적 행위자인 전통적인 대중정당은 점차 사라지게 될 것이고, 그 빈자리를 디지털 네트워크 정당이나 다중화된 시민들이 주도하는 디지털 정책 네트워크가 대체하게 될 날도 머지 않았다. 21세기 다중이 지배하는 초연결사회의 알고리즘 민주주의는 이제 4차 산업혁명 시대에 우리가 모두 조우하게 될 거부할 수 없는 정치사회의 현실이 될지도 모를 일이다.[160)]

현대 민주주의는 근본적으로 대의제의 위기라는 심각한 고민을 안고 있다. 대의제는 국민으로부터 위임받은 대표자가 국민을 대신해 권력을 행사하여 공동체의 의사를 결정하는 체제를 의미한다. 대의민주주의에 대한 위기는 1970년대 이후 서구에서 붉어지기 시작하여 투표율의 저하, 정당 일체가의 약화 등 대의제에 대한 근본적인 위기에서 비롯된 것이라 할 수 있다. 이러한 위기는 근본적으로 국민의 의사나 이해를 반영하지 못함에 따라 정당성과 효율성에 대한 문제를 낳고 대의제의 근간이라 할 수 있는 대표성에 대한 위협으로 작용하게 된다.

정보통신기술의 발달이 대의제의 위기를 보완할 수 있을 것이란 시각이 강하였고 실제 전통 산업사회와 비교하여 이전보다 시민들의 정책결정과정과 정치과정의 참여, 공식적 행위자들의 반응성 등은 크게 개선되었다고 볼 수 있다. 그러나 한편에서는 대의제 위기로 제시된 문제들이 여전히 해결되지 못하는 모습을 보인다. 투표율로 대변되는 정치참여, 시민과 정치 결정과정과의 거리감은 여전히 해결되지 못한 채 상존하고 있는 실정이다.

이러한 상황에서 다중사회의 등장과 4차 산업혁명으로 대변되는 정보통신기술의 비약적인 발전은 대의제에 대한 위기의 해법이나 대안으로 작용하기 충분할 것으로 보인다. 일찍이 현대 대의제 민주주의의 대안으로서 참여와 숙의 등이 강조되었고, 이는 시민들의 참여가 무엇보다도 강조된다. 다중의 등장과 다중사회로의 진입은 사회문제에 대한 더욱 많은 참여를 기대하게 하며 특히 정치 영역에서 이러한 움직임이 두드러지게 할 것으로 생각된다. 또한 4차 산업혁명의 특성인 연결과 탈중앙화, 공유 등은 기술의 발전을 통해 이러한 움직임에 보탬이 될 것으로 생각된다.

4차 산업혁명으로 시작되는 인간 간, 인간과 사물(기계), 사물과 사물 간 교류방식의 변화는 결국 인간사회의 권력 구조와 관련된 작동양식에 있어서 구조적 변화를 가져오게 된다. 관료적이고 위계적인 관계에 기반한 4차 산업혁명 이전 시대의 방식이 4차 산업혁명 시대의 소셜미디어, 블록체인, 클라우드 컴퓨팅, 사물인터넷 등의 기술 확산으로 인해 중앙집중형 교류방식에서 분산형 교류방식으로 변화시키면서, 사회 권력 구조의 공간적 분할과 위임, 이양을 촉진시킨다. 이런 점에서 검토해 볼 때 4차 산업혁명이 현대사회와 미래사회의 구성을 수직사회에서 수평사회로 변모시킨다.[161)]

정보사회(information society) 연구자인 마누엘 카스텔스(Manuel Castells)에 의하면 정보통신기술의 발전이 일상생활의 구성 양식을 근본적으로 변화시키게 될 것이라고 한다. 즉 4차 산업혁명 시대의 기술변화가 가져오고 있는 다양한 사회변화들은 그 대표적인 사례를 제공하고 있다.[162)]

한편 ICT의 발전이 정치와 행정체제 등 우리 사회의 통치양식에 지속적인 변화를 가져온 것은 사실이기는 하지만 현실에서는 현대 정부의 통치원리를 구속하는 위계적 관료제의 질서가 신속하게 변화되고 있지는 않은 양상이다. 그럼에도 불구하고 블록체인 기술 등 4차 산업혁명 시대의 새로운 ICT 기술은 통치양식의 변화에 미쳐 온 영향을 획기적으로 개선할 가능성을 열어 보여주고 있는데 그 대표적인 운영원리로 들 수 있는 것이 바로 디지털크러시(digitalcracy)와 헤테라키(heterachy)의 개념이다. 디지털화되고 모바일화된 ICT 기술의 발전과 직접민주주의의 문제의식이 결합된 새로운 의사결정 방식을 의미하는 디지털크러시의 발전과 다중지배에 중점을 둔 헤테라키 하에서는 정당을 중심으로 펼쳐졌던 기존의 정치 시스템이 다양한 4차 산업혁명 시대의 기술로 인해 자기 조직화가 강화된 개인이 정부, 정당, 시민단체와 함께 권력을 공유하며 공동체의 의사결정과정에 적극적으로 참여하는 새로운 형태의 민주주의 통치양식으로 전환되어 나갈 것으로 보인다.[163)]

특히 다양한 4차 산업혁명 시대의 ICT 기술 중에서도 분산된 데이터베이스가 운영자에 의한 임의조작이 불가능한 상태에서 지속해서 스스로 성장해 가는 분산 장부(distributed ledger) 기술을 의미하는 블록체인 기술은 공공분야에서 각종 민원처리는 물론 전자 투표 등을 실현하는 꿈의 기술로 유럽연합, 에스토니아 등에서 매우 유용하게 활용되고 있다. 따라서 블록체인 기술은 활용하기에 따라서는 디지털크러시와 하테라키하에서 활발한 시민참여에 바탕을 둔 직접민주주의를 구현할 수 있게 할 뿐 아니라 지방자치 역시 주민들의 활발한 참여에 기반을 둔 새로운 주민자치모형을 구현하는 데 기술적인 기반을 제공해 줄 가능성이 있다.

4. 다중사회의 정치과정에서 시민참여의 특색

최근의 정치과정에서는 주민 스스로 정치를 주도하는 주민자치의 중요성이 부각되고 '시민주권'이라는 개념이 강조되기도 하며, 새로운 주민자치 패러다임에 입각한 시스템에 대한 실험적 접근이 지방자치단체나 시민사회를 중심으로 광범하게 시도되고 있다. 사물인터넷(IoT), 인공지능(AI: Artificial Intelligence), 빅데이터(Big Data), 블록체인(Bloc Chain) 등의 4차 산업혁명 시대 기술적 인프라가 주민자치의 실험에 대한 시도를 가능하게 하는 환경적 기반을 제공할 가능성이 커졌다.

블록체인 기술을 활용한 실질적 주민(시민)참여를 이끌어내는 사례들이 있는데 상세한 것은 후술하는 사례에서 구체적으로 소개한다. 주민참여에 블록체인 기술을 활용하는 것을 설명하자면 블록체인 기술은 상거래 등 각종 관계 정보를 암호화시킨 블록으로 저장해서 그 블록화 된 정보들을 체인으로 연결해 이를 개방화된 플랫폼의 다수 사용자가 공유할 수 있도록 한 4차 산업혁명 기술이다. 이 기술은 암호화와 분산화라는 두 가지 기능으로 구성되는데 암호화를 통해 보안이 강화되는 측면이 있고 분산화를 통해 안정성을 보장받을 수 있다는 점에서 정보 접근 및 처리 권한의 분산으로 인해 생기는 보안 문제 등을 동시에 해결할 수 있는 장점이 있다. 블록체인은 개방적이고 분산된 구조로 중개기능이나 중앙집중형 서버를 필요로 하지 않는다는 점에서 매우 민주적인 시스템이다. 블록체인에서는 사용자의 거래 정보를 익명으로 공개해 상호 검증을 통한 거래의 편의성과 보안 문제를 동시에 해결할 수 있다는 장점이 있어 투명한 거버넌스 체제 구축에 매우 필수적인 4차 산업혁명 기술이라 할 수 있다.

아울러 블록체인 기술은 현대 대의민주주의가 안고 있는 대리인 문제를 극복할 수 있게 해주는 대안이 될 가능성이 큰데, 이런 기술이 일반화된다면 신뢰의 위기에 놓여 있는 현대사회의 신뢰 자산을 크게 증가시켜 민주주의의 질을 높이는 데 기여할 수 있다. 블록체인 기술을 이용한 현대사회의 대의민주주의 위기 극복과 주민자치를 통한 직접민주주의 실현과 강화에 대한 기대가 높아가고 있다. 블록체인 기술을 활용하면 각종 행정서비스를 더욱 효율적으로 제공할 수 있는 행정혁신도 가능하지만, 무엇보다도 아파트 주민자치를 투명화하거나 지방의회에 직접민주주의 제도를 도입하거나 지역주민 생활의 모든 면에서 다수의 주민에 의한 직접적인 실시간 의사결정이 가능할 수 있게 하는 등의 다양한 방법으로 풀뿌리 민주주의를 확장해 나갈 수 있다.

블록체인 기술은 현재 초기적인 기술 상태에서 인증과 같은 단순 반복되는 행정업무를 자동화하는 데 주로 사용되고 있다. 따라서 당장에는 주민자치에 전면적으로 활용하기는 쉽지 않은 상황이다. 하지만 블록체인 기술은 투명성과 보안성을 동시에 보장하기 때문에 지역 단위에서 지역주민들의 정책 관련 선호를 파악하는 여론조사 등에 쉽게 활용할 수 있는 가능성이 충분히 있고 본 저서의 국내외 사례분석에서는 그런 활용 가능성을 보여주는 사례들이 소개되고 있다. 블록체인 기술을 활용해 주민투표 등이 일상적으로 가능해짐으로써 정책결정과정에서 주민참여를 획기적으로 증진할 수 있게 된 것이다. 이런 점에서 4차 산업혁명 시대의 기술진화로 인한 커뮤니케이션 분야에서 혁신이 주민자치를 실현하기 위한 다양한 기술기반을 제공할 가능성이 높다고 볼 수 있다.

5. 다중사회의 새로운 정치과정을 보여주는 해외사례들

지금까지 살펴본 다중사회에서 이루어지는 새로운 정치과정의 운영방식은 현실에서 구체적으로 어떻게 나타나게 될 것인가? 물론 이제 막 4차 산업혁명 기술진화가 시작된 오늘의 시점에서 다중사회가 지향하는 새로운 정치과정의 다양한 모습들이 전통적인 대의민주주의 체제의 정치과정과 확연히 구별되는 형태로 나타나고 있는 것으로 보긴 어렵다. 전통적인 대의제 민주주의 정치과정을 주도하는 의회와 정당, 그리고 선거제도는 여전히 큰 틀에서 뚜렷한 변화를 보여주고 있진 않기 때문이다. 정당은 여전히 강력한 이익대표의 기능을 수행함과 동시에 국가권력으로 안내하는 지름길로 가는 통로로 작동하고 있다. 의회는 의회대로 전통적인 권력에 대한 견제와 감시 기능에 충실하고 있고, 대부분 우리 사회의 엘리트 정치인들에 의해 대표되고 있다. 선거제도는 정당을 매개로 그런 의회에 정치 엘리트 집단을 충원하는 그럴듯한 공식적 제도로 훌륭히 기능하고 있다. 여러 가지 측면에서 전통적인 대의민주주의 체제에 내재해 있는 '대표성의 위기(crisis of political representation)'를 강조하는 사람들도 없지 않지만 그런 경고에도 불구하고 대의제 민주주의는 그럭저럭 자신에게 주어진 기능과 역할을 충실히 수행해내고 있다. 하지만 다른 한편에선 대의제 민주주의의 전형적인 정치과정에 균열이 생겨나고 있는 모습들이 세계 곳곳에서 조금씩 발견되고 있다. [표 4-3]은 민주주의 선진국인 주요 국가들에서 다중사회의 새로운 정치과정에 대한 실험들이 어떻게 전개되고 있는지를 잘 보여주고 있다. 미국의 경우, 부재자투표나 정당 경

[표 4-3] 다중사회 새로운 정치과정의 해외사례(종합)

국가	사례	주요 내용	특징 및 함의
미국	웨스트버지니아주: 블록체인 기반 애플리케이션 활용 부재자투표	해외 주둔 미군 및 국외 거주 미국인의 투표율 향상 방안	본 선거 및 국외 선거 (부재자) 활용
	캘리포니아주, 뉴욕주: Digital Democracy	입법 과정에 대한 영상검색	민간차원에서 의정 활동 아카이빙, 텍스트를 넘어서 영상에 대한 데이터 축적
	텍사스주: 블록체인 기반 투표 시스템	블록체인 투표를 활용한 자유당 대선후보 선정	선거비용 감소, 투명성 확대
	유타주: 블록체인 기반 투표 시스템	블록체인 투표를 활용한 공화당 대선후보 선정	미국 사상 최초로 주 정당의 블록체인 방식 온라인 투표 시스템을 활용한 인터넷 투표, 해외 부재자투표
일본	쓰쿠바시:쓰쿠바 Society 5.0 사회 구현 정책 제안 최종 심사	블록체인 시스템을 도입하여 지역 개발 프로그램 선정 투표에 활용	일본 최초의 지자체 단위 블록체인 도입 평가 사업, 시간·인력·비용 절감 기대
대만	타이베이시: i-voting	참여 정책 구현을 목표로 하는 온라인 시민참여 플랫폼	시민 제안과 토의, 토론, 투표 과정 진행
호주	블록체인 기반 정당 플럭스(FLUX)	블록체인 기술을 이용한 중립 투표 블록 구현	직접민주주의 및 온라인 투표 신뢰성 확보, 젊은 층이 정당의 주축, 미국과 브라질로 확산
스페인	포데모스 정당의 아고라 보팅	nVoting: nVptes 회사의 블록체인 기반 투표 시스템 활용	투명성 및 보안성 강화, 무료사용 및 다양한 선거 적용
스위스	추크(Zug)시: 블록체인 주민투표 플랫폼	향후 공식 선거에 블록체인 기반 디지털 ID(eID) 시스템 본격 도입 여부 투표	암호화폐 도시로 성장, 중앙정부와의 협력, 지방분권 강화
러시아	사라토프주: 블록체인 투표 시스템 '폴리스(Polys)'	청소년 의원을 선출하는 선거에 카스퍼스키랩이 개발한 시스템 적용	동구권 사례

우크라이나	Hromadskyi Project	주민참여예산 제도 참여 플랫폼	주민참여, 투표 참여 향상
	E-VOX	청원 및 자문 투표를 위한 블록체인 활용 선거 플랫폼	선거 투명성 및 책임성 확보
에스토니아	전자 투표	블록체인 기반 전자 투표	세계 최초 총선에 전자 투표 도입, 선거의 보안에서 유일하고 중요한 사례
아이슬란드	아이슬란드 해적당	투표과정의 온/오프라인 결합방식에 의한 참여 추구, 토론을 동영상으로 공개하여 당원 간의 정책 토론 활성화 추구	공개적이고 수평적인 정책형성을 추구하며 온라인을 통한 의사결정으로 당내 민주주의를 구현, 원내 정당 진출
독일	베를린 해적당	'리퀴드 피드백(Liguid Feedback)' 의사결정 시스템으로서 당내 의사소통 도구로 개발	정당의 새로운 의사결정 모델로서 당내 민주주의를 유지하면서 신속한 의사결정을 위한 시스템, 지방의회 진출
덴마크	자유당 - 전자 투표 시스템	블록체인 기반 전자 투표 시스템	정당 민주주의의 도구로 활용, 투명성 확보
핀란드	오픈미니스트리	법안 제출과 지지 서명 확보를 간소화	숨은 의제를 발굴하는 데 기여
태국	민주당 Zcoin	정당 대표 선출을 블록체인 시스템 활용	중앙집권적 방식의 대표 선출에서 탈피
아르헨티나	데모크라시 OS	시민참여를 위한 정부 플랫폼, 제안과 토론, 투표로 구성	남미 최초의 디지털 민주주의 사례

***출처**: 한국정치학회(2019)

선 과정에서 블록체인 기반 애플리케이션을 투표에 활용한 웨스트버지니아주, 텍사스, 유타주 등의 사례나 입법 과정에 대한 영상검색을 실시간으로 가능하게 하는 캘리포니아주와 뉴욕주의 Digital Democracy 프로그램 등이 대표적 사례라 할 수 있다.

그 외 일본, 스위스, 핀란드, 에스토니아, 덴마크, 스페인, 독일 등 기타 민주주의 선진국에서 유사한 4차 산업혁명 기술을 정치과정에 활용한 사례를 어렵지 않게 발견할 수 있다. 심지어 태국,

러시아, 우크라이나, 아르헨티나 등 아직 제도화된 민주주의가 제대로 정착되지 않은 국가들에서조차 블록체인 기술을 포함한 다양한 4차 산업혁명 기술들이 정치과정에 폭넓게 활용되고 있음을 알 수 있다. [표 4-4]와 [표 4-5]에 정리한 내용은 그 중 4차 산업혁명 기술이 정치과정에 가장 보편적으로 활용되고 있는 에스토니아와 독일의 사례를 소개한 것으로 에스토니아의 경우에는 1999년 일찍부터 인터넷을 통한 투표를 도입한 이래 2005년에는 전자 투표 시스템을 활용한 아이보팅(i-voting) 제도를 도입했다. 2007년에는 i-voting 시스템을 의회 선거에 최초로 적용

[표 4-4] 해외 대표사례 1

국가	에스토니아 - 전자투표
개요 및 기간	• 1999년 인터넷을 통한 투표 도입 • 2005년 전자 투표 시스템 아이보팅(i-voting) 도입 • 2007년 의회 선거에서 실시 • 현재의 i-voting 시스템은 2017년 지방선거에서 완성됨
과정	• 본인확인-투표-검표/개표 • 유권자 식별에는 ID카드와 모바일 ID 모두 사용 가능 • ID카드는 전자신분증 리더기를 통한 본인확인 • 모바일 ID는 스마트 폰의 신분 검증 애플리케이션과 QR코드를 통해서 본인확인 • 다만 투표는 컴퓨터를 통해서만 가능
결과	• 투표율이 매우 증가 • 2014년 유럽 의회 선거의 경우 98개국에서 유권자의 1/3이 전자투표를 통해 선거에 참여함 • 에스토니아인의 44%가 이용하고 있으며, 누적되어 절약된 시간이 11,000일에 이른 것으로 평가
특징	• 국민 97% 이상이 전자신분증 보유 • 2개의 블록체인 사용(유권자 등록용/투표 내용) • 선거일 10일 전부터 4일 전까지 투표와 투표 변경 가능
비고	• 시민참여: Bottom Up • 시행단위: 전국 • 시행주체: 중앙정부 • 시행내용: 정치과정 • 기술속성: 분산형

***출처**: 한국정치학회(2019)

[표 4-5] 해외 대표사례 2

국가	에스토니아 - 전자투표
개요 및 기간	• 2006년 창당 • 온라인 시민단체를 기반으로 무료 인터넷 접속과 인터넷 활동의 자유를 내세우며 등장
과정	• 오픈소스와 프리웨어 소프트웨어 등 카피레프트 찬성 • 정보의 자유와 저작권에 대한 비판 • 리퀴드피드백을 통해 의사결정 진행 • 투표의 전 과정과 데이터 공개로 투명성 실현 • 트위터 등 SNS를 통한 온라인 유세로 높은 지지를 받음
결과	• 2011년 베를린시 지방선거에서 8.9%를 득표, 15석을 획득 • 스웨덴 해적당이 본류라 할 수 있으며, 독일 이외에 스위스, 아이슬란드, 오스트리아 등지로 확산
특징	• 온라인 기반 정당의 시초
비고	• 시민참여: Bottom Up • 시행단위: 지방 • 시행주체: 정당 • 시행내용: 정치과정 • 기술속성: 집중형

***출처**: 한국정치학회(2019)

한 데 이어 2017년 지방선거에서는 i-voting 시스템을 거의 완벽한 상태로까지 발전시킨 국가로 전자민주주의 분야에서 세계를 선도하는 국가로 발돋움하고 있다.

6. 다중사회 새로운 정치과정의 국내 사례

한편, 앞서 살펴본 해외사례와 비교해 시기적으로 조금 늦긴 했지만, 우리나라 역시 진화하고 있는 인터넷 기술을 일찍부터 선거 과정이나 정당 활동 등 정치과정에 활용함으로써 전자민주주의 분야의 모범 국가의 반열에 이름을 올려 왔다. 특히 최근에는 [표 4-6]에서 보는 바와 같이 서울특별시의 시민투표 플랫폼인 '엠보팅'이나 블록체인 기술을 활용한 주민총회의 투표 시스템을 도입한 대전광역시 대덕구의 사례와 같이 4차 산업혁명 기술을 정치과정에 직접적으로 도입하는 사례들이 늘어나고 있다.

특히 국내 주요 사례 중 블록체인 기반 온라인 투표 시스템 도입을 통해 이른바 'K-voting' 시스템을 운영하고 있는 중앙선거관리위원회의 4차 산업혁명 기술 활용은 대표적인 사례로 손꼽히고 있는데 [표 4-7]에서 소개되고 있듯이 K-voting은 2013년 최초 도입된 이후 진화를 계속해 2018년 6월에는 블록체인 기술 발전전략의 6대 공공 시범사업으로 선정되기도 했다. 4차 산업혁명의 핵심기술인 블록체인 기술을 선거라는 정치과정의 이벤트에 적용한 K-voting 시스템은 기존 온라인 투표보다 투명

[표 4-6] 다중사회 새로운 정치과정의 국내 사례(종합)

지역/단체	사례	주요 내용	특징 및 함의
서울시	시민투표 플랫폼: 엠보팅	엠보팅은 앱과 온라인 홈페이지를 통한 투표 참여, 전체공개투표	시민들의 정책참여 확대 및 정책결정과정의 투명화, 보안성 강화 및 안정성 확보
대전광역시 대덕구	주민총회 블록체인 투표 도입	공간을 초월한 주민총회 개최, 의견 제시도 가능	참여도 증진, 투표의 대표성 증진
중앙선거관리위원회	블록체인 기반 온라인 투표 시스템	온라인 투표 시스템 '케이 보팅(K-voting)' 운영	투명성 및 보안성 대폭 강화
국회 톡톡	시민입법 국회 플랫폼	기존의 오프라인 청원제도가 가진 국회의원 주도의 청원 진행에 대한 대안	국내 최초 온라인 시민입법 국회 플랫폼, 익명성 확보
더불어민주당	빅데이터연구소 설립	선거 현대화 프로젝트 시행, 네트워크 정당 추진, 마이크로 전략지도 작성	정치 빅데이터를 선거전략으로 활용

***출처**: 한국정치학회(2019)

[표 4-7] 국내 대표사례 1

사례명	중앙선거관리위원회 - 블록체인 기반 온라인 투표 시스템
개요 및 기간	• 케이보팅 시스템의 블록체인 기술적용 시도 • 2013년 온라인 투표 시스템 '케이보팅(K-voting)' 운영 • 2018년 6월 블록체인 기술 발전전략의 6대 공공 시범사업으로 선정
과정	• 유권자 인증과 투표 결과 저장 및 검증 과정에 블록체인 기술적용 • 5개의 노드를 통해 시스템의 구현을 확인 • 선관위 서버 컴퓨터 이외에 4개의 노드에도 함께 저장
결과	• 2018년 11월 민간분야 투표 및 설문조사에 시범 도입
특징	• 기존 온라인 투표보다 투명성과 보안성이 대폭 강화 • 향후 '선거 여론조사의 신뢰성 제고', '정치자금 투명화' 등에 블록체인 기술적용을 중장기 과제로 추진
비고	• 시민참여: Bottom Up • 시행단위: 전국/지방 • 시행주체: 중앙정부 • 시행내용: 정치과정 • 기술속성: 분산형

***출처**: 한국정치학회(2019)

성과 보안성이 높을 뿐만 아니라 향후 선거 여론조사의 신뢰성 제고나 정치자금의 투명화 등 선거의 공적관리 체제 강화에 크게 기여할 것으로 기대되고 있어 시선을 끌고 있다.

[표 4-8]에 소개되고 있는 '국회 톡톡'의 경우에도 민의의 전당인 국회에서 온라인 청원을 통해 민의를 실시간으로 확인할 수 있게 해준다는 점에서 4차 산업혁명 기술의 정치과정 활용의 대표적 모범 사례라 할 수 있다.

[표 4-8] 국내 대표사례 2

사례명	국회 톡톡
개요 및 기간	• 2016년 10월 25일 시연회 • 기존 오프라인 청원제도가 가진 국회의원 주도의 청원 진행을 벗어서 대안으로 진행
과정	• 누구나 제안할 수 있는 입법 의제에 대해 1달 내 1,000명의 시민이 동의하면, 의원 매칭 단계로 넘어가 해당 상임위에 소속된 의원에게 청원 소개를 진행 • 매칭이 성공된 의제는 국회의원과 시민이 페이스북 그룹을 만들어 소통을 진행
결과	• 2019년 11월 9일 현재 600건 이상의 제안이 진행됨 • 30건의 제안이 1,000명을 달성하였으며, 7건(데이트 폭력법, 보육교사 연속근로 인정 등)이 입법 활동 진행 중이며, 3건(표준이력서 법제화, 만 15세 이하 의료비 국가 보장 등)이 입법 성공
특징	• 시민단체 주도의 시민참여 플랫폼 • 페이스북, 카카오톡, 트위터를 통한 가입 가능, 이를 통해 익명성 확보
비고	• 시민참여: Bottom Up • 시행단위: 전국 • 시행주체: 시민 • 시행내용: 정치과정 • 기술속성: 집중형

***출처**: 한국정치학회(2019)

제 5 장

다중사회의 새로운 사회변화(2): 정책 과정의 변화와 시민참여

1. 디지털 컨버전스의 기술진화와 정책 요소 및 환경의 변화

디지털 컨버전스의 기술진화가 정책결정과정의 변화에 미치는 영향을 어떤 차원에서 접근해 들어갈 것인가가 중요한데 본 장에서는 3가지 차원에서 그 영향을 평가해 보고자 한다. 무엇보다 먼저 디지털 컨버전스의 기술진화는 정책결정과정에 참여하는 정책행위자들 간 상호작용(관계 형성)의 패턴을 변화시킴으로써 그들 간 관계의 연결망 구조를 근본적으로 바꿔 놓았다고 보아야 한다. 다음으로 디지털 컨버전스의 기술변화는 하나의 사회적 이슈가 정책의제로 설정되어 정책으로 형성되고 집행된 후 평가 혹은 환류되는 일련의 발견적(heuristic) 정책결정과정의 절차와 순서에 근본적인 변화를 가져왔을 뿐만 아니라 정책결정과정의 각 단계의 세부적인 업무 흐름에도 근본적인 변화를 초래했다. 끝으로 어떤 요인에 의해서 구체적인 정책결정이 이루어지는가에 대한 정책결정의 인과적 설명 모형의 유용성에도 변화를 초래하게 되는데 기존 오프라인 중심 혹은 위계적 권위구조를 전제로 한 정책환경에서 정책결정에 대한 인과적 설명 모형들은 디지털 융합 환경에서 더 이상 그 이론적 적실성을 추구하기 어렵다.

디지털 컨버전스의 기술진화가 정책결정에 미치는 영향을 제대로 분석하기 위해서는 무엇보다도 민주주의 정치체제에서 정책이 무엇을 의미하며, 정책에 영향을 미치는 요소들에는 어떤 것들이 있는지를 파악할 필요가 있다. 디지털 컨버전스의 기술진화는 결국 정책결정에 영향을 미치는 이러한 구성요소들의 질적 변화를 통해 정책결정과정의 형식과 내용을 바꾸게 된다는 점에서 정책에 영향을 미치는 요소들에 관해 관심을 가질 필요가 있는 것이다.

정책학 분야에서 정책과정을 설명함에 있어 가장 보편적으로 활용되는 체계이론에서는 정책이 넓게 보아 정치체계(political system)의 산물이므로 정치체계의 변화 자체가 그 산물인 정책의 성격은 물론 그런 정책을 결정하는 과정의 본질까지도 바꾸어 놓게 되는 것으로 이해한다. 마찬가지로 정치체계를 둘러싼 외부환경으로서의 정책 환경의 변화 또한 정책의 성격은 물론 정책결정의 형식과 내용에 영향을 미치게 된다. 정책 환경은 크게 보아 정치체계의 투입(input)을 결정하는 요소라 할 수 있는데 이러한 투입 요소는 일반적으로 요구(demand)와 지지(support)로 구성된다. 결국 정책 환경의 변화는 이러한 요구와 지지의 내용에 변화를 가져옴으로써 결국에는 정치체계의 산출물인 정책의 내용 변화에도 영향을 미치게 되는 것이다.

정치체계의 특성 또한 정책결정에 영향을 미치는 요소라 할 수 있다. 정정길 외[164]는 그러한 정치체계의 대표적 특성으로 정치체계의 구성원이 지닌 능력과 성향, 정치 이념과 문화에 의해 대표되는 정치체계의 분위기와 규범, 정치체계 내부의 권력 구조[165]를 들고 있다. 정책 환경에 의해 형성된 요구와 지지는 구체적인 정치체계의 산출물인 정책을 생산해내기 위한 정책과정에 투입되며, 정책과정의 주요 행위자들은 투입된 요구와 지지를 바탕으로 정책과정을 이끌어 가게 된다. 정책과정을 주도하는 주체인 정책행위자들이 지닌 태도, 가치관, 능력은 생산되는 정책의 질을 결정하는 중요한 요소들이다. 일단 정치체계 내부로 투입된 요구와 지지는 정책과정의 참여자들이 그것을 어떻게 인지하고 처리해 나가느냐에 따라 - 즉, 그들이 지닌 태도와 가치관 그리고 능력에 따라 - 전혀 다른 정책적 산출물로 가공되기 때문이다. 정책과정의 참여자들이 어떤 특성을 보이며 그들 간의 권력관계가 어떻게 설정되는가에 따라 정책결정과정과 결과가 달라질 수도 있다. 따라서 디지털 컨버전스의 기술적 진화가 정책결정의 패턴에 어떤 변화를 가져왔는지를 살펴보기 위해서는 그런 기술적 변화들이 정치체계의 특성과 그를 둘러싼 요구와 지지로 구성되는 정책 환경에 어떤 질적 변화를 초래하였는가? 그리고 나아가 정책과정 내부에서 정책결정의 주체들과 그들 간 관계의 특성에 어떤 영향을 미치게 되었는지를 먼저 살펴볼 필요가 있다.

웹 기술의 도입은 정책과정 참여자의 전통적인 역할 구도를 근본적으로 변화시켜 오고 있다. 1993년 이후 도입되기 시작한 웹 1.0 기술은 전통적인 정책결정과정에 작지만 의미 있는 변화를 가져왔다. 비록 여전히 공식적 참여자가 주도하는 형식이 유지되긴 했으나 정책과정에서 비공식적 참여자의 역할이 점점 강조되기 시작한 것이다. 특히 공식적인 정치과정 참여자들이 정책과정 전반에서 자신들이 추진하고 있는 정책에 대한 투입(input) 요소가 지닌 민주성에 더 천착하기 시작하면서 정책의제의 형성(policy agenda setting) 및 정책형성(policy formulation) 단계에서 비공식적 참여자들의 더 많은 동원과 지지를 이끌어 내기 위해 웹 공간과 기술을 적극적으로 활용하는 차원에서 참여가 확대되었다. 즉 정부의 공식적 참여자들은 그간 그들이 독점해온 정보를 비공식 참여자들에게 더 많이 개방하기 시작한 것이다.

그러나 이러한 웹 1.0시대의 참여는 몇 가지 측면에서 근본적 한계를 지닌 것이었다. 첫째, 웹 1.0 기술이 비공식적 참여자 중 시민단체의 역량을 강화해 줌으로써 그들이 정책과정의 투입 단계에서 비중을 키워나가게 한 것은 사실이나 그것은 1990년대 이후 전 세계적으로 불어 닥친 세계화(globalization)의 움직임과 그에 따른 통치 방식의 거버넌스적 전환이라는 일련의 움직임과 그 궤를 같이하고 있어 반드시 웹 기술의 성장과 발전이 가져온 불가피한 결과로 보기 어렵다는 것이다. 둘째, 웹 기술의 도입 및 발전을 통한 시민단체를 중심으로 한 비공식적 참여자의 역할 증대에도 불구하고 정책형성-정책결정-정책집행-정책평가-환류로 이어지는 일련의 정책과정에서 비공식적 참여자의 역할은 여전히 정책형성 중 의제설정(agenda setting) 및 평가-환류의 단계로만 한정되어 있을 뿐 정책결정 및 정책집행의 주요 과정은 여전히 하나의 블랙박스(black box)로 공식적 참여자의 수중, 즉 이른바 철의 삼각(iron triangle)이라 불리는 핵심적인 정책결정 집단들에 맡겨져 있다는 것이다.

2005년부터 급속히 일반화되기 시작한 웹 2.0 시대의 핵심 전제조건은 웹이 하나의 단순한 서버가 아니라 플랫폼의 구실을 하게 된다는 것이다. 오라일리(O'Reily)[166]는 웹 2.0을 1) 패키지 소프트웨어가 아닌 서비스로 제공하는 것, 2) 참여의 아키텍처, 3) 비용 효과적인 확장 가능성, 4) 재활용할 수 있는 데이터 소스와 데이터 변형, 5) 단순 기기에서 작동하는 소프트웨어, 6) 집단지성의 활용으로 특징짓고 있다.[167] 디 마이오(Di Maio)는 웹 2.0 시대의 도래가 어떤 다른 산업 분야보다도 정부를 포함한 공공영역에 많은 변화를 가져오게 될 것이라고 주장한다. 그는 정부기관이나 조직뿐 아니라 시민들, 민간부문과 공공부문 사이에서 중개자의 역할을 하는 사람들(intermediaries)이나 정부 밖의 공공서비스 제공자들과 관계의 본질적인 변화를 예견했다.[168]

'플랫폼으로서의 웹'이 의미하는 바는 웹 2.0이 지향하고 있는 참여, 공유, 개방의 이념을 매우 잘 설명해 주고 있는데, 이 개념의 핵심에는 '정보'를 생산하고 배분하는 주체-객체 관계의 혁명적 변화가 내재되어 있다. 기존 웹 1.0 시대에는 전자정부의 구현을 통해 '정부'가 일방적으로 정보를 생산해서 고객인 국민에게 배포해 주는 '정보 생산의 주체'였고 국민은 정부가 생산해낸 '정보'를 G2C 혹은 G2B를 통해 일방적으로 전달받는 객체에 불과했다. 그러나 웹 2.0 시대에는 웹 자체가 개방되어 시민참여를 통해 공유되면서 국민 역시 정보의 생산과 배분의 주체로 역할을 하게 된 것이다.[169]

웹 1.0 시대를 포함한 기존의 전통적인 정책형성 과정에 관한 이론적 논의에서 정부는 정책의제 설정, 대안 선택, 정책결정의 전 과정에 있어 위계의 정점에서 최종선택자의 역할을 했다.[170] 그러나 웹 2.0 시대에는 플랫폼으로서의 웹에 쏟아진 풍부하고 다양한 정보들이 집단지성의 작용을 통해 스스로 정제되어가면서 하나의 공동적 대안을 자생적으로 형성해 가게 될 것이기 때문에 정부의 주도적 역할, 최종선택자의 역할이 상대적으로 축소될 것이다. 대신 플랫폼으로서의 웹 공간에 쏟아진 방대한 양의 정보에서 악화를 구축해 내고 집단지성이 합리적인 정책목표에서 멀어지지 않도록 관리해 내는 기능이 더 강조될 것이다.

2. 디지털 컨버전스의 기술진화와 정책결정구조

전통적인 정책과정 참여자는 공식적 참여자와 비공식적 참여자로 구분되며, 공식적 참여자에는 대통령, 입법부, 행정기관과 관료 등의 중앙정부 차원의 참여자와 자치단체장, 지방의회, 지방공무원 및 국가 일선 행정기관과 같은 지방정부 차원의 참여자가 있고 비공식적 참여자에는 이익집단, 정당, 전문가 집단, 시민단체가 있다.[171] 전통적인 정책과정은 공식적 참여자의 역할 비중이 비공식적 참여자의 역할 비중에 비해 훨씬 압도적으로 우세하며, 비공식적 참여자의 역할은 정책과정에서 보조적인 역할만을 수행하는 것으로 한정되어 있다. 특히 비공식적 참여자 중에서도 이익집단, 정당, 전문가 집단 등의 준 제도적인 행위자들의 참여가 시민단체의 참여에 비해 훨씬 지배적인 형태로 나타나고 있다.

전통적인 정책과정에 참여하는 주체들은 대부분 한 개인으로서가 아니라 집단적 수준에서 참여하는 것이 보통이다. 또한 전통적인 정책과정에서 비공식적 참여자의 개입은 주로 의제 설정이나 정책의 평가·환류와 같은 정책과정의 전·후 단계에 집중되고 있어 실질적으로 정책의 내용과 방향이 결정되는 정책형성, 결정, 집행단계에서는 배제되어 온 것이 사실이다. 특히 비공식적 참여자 중 시민단체의 경우에는 그러한 경향이 더 노골적으로 나타나고 있다. [그림 5-1]의 좌상단에 표시된 전통 산업사회의 정책행위자 관계 패턴은 전통적 정책과정의 행위자 간 힘의 관계를 잘 나타낸다. [그림 5-1]에서 볼 수 있듯이 정부(행정/입법)라는 공식 행위자와 정당, 전문가, 이익집단과 같은 비공식 행위자가 '철의 삼각'을 구성하는 주요 행위자이며 그중에서도 행정부 관료집단과 정당은(그림에서 빗금 친 부분) 핵심적인 정책행위자로 정책과정을 주도하게 된다.

웹 1.0 사회로 접어들면서 전통적인 '철의 삼각'에 균열이 가면서 시민사회의 집합적 권력이 정책결정과정에 더욱 능동적인 형태로 참여하게 된다. 아울러 전통 산업사회의 정책과정에서 행정부에 밀려났던 정치인 중심의 입법부의 정책과정 참여가 더욱 능동적으로 이루어지게 된다. 그러나 여전히 '철의 삼각'을 주도했던 행정부와 이익집단 및 전문가 집단의 정책과정에의 영향력은 강하게 유지되고 있고 개별 시민 또한 여전히 정책과정의 소비자로 수동적 입장에 머물러 있다. [그림 5-1]에서 나타난 바와 같이 정책결정과정의 공식적 행위자로서 소외되어 있던 입법행위자의 역할이 더욱 능동적으로 바뀐 한편으로 시민단체가 해체된 '철의 삼각'을 대체하는 집중형의 정책 네트워크에 포함되며 그중 정부 친화적인 일부 시민단체들은 핵심적인 정책행위자 그룹에 포함되기도 한다.

[그림 5-1] 인터넷 기술진화에 따른 정책행위자의 참여 패턴 변화

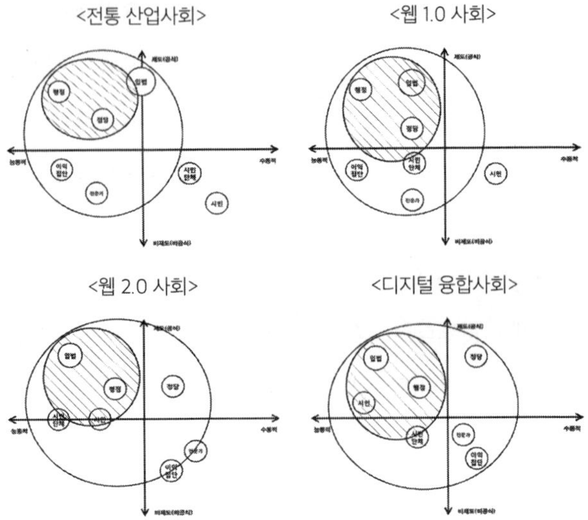

***출처**: 한국정치학회(2019)

웹 2.0 사회에 들어서면 무엇보다 먼저 웹 2.0 기반의 각종 소셜미디어를 통해 시민사회 행위자와 공식적인 정책행위자들 간의 상호작용성이 급격하게 증대되면서 시민단체나 개별 시민들의 정책과정 개입과 참여가 더 제도화되고 능동적인 형태로 바뀐다. 정책과정의 주도권이 시민사회와의 접점이 비교적 넓고 정책의 순응성에 민감한 입법부로 넘어가면서 정당의 역할은 상대적으로 줄어들게 된다. 전문가나 이익집단과 같은 비공식 행위자들의 참여는 현저히 줄어들게 된다. 그러나 개별 시민의 참여보다는 시민단체를 통한 집합적 차원의 참여가 주를 이룬다. [그림 5-1]과 같이 정부 행위자 외에도 일부 시민단체와 개별 시민(예컨대, 파워 블로거 등)들이 핵심 정책행위자로 포함된다.

디지털 융합사회의 정책행위자 관계에서는 디지털 노마드화

된 개별 시민 모두가 정책과정에 실질적인 영향을 미칠 수 있는 핵심 행위자로 등장하면서 훨씬 제도화된 형태로 정책과정에 참여하게 되며 개별 시민의 집합체인 시민단체와의 관계성은 오히려 약화된다. [그림 5-1]과 같이 정책 네트워크가 행위자를 포괄하는 범위는 다른 단계보다 훨씬 확장된 형태로 나타나 사회의 거의 모든 행위자가 정책 과정에 구별 없이 참여하게 된다.

3. 정책결정과정에 대한 모형화의 문제

정책 및 의사결정과정(일반적으로 정책과정이라 할 수 있음)을 이론적으로 설명하는 모델은 매우 다양하다. 특히, 던(Dunn)은 정책과정을 의제설정, 정책형성, 정책채택, 정책집행, 정책평가의 5단계로 구분하고 있는데,[172] 정책학에서 가장 보편적으로 사용되는 정책과정의 이론적 모델은 바로 Dunn의 5단계 모형이라 할 수 있다. 정책결정 혹은 의사결정 과정에 대한 이론적 모형화 작업을 종합해보건대, 대체로 문제의 인식, 대안의 탐색과 정보수집, 대안의 평가, 최적 대안의 선택, 실행과 검토의 5단계가 발견적(heuristic)으로 펼쳐지고 이 모든 과정을 환류(feedback)가 다시 연결하는 일반적인 의사결정의 패턴이 존재함을 알 수 있다.

웹 1.0이 주로 HTML 환경에 의존하고 있다는 점에서 조화순·송경재(2004)가 지적하고 있는 정책결정과정의 각 단계에서 인터넷 네트워크와 정책결정주체들 간의 원활한 피드백이 상시적으로 가능한 것으로 보기는 어렵다.[173] 결국 웹 2.0의 기술적 발전, 특히 블로그나 웹서비스에 의한 XML의 보급이 웹의 구조화와 네트워크화를 앞당기고 있다는 점에서 비로소 이런 경향을 강화시킬 수 있는 것이다.

앞서 지적한 바와 같이 정책과정에 대한 구분은 학자들에 따라 다양하게 나타나고 있는데 일반적으로 정책형성(policy formulation), 정책집행(policy implementation), 정책평가(policy evaluation), 환류(feedback)의 4단계로 이루어진다. 예컨대 존스(Jones)와 같은 학자는 정책형성과 정책집행 단계의 중간에 정책정당화(legitimation) 단계를 넣어 정책결정에 있어 민주적 합의를 도출하는 절차를 강조하기도 하고,[174] 또 일부 학자들은 정책형성의 단계에서 정책의제의 설정(policy agenda setting)과 정책결정(policy making)을 별도로 구분된 단계로 나누기도 한다. 그러나 정책학을 다루는 학자들이 대체로 위와 같은 4가지 단계로의 구분에 동의한다.

먼저 정책형성은 정책을 만들어내는 과정으로 일반적으로 1) 정책 문제와 국민 욕구의 파악 단계(정책의제 설정), 2) 목표설정 단계, 3) 정책대안의 수립 및 분석 단계, 4) 최적안의 선택(정책결정) 단계로 나누어진다.[175] 이 4가지 과정은 크게 보아 정책의제의 설정 단계와 정책집행 단계로 대별해 볼 수 있다. 정책의제의 설정에 관한 이론은 대체로 1) 외부주도형(outside initiative model), 2) 동원형(mobilization model), 3) 내부접근형(inside access model)으로 나눈다.[176] 그러나 이러한 구분은 웹 2.0 시대는 물론 디지털 융합 환경에서와같이 쌍방향 커뮤니케이션을 통한 주도적 행위자가 없는, 혹은 내외부의 구분이 더 이상 의미를 갖지 않는 정책의제 설정의 현실을 적절히 설명해 낼 수 없는 한계에 부닥친다. 즉, 웹 2.0의 쌍방향적, 상호작용적 커뮤니케이션에 동시성, 복잡성, 이동성까지 갖추게 된 디지털 융합 환경에서의 커뮤니케이션이 이루어지는 상황에서는 더욱이 이러한 전통적인 의제 설정의 가설적 전제들이 제대로 작동되지 않을 가능성이 크다.

한편, 전통적인 정책결정과정에 관한 이론적 접근에서는 합리성에 기초한 정책결정의 절차는 일반적으로 정책 문제의 인지 → 정책목표의 설정 → 정책대안의 탐색 → 정책대안의 결과 예측 → 예측 결과의 비교 → 최적 대안의 선택이라는 일련의 과정을 거치게 된다. 그러나 미국 버지니아주의 세난도어강(She-nandoah River)의 수자원 문제를 둘러싼 정책과정이 보여준 바와 같이 실시간 웹 캐스팅(Web-Casting)을 활용해서 정책형성의 초기 단계에서부터 중앙/지방정부, 학계-전문가 집단, 시민단체, 일반 시민들이 광범위하게 참여하는 컨퍼런싱(conferencing)이 이루어지는 상황이나 위키(Wiki) 기술을 활용해 정책결정에 집단지성(collective intelligence)이 실시간으로 반영되는 웹 2.0 기술에 기반한 협동작업의 과정을 놓고 보았을 때 과연 정책학에서 주장하는 전통적인 합리적 정책결정의 절차들이 정해진 순서에 따라 자기 완결적으로 이루어질지는 의문으로 남는다.[177] 웹 2.0 기술이 정책결정과정에 이와 같은 영향을 미치는 것이라면 그것에 동시성, 복잡성, 이동성이 가미되어 정책 주체 간 상호작용이 더욱 활발하고 역동적인 형태로 이루어지는 디지털 융합 환경에서 정책결정과정은 이러한 전통적인 정책결정과정에서 보이는 자기완결적인 정책과정 자체의 완전한 해체를 가져올 수도 있을 것이다. 따라서 정책에 대한 전통적인 정책학의 접근 방법이 논하고 있는 합리적 선택으로서의 정책결정에서 논의되는 합리성은 웹 2.0 기술을 기반으로 한 거버먼트 2.0이나 디지털 융합 환경에서의 정책결정 상황에서는 사뭇 다른 합리성으로 해석될 여지가 충분하다.

정책집행에 있어서 전통적 정책학의 패러다임에서는 가장 중요하게 여기는 것이 정책결정자와 집행자의 관계 유형이다. 나카무라와 스몰우드(Nakamura and Smallwood)는 그러한 관계 유형을 고전적 기술자형(classical technocrats), 지시적 위임형(instructed delegates), 협상형(bargainers), 재량적 실험형(discretionary experimenters), 관료적 기업가형(bureaucratic entrepreneur)의 다섯 가지로 구분하고 있다.[178] 그러나 웹 2.0 기술을 기반으로 하는 정부 2.0시대나 디지털 융합 환경에서의 정책집행과정에서는 이러한 정책결정자와 집행자 간의 관계에 많은 변화가 예상되며, 기존의 5가지 유형과는 구별되는 새로운 잡종형(hybrid)의 정책결정자-집행자 관계 유형이 생겨난다. 아울러 메이(May 1992)가 강조한 바 있는 정책학습(policy learning)의 중요성이 정책집행의 성패를 좌우하는 중요한 개념으로 대두될 가능성이 높다. 따라서 정책평가에도 기존의 평가주체들[179] 외에 정책형성 및 집행단계에 개입해온 시민단체 혹은 개별 시민들이 집단지성의 형태로 평가에 개입함으로써 평가의 성격이 본질적으로 변화될 가능성도 충분하다.[180]

이상에서 살펴본 바와 같이 정책학에서 논의되어 온 전통적인 합리적 정책결정과정은 전체적으로 볼 때, 매우 발견적인(heuristic) 측면이 있다. 그러나 웹 2.0의 기술적 진화와 분산된 네트워크 구조가 일상화된 디지털 융합 환경에서는 이러한 발견적인 특성을 보인 정책 결정 과정이 그대로 구현되기는 어려워 보인다. 이미 사회적 의제에서 공중의제로 옮아간 비중 있는 정책의제라 할지라도 정책결정과 집행과정에서 실시간으로 작용하는 집단지성이나 협업체계에 의해 그 중요도나 우선순위가 바뀔 수도 있다. 이러한 변화를 기존의 발견적인(heuristic) 합리적 정책결정의 과정과 절차로는 설명하기 어렵다. 그만큼 디지털 융합 환경에서는 정책과정 그 자체가 복잡하고 가변적으로 변하기 때문이다.

4. 융합 환경에서 정책결정모형 도출

1) 전통적 정책결정모형의 한계와 문제점

정책학의 출발점인 동시에 가장 중요하게 다루는 분야가 바로 정책결정의 이론모형인데, 다학제간 접근으로 만들어진 학문적 특성으로 인해 정책결정의 이론모형에 대한 접근방식 또한 행정학적 접근 방법과 정치학적 접근 방법이 사뭇 다르다. 행정학적 접근방법은 주로 정책과정의 결과로 드러난 산출물(output)로서의 정책(policy)이 어떤 요인에 의해 형성되었는지를 추적하는데, 즉 산출물을 중심으로 정책결정의 특성을 이해하려는 경향이 있다. 이러한 산출중심의 정책결정모형은 산출물을 중심으로 정책결정 요인을 파악함으로써 정책내용이나 정책결정 방법을 개선하고자 하는 실천적 목적을 갖고 있으며 정책결정모형들에는 합리모형, 만족모형, 점증모형, 혼합탐사모형, 최적모형 등이 있다. 반면 정치학적 접근방법은 주로 정책이 결정되는 과정에 분석을 집중시키는 방법으로 정책의 산출(output) 요소보다는 투입(input) 요소에 관심을 둔다. 이러한 투입(혹은 과정) 중심의 정책결정모형에는 엘리트모형, 제도모형, 체제모형, 집단모형 등이 있다.[181]

전통적인 정책결정과정에 관한 이론들은 기본적으로 체계이론의 세례를 받을 것들로 체계이론이 지닌 이론적 한계를 극복하기 어렵다. 앞서 지적한 바와 같이 정책과정에 대한 전통적인 설명 방식은 전체적으로 볼 때, 지나치게 발견적인(heuristic) 측면이 있다. 정책행위자 관계에 대한 설명 또한 지나치게 공식적인 측면에만 초점을 맞춘 까닭에 비공식적 제도나 규범적인 요소를 제대로 고려하지 못한 면도 있다. 또한 웹 2.0의 기술적 진화와 분산된 네트워크 구조가 일상화된 디지털 융합 환경에서는 이러한 발견적인 특성을 보이는 정책결정과정에 대한 시각에 치중하여 정책과정에 접근하게 되면 정책과정 자체의 동태적 변화를 제대로 읽어내기 어렵다. 디지털 노마드로 존재하는 정책행위자들 간에 실시간으로 작용하는 집단지성이나 협업체계는 전통적인 정책과정의 패러다임으로는 설명되기 어려운 보다 복잡하면서도 조건 맥락적인 부분이 있는 것이다. 이러한 변화는 기존의 발견적인(heuristic) 합리적 정책결정의 과정과 절차로는 설명하기 어려우며, 따라서 새로운 디지털 융합사회의 정책과정을 설명하는 새로운 대안적 해석이 필요하다.

2) 네트워크 기반의 정책결정모형의 유효성

위에서 살펴본 이런 전통적인 정책결정모형의 유형 구분에는 기본적으로 폴베런(Paul Baran, 1964)[182]이 지적하고 있는 바와 같이 집중화된(centralized) 네트워크 vs. 탈집중화된(decentralized) 네트워크라는 전통적인 커뮤니케이션 네트워크의 이분법적 구조가 전제되어 있다고 볼 수 있다.[183] 웹 1.0 시대의 기술적 진화가 집중화된 네트워크 구조를 탈집중화된 네트워크 구조로 가져가는 일련의 과정이었다면, 웹 2.0 시대의 기술적 진화는 집중 vs. 탈집중이라는 기존의 이분법적 구조를 벗어나 전혀 새로운 분산화 된 네트워크(distributed network) 조직에서의 정책결정을 전제로 한다.[184]

본 저서에서 다루고 있는 디지털 컨버전스의 기술진화에 의해 나타난 융합 서비스들은 전통적인 웹 1.0 기반 기술이 적용된 일방적, 서버 중심의 웹서비스에서 행위자 간 네트워크 구성 형식과는 판이하게 다를 뿐만 아니라 웹 2.0 기술이 적용된 기존 소셜미디어 서비스를 통해 형성되는 네트워크 구조와도 사뭇 다른 네트워크 형성 방식을 갖고 있다. 예컨대 트위터의 커뮤니케이션 네트워크는 팔로잉-팔로워 시스템 (following-followers system) 형식을 갖고 있어 누구라도 팔로워가 되거나 팔로잉을 하면서 트위터 사용자의 동의 없이 일방적으로 관계를 형성할 수 있지만, 싸이월드나 페이스북과 같은 기존 소셜미디어 서비스에서는 '일촌' 혹은 '친구'를 통해 네트워크가 폐쇄적으로 형성된다는 점에서 차이가 있다.[185] 트위터 서비스에 의해 형성되는 커뮤니케이션 네트워크 구조의 이러한 개방성은 트위터 서비스만이 지니는 트윗(tweet)의 동시 다발성에 기인한 측면도 없지 않다. 트위터는 기존 소셜미디어 서비스들과는 달리 다른 종류의 미디어와 연결된 상황에서도 다른 팔로워들과 끊임없이 상호작용을 할 수 있다는 점에서 매우 특색 있는 커뮤니케이션 네트워크 형태를 나타내고 있다. 크리쉬나무르티와 길스(Krishnamurthy and Gills)가 강조하고 있는 바와 같이 트위터 서비스에서는 웹상에서 업데이트한 트윗을 휴대폰으로 받아볼 수 있을 뿐 아니라 이메일이나 RSS feed(Twiter API), 인스턴트 메신저 등을 통해서도 교환해 볼 수 있다.[186] [그림 5-2]는 트위터가 지닌 이러한 커뮤니케이션의 동시 다발성을 잘 나타내고 있다.

[그림 5-2] 트위터의 정보교환 경로

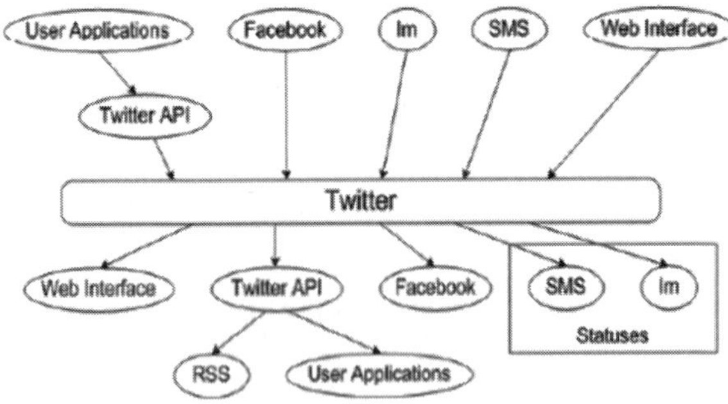

***출처**: Krishnamurthy, Gill, and Arlitt(2008)

따라서 이러한 트위터 서비스의 네트워크 구조가 갖는 개방성은 네트워크에 참여하는 노드들의 분산성과 개별성 그리고 복잡성을 강화함으로써 최근 네트워크 사회학에서 관심을 두고 있는 복잡계 네트워크(Complex System Network)의 형태로 나타나게 될 개연성이 높다. 즉, 디지털 융합사회의 복잡계적 특성의 네트워크 중심 커뮤니케이션 패턴이 정책결정과정에서 정책 행위자 간 커뮤니케이션에서도 그대로 적용된다.

3) 복잡계 네트워크와 융합 환경에서 정책과정 모형

디지털 융합 환경하에서는 정책과정에서 배타적인 권위와 권한을 부여받았던 '철의 삼각'과 같은 정책 위계구조 혹은 정책 네트워크는 거의 해체되어 정책 관련 정보의 생산자와 소비자 간의 경계는 이미 허물어진 지 오래다. 여전히 국가 권력을 정점으로 한 정책 권력은 현실에 존재하지만, 그들 스스로도 일방적인 정책결정이 정책의 수용자인 시민들에게 반응을 얻지 못할 것임을 너무도 잘 알고 있기 때문에 정책결정과정의 초기 단계, 즉 의제설정 및 대안 탐색의 단계에서부터 적극적인 시민참여를 유도하고 있다. 스마트 폰의 사용이 일반화되고 그런 모바일 통신기기를 통해 소셜 네트워크 서비스가 제공될 경우, 정책결정에 관여할 수 있는 행위자 네트워크의 복잡성과 정책결정 행위 자체의 동시성이 극대화되면서 디지털 융합 환경하에서 정책결정과정을 제대로 이해하기 위해서 새로운 패러다임에서의 접근을 요구하게 되는 것이다.

21세기 신개념 과학인 복잡계 네트워크 이론의 창시자이자 세계적 권위자인 바라바시는 이런 점에서 디지털 융합 환경에서의 정책행위자들이 형성해내는 네트워크가 그가 말한 '스케일프리 네트워크(scale-free network)'일 수 있다. 따라서 무질서와 불규칙성의 창조적인 역할을 강조하는 자연과학의 새로운 패러다임으로서의 복잡계 네트워크 이론을 디지털 융합 환경에서의 정책결정과정을 이해하는 이론적 도구로 활용하는 것은 타당한 실험일 수 있다.[187] 즉, 디지털 융합 환경이 만들어내는 관계구조의 복잡성(complexity)은 복잡계 네트워크 이론을 디지털 융

합 환경하에서 정책결정과정에 적용할 수 있는 근거를 제공한다.[188]

인터넷 생태계는 서비스가 도입, 진화, 조정, 발전 또는 소멸되는 일련의 순환 주기가 다른 산업 생태계보다 상대적으로 짧을 뿐 아니라 시스템 구성요소 간의 상호작용이 비선형적이고 역동적이며, 시스템 내외부의 섭동과 요동 요인에 의한 변화 폭과 수준이 크다는 점에서 전형적인 복잡계 시스템이라 볼 수 있다.[189] 윤영수·채승병(2006)은 복잡계의 속성을 다수 구성요소 간의 지속적 상호작용, 그러한 상호작용의 역동성과 비선형적 성격, 상호작용하는 구성요소 간의 되먹임 고리(feedback loop)[190] 그리고 개방적 구조의 다섯 가지로 들고 있다.[191] 인터넷을 활용한 다양한 종류의 커뮤니케이션 서비스는 웹 1.0에서 웹 2.0을 거쳐 웹 3.0 수준의 기술로 빠르게 진화해 가면서 인터넷을 활용한 기존 서비스들과는 차별화된 서비스들을 지속해서 양산함으로써 인터넷 서비스의 혁신을 가져오고 있다. 전통 산업사회에서 웹 1.0 사회로 진입하고 다시 웹 2.0 사회로 이어지는 기술진화의 과정은 의사소통의 기술을 매개로 한 커뮤니케이션의 네트워크 구조가 단순계에서 복잡계로 패러다임적 변화를 겪게 되는 일련의 과정이라 할 수 있다. 디지털 융합사회로의 또 다른 기술진화는 그러한 복잡계로의 패러다임 전환을 마무리하는 과정이란 점에서 단절적 변화로 볼 수 있는 것이다.

아래의 [그림 5-3]은 전통적인 위계화된 수직적 구조의 커뮤니케이션 패턴을 토대로 이루어지던 발견적 특성의 전통 산업사회형 정책과정모형에서부터 인터넷 기술의 진화에 따라 점점 복잡계 네트워크의 특성이 있는 커뮤니케이션 패턴을 토대로 이루

[그림 5-3] 인터넷 기술진화에 따른 정책과정의 변화

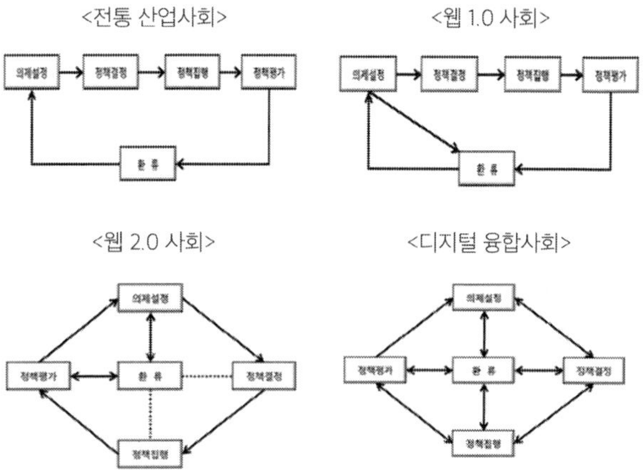

***출처**: 이원태 외(2012), p.77.

어지는 디지털 융합사회형 정책과정모형에 이르는 다양한 시대 특성별 정책과정의 변화를 모형화하였다. 전통 산업사회는 '철의 삼각'으로 불리는 폐쇄된 구조하에서 '의제설정 →정책결정→정책집행→정책평가·환류'로 이어지는 단선적인 형태의 발견적 특성을 지닌 정책과정모형이 주를 이룬다.

웹 1.0 사회의 정책과정모형 역시 발견적 특성을 보인다는 점에서 전통 산업사회와 크게 다르지 않다. 그러나 인터넷 기술의 발달로 인한 전자민주주의의 확대로 사회적 의제가 공중 의제화하는 과정에서 시민사회의 활발한 참여가 이루어지면서 의제에 대한 즉각적인 환류가 일어나게 된다는 점에서 뚜렷한 차이를 나타낸다. 한편, 웹 2.0 사회에서는 획기적인 인터넷 기술의 발전에 따라 정책과정의 공식적 행위자와 시민사회 간에 활발한 상호작용이 일어나게 되면서 정책과정의 개방성이 증대된다. 따라서 의제설정은 물론 정책평가 과정에서 시민사회 행위자들을 대상으로 한 환류 시스템이 활발하게 작동하게 된다. 그러나 정책결정과 정책집행의 핵심적 과정은 여전히 덜 개방된 채 공식적 행위자에 의해 주도되며 시민사회 행위자와의 상호작용에 의한 환류도 일어나지 않는다. 따라서 환류 결과의 반영에 따른 정책과정의 후행(backward) 또한 일어나지 않으며, 정책과정의 발견적 특성은 여전히 유지된다.

디지털 융합사회의 정책과정은 보다 근본적인 변화에 직면하게 되는데 각 정책결정 단계별로 시민사회와의 적극적 상호작용으로 인한 환류가 이루어지게 된다. 이는 모바일화 된 서비스 제공으로 동시성, 상호작용성, 이동성이 크게 강화되면서 개별 시민들의 실시간 정책과정 참여가 더욱 보편화된 형태로 나타나고 있기 때문이다. 디지털 융합사회의 정책과정에 나타난 또 다른 근본적 변화는 환류 결과의 반영에 따른 정책과정의 후행(backward)이 가능해졌다는 점이다. [그림 5-3]을 통해 확인할 수 있듯이 정책단계별로 환류가 가능해지면서 필요한 경우 정책집행이나 정책결정 단계에서 시민들의 순응을 제대로 끌어내지 못하는 정책일 경우 정책의 결정이나 집행 자체를 보류한 채 다시 의제설정 단계로 환원함으로써 정책과정이 새로 시작되게 한다는 것이다.

5. 디지털 기술의 진화와 정책과정에의 영향

1) 스마트미디어 환경에서 시민 정책참여

(1) 웹 기술의 발전과 참여 민주주의의 확대

웹 1.0에서 웹 2.0을 거쳐 웹 3.0으로 인터넷 기술이 진화해 가면서 그 영향으로 인해 많은 정치적, 사회적 변화가 나타나고 있다. 아래의 [표 5-1]에 나타난 바와 같이 웹 1.0 시대를 좌우했던 기술적인 변수는 인터넷이었다. 그러나 웹 1.0시대의 정치적 커뮤니케이션은 여전히 전통적 산업사회와 마찬가지로 일방적이었고 정치사회의 구성변수 또한 민주주의를 얼마나 잘 구현할 수 있는 제도적 메커니즘을 가질 것인가 하는 정치구조의 선택에 대한 문제에 국한되어 있을 뿐이었다. 또한 기존의 전통적인 정책형성 과정에 관한 이론적 논의에서 보았듯이 정부는 여전히 정책의제 설정, 대안 선택, 정책결정의 전 과정에 있어 위계의 최정점에서 최종선택자로서의 역할을 수행했다. 즉 정부는 수집된 다양한 의제와 정책대안 중 자신의 정책목표에 적합한 것을 선택하기만 하면 되었다.

[표 5-1] 기술변화와 시민참여 연구동향

	웹 1.0 시대	웹 2.0 시대	디지털 컨버전스 시대
기술변수	인터넷	소셜미디어	미디어 컨버전스
정치사회 구성 변수	정치구조: 민주주의	시민: 시민능력	제도: 정책거버넌스
주요 연구	사이버 공론장 전자정부	디지털 시민성 컨버전스 세대	유동적이고 상황적인 네트워크 융합 거버넌스

XTML 기술에 바탕을 둔 '플랫폼으로서의 웹'이 구현되면서 웹 1.0 기술은 웹 2.0 기술로 대체되기에 이른다. 웹 2.0 기술은 쌍방향 커뮤니케이션을 기본적인 패턴으로 채택하고 있는 까닭에 웹 기술에서도 그러한 커뮤니케이션을 가능하게 하는 다양한 기술적 요소들을 구비하고 있다. 해시태그, 위키, 클라우드, 태깅, 팟 캐스팅, UGC, 블로그 등의 다양한 기술들은 정보의 소비자인 동시에 생산자가 된 개별 시민의 정보 능력을 극대화하기에 충분했다. [표 5-1]이 보여주는 바와 같이 이제 개별 시민이 다양한 웹 2.0 기술을 어떻게 활용하는가에 따라 정치 공론장에서 그들의 영향력이 좌우되는 상황이 전개되기에 이르렀다. 시민 개개인의 정보 처리능력이 정치사회의 중요한 구성변수로 등장하게 된 것이다. 즉, 웹 2.0 기술 시대는 다양한 소셜미디어의 기술변수에 의해 정치적 커뮤니케이션의 질이 결정되는 구조적 특성을 갖게 되었다.

무엇보다 SNS는 선거에 나선 정치인들이 자신에 대해 지지를 호소하거나 국민들과 소통하는 수단으로 급부상하기 시작했고, 행정부의 입장에서도 정부 정책을 홍보하거나 민원을 접수하는 유용한 수단으로 활용하기에 용이했다. SNS를 선거에 직접 활용하여 성공을 거둔 대표적 사례로 2008년 미국 대선에서 승리한 오바마 대통령을 들 수 있다. 오바마 대통령은 2008년 대선 기간 공약 홍보 및 유권자의 의견 수렴을 위해 SNS를 적극적으로 활용하여 SNS를 빼고 오바마의 대통령 당선을 설명하기 어렵다는 학계 주장이 나올 정도였다. 국내 정치권에서도 지난 2010년 6.2 지방선거와 2012년 19대 총선을 거치면서 다양한 모바일 앱과 트위터가 선거운동의 중요한 수단으로 등장하는 등 스마트미디어를 활용한 SNS 선거의 열풍이 불고 있다. 이제 스마트미디어를 통해 구현되는 각종 모바일 앱과 SNS는 정치인과 일반인의 일상적 소통과 정치참여를 독려하는 주요 수단으로 활용되고 있다. 영국과 캐나다에서는 긴급 민원, 화재 및 도로 파손 등의 민원 사례들을 SNS를 통해 접수하는 등 전자정부의 보조적 수단으로 SNS를 적극적으로 활용하고 있다. 국내의 정부 부처도 SNS를 활용하여 정책홍보와 의견 수렴을 실시간으로 수행하는 등 국민과 소통하는 채널로 활용하고 있다.

한편 경제 분야에서도 SNS가 적극적으로 활용되고 있는데 각종 소셜미디어와 위치기반서비스를 결합하여 고객관리 수단으로 활용하는 사례가 늘어나고 있다. 또한 모바일 앱을 기반으로 자신의 장소, 정보를 타인과 공유·소통할 수 있는 위치기반 SNS가 인기를 끌고 있으며, 트위터로 연중무휴 온라인 상담 서비스를 운영하여 차별화된 고객서비스를 제공하는 기업이 생겨나고 있다. SNS는 사회적인 측면에서도 그 활용도가 높은데, 각종 재난 및 위급상황에서 통신 매체로 활용되는 경우가 늘어나고 있다. 예컨대 아이티 지진이나 일본 지진 등 위급한 상황에서 SNS가 주요 통신 매체로 활용된 사례가 있어 정부 관련 부처가 재난대책에 SNS를 적극적으로 활용하는 방안이 마련되었다. 끝으로 SNS는 문화적인 측면에서 매스미디어 대체 수단으로 활용되기도 한다. SNS의 대중적 영향력을 반영한 소통방식을 언론에 적용하여 뉴스를 생산하는 온라인 시민 저널리즘이 탄생하였고 기업, 공공기관 등에서 SNS를 통한 뉴스 전파를 위해 1인 미디어 블로그 기자단을 활발히 활용하는 사례도 늘고 있다.

웹 2.0이 가장 활발하게 적용된 공공영역은 주로 정치과정에서이다. 특히 최근 세계 각국의 주요 선거들에서 드러난 바와 같이 선거 정치의 측면에서 웹 2.0은 정치 콘텐츠의 분배와 공유 및 수평적 네트워크상에서 상호작용적 의사소통을 촉진함으로써 시민들에게 막강한 권한을 부여하고 있다. 2008년 미국 대선에서 오바마의 승리나 최근 영국 총선 과정 그리고 2010년 6.2 지방선거나 2012년 치러진 19대 총선에서 SNS를 포함한 다양한 웹 2.0 기술이 동원되면서 말 그대로 소셜미디어에 의존한 선거 캠페인이 대세로 자리 잡을 정도이다.

웹 2.0의 정치·사회적 의미를 제대로 파악하기 위해서는 채드윅(Chadwick)[192]이 시도한 바 있는 웹 2.0의 정치·사회적 의미를 되새겨 볼 필요가 있다. 그는 웹 2.0이 지닌 정치·사회적 가치를 무엇보다 먼저 정치적 담론이 자유롭게 유통될 수 있는 웹 2.0의 플랫폼 구조에서부터 찾고 있다. 플랫폼으로서의 웹 2.0은 미국을 포함한 최근의 주요 선거들에서 드러난 바와 같이 사이버공간에 산재해 있는 다양한 블로그들을 서로 연결해주면서 그들 간에 정보의 생산과 소비가 자유롭게 이루어질 수 있도록 도와준다. 다음으로 채드윅이 강조한 웹 2.0의 가치는 오픈 소스나 UGC, Wiki 기술과 같이 다수의 창의적 집단지성에 의존하여 정보가 가공되거나 재창조된다는 것이다. 이외에도 채드윅은 데이터의 중요성이나 다양한 애플리케이션의 적용을 통한 정치 콘텐츠의 확산 등을 웹 2.0의 주요한 가치로 간주하고 있다.

채드윅이 강조한 이와 같은 웹 2.0의 가치는 대의민주주의 사회에서 시민의 정치참여를 활성화시킨다. 웹 1.0 기술 시대에 일방적인 정치 커뮤니케이션에 의해 닫혀 있던 정부의 통치 스타일이 쌍방향의 상호작용성을 강조하는 웹 2.0 기술 시대에 부합하는 통치 스타일로 변모해 감에 따라 폐쇄되어 있던 정책과정이 개방되면서 정책과정에서 시민참여가 그 어느 때보다 활성화되기에 이른다. 이러한 정책과정의 개방은 비록 부분적인 개방이긴 하나 [그림 5-4]에 나타난 바와 같이 기존 웹 1.0 시대에서 전자정부적 측면에서만 나타나던 정부와 시민 간의 상호작용이 행정 시스템과 연결된 정치 시스템을 통해 시민의 전자 참여(e-participation)로 이어지게 되었다는 점에서 크게 달라진 점이라 할 수 있을 것이다.

[그림 5-4] 사회와 거버넌스 시스템 간의 두 가지 주요 인터페이스

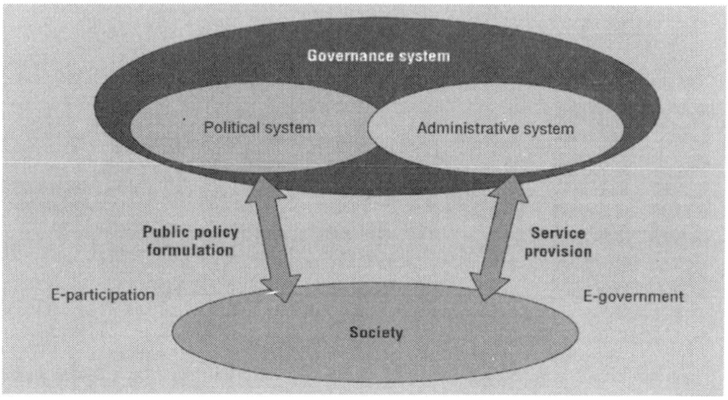

***출처**: 페리스테라스(Peristeras, et al. 2009), p.16.

이처럼 시민의 활발한 전자 참여가 가능하게 된 데는 아래의 [그림 5-5]에서 보는 바와 같은 IT 발달에 따른 스마트 혁명이 몰고 온 매스미디어 소통방식에서 소셜미디어 소통방식으로의 변화가 큰 자극제가 되었다. IT의 발달과 스마트 혁명의 본격화로 더욱 활성화된 SNS는 정부와 국민, 기업과 소비자, 개인과 개인의 소통방식에 혁신적 변화를 가져왔다. 전통적 산업사회와 웹 1.0 기술 시대를 특징짓는 매스미디어 소통방식은 방송사나 신문사 등과 같은 주류 언론매체가 정보 생성의 주체가 되어 대중에게 일방적 정보를 제공한다. 그러나 소셜미디어 소통방식은 개인이나 1인 기업과 같은 소규모의 독립적인 정보 생성 주체가 정보를 생성하는 동시에 소비하는 프로슈머의 역할을 수행하고 있어 적극적인 소통이 가능해지는 것이다. 따라서 이와 같은 웹 2.0 시대에 SNS는 거의 모든 이슈 생성의 원천지로 다양한 사회 문제 및 현안을 해결하는 열린 소통의 플랫폼으로서 역할을 하게 되는 것이다.

[그림 5-5] IT의 발달과 소통방식의 변화

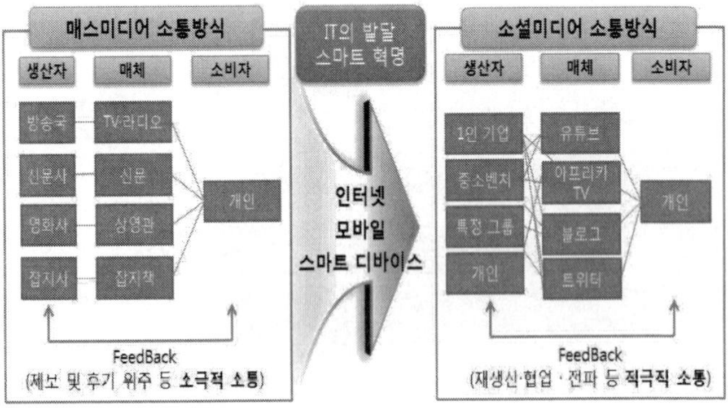

***출처**: 김주원 외(2011)

그러나 웹 2.0 기술 시대에도 정부의 공공영역에서 개방성은 경제나 정치, 사회 등의 타 분야보다 개방의 정도가 낮고 상대적으로 속도도 늦다. 그래서 공공영역의 핵심이라 할 수 있는 정책과정에 참여·공유·개방의 웹 2.0 정신이 제대로 구현되지 못한 측면이 있다. 따라서 웹 2.0 시대의 정책과정은 웹 1.0 시대의 정책과정과 마찬가지로 여전히 큰 틀에서는 '정책의제설정→정책결정→정책집행→정책평가 및 환류'로 이어지는 자기 발견적

(heuristic)인 속성을 그대로 유지하고 있다고 볼 수 있다. 웹 1.0 시대와 웹 2.0 시대를 관통하는 정부의 공공영역에서 정보 유통의 특성은 두 기술 시대 간의 크고 작은 차이에도 불구하고 [그림 5-6]과 같이 정부 부처가 운영하는 웹사이트를 중심으로 정부 부처와 정책고객인 시민이 제한된 상호작용만 수행하는 형태를 그대로 유지하고 있다. 이와 같은 웹 2.0 시대 정책과정의 한계는 스마트미디어의 등장을 배경으로 한 디지털 융합 환경이 도래하면서 비로소 극복되기 시작한다.

[그림 5-6] 전통적인 전자정부(E-Government)에서의 정부-시민 간 정보 흐름

***출처**: 루오(Luo 2011).

이러한 인터넷 기술의 발달은 사회의 총체적 변화를 불러오고 있다. 정보의 생비자로 변신한 일반 시민들은 국가-시민사회-시장의 전통적 삼각관계 속에서 과거 국가의 압도적인 정치적 권위와 시장의 경제 권력에 한껏 위축되어 있던 수동적 시민에서 국가 및 시장 권력에 대해 자신들의 요구를 직접적으로 전달할 수 있는 적극적이고 능동적인 시민으로 변화해가고 있다.[193]

이러한 디지털 융합 사회의 강화된 시민(empowered citizens)에 대해 이제 거꾸로 그들을 최대의 고객으로 삼는 국가-시장-시민사회[194]가 계몽되고 막강해진 시민들에게 적응해야 하는 시대로 나아가고 있다. 정부로 대표되는 국가 권력은 디지털 민주주의의 확대에 부응하여 정책의 생비자인 시민들을 정책과정의 수동적 객체가 아니라 능동적인 주체로 포용해야 하는 과제를 안게 되었다. 또한 기업으로 대표되는 시장은 시장대로 소비자 권리의 공공성을 주장하는 계몽된 생비자들의 까다로운 니즈(needs)를 만족시켜 나가야 하는 과제를 안게 되었다. 시민사회의 다양한 결사체들 역시 전통적인 시민사회 결사체들의 지도 없이도 시민들 간의 개방적 네트워킹을 형성할 줄 아는 보다 영리해진 군중을 상대로 조직화를 전개해 나가기 위해서는 더욱 다양하고 개방적인 조직과 활동을 전개해 나가야 하는 실정에 이르렀다.

국가-시장-시민사회의 디지털 융합 사회에 대한 적응의 문제와는 별도로 국가와 시민사회를 매개해주는 정치사회 영역의 다양한 제도들도 변화된 사회 환경에 적응할 것을 요구받게 된다. 정치사회 영역의 대표적인 제도라 할 수 있는 의회, 선거, 정당은 각각 디지털 유목민화 되어 있는 정치적 소비자들의 행태 변화에 맞추어 각각의 제도적 변화를 모색해 나가고 있다. 의회는 의회대로 입법 과정에 시민이 더욱 능동적으로 참여할 수 있는 길을 열어가고 있다.

이와 같은 변화의 기저에는 웹 기술의 발전이 가져온 커뮤니케이션 행위자로서의 인간의 존재 양식은 물론 커뮤니케이션 패턴의 변화가 깔려 있다. 인터넷 기술의 발달이 정치 커뮤니케이션 패턴의 변화를 통해 시민의 정치참여에 어떤 영향을 미치게 되는가에 대해 많은 학자가 다양한 의견을 제시하였다. 그들은 대체로 인터넷 기술의 발전이 시민사회의 여러 제도를 강화하고 공공영역에서 정보 소통과 정치참여의 기회를 확대함으로써 기존의 권력 구조를 변화시키는 새로운 장치로서의 가능성을 보여준다는 데 동의한다. 라인골드(Rheingold 1993)와 브라우닝(Browning

1996)에게 전자 투표, 게시판, 이메일, 채팅 그룹은 아이디어와 이슈의 교환이 이루어지는 새로운 공공영역을 대표하는 것으로 이처럼 인터넷이 만들어 낸 공공영역은 직접민주주의의 실현과 공동체 네트워크 형성의 계기를 마련해 주는 것으로 이해되었다. 본첵(Bonchek)은 인터넷이 정치참여에 따른 비용과 장벽을 해소해 줌으로써 정치에 대한 공중의 신뢰를 회복하는 데 도움을 준다고 주장하였고,[195] 바버(Barber)는 공동체 조직들의 권력을 하향 배분할 수 있게 하는 인터넷 기술진화의 결과에 주목할 것을 역설했다.[196] 바버는 또 다른 연구에서 인터넷 기술이 진화를 거듭하면서 인터넷 이용자들 간에 자유로운 의사 및 정보 소통을 가능하게 하는 사회적 공론장(public sphere)으로서의 역할을 수행함으로써 참여의 확대와 숙의(deliberation)를 가능하게 한다고 주장한다.[197] 라인골드(Howard Rheingold)는 '영리한 군중(smart mobs)'의 개념을 소개하면서 인터넷 기술의 진화에 따른 디지털 시대의 컴퓨터와 인터넷으로 무장한 시위 참여 대중들이 펼치는 새로운 정치참여의 양상을 설명하기도 했다.[198]

한편, 인터넷 기술의 진화가 정치참여에 직접적이고도 긍정적인 영향을 미친다는 국내의 연구 결과도 제시되었다. 정연정(2004)은 디지털 정치참여(digital political participation)의 측면에서 인터넷 기술의 발전이 정치참여에 긍정적인 영향을 미치고 있음을 입증하려 했다.[199] 인터넷을 통한 정치정보 이용이 선거를 통한 정치참여에 직접적인 영향을 미친다는 연구 결과들도 제시되었다.[200]

인터넷과 이동통신으로 무장한 참여 군중은 이제 어디서나 쉽게 찾아볼 수 있다. 인터넷 및 통신 기술의 고도화와 방송과의 기술융합이 이루어지면서 참여 군중은 각종 디지털 장비로 무장한 채 시·공간의 제약에서 벗어나 언제 어디서든 다수의 대중과 실시간으로 연결될 수 있는 네트워크화된 디지털 유목민으로 진화한다. 특히 웹 2.0 기술이 발달하고 디지털 융합 환경이 조성되면서 스마트 폰의 보급 및 확산에 힘입어 웹 2.0 서비스의 실시간성과 이동성이 증대됨에 따라 SNS를 포함한 소셜미디어 사용이 확대되기에 이른다.

(2) 국내의 선행연구

대부분의 기존 연구들은 주로 정부기관 홈페이지나 콘텐츠가 기술적 채널을 얼마나 제공하는지에 주목하거나 전자정부 활성화를 위한 방안과 평가에 주로 집중되어 있었다.[201] 따라서 정책결정과정에 미치는 영향력에 관한 분석적 연구는 제대로 이루어지지 못했다. 이외에도 정부 조직, 기관, 시민 간의 활발한 의사소통과 네트워크 형성을 통한 주민의 적극적인 참여는 물론 정책결정과정의 합리성을 추구하기 위해 통합적인 컨버전스를 적용 및 발전시켜 나갈 필요가 있다고 주장하는 다수의 연구 성과가 제시되고 있다.[202]

그러나 이러한 연구 성과들은 전체적인 정책과정에 있어서 시민참여의 필요성을 강조할 뿐 정책과정의 각 단계에서 구체적으로 시민참여가 어떻게 나타나며 그러한 참여의 결과, 정책과정의 각 단계별 특성이 어떻게 변모하는지는 주목하지 않았다. 즉, 기존의 연구성과들은 전통적인 정책과정을 설명하는 자기 발견적(heuristic)인 모형들이 주를 이루고 있으며, 이러한 모형들이 디지털 컨버전스의 기술진화 상황에서 겪게 되는 변화에 대한 논의가 추상적 수준에서 언급되고 있을 뿐이다.

이와 같은 기존연구의 한계를 반성하듯 최근 디지털 컨버전스 환경으로의 변화 속에 인터넷 기술을 활용한 시민의 정책참여를 더욱 본격적으로 연구하는 경향이 새롭게 대두되고 있다. 기존 인터넷 정책참여 연구의 초점이 참여 주체로서의 '시민'에 두어졌다면, 최근에는 스마트 폰, 소셜미디어 등 디지털 컨버전스 환경에서 정책과정에 대한 시민참여 연구는 '정책 거버넌스'에 초점을 두고 있다. 이원태·차재권·홍순식(2008)은 시민들의 웹 2.0 이용이 공공영역에서 의사결정 방식 변화에 미친 영향을 분석한 연구로, 웹 2.0을 활용한 의사결정 참여 수준이 여전히 낮은 수준이며 의제설정 단계에 치중한 참여 특성을 보여준다고 주장했다.[203] 윤성이·김용철(2009)은 디지털 컨버전스 시대에 적합한 정부-시민 관계, 즉 정책 거버넌스 모델을 제시하는 연구로 정치구조, 시민, 제도가 정보통신기술과 융합하여 다양한 층위에서 서로 다른 양상을 띨 수 있다고 주장했다.[204] 즉 그들은 효율성과 민주성이 적절히 조화를 이루는 정책결정으로서 유동적(fluid)이고 상황적(contingent)인 네트워크 거버넌스 모델에서 그 해답을 찾고자 시도했다. 윤성이·송경재(2014)의 연구에서는 시민의 정책참여가 단층적이고 획일화된 것이 아니라, 적용 층위와 이슈의 성격에 따라 달리 구성되는 복합적 방식임을 강조하면서 디지털 시대의 융합 거버넌스를 주장하고 있다.[205] 그러나 이들의 연구는 융합 거버넌스의 구체적 내용과 작동 메커니즘에 대한 설명이 미흡하다는 점에서 연구의 한계를 가지고 있다.

차재권·장우영(2010)의 연구는 디지털 컨버전스의 기술진화에 따른 정책결정과정의 긍정적인 변화 양상을 분석하고 있다.[206] 그들은 먼저 웹 2.0 기술이 보편화되면서 형성되기 시작하는 디지털 융합 환경하에서 개별 인간의 존재 양식을 디지털 노마드의 개념을 통해 설명하고 있다. 이동성이 증대된 다양한 디지털 기기로 무장한 젊은 디지털 노마드 세대는 개별 행위자들 간의 복잡한 네트워크를 형성하며 동시다발적인 커뮤니케이션에 친숙해진다. 이들 간의 커뮤니케이션은 때로는 커뮤니케이션에 필요한 경로(path)를 줄여 효과적인 커뮤니케이션이 이루어질 수 있도록 여러 노드(nodes)가 모이는 허브가 형성되기도 하지만 대부분 쌍방향의 '일대다'의 소통을 원칙으로 한다. 이와 같은 커뮤니케이션에 익숙한 디지털 노마드는 정치적, 사회적 문제에 대해서도 관여적 태도를 견지하게 되며 그들이 상대하는 정부의 정책 행위자들에 대해서도 동일한 쌍방향적 소통을 요구하게 된다.

이외에도 최근 인터넷 기술을 활용한 시민 정책참여의 문제를 본격적으로 다룬 연구 성과로 박준수·서진완(2008; 2010)[207]은 인터넷 기술을 기반으로 한 사이버 공동체가 어떻게 정책과정에 참여하게 되며, 또 어떤 역할을 하게 되는지를 상세히 추적하고 있다는 점에서는 일정한 성과를 거두었다고 할 수 있다. 그러나 이상의 연구들은 사이버 공동체라는 집합적 의미의 행위자를 분석단위로 디지털 융합 환경에서 더 개인주의화 된(즉, 디지털 유목민화되어 가고 있는) 네트워크화된 개인 행위자를 중심으로 행해지는 정책참여를 간과하고 있다고 비판할 수 있을 것이다.

(3) 해외의 선행연구

외국의 경우 OECD(2001)나 United Nations(2005)와 같은 국제기구들이 e-거버넌스를 통한 시민참여의 문제를 본격적으로 제기한 이후 인터넷 정책참여에 관한 후속 연구들이 이어지고 있는 가운데[208] 최근에는 더욱 발달한 인터넷 기술을 활용해 구체적으로 단계별 정책과정에서 시민참여를 어떻게 활성화할 것인가에 대한 연구가 활발히 진행되고 있다.[209] 특히 최근 몇 년간 IT 관련 각종 학회가 의도적으로 인터넷 기술을 활용한 시민의 정책참여 문제를 주요한 주제로 각종 학회가 의도적으로 인터넷 기술을 활용한 시민의 정책참여 문제를 주요한 주제로하 학술회의에서 인터넷 기술을 활용하여 구체적으로 시민참여를 이끌어 낸 사례들에 관한 연구가 매우 활발하게 이루어지고 있다. 대표적인 사례로 란페레 외(Laanpere et. al.)의 'Initiative Mapper Web Service'에 관한 연구,[210] 칼다라 외(Kardara et. al.),[211] 파리아(Faria)의 연구[212] 등이다.

이들 외국의 연구 성과들이 보이는 특징은 매우 다양한 사례연구를 시도하고 있을 뿐만 아니라 온라인 공동체는 물론 그 공동체를 구성하는 네트워크 구성원으로서의 개별 행위자들까지도 분석의 대상에 포함함으로써 더욱 실질적인 정책참여의 효과를 검토하고 있다는 점에서 국내의 연구 성과들과는 차별성을 보인다. 예컨대 마테우스 외(Matheus et. al.)의 경우, 아르헨티나, 브라질, 페루의 지방자치단체의 예산편성 과정에 인터넷 기술을 활용해 지역민들이 참여하는 디지털 참여예산(DPB: Digital Participatory Budgets)에 대해 사례연구를 수행한 바 있다.[213] 지방정부의 예산정책형성 과정에서 시민 정책참여에 인터넷 기술이 구체적으로 어떻게 활용되고 있으며, 지방정부 정책 과정의 투명성을 어떻게 증진하는 지에 관해 연구한 것이다. 이러한 남미 지방 도시들에서는 1990년 초반부터 참여예산제도가 시행되었고 1990년 중반 이후부터는 지방정부의 예산편성 과정에 시민들이 직접적인 인터넷 투표를 통해 정책결정에 직접적으로 관여하기 시작했다. 예산편성 과정에서 시민투표뿐만 아니라 예산편성 과정에 대한 모니터링 과정에서 활발한 인터넷 토론을 통해 예산편성에 시민의 정책 선호가 반영되도록 조치하였다는 점에서 디지털 융합 시대 정책과정 개방의 전형적 사례를 보여주는 연구 결과라 할 수 있을 것이다.

기글러(Gigler)의 경우, 볼리비아 지방정부에 대한 사례연구를 통해 ICTs가 정책과정에 시민참여를 어떻게 진작시키며, 로컬 거버넌스의 효율성을 향상하는가를 분석한 바 있고,[214] 로요와 그의 동료들(Royo et. al.)의 경우, 인터넷의 확산이 정부의 정책결정과정에서 시민참여를 어떻게 활발하게 만드는지를 유럽 지방정부의 기후변화(climate change) 정책 수행 과정을 사례로 하여 분석하였다.[215] 그들의 분석 결과, 인터넷이 지방정부의 정책과정에 시민참여를 활발하게 하는 것은 사실이나 정부 정책의 투명성과 시민참여 문화의 수준이 높은 국가들에 대해서만 제한적으로 효과를 지닌다는 사실이 밝혀졌다. 한편 비교적 강력한 인터넷 규제가 시행되고 있어 상대적으로 다른 국가들에 비해 인터넷을 통한 시민의 정책참여가 제한적인 중국도 인터넷의 역할에 대한 학계의 관심이 점점 높아지고 있다. 최근 중국에서의 인터넷을 통한 시민 정책참여의 활성화 방안에 대해 중국학자들의 학술회의 발표가 이어지고 있다.

장(Zhang)은 인터넷 규제가 심한 중국에서도 인터넷을 매개로 한 공공정책에서 시민참여가 정책과정의 민주화를 위해 필요함을 주장한다.[216] 인터넷을 매개로 한 시민의 정책참여가 소기의 성과를 거두어 이성적인 정책결정에 이르기 위해서는 비이성적이고 비규범적인 인터넷 시민참여가 가능하도록 인터넷 기반의 정책결정 채널을 더욱 완벽하게 정비할 필요가 있음을 주장한다. 후(Hu)는 가상의 공적 영역과 네트워크 시민참여 간의 관계에 초점을 맞추어 네트워크 시민참여의 의미를 분석하고 있다.[217] 네트워크 시민참여가 네티즌들에게 정부의 정책결정에 영향을 미치기 위해 공적 사무에 대한 의견을 표명하도록 하는 효과를 창출함으로써 시민의 민주적 권리를 보장하고 시민참여의 의욕을 증진시키는 효과를 나타낸다고 주장한다.

(4) 기존연구의 한계와 문제점

국내 연구 성과들은 앞서 지적한 바와 같이 학문 분야별 특성에 따라 거시적 혹은 미시적 담론 중 어느 하나에 매몰되어 전체와 부분을 균형 있게 관찰하는 노력이 부족해 보이는 것이 사실이다. 따라서 최근에는 분절적인 연구 경향을 극복하고 거시적, 미시적 담론을 균형 있게 살펴보려는 노력이 나타나고 있지만, 아직 국외의 연구 경향만큼 두드러진 형태로 드러나고 있지는 않다. 대체로 인터넷 시민 정책참여에 관한 국내 연구들은 사회운동, 정치참여, 민주주의, 거버넌스 등과 같은 거대담론적인 시각에서의 접근이 주류를 이루고 있어 구체적인 정책과정의 단계나 개별 정책 이슈 영역에 대한 구체적이고 실증적인 효과 연구는 매우 부족한 실정이다. 이러한 국내의 연구 경향과는 달리 해외 연구의 경우, 국내 연구가 지닌 거시적 담론과 미시적 담론 간의 불균형 문제가 상당히 극복되어가고 있다. 국내외를 막론하고 현재 인터넷 시민 정책참여에 관한 연구들이 가진 공통적인 한계와 문제점들을 정리해 보면 다음과 같다.

첫째, 전자정부의 다양한 세부 정책, 특히 참여 원인과 효과에 관한 기존 연구에서는 전자정부로 서비스의 변화를 꾀하는 정부의 시도가 여전히 공급자 중심의 관점에 머물러 있기 때문에 시민참여의 효과도 제한적으로 나타나고 있다고 비판하고 있다.[218] 그러나 많은 연구가 여전히 전자정부의 발전 정도를 평가하면서 공급자 중심의 평가 방법에 매몰되어 있는 경향이 강하다. 따라서 시민이 다양한 정책과정에 어떻게 실질적으로 참여하는가를 중심으로 정책참여의 정도를 측정하기보다 겉으로 드러나는 정부 정책의 시민 지향성만을 주로 측정함으로써 정책참여의 의미를 훼손하는 경향이 강하다.

둘째, 기존 연구들은 시민참여(citizen participation)를 헌팅턴과 넬슨(Huntington and Nelson)[219]이나 시드니 버바(Verba)[220]의 정의를 빌려 정부의 정책에 영향력을 미치려는 하는 시민의 행위로 정의하는 경향이 강하다. 그리고 그와 같이 정의되는 시민참여를 전자정부가 추구하는 최고의 목표로 설정하고 있다. 그러나 기존 연구들이 실제로 연구를 수행하는 과정에서 분석 대상으로 삼고 있는 사례들은 대부분 구체적인 정책과정이기보다는 주로 선거나 정당 활동과 같은 정치과정에 대한 참여에 한정되어 있어 실질적인 정책과정에서 시민참여를 분석 대상으로 삼는 연구는 드문 것이 현실이다. 이와 같은 연구 경향은 특히 해외연구보다 국내 연구에서 더 두드러지게 나타나고 있다.

셋째, 위에서 살펴본 두 번째 문제점과 연관된 맥락에서 SNS를 활용한 정책과정에서 시민참여에 관한 연구들은 온라인 정책참여를 온라인 정치참여에 종속된 것으로 이해하려는 경향이 강하다는 사실을 지적하지 않을 수 없다. 정치참여와 정책참여는 엄연히 서로 구별되는 개념임에도 불구하고 기존연구의 대부분이 정책참여와 정치참여를 혼동하고 있을 뿐 아니라 정책참여를 정치참여의 하위개념으로 이해함으로써 인식 상의 혼란을 야기하고 있다. 이와 같은 경향은 사이버 공동체의 정책참여과정에서의 역할을 연구한 박준수·서진완의 연구에서도 대표적으로 드러나고 있는데 정치참여와 정책참여 간의 차별성에 대한 이해 부족으로 인해 사이버 공동체의 단순한 정치적 항의 활동마저도 쉽게 정책참여의 일환으로 치부해버리는 오류를 곳곳에서 발견할 수 있다.

넷째, 온라인 시민참여를 주로 시민의 관여 정도나 참여행태, 토론 여부, 의사소통의 수준 등 매우 형식적인 기준을 활용하여 구분하고 있어 그렇게 구분된 유형들이 전자정부의 목표 실현 정도를 단계별·수준별로 여하히 나타내주고 있는 것인지 의문스러운 면이 없지 않다. 예컨대, 조희정(2011)의 경우 시민참여 형태와 시민의 관여도만을 기준으로 전자정부 G4C 서비스에서 현실화된 정보공개, 민원 해결, 정책제안 유형을 단계별 평가 기준으로 설정하고 있는데 과연 이들 간에 어떤 양적 혹은 질적인 시민참여나 관여의 차이가 있는지를 객관적으로 측정하기 어렵다고 비판할 수 있다.

끝으로, 온라인을 통한 시민 정책참여를 제대로 분석하기 위해서는 무엇보다 먼저 달라진 정책 환경에 대한 정밀한 분석이 선행될 필요가 있음에도 불구하고 기존 연구들에서는 이에 관한 관심과 주의가 부족한 실정이다. 웹 기술의 발전단계에 따라 정책 환경은 하루가 다르게 바뀌고 있고, 그러한 환경 속에 존재하는 정책행위자(수요자뿐만 아니라 공급자 역시)들의 존재 양식 또한 급격히 변화하고 있다. 박준수·서진완의 시민 정책참여에 관한 연구는 이러한 정책 환경에 대한 이해 부족을 여과 없이 드러내고 있는데 그들의 연구에서 정책참여의 행위자는 여전히 집합적 의미에서 사이버 공동체로만 규정되고 있다. 디지털 융합 환경의 조성과 그에 따른 SNS를 중심으로 한 소셜미디어의 발달과 모바일화는 정책 환경과 정책행위자 모두에게 시간과 공간의 제약성을 뛰어넘는 엄청난 상호성과 동시성을 가져다주었고 그러한 환경에서 정책행위자들은 집단적 성격보다는 더욱 개인주의화 된 성격을 가질 수밖에 없음을 그들의 연구는 간과하고 있다.

2) 정책과정과 웹 기술의 진화

정책과정에 대한 이해에 있어 가장 널리 활용되고 있는 체제론적 시각에서 볼 때 일반적으로 정책 환경으로부터 투입된 시민의 요구나 지지가 정치 주체와 정치구조 그리고 분위기와 규범으로 구성되는 정치체제를 거쳐 정책의 형태로 나타나게 된다.[221] 즉, 인터넷 기술의 진화는 정치체제를 구성하는 정치 주체와 정치구조 그리고 분위기와 규범의 속성을 변화시켜 정책과정의 변화를 가져오기도 하지만 시민의 요구와 지지 등 정치체제로의 투입을 결정하는 정책 환경의 본질적 변화를 통해 정치체제에 대한 투입 요소의 성격 자체를 변화시킴으로써 전체적인 정책과정의 변화를 초래할 수도 있다. 따라서 인터넷의 기술진화에 따른 전통적 정책과정의 변화를 제대로 이해하기 위해서는 무엇보다 정치체제 내에서 주로 이루어지는 정책과정에 최초로 요구나 지지의 형태로 정책의 단초를 제공하는 정책 환경에 대한 이해가 선행될 필요가 있다.

정치체제에 영향을 미쳐 정책 산출(output)에 변화를 가져다주는 정책 환경은 정치, 행정, 경제, 사회, 문화 등 매우 다양한 범주를 포괄하는 개념으로 그것은 다시 정치·행정적, 사회·경제적, 문화적 환경요소의 세 가지로 크게 구분해서 살펴볼 수 있다.

전통적인 미디어를 기반으로 하든 아니면 인터넷 기술발전의 총아인 SNS를 기반으로 하든 관계없이 정책과정에의 참여는 하나의 정책 아이디어가 정책과정 속에 투입되어 구체적인 정책으로 만들어지는 일련의 자기 발견적(heuristic) 과정과 연계되어 있다. 따라서 SNS 기반 온라인 정책참여 역시 '의제설정-정책형성-정책집행-정책평가 및 환류'라는 전형적인 정책과정의 순차성에 본질적으로 종속될 수밖에 없다.

다만 SNS, 특히 모바일 기반의 SNS 기술이 가진 특징상 정책과정에의 참여를 위해 행위자 간에 주고받는 정보의 동시성, 신속성, 이동성이 극대화되므로 전통적인 정책과정에서 발생하게 되는 정책단계별 시간적 지체가 훨씬 단축될 수 있거나 거의 동시적으로 진행될 수 있을 것이다.

SNS 기반 정책참여의 경우, 행위자의 존재 양식 또한 전통적 혹은 웹 1.0 기반의 정책참여와는 본질적으로 다를 수밖에 없다. 모바일 환경에서 SNS 서비스와 마이크로 블로깅 서비스 기능을 제공하는 스마트 폰 사용의 확대로 인해 정책행위자의 유목성이 더욱 강화되어 나타날 뿐만 아니라 정책행위자의 유목성 강화는 정책과정에 참여하는 개별 행위자들(공식적·비공식적 행위자 모두)의 개별성(독립성), 동시성(즉시성), 복잡성, 상호작용성, 이동성을 향상함으로써 정책과정에의 동시다발적인 참여가 가능하게 함으로써 정책적 상호작용의 패턴 변화를 수반한다. 따라서 모바일 기반 SNS가 시민의 정책참여에 활용되는 디지털 융합사회에서 정책과정은 정책결정 단계별로 시민사회와의 적극적 상호작용으로 인한 환류가 이루어지게 된다. 그뿐만 아니라 환류결과의 반영에 따른 정책과정의 후행(backward)이 가능해져 보다 정책 소비자의 의견이 폭넓게 반영된 정책이 실제 집행됨으로써 정책에 대한 순응성(responsiveness)이 크게 강화된다.

모바일 기반 SNS가 시민의 정책참여에 활용되는 디지털 융합사회에서는 웹 1.0이나 웹 2.0 사회에서 나타나던 이슈 영역 중심의 폐쇄된 온라인 커뮤니티의 해체 현상으로 개별 시민의 개체적 권력이 확대되면서 정책 생비자로서의 개별 시민이 국가는 물론 시민사회의 조직적인 영향력(기존 제도적·비제도적 형태의 이익표출 기구)으로부터 더욱 자유로워진다. 아울러 개체화된 정책행위자 간의 커뮤니케이션은 무정형의 분산된 네트워크로 더욱 복잡한 양상을 보인다.

3) 다중사회 정책과정의 변화 양상과 그 특징

디지털 융합(digital convergence)은 정치 커뮤니케이션(political communication) 방식에 근본적인 변화를 가져왔다. 그리고 디지털 융합기술의 발전이 가져온 스마트미디어 시대의 정치 및 정책과정에서 시민참여를 활성화하는데 가장 크게 공헌한 기술은 바로 소셜 네트워크 서비스(SNS)이다. SNS 및 각종 스마트미디어 기기로 무장한 '영리한 군중(smart mobs)'들은 시공간의 제약을 벗어나 실시간으로 공공정책에 대한 정보를 접하면서 정책과정 전반에 더 쉽고 빈번하게 참여할 수 있게 된 것이다.

빅데이터와 블록체인 등 4차 산업혁명의 핵심 기술들은 디지털 융합 시대의 정치 커뮤니케이션의 변화를 더욱 강화시켜줌으로써 정책과정에서 시민참여를 더욱 활성화해 줄 가능성이 높다. 빅데이터의 등장으로 정보통신기술의 발전에 바탕을 둔 정치와 행정과정의 변화가 본격적으로 나타나기 시작했는데 미국, 영국, 싱가포르 등 ICT 선진국에서는 이미 빅데이터를 활용한 다양한 정치적, 행정적 차원의 실험들이 진행되고 있다. 즉, 스마트미디어 기술로 무장한 시민들이 스마트 기기를 통해 생산하는 정보들을 활용해 시민 상호 간의 연결을 강화하면서 네트워크를 구축하게 되고 이들이 하나의 집단적 세력을 형성해 정부 정책에 집합적 의사를 제시하면 정부가 이에 반응해 그들의 요구에 부합하는 정책을 내놓는 새로운 플랫폼 방식의 정치·행정 과정이 일상화되어 가고 있는 것이다. 즉, 빅데이터의 구축과 다양한 스마트 기기의 활용으로 인해 정책에 대한 시민의 신뢰가 확보되면서 웹 2.0 단계의 기술보다 훨씬 진화한 방식의 시민과 정부 간에 형성되는 정치적 자본이 만들어지고 있으며,[222] 또한 그와 같은 정치적 자본의 축적이 결국 빅데이터 거버넌스와 같은 4차 산업혁명 시대 행정 및 정책과정의 새로운 패러다임을 만들어 내는 것이다. 따라서 이 절에서는 디지털 융합에 기반을 둔 4

차 산업혁명이 가져온 정책과정의 변화를 이론적인 차원에서 분석함과 동시에 국내외의 다양한 사례분석을 통해 근본적 변화에 대한 경험적 증거들을 찾는 데 초점을 둘 것이다.

(1) 4차 산업혁명 기술과 다중사회의 정책과정에서 시민참여

앞서 살펴본 바와 같이 다중사회의 정책과정에 대한 시민참여는 웹 2.0이나 웹 3.0 단계의 기술을 활용한 융합사회에서 시민의 정책과정 참여와 크게 다르지 않다. 하지만 빅데이터나 인공지능 기술 등 4차 산업혁명 기술이 일상화된 다중사회에서 시민 정책참여는 웹 2.0이나 웹 3.0 기술 단계에서 구현됐던 시민의 정책참여와는 질적으로 다른 모습들을 보여주고 있다.

무엇보다 먼저, 웹 2.0 혹은 웹 3.0 단계의 정치와 행정이 이른바 'e-governance' 차원에서 이루어진 것이라면 4차 산업혁명 기술진화에 바탕으로 둔 다중사회에서 정치와 행정은 단순한 'e-governance'를 넘어서는 전혀 새로운 방식의 통치 형태인 빅데이터 거버넌스를 지향하고 있다. 'e-governance'하에서는 시민과 정부(중앙정부 혹은 지방정부)가 기존에 주어진 플랫폼을 통해 활발히 상호작용하면서 시민의 효능감은 물론 정책의 민주성과 효율성도 함께 강화되는 효과를 노린다. 하지만 'e-governance'에서 시민의 정책참여가 아무리 활발하게 이루어진다고 하더라도 그런 참여의 성과가 미래의 정책 성과나 정책과정에서의 변화 가능성을 제대로 예측하진 못한다. 그에 반해 빅데이터 거버넌스는 단순히 현재의 플랫폼에서 활발한 상호작용의 가능성을 증대시키는 것을 넘어서 정치와 행정이 미래에 맞닥뜨리게 될 문제들에 대해 선제적인 예측을 가능하게 함으로

써 정치와 행정의 문제해결 역량을 현저하게 향상한다는 점에서 'e-governance'와는 본질적으로 다른 거버넌스의 패러다임을 제공한다.

다음으로 웹 2.0 혹은 웹 3.0 단계에서 구현되는 'e-governance'하에서 시민 정책참여는 활발한 쌍방향 커뮤니케이션을 통해 정책적 상호작용이 가능하긴 하지만 그러한 상호작용은 앞의 절에서 살펴본 바와 같이 주로 정책의제설정 단계나 정책집행 및 환류/평가 단계에 한정될 뿐 정작 정책과정의 가장 핵심적인 영역이라 할 수 있는 정책결정 단계에까지 이르지는 못한다. 하지만 4차 산업혁명 기술에 기반한 다중사회에서 시민 정책참여는 정책과정의 특정 영역에 한정됨이 없이 매우 동시다발적, 포괄적으로 이루어지는 경향이 강하다.

끝으로 웹 2.0 혹은 웹 3.0 기술에 기반한 'e-governance'하에서 이루어지는 시민의 정책참여는 정책과정에서 나타나는 시민의 요구에 대한 정부의 반응이라는 매우 단순한 상호작용이 주를 이룬다. 그에 반해 빅데이터나 인공지능 등 4차 산업혁명 기술에 기반한 다중사회에서 시민 정책참여는 더 개방적이고 수평적인 플랫폼 구조에 바탕을 둔 형태로 상호작용이 더 복잡다단하게 이루어는 인터렉티브(interactive model)에 바탕을 두고 있다는 점에서 분명한 차이를 보여준다.[223)]

(2) 다중사회 정책과정에서 시민참여를 보여주는 국내 사례들

위에서 살펴본 다중사회에서 시민의 정책과정 참여와 웹 2.0 혹은 웹 3.0 기술에 기반한 'e-governance'하에서 시민 정책참여 간 차이는 [표 5-2]에 소개되고 있는 다중사회 정책과정에서

시민참여를 보여주는 다양한 국내 사례들에서 쉽게 확인해 볼 수 있다. 문재인 정부의 '광화문 1번가'나 청와대의 '국민청원'은 그것들에 구현되는 기술의 속성상 'e-governance'에서 나타나는 상호작용적 쌍방향 커뮤니케이션 모델과 크게 다르지 않다. 하지만 서울특별시의 시민투표 플랫폼인 '엠보팅'이나 구로구의 '공감 e-구로', 영등포구의 '블록체인 제안서 평가 시스템' 등의 사례들은 적용되는 기술과 그 기술에 의해 구현되는 정책참여의 레벨이 'e-governance' 하의 정책참여 방식과는 비교가 안 될 정도로 개방적인 특징을 지니고 있다.

[표 5-2] 다중사회 정책과정에서 시민참여 국내 사례(종합)

지역/단체	사례	주요 내용	특징 및 함의
대한민국(정부)	'광화문 1번가'	19대 대선 이후 온라인을 통한 국민인수위 설치, 선별된 의제에 관한 토론 진행	사실상 한국 최초의 국가 단위 시민참여 플랫폼
청와대	'국민청원'	오바마 정부의 '위더피플' 벤치마킹, e 청원제도	대 국민적 사회적 공론장 조성
서울특별시	시민투표 플랫폼: '엠보팅'	엠보팅은 앱과 온라인 홈페이지를 통한 투표 참여, 전체공개투표	시민들의 정책참여 확대 및 정책결정과정의 투명화, 보안성 강화 및 안정성 확보
	시민참여플랫폼: '민주주의 서울'	기존의 '천만상상 오아시스'를 전환하여 시민제안, 시민토론, 실행 프로그램	단순 질문 및 답변을 넘어 공론화와 정책화 과정까지 연결
	'서울시 응답소'	서울시 민원 및 제안 통합관리 온라인 시스템, 31개 분산 창구 통합	SNS를 활용한 광범위한 민원 접수 및 해결 과정 확인, 행정 응답성과 접근성, 공공생산성 증진 효과성 제고
	중고차 매매 신뢰체계 구축을 위한 블록체인 시범 서비스	국토부와 협업하여 중고차 생산·매매·폐차 전 과정의 블록체인 관리시스템의 표준화 추진	중고차 관리의 투명성과 정보공개성 확보
	'천만인소'	서울시 온라인 청원 플랫폼	실질적 청원권 보장, 청원 남발 우려 및 성립 비율 저조

서울특별시	구로구: '공감e구로'	사물인터넷 활용하여 생활 문제 해결 리빙랩 조성 목표, 주민과 이주민 간 상생과 낙후지역의 안전·복지 스마트 시민복지 도시 프로젝트	주민과 기업, 행정기관(구)의 협업 추구, 지역 네트워킹 공간 구축 및 제공
	노원구: 가상화폐 'NW'	기존의 지역화폐를 블록체인 기반 지역화폐인 'NW'로 전환	세계 최초 블록체인 기반 지역화폐, 여타지역(경기도 시흥시) 확대, 발행비용 및 관리비용 획기적 절감
	강남구: '더 강남' 지자체 통합모바일 서비스	사물인터넷(IoT)과 블루투스 비콘을 활용한 행정 서비스 제공	주민 및 외국인 관광객 등 실사용 횟수가 높음, 민간기업과의 협업을 통한 정보제공의 양과 질 향상
	영등포구: '블록체인 제안서 평가 시스템'	기존의 제안서 평가 시스템을 블록체인을 활용하여 전산시스템 구축, 블록체인에 저장된 평가 및 선정 결과 홈페이지에 자동 공개	평가위원들의 평가 결과에 대한 투명성 확보
경기도	따복 공동체	주민참여 심사 과정에 블록체인을 활용	투표 집계의 정확성과 신속성 강화, 정보공유 및 학습 제공
	수원시: '디지털 수원 비전'	지자체 단위의 AI 통합플랫폼 구축	다양한 4찬 산업혁명 기술 도입 및 적용사례
	'경기도민 청원'	주요 정책 및 현안에 대한 도민의 참여와 실시간 의견 수렴 목적	분야별, 지역별 청원목록 확인, 접근성 용이(기존 SNS로 가입)
인천광역시	'인천은 소통e가득'	시민제안 및 시민청원	청원답변기간 획기적 단축(10일)
광주광역시	시민참여 플랫폼: '광주 행복 1번가'	자치단체 사업제안 위주의 플랫폼 구축, 소통 탭을 활용해서 칭찬 게시판, 사이버 장터도 운영	시민들의 다양한 활동에 적용하여 활용 가능
	광산구: GS(광산)imap	광산구 GIS 정책지도 제작	공공데이터와 지방자치행정 결합, 지역혁신과 마을 만들기에 대한 주민참여 및 역량 강화 도구로 활용
대전광역시	대덕구: 주민총회 블록체인투표	주민총회를 휴대폰 번호를 통한 주민인증 후 의제 선택 및 의사결정 프로그램	소규모 지역 차원의 주민참여 증진 및 의견 전달 통로
	정책참여 플랫폼: '대전시소'	시민에 의한 지역의제 발굴 및 의견 수렴	토론의제 선정단 운영과 시범 운영 기간 도입이 특징

충청남도	'만사형통 충남'	도민정책 제안 온라인 플랫폼	민관협치 회의를 통한 의제발굴
세종특별자치시	'똑똑 세종'	시민 정책 제안 플랫폼, 민간과 공무원으로 구성된 전문가 집단의 정책화로 시정 반영	정치적 효능감 제공, 지역 의제의 효과적 해결
전라북도	'전북 소통대로'	온라인 정책 소통 플랫폼 구축	정책모니터링 도입을 통해 정책의 사후평가까지 시도
부산광역시	시민 소통 플랫폼: 'OK 1번가'	시민청원, 정책토론을 위한 플랫폼 제공, 토론종료 이후 투표참여자에게 개별결과 전송	지역의제 발굴에 대한 주민참여 고취
	청년 정책 플랫폼	청년문화, 복지, 주거 등 청년정책 개발 및 종합대책 수립	청년특화 참여 시스템
시민주도(민간)	온라인 시민주도 정치 공론장 '빠띠'	회사, 마을 등 커뮤니티 조직의 민주적 의사소통을 위한 플랫폼	무료 이용, 시민 캠페인, 온라인 공론화, 토론 플랫폼, e-타운홀 미팅 등 다양한 활용 가능

특히, [표 5-3]과 [표 5-4]에서 소개하고 있는 '민주주의 서울'과 '정치 공론장 빠띠' 사례는 4차 산업혁명 기술에 기반한 다중사회에서 시민 정책참여가 지향하는 철저한 'Bottom-Up' 방식의 시민참여를 지향하고 있다는 점에서 다중사회 시민 정책참여 특성을 잘 보여주고 있다.

[표 5-3] 국내 대표사례 1

국가	에스토니아 - 전자투표
개요 및 기간	• 2006년 10월 도입된 천만상상 오아시스를 계승 • 2017년 10월 24일 오픈 • 민주주의 e-플랫폼으로 기획 • 시민제안, 시민토론, 실행, 서울시가 묻습니다 등으로 구성
과정	• 30일 동안 50명 이상이 공감을 표시하면 해당 부서가 답변을, 500명 이상이 공감하면 공론 의제 선정단이 공론화 여부를 검토 • 공론 의제로 선정 시 온라인투표 및 토론을 거쳐 정책 반영 여부를 결정 • 온라인 토론 참여 인원이 5천 명을 넘기면 시장이 답변하게 됨 • 공론화 과정에서는 온라인투표, 워크숍, 현장 간담회 등의 절차도 진행

결과	• 2019년 11월 6일 현재 5,160개 이상의 시민 제안이 이루어짐 • 시민토론은 총 3건이 이루어졌으며, 보건소 난임 주사 문제와 길고양이 보호 방안 등이 논의됨 • '서울시가 묻습니다'의 경우 13건의 토론이 진행 • 시청사 일회용품 사용금지, 공공기관 비상용 생리대 배치 등은 공론화를 거쳐 서울시 정책에 반영됨
특징	• 청와대 국민청원 등이 단순한 질문과 답변에 그쳤다면, 민주주의 서울의 경우 공론화와 정책화 과정까지 함께 진행되는 것이 특징
비고	• 시민참여: Bottom Up • 시행단위: 지방 • 시행주체: 지방정부 • 시행내용: 정책결정 • 기술속성: 집중형

[표 5-4] 국내 대표사례 2

사례명	정치 공론장 '빠띠'
개요 및 기간	• 2016년 온라인 시민주도 정치 공론장 빠띠 설립
과정	• 온라인상 조직 커뮤니티 소통 공간 구성 • 이슈에 대한 생각 공유 및 찬반 투표와 설문을 통한 토론, 자료 축적과 공유 진행 • '빠띠 그룹스'는 회사, 마을 등 커뮤니티 조직의 민주적 의사소통을 위한 플랫폼 • 기본형의 경우 공개 채널은 무제한, 비공개 채널은 10개까지 무료이용 가능 • 맞춤형 서비스(유료)는 공개/비공개 모두 무제한 제공 • '빠띠 캠페인즈'는 시민주도 캠페인, 시민참여를 지향, 온라인상 공론화 이후 • 행사와 미팅을 위한 실시간 토론 플랫폼 '빠띠 타운홀' 운영 • 민주주의 서울 운영 경험을 통해 행정안전부 주민 체감형 디지털 사회혁신 활성화 사업의 지원으로 '데모스 X' 운영 • 오픈소스 시민참여 플랫폼으로 제안 올리기, 찬반 투표, 토론 등의 기능 제공
결과	• 2019년 11월 현재 빠띠 그룹스를 통해 120개 그룹 875개 채널 운영 중 • 민주주의 서울 기획 및 운영
특징	• 민간영역에서 민주주의 추구를 위한 다양한 인터넷 플랫폼 운영 및 제공 • 기관과의 협업을 통해 오프라인에서 토론회 등 개최
비고	• 시민참여: Bottom Up • 시행단위: 지방 • 시행주체: 시민 • 시행내용: 정책결정 • 기술속성: 집중형

(3) 다중사회 정책과정에서 시민참여를 보여주는 해외사례들

앞서 살펴본 다중사회에서 활발한 시민 정책참여를 보여주는 다양한 국내 사례들만큼이나 해외사례 역시 [표 5-5]에 소개된 바와 같이 매우 다양한 시민 정책참여의 스펙트럼을 보여주고 있다. 블록체인 기술을 활용해 모스크바시의 도시정책에 대한 시민투표를 활성화하자는 취지에서 시작되었던 '액티브 시티즌'을 비롯해 프랑스 파리의 '노이즈 튜브(Noise Tube)', 리옹의 '튜바(tuba)'는 각각 빅데이터와 블록체인 기술을 활용한 시민 정책참여의 전형적 특성을 잘 보여주고 있다.

[표 5-5]의 해외사례들이 보여주는 주요한 특징은 블록체인 및 빅데이터 기술을 활용하여 기존 웹 2.0이나 웹 3.0 기술 단계의 정책과정 참여에서는 쉽지 않았던 정책결정과정에의 직접적인 시민참여가 강화되는 모습을 보이는 경우가 많다는 것이다. 주로 4차 산업혁명 기술을 매개로 시민 상호 간 혹은 시민과 정부 간 활발한 커뮤니케이션이 가능하도록 플랫폼 구축에 나서거나 빅데이터나 블록체인 기술을 활용해 정책결정과정에 시민이 직접적으로 관여할 수 있게 해주는 방향으로 다중사회 정책과정에의 시민참여가 이루어지는 경우가 많아지고 있다.

[표 5-5] 다중사회에서 시민 정책참여를 보여주는 해외 사례들(종합)

국가	사례	주요 내용	특징 및 함의
러시아	모스크바시: '액티브 시티즌'	블록체인 기술을 활용한 투표, 도시정책에 대한 시민 선택 프로그램	광범위한 부패 척결 및 대국민적 신뢰 향상, 투표 시스템의 투명성 확보
프랑스	파리: '노이즈 튜브 (Noise Tube)'	앱 기반 빅데이터 활용 주민참여 플랫폼, 소음공해 해결 중점	빅데이터 기반의 분석 시도를 통해 정확한 분석 제공

프랑스	리옹시: '튜바(tuba)'	스마트 시티 및 빅데이터 관련 혁신을 통한 삶의 질 향상 추구	개인 및 공공 디지털 데이터를 기반으로 도시 서비스 혁신 추구
	Parlement et Citoyens	의원과 시민이 만나 특정 이슈에 대한 시민 의견을 모으고 법안의 초안을 작성	공공정책의 효율성과 법률의 정당성, 정치행위자의 신뢰 위기를 해결
영국	맨체스터: 'City Verve' 프로젝트	사물인터넷(IoT)을 활용하여 디지털 시대에 일하는 방식, 휴식, 즐기는 방식을 변환하도록 구현	영국 최초의 사물 인터넷(IoT) 기술 시연도시, 4차 산업혁명 기술을 활용한 새로운 주민편의 및 참여 플랫폼이라는 평가
스페인	바르셀로나: 디시딤 바르셀로나 (Decidim. Barcelona)	참여 민주주의 프레임 워크로 바르셀로나시의 온·오프라인 참여 웹사이트로 개발	오픈소스 민주주의 참여 플랫폼, 장기적인 프로젝트 및 프로세스 구축
	마드리드: '디사이드 마드리드(DecideMadrid)'	직접민주주의와 책임성, 책임성 강화를 목표로 온라인 시민참여 플랫폼 오픈	토론-제안-투표-결정과정을 원스톱으로 진행 가능
브라질	디지털 공론장: 'e-Democracia'	브라질의 입법 참여 정치 포털, 공청회 실시간 질문, 구체적 입법 제안, 시민과 의회 간의 온라인 토론	온·오프라인 등의 참여 프로세스를 통합하는 모듈식 플랫폼
일본	치바시: 치바 시민 협동보고서 '치바 레포'	스마트 폰과 ICT를 활용한 시민 제보 프로그램, 제보된 지역의 과제를 시민과 행정이 공유 및 해결하는 시스템	행정의 투명성 향상과 시민 만족도 증가
대만	vTaiwan	규제의 도입과 수정에 대한 논의를 진행하는 플랫폼	모든 과정은 온라인을 통해 공개되며, 때에 따라 오프라인에서의 과정은 생중계 진행
	'Join'	공공정책 네트워크 참여 플랫폼, 국가 기관의 규제를 비롯한 정책을 게시하고 이에 대한 논의를 진행	행정기관의 정책 계획에 대해 개방성과 투명성을 강화하고 시민참여와 의사소통 강화 및 정부와 시민사회가 신뢰의 파트너십 관계 형성
케냐	'우샤히디(USAHIDI)'	클라우딩 소싱 및 디지털 데이터 수집을 통해 시민 역량의 강화 목적	원격지역이나 연결성이 낮은 상황에서도 액세스, 신흥국가를 위해 설계된 클라우드소싱 플랫폼 개발에 아이디어 제공

캐나다	캘거리시: 'Engage'	도시 프로젝트 및 이니셔티브 공개 포털로 프로젝트나 이니셔티브에 대해 직접 의견을 제시하고 진행	시민의 정치효능감 상승, 참여의 다각적 접근(참여 정책, 참여 프레임워크, 참여 프로세스)실행
	퀘벡주 몬트리올시 :'Le Plateau-Mont-Royal: Citizen Budget'	예산 프로세스에서 시민의 교육과 참여를 목적으로 하는 시뮬레이터	기존의 설문조사와 달리 대화형 플랫폼 구축
미국	헌트빌 시 : 'Bigpicture Huntsvill'	합의에 기반한 지역사회의 발전을 위해 지속 가능하고 탄력적인 경제 확장, 지역 예술 및 문화 지원	도시의 장기적인 계획에 대한 구체적인 청사진을 제시 및 시민의 호응 유도
	로어노크 시: 소셜미디어 주민참여 플랫폼	소셜미디어 센터 개설을 통한 시민 질의, 불만 제기, 도움 요청 대응	단순 공식정보 제공을 넘어 일반적인 다양한 정보를 제공, 지역성과 공동체성 강화에 기여
벨기에	'Marche-en-Famenne: citizenlab'	Citizen Lab 및 플랫폼, 전 세계 9개국 100개 이상의 지방정부와 협력	양방향 디지털 플랫폼 구축을 통한 시민참여 촉진, 거버넌스를 디지털화하여 의사결정의 효과성과 투명성 확보
호주	'마이보트 (MiVote)'	블록체인 기반 모바일 투표 시스템, 지역사회 의사결정 플랫폼	전 세계 대상 비영리 민주주의 운동
뉴질랜드	루미오	그룹 내 의사결정과 아이디어 논의, 온라인 협업 툴	스페인의 포데모스의 온라인 토론 도구로 주목, 93개국 이상의 지역에서 사용 중, 의사 표현의 다양성 반영 가능
아이슬란드	Better Reykjavik	온라인 상담 포럼으로 레이캬비크시에 대한 시민들의 아이디어 제안을 목표	높은 참여율(시민 절반 이상), 주민만족도 향상
모로코	Legislation Lab	토론을 통한 시민입법 참여 모델	헌법이란 민주국가의 최고 법률의 변경에도 광범위한 시민의 참여가 가능하였다는 점, 칠레, 이라크, 뉴욕 등에서 벤치마킹

특히 [표 5-6]에서 소개하고 있는 스페인 바르셀로나의 'Decidim Barcelona'나 [표 5-7]에 소개되고 있는 뉴질랜드의 '루미오' 프로젝트는 다중사회의 시민 정책참여가 웹 2.0이나 웹 3.0

기술 단계에서 시민 정책참여와는 달리 정책의제 설정이나 정책 집행 및 환류/평가 과정보다는 주로 정책결정 단계에 집중되고 있음을 잘 보여주고 있다.

[표 5-6] 해외 대표사례 1

사례명	스페인 바르셀로나 - Decidim Barcelona
개요 및 기간	• 2016년 2월부터 시작 • 참여 민주주의 프레임 워크로 바르셀로나시의 온·오프라인 참여 웹사이트로 개발 • 시의회 디지털 참여 플랫폼 • 시민의 창작과 구현, 정보공유와 활발하고 헌신적인 공동체를 목표 • 시민 중심의 프로세스로 설계된 디지털 장치의 개발과 사용을 통한 지역 정치 이니셔티브 및 선거 참여의 확대가 궁극적 목표
과정	• 플랫폼은 EU의 후원으로 2013년 10월 시작된 D-cent의 일환으로 오픈소스 민주주의 참여 플랫폼 (2016년 5월 후원 종료) • 시 단위 이외에 비영리 단체에도 플랫폼을 지원
결과	• 35개의 프로세스가 운영되었으며, 5개의 프로세스가 진행 중 • 4만 명 이상의 사람들과 1,500개의 조직이 10,000개의 제안에 기여 • 핀란드 헬싱키와 벨기에 니벨레스 등에서도 같은 플랫폼을 사용 중 • 해당 플랫폼은 전 세계적으로 8만 명 이상이 이용
특징	• 기존의 자치단체 수준의 플랫폼들이 단기적인 청원과 투표 등에 집중하였다면 바르셀로나의 Decidim은 장기적인 프로세스를 중심으로 운영(대표적으로 Vallcarca 및 Els Penitents 인근 지역 및 Coll의 교육 계획의 경우 2018년 4월 2일 시작되어 2019년 12월 20일이 종료일로 예정되어 있음)
비고	• 시민참여: Bottom Up • 시행단위: 지방 • 시행주체: 지방정부 • 시행내용: 정책결정 • 기술속성: 집중형

[표 5-7] 해외 대표사례 2

사례명	뉴질랜드 - 루미오
개요 및 기간	• 2011년 11월 개발 시작, 2012년 베타버전 출시 • 그룹 내 의사결정과 아이디어 논의, 온라인 협업 툴
과정	• 의제의 제안, 가입, 토론, 투표 방식으로 진행 • 토론 과정에서 사진과 동영상, 각종 파일 등을 첨부가 가능 • 투표에는 찬성과 반대 이외에 유보와 차단도 가능

결과	• 뉴질랜드 웰링턴 시의회의 주류 제한 정책 개정 과정에서 사용되어 시의회와 공무원 등이 정보를 제공하여 질적 토론이 가능하였음 • 2012년 헝가리에서는 정부의 교육예산 삭감 정책에 대한 토의 과정에 사용되어 정부 정책 철회를 이끌어냄 • 최근에는 스페인의 포데모스의 온라인 토론 도구로 주목 • 93개국 이상의 지역에서 사용 중 • 2015년까지 8만 명 이상의 사용자가 1만 8천 개 이상의 의제 그룹을 형성하여 2만 6천 건 이상의 의사결정을 진행
특징	• 의사 표현의 다양함(찬성, 반대 이외의 선택지 존재)
비고	• 시민참여: Bottom Up • 시행단위: 지방 • 시행주체: 시민 • 시행내용: 정책과정 • 기술속성: 집중형

제 6 장

다중사회의 새로운 사회변화(3): 사회운동의 변화와 시민참여

1. 근대 산업사회의 사회운동의 원리와 이론

1) 분쟁 정치의 개념과 주요 접근법에 대한 개관

많은 정치학자는 테드 거(Tedd Gurr)가 자신의 저명한 저서의 제목으로 삼았던 ***"왜 사람들은 반란을 일으키는가?"***라는 화두에 대해 비슷한 문제의식을 공유해 왔다. 분쟁 정치를 연구하는 사람이라면 이 물음에 대한 학자들의 다양한 답변을 쉽게 마주칠 수 있을 것이다. 인간의 공격적 본능, 엘리트의 무능함과 부패, 음모가들의 기민함, 지식인의 절망, 사회의 변화와 정체, 빈곤, 혁명사상, 기대 수준의 상승, 정의감, 차별과 분노, 사회적 경직성 등등 학자들이 내거는 이유는 헤아릴 수 없이 많다. 이처럼 숱하게 많은 이유를 어떻게 하면 간단한 몇 가지 범주로 구분할 수 있을 것인가?

분쟁 정치에 관한 기존 문헌들은 분쟁 정치의 본질에 대해 3가지의 특색 있는 접근 방법을 사용하고 있다. 첫 번째 접근 방법은 사회적 갈등과 지속적인 동원의 원천을 시위 참여자의 심리적이고 인지적인 측면을 통해 설명하려 한다. 이러한 저항과 혁명에 관한 미시적 설명은 사회적 소외 이론과 같은 사회학의 초기 발전과정에서, 그다음으로는 상대적 박탈감에 관한 이론에서 발전되어 나왔다.

다음으로, 사회의 거시적 맥락이 먼저 고려되는 저항과 혁명을 이해하는 대안적 접근법이 존재해왔다. 이 대안적 접근법은 한 사회의 정치·사회·경제 구조와 같은 거시적 맥락에 주의를 돌린다. 이런 시각에서는 저항활동에 참여하는 개별 행위자들은 사회적 네트워크 내부에 몰입되어 있거나 어떤 유형의 문화적, 이념적 규범 및 가치에 경도되어 사회의 구조적, 체계적 변화에 좌우되는 것으로 치부되어 버린다. 일부 학자들은 저항과 혁명에 대한 국가 간섭의 정도에 초점을 맞추고 이러한 거시적 접근법을 국가 중심적 접근법이라 부르기도 한다.[224)]

끝으로, 개별 행위자들의 선택과 집합행동의 문제(collective action problem)를 극복하는 메커니즘에 초점을 맞춘 합리적 선택이론에 입각한 접근법이 있다. 이 접근법은 보다 정확히 말해 미시적 수준의 접근법과 유사하다고 할 수 있는데, 이는 그런 접근법이 개인적 분석 수준에서 개별 행위자의 기호에 초점을 맞추고 있기 때문이다. 사실상 분쟁 정치에 관한 기존 연구성과들은 이런 합리적 선택이론에 입각한 접근법이 분쟁 정치에 관한 미시적, 거시적 전통 모두에서 함께 발견되고 있음을 보여준다. 따라서 합리적 선택이론에 입각한 접근법은 미시와 거시의 두

가지 전통적 접근법을 서로 연결해주고 각 접근법이 지닌 문제점을 혁신적으로 개선하는 역할에 한정해서 논의된다.

이처럼 분쟁 정치분야에서 다양한 경쟁적인 이론들을 살펴보기 이전에 정의(definition)와 관련된 몇 가지 사항을 분명히 밝혀 둘 필요가 있다. 먼저 이 글에서 사용되는 '분쟁 정치(contentious politics)'라는 용어의 정의와 관련된 것으로 분쟁 정치는 평화 시위에서부터 무장혁명에 이르는 매우 다양한 스펙트럼의 분쟁적인 집합행동(contentious collective activities)으로 정의될 수 있다. 터로우(Tarrow)[225]와 맥아담 외(McAdam, Tarrow, and Tilly)[226]가 분쟁 정치라는 용어에 대한 정의와 관련하여 논의한 바와 같이 분쟁 정치는 정확한 의미에서는 '사회운동(social movements)'과는 구별하여 사용되어야 할 용어이다. 그러나 이 글에서는 분쟁 정치를 사회운동과 크게 구별하지 않고 혼용할 것임을 미리 밝혀 둔다.

2) 전통적인 개인적 수준의 접근법들: 소외 vs. 박탈

저항과 혁명에 대한 미시적 수준의 접근법들은 분노, 공포와 같은 개별 행위자의 심리적 측면들에 초점을 두고 있는데, 이 글에서 다루게 될 이론은 '사회적 고립-소외 이론'과 '상대적 박탈감 이론'이다.

사회적 고립과 소외에 관한 이론들은 주로 산업사회에 대한 전통적인 사회학적 분석에 그 기반을 두고 있다. 콘하우저(Kornhauser)는 '대중사회(mass society)'에 대한 다원주의적 가정들에 근거해서 저항과 혁명을 주로 사회통합의 결여에서 기인한 결핍증세의 하나로 간주한다.[227] 그에게 있어 혁명은 소외되고 고립된 채, 뿔뿔이 흩어져 있는 다양한 사회계급의 구성원들이 만들어내는 집단적 반응의 산물이다. 스멜서(Smelser)는 심리학적인 명제들을 직접 다루기보다는 심리적 변수들이 집합행동(collective actions)을 불러일으키는 사회적인 조건을 밝혀내는 데 주로 관심을 기울였다.[228] '사회적 고립-소외 이론'의 전반적인 주장은 사회운동이 급격한 사회적 변화로 만들어지는 공포와 분노에 대한 집단적인 반응의 일환으로 발전된다는 것이다. 그러나 이런 종류의 미시적 접근법들은 비록 그것이 계급적 입장이 지닌 독자적 중요성을 강조해왔던 기존의 상식적 사고를 바꾸는 데 도움을 주긴 했지만 많은 부분에서 의문의 여지를 남겼다.

상대적 박탈 이론은 경제적 불평등이 정치적 폭력을 일으키는 역할을 하고 있음을 강조한다.[229] 상대적 박탈 이론은 폭력적인 정치 행동의 연원을 사람들이 실현할 수 있거나 실현해야만 한다고 믿는 가치들을 실현하지 못한 경우 갖게 되는 좌절에서 찾고 있다. 데이비스(Davis)는 ***"혁명은 객관적인 경제적, 사회적 발전이 장기간 지속된 후 단기간의 경제적, 사회적 퇴행이 나타날 때 일어날 공산이 가장 큰데"*** 이는 사람들이 ***"엄청난 노력을 들여 이룩한 것들을 잃게 되는 것을 두려워해서 혁명적 분위기로 바뀌기 때문"***이라고 주장한다.[230] 그의 주장은 상당히 기계적이고 극단적인 경향이 있는데, 그에 따르면 정치적 안정과 불안정은 궁극적으로 마음의 상태, 즉 사회 분위기에 달려 있다. 마치 불만족한 빈곤층은 봉기하고 만족한 부유층은 혁명에 반대하는 것처럼 재화와 지위 그리고 권력면에서 열위에 있으면서도 만족하거나 무관심한 사람들은 정치적으로 침묵을 지킬 것이며 그 반대의 사람들은 봉기할 것이라고 지적한다. 그에게 있어 혁명을 불러일으키는 것은 ***"식료품, 평등, 자유 등에 대한 '적절'하거나 '부적절'한 공급과 같은 실체적인 부분이라기보다는 불만족한 마음의 상태인 것"***이다.

데이비스의 주장과 비교해 볼 때 거(Gurr)의 상대적 박탈 이론은 보다 넓은 맥락, 즉 심리학적 조건뿐만 아니라 사회학적 조건들까지도 포함해서 사회적 분쟁의 연원을 설명하려 한다는 점에서 훨씬 세련되어 보인다.[231] 또한 사람들은 그들이 당연히 누려야 한다고 믿는 생활 조건을 보장해 주는 사회의 능력과 그들의 기대가 일치하지 않음을 알게 될 때 불만을 느끼게 된다. 비록 문화적 사고뿐만 아니라 공리주의적(합리적 선택) 사고까지도 포함하는 사회분쟁의 기원에 관한 몇 가지 다양한 이론적 사고들을 참고하고 있지만, 거(1970)의 이론은 공격적인 충동이 박탈, 좌절된 목표 및 실망스러운 기대의 결과로 나타나게 된다는 생물학적으로 경도된 ***"좌절-공격 가설"***에 기초를 두고 있다. 이런 종류의 사회적 불만이 혁명을 불러오는 것이다.

이런 이론들에 대해 몇 가지 측면에서 비판이 제기되어 왔다. 첫째, 트로츠키(Trotsky)가 주장하고 리흐바흐(Lichbach)가 증명해 보였던 것처럼, 시민들 사이에 만연해 있는 상대적 박탈감이 즉각적인 봉기로 나타나는 것은 아니라는 반증 사례는 쉽게 찾아볼 수 있다. 둘째, 상대적 박탈 이론은 주로 현실에 대한 주관적인(혹은 개인적인) 해석에 기반을 두고 있으므로 이론을 직접적으로 검증할 수 있는 개인적 수준의 데이터를 충분히 획득하는데 본질적 한계를 지닌다. 따라서 이론에 대한 경험적인 반증 가능성이 떨어진다. 셋째, 폭력적 갈등의 결과를 측정하는 각종 지표는 저항세력과 레짐 간의 상호작용에 기초를 두고 있다. 그러나 상대적 박탈 이론은 저항세력의 행동에 대한 설명만을 제공할 뿐 레짐의 대응에 대해서는 별다른 관심을 두지 않는다.[232] 넷째, 엘리나와 무어(Ellina and Moore)가 비판하고 있는 바와 같이, 상대적 박탈 이론의 기본 주장을 경험적으로 검증해 보려는 노력은 한 시기에만 집중되어 있으므로 획득된 결과가 조사된 시기에 따라 상대적일 수 있다는 문제를 야기하게 된다.[233] 마지막으로, 위컴-크로울리(Wickam-Crowley)는 ***"가장 심각한 결함은 격렬한 불만의 표현이 쉽사리 봉기로 바뀔 것이라는 억지로 짜 맞추어진 가정"***이었다고 주장한다.[234] 그는 상대적 박탈 이론이 ***"조직역량"***과 ***"모든 유형의 구조적, 제도적 제약 및 실질적인 반란행위로 나아갈 기회"***를 소홀히 한다고 비판한다.

분쟁 정치에 대한 미시적 수준의 접근들은 저항과 혁명에 관한 이론들을 개발하는 데 뚜렷한 기여를 하고 있음에도 불구하고 약간의 방법론적 취약성과 풍부한 경험적 반증 사례의 존재로 곤란을 겪어 왔다. 이런 미시적 시각은 너무도 편협하게 파고들어서 그 결과 마음 상태에 영향을 미치는 사회적 상황뿐만 아니라 일상생활에서 의사결정자로서의 인간 본성이 지닌 상당히 중요한 측면을 소홀히 하고 있다. 그렇다고 해서 이러한 미시적 수준의 접근이 그 학문적 토대를 완전히 상실한 것은 아니다. 예를 들어, 아이어 외(Iyer, Schmader and Lickel)가 이라크 침공에 관한 미국 및 영국 국민들의 심리적 반응이 정부에 대한 저항적 태도의 형성에 미치는 영향에 관한 연구는 여전히 개별 저항 참여자의 미시적 심리상태의 중요성이 간과될 수 없는 것임을 보여준다.[235]

3) 새로운 집단 중심의 접근법들: 자원, 구조 그리고 네트워크

(1) 자원동원 이론(Resource Mobilization Theory)

자원동원 이론은 성공적으로 미시적 수준의 이론들이 지닌 이론적 공백을 메워주고 있다. 주로 매카시(John D. McCarthy)와 잘드(Mayer N. Zald)에 의해 발전된 자원동원 이론은 ***"자원동원을 위한 조직 활동 및 정치적 리더십의 중요성"***에 초점을 맞춤으로써 미시적 수준의 이론들이 남겨놓은 이론적 공백을 메우고 있다. 이 이론의 주창자들은 ***"재정적, 조직적 자원에 접근할 수 있어서 직업적인 사회운동 조직들을 만들어내는 정치기업가(political entrepreneurs)가 대중운동을 이끈다"***라고 주장한다.[236] 매카시와 잘드(McCarthy and Zald)는 자원동원 이론을 이끌어 내면서 분노나 불만을 강조하는 사회운동에 대한 전통적 시각들을 거부하는 한편, 처음에 동원을 촉발했던 것은 집단행동을 수행하는데 필요한 자원 능력의 증가였다고 주장한다.[237] 오버샬(Oberschall)은 자원동원의 효율성에 주목하여 매카시와 잘드(McCarthy & Zald)의 이론을 발전시켜 나갔다. 그는 자원동원 이론은 훨씬 쉽고 빠르며, 반대 세력을 떼거리로 충원할 수 있는 곳이면 어디서나 성공 가능성이 훨씬 높다고 주장한다.[238] 마르크스(Marx)는 보다 넓은 맥락에서 자원동원 능력을 설명하려고 노력한다.[239] 그는 사회운동을 촉진 혹은 억제하는 전략 전술들에 주목함으로써 어떻게 일부 외부환경 요소들이 사회운동에 영향을 미치게 되는가를 설명하고 있다.

자원동원 이론가들은 시민 일반의 분노와 상대적 박탈감이 만연해 있는 사회에서 왜 어떤 시민들은 침묵을 지키지만 다른 시민들은 반대의 목소리를 내는지에 대해 성공적인 답을 제시하고 있는 듯하다. 그러나 몇 가지 의문들은 여전히 남는다. 상대적 박탈 이론에 대한 비판과 마찬가지로 자원동원 이론을 비판하는 학자들은 동원 능력이 제대로 기능하지 않는 몇 가지 반증 사례들을 제시한다. 예를 들어, 피번과 클로워드(Piven and Cloward)는 사회운동을 이끄는 지도자들이 종종 사회운동의 파괴적 힘을 꺾거나 누그러뜨리는 방식으로 행동하는 사례를 예로 들면서 정치 기업가(political entrepreneurs)와 조직의 역할에 관한 기존의 주장들을 반박한다.[240)]

로만(Lohmann)은 한발 더 나아가 피번(Piven)과 클로워드(Cloward)가 지적한 사항들을 다음과 같이 부연하여 설명하고 있다.[241)] ***"항구적인 대중기반의 조직들을 육성해 내면서 지도자들은 사람들로 하여금 거리에서 벗어나서 회의장을 향하게끔 유도하고 있다. 조직에 필요한 재정적 혹은 다른 형태의 지원을 얻기 위해 조직의 지도자들은 지배 엘리트들과도 거래하게 되는데, 지배 엘리트들은 분사된 대중적 저항세력들을 더 예측 가능하고 통제 가능하며, 따라서 덜 위협적인 정치조직들로 이끌어 나가려는 강력한 동기를 지니고 있다".*** 자원동원 이론의 반증 사례들이 조직을 이끄는 지도자들의 전략적 행동에만 한정된 것은 아니다. 로플랜드(Lofland)[242)]와 마르크스(Marx)[243)] 같은 다른 학자들은 자원과 사회적 통제의 가능성이 자원동원 이론가들이 예상하는 행동의 패턴들을 설명하는 데 크게 도움이 되지 않음을 보여주는 반증 사례들을 제시하기도 한다.

(2) 정치과정 및 정치적 기회구조에 관한 이론들

분쟁 정치에 관한 거시적 이론 중에는 정치적 기회구조 학파가 있다.[244] 이 학파는 집단행동이 사회에서 행해지는 정치과정의 순차적 결과에 기초하고 있다고 주장한다. 맥아담(McAdam)에 따르면 사회운동은 정치적 기회의 확대, 조직역량의 정도, 저항활동을 정당화하면서 동기를 부여해주는 특정한 공유된 인식의 발전이라는 3가지 요소가 결합되면서 나타나게 된다.[245] 특히 그는 3가지 요소 중 정치적 기회구조를 가장 중요한 요소로 들고 있다.

이 정치적 기회구조 학파는 그들의 설명이 가진 포괄성을 뽐내고 있지만 바꾸어 생각해보면 그런 장점이 오히려 가장 큰 약점이 되고 있다. 그러나 이런 약점에도 불구하고 많은 학자가 정치적 기회구조 학파의 이론을 경험적으로 증명하는 분석을 내어놓고 있다.[246] 정치적 기회구조 이론의 비판자들은 '기회구조'라는 이 이론의 핵심 개념이 분명히 정의되지 않은 것이라고 비판한다.[247] 즉, 개념적 모호성은 정치적 기회구조 이론이 사후해석적인 이야기 전개(post hoc storytelling) 방식에 의존해서 그 개념을 설명하도록 강요하게 된다고 주장한다.[248]

(3) 사회 네트워크에의 몰입 이론

지속적인 동원 및 충원과 관련된 분쟁 정치를 설명하는 데 사회적 네트워크의 역할에 초점을 맞추는 일단의 학자들이 있다.[249]

옵과 게른(Opp and Gern)은 1989년 5월과 9월 사이에 동독의 억압적 체제하에 시위에서 개인과 집단의 네트워크가 수행한 역할에 초점을 맞추고 있다.[250] 그들은 여러 가지의 개인적 참가

유인을 밝혀내는 미시적 모형을 제안하고 있는데, 현존하는 조정 메커니즘과 함께 사회적 맥락에서 정치적 사건과 변화들이 1989년의 대규모 시위를 형성하게 했다고 주장한다. 이런 유인 중에서 인지된 개인적인 정치적 영향력에 의해 측정되는 정치적 불만이 시위 참가에 주요한 영향을 미쳤다. 시위 참가를 유도한 대부분의 요인은 개인적인 또래집단 네트워크에 집중되고 있었다. 따라서 그들은 개인적 네트워크야말로 시민 동원을 위한 가장 중요한 맥락이라고 주장한다.

(4) 문화주의적 접근법들(culturalist approaches)

문화주의적 주장들을 미시적 수준의 접근법의 범주에 포함할지는 어느 정도 논란의 여지가 있다. 그러나 문화주의자들이 문화나 이데올로기의 개념을 모든 것을 아우르는 상부구조(superstructure)로 간주하고 있다는 점에서 문화주의적 주장들을 거시적 수준의 접근법 중 하나로 간주해 볼 수 있다.

분쟁 정치에 관한 기존의 연구 문헌들에서 문화주의적 주장들은 어디서나 찾아볼 수 있다. 어떤 학자들은 분쟁 정치를 설명하는 데 문화의 역할을 옹호한다. 예를 들어, 위컴-크로울리(Wickham-Crowley)가 지적한 바대로,[251] 스웰(Sewell)은 ***"그의 비판과 이데올로기에 관한 관심 그리고 해설적 방법으로 돌아갈 것을 공공연히 요청한 점에서 더 단호하고 완강한"*** 학자였다.[252] 스웰(Sewell)은 스카치폴(Skocpol)의 구조주의적 접근법[253]을 비판하면서 어떤 혁명적 현상을 설명하는 데 문화적 요소의 역할을 폄하하는 것을 강력히 반대했다. 다양한 이론적 입장들 사이에서 균형을 유지할 것을 강조하면서 제스퍼(Jasper) 또한 문화주의적

전통을 강력히 옹호하였다.[254)]

굿윈(Goodwin)은 집단적 신념, 이데올로기, 문화를 고려할 필요가 있음을 지적한다.[255)] ***"혁명적 이념들과 전략적 레퍼토리들 또한 그 모든 것의 전부 혹은 대부분이 국가적 관행들로부터 나온 것이라고 볼 수 없는 다양한 종류의 사회관계들과 문화 체제들에 그 뿌리를 두고 있다."*** 헌트(Hunt)는 비록 문화적 상징과 수사에 대해 초점을 두는 것을 혁명주의의 경험적 지표들에 대한 사회적, 공간적 분포에 대한 실질적인 구조적 분석과 결합하려 노력하고 있지만, 틀림없이 사회적, 공간적 분배가 수행하는 역할보다는 문화적 상징과 수사가 수행하는 역할을 더 많이 강조하고 있다.[256)] 또한 대부분의 문화주의적 접근을 옹호하는 학자들은 이른바 ***"신사회 운동학파(new social movement school)"***에 속해 있는데, 그들은 1960년대 중반 이후 서유럽에서 일어난 중요한 사회적 저항의 형식에 관심을 기울임으로써 문화적, 이념적 가치의 중요성을 탐색했다.[257)]

피니(Feeny)가 주장한대로 합리적 선택이론의 전통에 서있는 일부 학자들도 부분적으로는 문화주의적 주장을 인정하고 있다.[258)] 락흐만(Lachmann)은 이와 유사한 맥락에서 다음과 같이 주장하고 있다. ***"혁명가들과 그들에 반대하는 무리는 사람들의 선택을 이해하고 동맹을 이루어내기 위해 이데올로기를 활용한다.[259)] 엘리트와 계급 갈등의 불연속성은 혁명을 이루기 위한 이데올로기적 주장들과 혁명의 실질적인 구조적 효과 간 상호교신의 부재를 설명해 준다."*** 일단의 학자들이 이데올로기와 문화를 결합하기 위해 조금은 다른 방식으로 접근을 하고 있지만 결국 그들의 주장은 문화주의적 주장에 더 무게를 신고 있음을 증명해 보인다.[260)]

(5) 합리적 선택 접근법: 집합행동의 문제

개별 행위자들의 의사결정이나 전략적 행위들에 관심을 두고 있다는 점에서 분쟁 정치에 있어 합리적 선택 접근법(rational choice approach)은 미시적 접근법의 한 유형으로 간주할 수 있다. 특히 정치학의 다른 분야와는 달리 분쟁 정치분야에서는 합리적 선택이론의 영향이 지배적이다.

사실 합리적 선택이론은 종종 다른 경쟁적 접근법들을 옹호하는 학자들이 그들 자신의 이론적 딜레마에서 벗어날 수 있도록 도움을 줌에 있어 중요한 역할을 수행하도록 요구받았다. 합리적 선택이론이 경쟁이론을 정복해 나가려고 의도적으로 노력했다기보다 경쟁이론의 주창자들이 스스로 합리적 선택이론의 도움을 요청한 면이 없지 않다. 예를 들어, 상대적 박탈 이론의 창시자인 테드 거(Ted R. Gurr)는 박탈 이론의 주창자로 알려져 있지만, 그의 이론적 분석 틀을 들여다보면 합리적 선택이론이 포함되어 있다. 또 다른 사례가 마크 리치바흐(Mark Lichbach)는 상대적 박탈 이론에서 합리적 선택이론으로 선회한 경우이다. 리치바흐(Lichbach)는 거(Gurr)의 제자이자 공동 저자였다. 심지어 정치적 기회구조 학파의 가장 완강한 주창자였던 맥아담(McAdam) 역시 합리적 선택이론의 도움을 요청하지 않을 수 없었다. 이 모든 점을 고려해 보건대, 합리적 선택이론을 특별한 주의를 기울여 다루면서 그 이론이 분쟁 정치 분야에 독립적으로 기여한 부분이 무엇인지를 조사하는 것이 온당하다.

올슨(Olson)에 따르면, 개별 행위자들은 집합행동에 참여할지 혹은 그만둘지를 결정하기에 앞서 다양한 대안들과 연관된 기대 비용과 이익들을 계산한다.[261] 그는 무임승차자(Free-rider)

문제와 같은, 집합행동에서 일부 실질적인 장애물들로 인해 사람들이 대중 폭동(popular uprisings)에 참여하는 일은 쉽지 않을 것이라고 말한다.[262] 또한, 집합적 행동의 문제점은 분쟁 정치(contentious politics) 분야의 많은 학자에 의해서도 입증된다.[263]

올슨(Olson)은 집합적 행동을 고무시킴으로써 결국 분명한 역설적 상황을 해결하는 선택적 동기(selective incentives)와 같은 대안 해결책을 제시하고 있지만 집합적 행동이 지닌 문제점의 극복 가능성에 대한 그의 견해는 비관적인 것으로 보인다. 게다가 그의 해결책은, 개별 행위자들은 비전략적 의사 결정자들(non-strategic decision makers)이며 효용을 효과적으로 활용하는 사람들(utility optimizer)이라기보다는 효용을 극대화하는 사람(utility maximizes)이라는 일련의 ***"주관적 기대 효용(subjective expected utility)"*** 가설에 의해 제약을 받는다. 그러나 저항과 혁명의 역사는 그의 예언이 실제 결과와 잘 맞지 않고 있음을 보여준다. 즉 집합적 행동의 비용이 분명 이익을 초과하는 상황에서도 혁명이 자주는 아니지만, 이따금 발생하고 있기 때문이다.

합리적 선택론은 한편으로는 분쟁 정치(contentious politics)의 여러 학파에 의해서 주목을 받아왔다. 다른 한편, 합리적 선택이론가들은 그들 스스로 그들의 관심을 분쟁 정치의 연구로까지 확장하려고 노력하였다. 특히 합리적 선택이론에 대한 대부분의 비판이 특정 기회 혹은 집합적 행동의 전통 즉 파업, 소란 행위(charivari) 혹은 저항 시위 등에 의해 제공된 동기와 억압을 소홀히 다룸으로써 비롯되었다는 점에서, 이러한 이종(異種) 학문 분야 간의 노력(interdisciplinary efforts)은 중요하다.[264] 어떤 학자들은 어느 정도의 통합 가능성을 발견하지만, 다른 학자들은 그렇지 못하다. 예를 들어, 털록(Tullock)은 합리적 선택 관점으로부터, 상대적 박탈 이론의 관련성과 합리적 행동 모델과의 적합성을 강하게 거부하였다.[265] 반대로, 다른 학자들은 박탈감의 잠정적 영향(effect)이 일반적으로 합리적 선택 관점과 적합하다고 주장한다.[266] 마르크스(Marx)는 동원 가능한 자원들을 살펴본 후에 자원동원 이론(resource mobilization theory)에 대한 귀중한 비판을 제공하였다.

또한 자원동원 이론과 관련하여, 학자들은 합리적 선택이론과의 통합 가능성을 발견하였다. 예를 들어, 오버샬(Oberschall)은 행위자의 선택을 제한하는 사회 조건과 구조들을 시험함으로써 합리적 선택이론과 동원이론을 연결하려고 하였다.[267] 울라너(Uhlaner)는 조직 세력(organized groups)의 지도자들이 구성원들에게 집합적 목표를 적극적으로 지지하게끔 하는 선택적 동기(selective incentives)를 제공할 것을 제안하고 있다.[268] 총(Chong)은 자발적인 대중 협조(spontaneous mass coordination)는 일어나지 않기 때문에, 헌신적인 활동가들은 리더십을 제공해야만 한다고 주장한다.[269] 이러한 종합적 노력 이외에도, 합리적 선택론을 연구하는 다수의 학자는 원조 합리적 선택이론의 미시경제적 가정(microeconomic assumptions of the original Collective Action model)을 완화함으로써 그들의 설명력을 확장하는 데 성공하였다.[270]

대부분의 분쟁 정치학자들은 합리적 선택이론을 가지고 집합적 행위에 관해 설명할 필요가 있다고 어느 정도는 인정하지만, 일부 그룹의 학자들은 여전히 합리적 선택이론의 단순화된 개념을 받아들이기를 거부한다. 그들은 종종 ***"그들이 정치적 행동에 대해 과소 사회화된 설명(undersocialized explanation)을 제공하고 따라서 사회관계 속에서 개별 행위자들의 배태성(embeddedness)을 설명하는 데 실패한다는 것을 이유로"*** 집합적 행동에 대한 합리적 선택론의 분석을 비판한다.[271)]

합리적 선택이론에 대한 이 모든 비판적 설명은 분쟁 정치 분야에서 일반적으로 논의되어 왔지만, 분쟁 정치의 구체적 측면에 대해서는 어떠한 포괄적인 비판도 가해지지 않았다. 합리적 선택이론에 대한 모든 비판에도 불구하고, 분쟁 정치에 대한 그들의 공헌은 굉장한 것으로 여겨진다. 무엇보다도 합리적 선택론은 오랫동안 지속된 미시적 수준과 거시적 수준의 분석을 통합하는 임무를 해결하는 데 기여하고 있다. 즉, 미시적 수준의 접근법을 심화시키는 동시에 거시적 수준의 접근법을 더욱 광범위하게 활용할 것을 권고한다.

(6) 저항과 국가 억압 간 행동-반응의 역동성

분쟁 정치의 근본적 의문은 두 가지다. 하나는 '왜 인간이 반란을 일으키는가?'라는 분쟁의 원인에 관련된 의문이고, 다른 하나는 '저항집단과 국가가 잠재적인 저항세력들을 어떻게 동원하거나 해산시키는가?'라는 동원과 관련된 의문이다. 특히 둘째 의문은 저항집단과 정부가 저항운동에서 잠재적인 저항활동 참가자들을 동원 혹은 해산하기 위해 경쟁한다는 면에서 저항-억압의 역학 구조와 밀접한 관련이 있다. 본질적으로 국가와 저항집단의 이해관계는 서로 상충하고 있다.

이런 국가 억압과 저항세력의 대응 간의 역동적인 관계들은 학자들의 시선을 끌었고 마침내 분쟁 정치 분야에서 독자적인 주제 영역으로 다루어지게 되었다. 그러나 이 분야에 관한 관심이 증대되고 있음에도 불구하고 적절한 이론적 설명을 발견하긴 어렵다. 왜 강제와 저항 간에 존재하는 저항운동의 역학 구조를 이론화하는 것이 어려운가? 쿠푸만(Koopman)은 그런 어려움의 근본적 원인을 사회운동이 지닌 낮은 제도화의 정도, 높은 이질성, 명확히 규정된 경계와 의사결정 구조의 결여, 몇몇의 다른 사회현상과 혼재되어 나타나는 가변성(volatility)에서 찾고 있다.[272] 또한 역학 구조에 참여하는 행위자들의 수가 많고 다양하다는 점과 조직, 비공식적 네트워크, 하위네트워크들 그리고 개인 간에 이루어지는 비공식적이고, 변화무쌍하며 일시적인 결합관계에 의존하고 있는 점을 원인으로 지적하고 있다.

오버샬(Oberschall)이 지적한 바와 같이 이런 이유로 인해 사회적 분쟁의 연원, 집합행동을 위한 동원 및 리더십과 이데올로기의 역할과 같은 주제들에 관심이 집중된 반면, 집단분쟁의 진행 방향, 지속 정도, 강도 및 결과와 같은 역동적 측면은 상대적으로 외면을 받아왔다.[273] 그러한 근본적 주제에 대한 무시 - 달리 말해, 저항과 혁명의 결과에 영향을 미치는 중요한 행위자로서의 국가의 존재에 대한 의도적 무시 - 는 위에서 살펴본 미시, 거시 수준의 접근법 모두에서 극명하게 드러나고 있다. 그와 같이 중요한 주제가 무시된 것은 그만큼 국가와 저항집단 간 상호작용의 역학 구조를 이론화하고 경험적으로 입증하기가 어렵기 때문이다.

행동-반응의 역동성은 다방면으로 논의될 수 있는 주제이다. 종속변수와 독립변수의 차원성의 문제와 관련되어서 논의될 수도 있고 저항-억압 관계의 선형성(linearity)과도 연관되어 논의될 수 있다. 여기에서는 역 U자 관계 가설(interted-U hypothesis)을 주로 논의할 것이다. 저항세력들은 국가 억압에 대응해 상황에 따라 분쟁행위를 늘이기도 하고 줄이기도 한다.[274] '계속해서 이런 관계가 반복되어 나타나는 어떤 패턴이 존재하는가?'라는 의문에 학자마다 그가 지닌 시각에 따라 다양한 답을 내어놓고 있다.

미시적 수준의 접근법과 비교해서, 특히 상대적 박탈 이론, 거시적 수준의 접근법들과 합리적 선택이론은 행동-반응 역동성에 상당한 주의를 기울이고 있다. 특히, 합리적 선택이론은 행동-반응 역동성에 관한 논쟁 전개에 기여했다. 합리적 선택에 기초한 설명은(자원 동원/정치과정 학파를 포함해서) 억압이 저항행위를 늘릴 것이라고 주장한다. 합리적 선택에 기초한 설명은 억압이 집합행동에 대한 비용을 늘린다고 주장하는 반면, 상대적 박탈 이론은 억압이 사람들의 상대적 박탈감을 증가시킬 것이라고 주장한다. 잘 조직화된 저항집단은 무작위적인 저항행위가 아닌, 체계적이고 확산이 용이한 저항행위를 만들어 낼 수 있기 때문에 자원동원 이론은 상대적 박탈 이론보다 무작위적인 저항행위에 대한 설명력이 떨어진다.

리치바흐(Lichbach)는 저항세력들이, 특히 패배 이후에 계속해서 전술을 바꿀 것이라고 주장한다.[275] 그는 전통적인 행위-반응(AR) 모델에 대항해서 대안적인 합리적 행위자(RA)모델을 제시한다. 그는 3가지 명제를 검증하는데, 첫째, 정부의 비폭력적 억압의 증가는 반대집단의 비폭력적 행위를 줄이는 대신 폭력적 행위를 늘일 것이다, 둘째, 효과의 균형, 즉 레짐의 억압 증가가 반대집단의 전체적인 저항행위를 줄일지 아니면 증가시킬지는 정부의 반대집단에 대한 수용정책의 여부에 달려 있다, 셋째, 일관된 정부의 수용 및 억압 정책은 저항을 줄이는 반면, 일관성이 없는 정책들은 저항을 증가시킬 것이다. 행위-반응 모델(AR)은 두 행위자 사이의 전략적인 상호작용의 주요 특징, 즉 저항세력은 다양한 전술들 가운데서 하나를 택하고 정부는 다양한 대응 전략 중에서 하나를 택한다는 사실을 소홀히 다루고 있다. 억압을 당하는 반대 세력들은 멀리 달아나지도 않을 것이고 그들의 노력을 배가하지도 않을 것이다. 그러나 그들은 전술을 바꿀 것이다. 그는 저항-억압 관계의 수수께끼를 푸는 과정에서 RA 모델이 지닌 우수성을 자랑하면서, 더 이상 억압이 폭력을 억제할지 아니면 촉진할지가 문제가 되는 것이 아니라 어떻게 정부의 억압이 저항세력의 전술을 변화시킬 것인가가 문제가 되는 것이라고 주장한다. 따라서 RA 모델은 기계적인 AR 모델과는 달리 저항-억압의 상호작용 관계를 블랙박스 상태로 내버려 두지 않고 정부의 억압이 반대 세력의 행동에 어떤 영향을 미치게 되는지를 설명할 수 있다고 주장한다.

체벨리스와 스프래그(Tsebelis and Sprague)는 저항과 억압 간의 관계가 연동한다는 가설하에 비선형적(nonlinear) 모델의 역학 구조를 보여준다.[276] 그들은 생물학적 먹이-포식자 모델(biological predator-prey model)을 혁명과 억압의 문제에 적용했다. 메이슨과 크레인(Mason and Krane)은 지독한 억압은 일시적으로 저항을 줄이겠지만 장기적으로 특히 그러한 억압이 무차별적으로 가해지면 저항을 증가시킬 것이라고 주장한다.[277]

뮬러와 위드(Muller and Weede)는 정치폭력의 지표로써 사용되는 정치적 사유에 의한 사망을 종속변수로 채택한, 대규모 표본에 의한 횡단 국가 검증에서 역 U자 곡선 관계를 재확인했다.[278] 그들은 ***"합리적 선택의 시각에서 정부의 억압행위와 정치적 폭력 간의 관계는 역 U자형 관계를 갖게 되는데 이런 관계에서는 현 수준의 부정적인 금지조치가 낮거나 높을 때 정치적 폭력의 비율을 낮게 나타낼 가능성이 가장 크고, 정치적 폭력의 수준이 높게 나타나는 경우 부정적인 금지조치의 수준은 중간 정도가 될 가능성이 가장 높다"***라고 주장한다.

후버와 코왈레스키(Hoover and Kowaleski)는 저항과 억압 간의 관계는 상황에 따라 달라진다고 주장한다. 그들은 저항활동 참여자들이 레짐보다 정치적 경험이 미숙하고 덜 관료적이어서 새로운 전략을 더 쉽게 시험해 볼 수 있음에 주목한다.[279] 카와자(Khawaja)는 여러 종류의 지수화된 억압측정치에 대한 웨스트 뱅크(West Bank) 지역에서 집합행위의 반응을 연구하기 위해 역사적 사례 분석기법(event history analysis)을 사용하였다. 그는 강력한 억압이 저항행위가 과거의 억압과 관계없이 발생한다는 힙스(Hibbs)의 주장과 일치하는 저항행위를 촉발했다는 사실을 알게 되었다.[280] 이런 연구 결과들은 역 U자형 곡선이 억압 수준이 가장 높을 때 또 다른 저항을 발생시키게 됨(저항과 억압 간의 비선형적 관계)을 가리킨다. 옵(Opp)은 역 U자 가설을 검증, 확인하기 위해 라이프찌히에서 면접 조사를 통해 얻은 데이터를 활용했다.[281] 굽타, 싱, 스프래그(Gupta, Singh, and Sprague)는 국가의 억압이 민주주의국가들에서는 저항행위를 강화하지만 비민주주의 국가들에서는 아주 높거나 아주 낮은 수준에서는 저항행위를 억제한다고 주장하는데 이는 다시 말해 비민주주의 국가들에서는 억압과 저항 간의 관계가 역 U자형으로 나타나게 된다는 것이다.[282] 그들은 굽타의 기대효용 모델(expected utility model)을 저항세력이 폭력적/비폭력적 행위 사이에서 하나를 선택하기보다 경제적/정치적 행위 사이에서 하나를 선택하게 된다는 주장을 내세우기 위한 기초로 활용해서 리치바흐(Lichbach)의 모델을 수정했다. 그들은 정치적 행동이 정부의 억압, 레짐 유형(즉, 민주국가인지 전제국가인지), 집단의 정체성 및 경제적 행위로부터 얻게 되는 편익의 함수관계를 나타내는 모델을 추론해 내고 있다. 그들의 연구에서는 1960년부터 1980년까지 24개 국가들에 대한 데이터를 바탕으로 직접시계열설계기법(pooled time-series statistical analysis)이 활용되었다. 분석을 통해 그들은 민주주의국가들에서 억압은 폭력적, 비폭력적 행위 모두와 긍정적인 선형 관계를 맺고 있지만, 비민주주의 국가들에서는 역 U자형 관계가 있음을 발견했다.

래슬러(Rasler)는 1979년 이란의 혁명기간 저항행위의 진화과정을 설명하는 가설 군을 개발했는데, 그중 2개의 가설은 국가의 억압에 대한 저항세력의 다양한 대응을 설명해 주고 있다.[283] 그가 제안한 바는 첫째는 억압에 대한 장/단기적 대응을 구분하는 것이고, 둘째로는 국가의 억압뿐만 아니라 양보(concessions)까지도 고려해서 양보가 오히려 저항을 더 촉발하게 될 것이라는 가설을 세워보자는 것이었다. 주 단위로 수집한 이란혁명에 관한 사례 데이터(event data)를 이용해서 그는 이 두 가지 가설 모두가 틀림없음을 증명해 보였다. 그는 억압이 단기적으로는 저항을 억제하지만, 장기적으로 저항을 촉진하며, 혁명적 상황에서는 저항세력의 요구를 수용하는 것이 오히려 저항을 촉진하게 된다고 주장한다. 무어(Moore)는 사례 데이터(event data)에 대한 sequential test를 통해 저항세력이 억압을 당하게 되면 폭력적 행동을 비폭력적인 행동으로 대체해 나갈 것이라는 리츠바흐(Lichbach)의 가설과 억압이 민주주의국가에서는 오히려 저항을 촉발하지만 권위주의 국가들에서는 강력한 억압이 저항을 억제하는 효과가 있다는 굽타, 싱, 스프래그(Gupta, Singh, and Sprague)의 가설, 그리고 억압이 단기적으로는 저항을 억제하는 효과가 있지만, 장기적으로는 오히려 저항을 촉발하게 된다는 래슬러(Rasler)의 가설을 모두 검증하려 했다.[284] 무어의 연구 결과, 리치바흐의 가설을 입증하였지만, 굽타, 싱, 스프래그의 가설과 래슬러의 가설은 모두 기각되었다.

일부 합리적 선택이론에 입각한 학자 중에는 이른바 한계모델(threshold model)을 통해 행동-반응의 역학 구조를 밝히려 한 사람들이 있다.[285] 그라노베터(Granovetter)는 혁명의 진행 곡선을 추정해보기 위해 대안적 방법을 사용하고자 했지만, 그와 부합하는 데이터가 없어 경험적으로 증명해 보진 못했다.[286] 그의 모델은 두 개의 대안 중에 하나를 선택할 수 있고 각 대안에서 나오는 순이익(net benefits)이 그 대안을 선택하는 사람 수에 달린 상황에 적합하다. 개별 행위자들이 그렇게 할 가치가 있음을 알기 전에 한 가지 대안을 선택해야 하는 다른 개별 행위자들의 수를 나타내는 저마다의 한계치를 갖고 있다는 점에서 개별 행위자들은 모두 이질적이다. 한계치가 적절한 빈도를 갖고 분포된 상황에서 한 가지 대안에 대한 한 개인의 선택은 또 다른 개별 행위자가 그의 한계치를 넘도록 강요하는 잠재력이 있으며, 다음 사람은 또 그다음 사람에게 계속해서 그런 한계치를 넘도

록 강요함으로써 결국은 그런 과정이 멈출 때까지 계속된다.[287]

올리버와 마웰(Oliver and Marwell)[288]는 그라노베터(Granovetter)의 분석 틀을 확장해서 그가 말한 연쇄적인 한계치를 넘어서는 대안의 선택이 집단적인 행동이 가져다주는 결과에 관심이 있거나 다른 이유로 인해 적극적인 기여를 하게 되는 강력한 유인을 지닌 일군의 개별 행위자들 즉 '비판적 다수(critical mass)'에 의해 촉발된다고 주장한다. 그들은 집단의 이질성은 이 '비판적 다수'는 전형적으로 극단적인 경향을 지닌 개별 행위자들로 구성되어 있으므로 집합행동이 나타날 가능성을 높여준다고 말한다.

쿠란(Kuran)은 혁명의 역동적 구조를 밝혀내기 위해 그라노베터(Granovetter) 모델에 변형을 가한다.[289] 그는 현상 유지에 대한 공중의 반대가 임계치를 넘어설 때 현상 유지 레짐이 대안적 레짐으로 대체되는 상황을 조사했다. 저항운동의 규모가 커짐에 따라 정치적 행동이 가져오는 비용은 줄어든다고 가정하고 있다. 정치적 행동에 따른 비용을 줄임으로써 한 개별 행위자의 행동은 다른 행위자들이 레짐에 대해 공공연히 반대하도록 이끈다. 그라노베터(Granovetter)의 모델에서처럼 쿠란(Kuran)의 모델에서 대중적 반대가 만들어지는 과정은 간단하다. 대중적 반대는 단조로운 형태로 증가하거나 정체된다. 다른 사람의 행동을 연쇄적으로 이끌어 내는 역학 구조는 행동에 따른 외부적 비용이 시간의 경과에 따라 단조롭게 변하면서 생겨나는 것이다. 극단적 경향을 지닌 개별 행위자들은 연쇄반응의 초기에 합류하지만 온건한 행위자들은 나중에 합류하게 된다. 혁명이 예측할 수 없는 것은 이런 연쇄 과정이 한계치의 빈도 분포에서 조그만 변화에도 매우 민감하게 반응하기 때문이다.

데나르도(DeNardo)의 모델은 레짐과 그 반대 세력들 간의 전략적 상호작용을 허용한다.[290] 개별 행위자는 저항운동 세력의 요구와 현존 레짐의 정책 간에 나타나는 차이가 개인마다 다른 한계 수준을 넘어서게 되는 경우 레짐에 대항해서 대중운동에 참여하게 된다. 따라서 레짐이 간접적으로 저항운동의 규모를 통제하게 되는데 정치개혁을 단행함으로써 레짐은 반대 세력의 요구에 부응하는 쪽으로 자신의 정책을 바꾸어서 반대 세력의 규모를 줄일 수 있다. 그러나 그는 개혁적 시도가 더 이상 먹혀들지 않는 '혁명적 한계(revolutionary threshold)'라 할 수 있는 대중동원의 수준이 있다고 말한다. 사람들을 참여하게 만드는 유인(incentives)이 레짐에 의해 통제되는 또 다른 변수인 억압의 정도에 의존하게 되는 보다 복잡한 데나르도 모델도 있다. 억압이 반대 세력을 억제하고 위협하는 한편으로 그것은 또한 레짐의 생존을 위협하는 정치적 반발(political backlash)을 불러일으키는 잠재력을 지닌 양날의 칼과 같은 것이다.[291]

총(Chong)은 저항운동, 대응운동(countermovement) 및 레짐 간의 역동적인 상호작용에 대한 모델을 수립했다.[292] 두 가지 형식의 대중운동과 레짐의 반응성 간의 관계를 다스리는 시스템의 모수(parameters)에 따라 시간에 따른 참여자의 수적 변화는 안정 상황, 폭발 상황, 실패 상황, 가변적 상황 등으로 복잡하게 나타나게 된다.

로만(Lohmann)은 공식적인 신호보내기 모델(a formal signaling model)의 잠재성에 착안해서 ***"정부에 의존한 연쇄반응 모델(an informational cascade model)"***을 개발했다.[293] 그가

제시한 모델에 따르면 사람들은 현존 레짐에 대한 그들의 불만을 표시하기 위해 애써 정치적 행동을 취하게 되며, 일반 대중들은 시간의 경과에 따른 저항운동의 규모 변화를 정보를 받아들이는 신호로 여기게 된다. 그렇게 해서 레짐은 일반 대중의 지지를 잃게 되고 정치적 행동이 심각한 지경에 이를 경우에는 붕괴하기까지 하는 것이다. 전통적인 한계 모델들에서는 극단적 견해를 지닌 사람들의 참여가 온건한 다수의 참여를 이끌어 내는 데 중요한 역할을 하지만, 그는 **"정보의존 연쇄반응 모델"**에서는 극단적인 견해들이 다수 대중의 견해와 극명한 차이를 드러낼 경우 저항세력을 대중으로부터 격리시키는 치명적인 결과를 초래하게 된다. 그의 모델에서는 저항활동의 참여 규모가 시간에 따른 저항활동 참여 규모에 관한 정보에 따라 내재적으로 결정되므로 저항활동 참여자의 수는 상황에 따라 달라진다. 이런 점에서 로만(Lohmann)의 모델은 그라노베터(Granovetter)나 쿠란(Kuran)이 제시한 모델이 지닌 단조로운 측면과 좋은 대조를 이룬다.

쉘맨(Shellman)[294)]과 리차드슨(Richardson)[295)]이 제시한 바 있는 군비경쟁 모델과 유사한 행동-반응 모델에서 국가와 저항세력의 행동을 현재의 행동과 과거에 행해왔던 행동의 함수관계로 설정하고 있다. 모델의 실증분석에서 그는 일간 및 월간 전환 시기별(turns) 시계열 데이터를 이용해 표준적인 벡터 자기상관 시계열 분석을 통해 국가와 저항세력 간의 상호작용의 상승(escalatory) 및 반동(backlash) 가설을 검증하고 있다. 푸트렐과 브렌트(Futrell and Brents)는 미국 내 반핵집단에 의한 미국 네바다주의 원자탄 실험지역에 대한 잠재적 테러 가능성을 조사하면서 9·11 사태 이후 강화된 미국 정부의 대테러 억압 정책이 그에 반대하는 저항세력들의 미래 행동을 보다 폭력적인 형태로 변화시켜 결국 국가-저항세력 간의 폭력적인 행동-반응의 역학 구조를 강화하게 될 것이라고 주장한다.[296] 페라라(Ferrara)는 버마의 민주화 시위가 왜 버마 군부의 억압에 왜 순응적 반응을 보이게 되는지를 합리적 선택이론의 관점에서 홉스(Hobbes)의 딜레마를 극복하려는 국가-저항세력 간의 정형화된 행동-반응의 역학 구조로 분석하였다.[297]

4) 한국의 사회운동과 분쟁 정치이론의 한국적 적용

한국의 근현대사는 아주 짧은 기간에 매우 복잡다단하고 역동적인 변화를 겪어왔다. 이러한 변화의 중심에는 늘 국가와 사회 간의 억압-저항이라는 관계의 문제가 자리 잡고 있다. 국가와 사회 영역 간에 존재하는 다양한 상호작용으로 다양한 형태의 정치적 변동이 나타나게 되므로 국가와 사회 사이에 벌어지는 권력을 향한 투쟁은 한국의 정치변동에 있어 핵심적인 역할을 할 수밖에 없었다.[298]

이러한 이유에서 우리나라에서 폭력을 수반한 사회변동에 관한 연구 역시 국가와 사회라는 큰 구조적 관계에 주로 초점을 맞추어 진행될 수밖에 없었으며, 이론적인 면에서도 구미 정치학계 및 사회학계에서 다양하게 논의되어온 분쟁 정치의 이론보다는 칼 마르크스(Karl Marx), 에밀 뒤르케임(Emile Durkheim), 막스 베버(Max Weber) 등이 내세운 주로 이데올로기와 계급의 중요성을 강조하는 고전적 의미의 집합행동 이론들이 주류를 이루었다.[299] 방법론적으로도 실증주의적 접근보다는 역사주의적 접근이, 측정과 조작화에 의존하는 양적 연구 방법보다는 스토리텔링(storytelling)에 의존하는 질적 연구 방법이, 개념-가정-가설-모형에 의존하는 이론 지향적(theory-driven) 방법보다는 역사적 사례의 종합을 통해 제한된 일반화를 추구해 나가는 자료 지향적(data-driven) 연구 경향이 주류를 이루게 되었다.

우리나라에서 사회운동에 관한 연구가 지닌 또 한 가지 특징은 집합 사건의 현장에만 주로 관심을 둠으로써 사건의 발발 원인과 과정에 대한 수많은 논의와 논쟁은 있되 사건이 발생하고 나서 전개되는 집합행동은 연구의 대상으로 삼지 않았다는 점이다.[300] 따라서 앞서 살펴본 분쟁 정치의 제 이론 중에서 미시적 수준의 연구나 국가-저항세력 간에 일어나는 행동-반응의 역학 구조에 대한 분석은 요원할 수밖에 없었다.

우리나라에서 사회운동에 관한 관심과 연구가 활발해지기 시작한 시점은 1970년대와 1980년대 권위주의 체제하에서 민주화 운동이 본격적으로 추진되면서부터이다. 그 이전의 사회운동 연구는 주로 해방 이전의 시기에 관한 사회사적 연구가 주류를 이루었다. 1980년대 이후 사회사적 연구는 민주화운동의 발전과 함께 운동의 동인을 이해하려는 사회운동사 연구에 초점이 맞추어졌다. 노동운동, 농민운동, 학생운동, 지역주민운동, 환경운동 등 다양한 부문별 사회운동에 관한 연구도 활발히 이루어져 왔으나, 이들 연구 역시 기존의 사회운동 연구가 지닌 이론적, 분석적 한계를 그대로 노정하고 있다.

구미 학계의 분쟁 정치이론을 토대로 사회운동사적 접근에서 벗어나 보다 분석적인 연구를 펼쳐 나가기 시작한 것은 1990

년대 중반 이후부터라 할 수 있다. 주로 정치적 기회구조 이론과 자원동원 이론이 분석 틀로 사용되었는데, 김용직의 경우, 3·1운동을 ***"민족적 동기에서 유래한 대중 사회운동"***으로 규정하고 사회운동적 측면, 특히 자원(resources)과 동원(mobilization)의 측면에서 접근하고 있다.[301] 그는 분석을 통해 3·1운동의 민중봉기에서는 ***"전향적 동원"***과 ***"방어적 동원"***의 두 대조적 동원 유형이 발견되었다고 주장한다. 김용직(2002)은 3·1 운동이라는 민족독립운동 사례를 집합행동적 관점에서 접근하여, 틸리(Tilly)와 터로우(Tarrow)의 전국사회운동(national social movement)과 유사한 민족사회운동의 시각에서 집합행동의 발생 원인을 역사 사례 데이터 분석기법을 통해 분석하고 있다. 라영재·김세진(2003)은 자원동원 이론을 통하여 서구에서 중시했던 성공 요인들이 한국적 상황에서도 동일하게 효과를 나타내는지를 '화물연대의 운송거부 파업'이라는 사례를 통하여 파악하고 있다. 또한 그들은 자원동원 이론의 주요 변수들을 취합하여 내부 자원동원(resources mobilization)과 정치적 기회구조(structure of political opportunities)라는 두 변수를 구성하여 '화물연대 운송거부 파업'이라는 사례를 설명하고 있는데, 분석 결과 화물연대사례의 성공 요인을 설명하는 데 내부 자원동원 요인들은 적실성이 높이 나왔지만, 정치적 기회구조 요인들은 상대적으로 설명력이 떨어짐을 발견했다. 그들은 우리 사회에서 정치적 기회구조가 어느 정도 상수화되었기 때문에 실제로 변인의 역할을 수행하는 내부 자원동원 요인들에 관한 연구가 더 많이 필요하다고 주장한다.

정치적 기회구조 이론에 입각한 연구 또한 다수 존재한다. 윤성이(1999)는 1979년 박정희 사망 이후 1987년 6.29 선언에 이르기까지 한국 권위주의 체제의 변동과정을 정치적 기회구조 이론의 축소와 확대라는 관점에서 분석하고 있다. 신진욱(2004)은 1960년~1986년 시기 한국 노동자들의 집단적 저항 행동의 레퍼토리와 장기적 사이클이 정치적 기회구조의 변화 및 국가·자본과의 상호작용과 인과적 상관관계를 사회 운동론적 접근으로 규명하고 있다. 최현(2007)의 경우, 우리나라 민주화운동의 사례를 통해 정치적 기회구조 이론을 보다 정교화하려고 시도하고 있다. 그는 정치적 기회와 그에 영향을 미치는 거시적 수준의 구조를 구분하여 정치적 기회를 운동의 기회와 위기의 중·단기적 변화를 분석할 수 있는 틀로 사용하고 있다. 동시에 정치적 기회를 구조적 기회와 인지적 기회로 세분화해서 행위자가 의미 틀 짜기(framing)를 통해 정치적 기회의 변화에 개입하는 메커니즘을 밝힘으로써 정치적 기회의 생성과 발전·변화·소멸을 설명한다.

상대적 박탈 이론, 자원동원 이론 및 정치적 기회구조 등 다양한 분쟁 정치의 이론을 종합적으로 적용한 연구도 있다. 박현희(2008)는 우리나라 주민발의 운동의 정치적 동학을 불만, 인지틀, 자원 동원, 정치적 기회구조 (안정적·유동적 정치적 기회구조) 변수들의 상호작용과 운동에서의 영향을 분석하여 파악하고 바람직한 참여 민주주의의 실현 조건을 제안하고 있다.

우리나라의 사회운동을 신사회운동의 시각에서 접근하려는 움직임도 있다. 오일환(2000)은 1980년대 후반 한국 사회운동의 성격이 이미 서유럽의 신사회운동(new social movement)과 같은 양상을 띠게 된다고 주장한다. 신율(2001) 또한 우리나라의 시민운동이 그 개념적 측면에서 사회운동과 신사회운동의 혼합적 성격을 가지고 있으며, 이러한 개념적 모호성으로 한국의 시민운동은 실제로 많은 문제점을 가지고 있음을 지적한다.

2. 인터넷 기술의 진화와 사회운동의 변화

인터넷 기술의 발전은 앞선 4장과 5장에서 살펴본 바와 같이 우리 사회의 정치과정 및 정책과정에 근본적인 변화를 초래하기도 하지만 제도적 혹은 비제도적인 방식의 시민참여에 바탕을 둔 정치적 저항(political protest)의 형태에도 큰 변화를 가져오고 있다. 2008년 6월의 미국산 쇠고기 수입 반대 촛불시위와 2009년 6월 이란에서 발생한 대선 부정선거 관련 시위가 대표적 사례이다. 조금 더 시간을 거슬러 올라가 보면 20세기 마지막 해인 1999년 시애틀의 반세계화 시위에서도 그 사례를 발견할 수 있다. 라인골드(Rheingold)가 말한 '영리한 군중(smart mob)'은 2008년 촛불시위에서 실시간 인터넷 방송을 통해 경찰의 폭력적인 진압과정을 폭로했고, 2009년 테헤란의 거리에서 민병대의 총격에 쓰러진 네다(Neda)를 대선 시위는 물론 이란 민주화의 아이콘으로 만들었다.

컴퓨터와 인터넷 기술로 무장한 라인골드(Rheingold)의 '영리한 군중(smart mobs)'이 참여하는 집합행동(coll-ective action)으로서의 사회운동(social movements)의 전개 양상은 과연 1970년대~1980년대 거(Gurr)나 터로우(Tarrow)가 국가 억압과 저항 간의 관계를 논하던 오프라인 시대 사회운동의 전개 양상과 본질적으로 어떤 차이가 있는가? 인터넷 기술의 진화가 억압-저항 간의 상호작용 관계에 미친 영향에 대해서는 두 가지 측면에서 접근이 가능할 것이다. 먼저 인터넷 기술의 진화는 국가 억압에 저항하는 세력의 네트워킹 능력을 강화할 뿐 아니라 국가 억압 및 저항활동과 관련된 정보의 전달 능력을 향상하게 시킴으로써 저항세력의 동원 능력의 향상에 기여할 것으로 기대된다.

이 글에서는 웹 1.0에서부터 웹 2.0을 거쳐 웹 3.0에 이르는 웹 기술의 계속된 진화가 분쟁 정치의 중요 화두인 억압-저항 간 연관 관계에 어떤 영향을 미치는가에 연구의 초점을 두고 있다. 이 장에서 주목하고 있는 분쟁 정치에 대한 인터넷 기술의 영향은 두 가지 측면에서 접근할 수 있는데 첫째, 인터넷 기술의 발전이 가져온 저항세력의 향상된 동원 능력이 국가적 억압에 대한 저항세력의 반응에 대한 기존 이론의 설명을 어떻게 바꾸어 놓게 되는가 하는 점이다. 이는 온라인에서 분쟁 정치의 수단을 놓고 벌어지는 억압-저항 간의 긴장 관계가 어떻게 오프라인에서의 분쟁 정치의 구체적 결과, 즉 동원 혹은 진압의 성패로 나타나는가에 초점을 맞춘 연구가 될 것이다. 두 번째 측면은 온라인상에서 벌어지는 국가와 저항세력 간의 대결 양상이 그 자체로 새로운 유형의 억압-저항 간 연관 관계에 대한 분석 틀이나 모형을 요구하는가 하는 점이다. 이처럼 온라인상에서 이루어지는 억압-저항 간 대립은 우리에게 일반적으로 사이버 전쟁(cyber war)으로 알려져 있는데 오프라인에서 국가와 저항세력 간의 행동-반응(AR: Action-Reaction)에서 나타나는 관계의 패턴과 어떤 차이를 나타내는가에 초점을 맞춘 주제라 할 수 있다. 그러나 이 글에서는 제한된 지면과 데이터 획득 상의 한계 등을 고려하여 분쟁 정치와 관련된 연구의 첫 번째 측면에 초점을 맞추되 연구의 목적을 벗어나지 않는 범위 안에서 두 번째 연구 주제를 시론적 수준에서 가볍게 다룰 것이다.

이 글에서 다루게 될 사례는 1999년 시애틀 WTO 반대 시위 이후 지속된 일련의 반세계화 운동, 2008년 한국의 쇠고기 수입 반대 촛불시위, 2009년 이란 대통령 선거 관련 시위이다. 인터넷이 사회운동에서 저항세력의 유용한 저항 수단으로 나타나기 시작한 것은 1994년 멕시코 자파티스타(Zapatista) 운동이며, 본 서서에서 다루는 사례들 이외에도 국제적으로 중국 파룬궁 시위, 2001년 필리핀 에스트라다 대통령 축출 관련 시위, 2002년 이라크전쟁 반대 시위 등이 있고, 국내적으로는 2000년 총선 낙천 낙선운동, 2002년 효순·미선양 추모 촛불시위, 2004년 대통령 반대 시위, 2005년 국민연금 비밀사건, 서귀포 부실 도시락, 군산 건빵 도시락 사건 등 매우 다양하다.[302)]

그러나 열거된 국내외의 사례들은 주로 웹 1.0 기술이 활용되어 인터넷의 영향력이 본 저서에서 선정한 사례들과 비교해 볼 때 크지 않다. 따라서 이 글에서는 웹 2.0 기술이 본격화되면서 기술적 영향을 받아 대규모의 성공적인 사회운동으로 발전되어 간 위의 3가지 사례를 중심으로 웹 기술의 진화가 억압-저항의 연관 관계(repression-dissent nexus)에 어떤 영향을 끼치는지를 분석하게 될 것이다.

1) 인터넷 기술의 진화는 억압-저항 간 연관 관계에 관한 기존 이론들에 어떤 수정을 요구하는가?

억압-저항 관계에서 저항세력의 지도부가 집합행동의 문제, 즉 '모반자의 딜레마'를 극복하고 더 규모가 크고 강력하고 지속적인 저항을 조직하기 위해서는 무엇보다 먼저 저항 참여자들의 편익(benefits)은 증대시키고 비용(costs)은 감소시킴으로써 그들의 합리적 계산(rational calculus)의 결과를 긍정적인 것으로 만들어야 한다. 앞서 살펴본 억압-저항 간 연관 관계에 관한 여러 연구성과는 대체로 합리적 행위이론의 관점에서 국가의 억압이 최소한 단기적으로는 저항을 감소시키는 효과를 가져올 것으로 가정한다. 물론 래슬러(Rasler)의 경우 장기적으로는 저항이 오히려 증대될 것이라고 주장하고 굽타·싱·스프래그(Gupta, Singh, and Sprague 1993) 또한 민주주의 체제하에서 발생하는 저항활동에서는 국가의 억압이 오히려 더 큰 저항을 불러오게 될 것이라고 경고하고 있지만, 그들 모두 리크바크의 합리적 행위이론에 입각한 '모반자의 딜레마' 가정에 충실한 결론을 내고 있다.

그러나 인터넷 기술, 특히 2009년 이란의 대선 시위나 2008년 우리나라의 쇠고기 수입 반대 촛불시위의 경우에서 보는 것처럼 트위터(tweeter)나 팟캐스트(podcast)와 같은 웹 2.0 기술이 적용된 저항 수단들이 저항세력 내부의 정보 전달과 동원에 활용된다면 이는 억압-저항 관계에서 국가 억압의 우월적 지위를 위협하기에 충분한 요소이다. 웹 기술을 통해 더욱 수월해진 정보 전달과 소셜 네트워킹을 통한 조직 관리는 저항세력의 지도부에 편익 증대, 비용감소의 전략을 더욱 용이하게 전개하게 해줄 것이다. 즉, 인터넷 공간에서 이루어지는 저항 참여자들 간의 활발한 정보교환과 의사소통은 그 자체로 저항의 비용을 줄여주는 효과를 나타낸다.

리크바크(Lichbach)가 제시한 '모반자 딜레마'의 또 다른 해결 방안은 불완전 정보(incomplete information)의 활용이다.[303] 불완전 정보를 놓고 억압과 저항세력 간에 벌어지는 이러한 경쟁에서 인터넷 기술의 진화는 상대적으로 저항세력의 입지를 높여준다. 사이버공간에서 벌어지는 억압-저항세력 간의 정보진쟁은 억압 세력이 일방적으로 기술적 우위에 있음에도 불구하고 결국 저항세력의 승리로 끝나는 경우가 많다. 인터넷 필터링(internet filtering) 기술이 고도화되는 만큼 그것을 우회하는 저항세력의 기술 또한 발전하며, 저항세력에 대한 불완전 정보를 배포하는 억압 세력의 서버들이 불특정 다수의 해커 공격으로 불능상태에 빠지는 경우도 빈번하게 일어나고 있다.

집합행동(CA: Collective Action)의 문제를 중심으로 한 합리적 선택이론의 관점에서뿐만 아니라 상대적 박탈 이론(RD: Relative Deprivation)과 자원동원 이론(RM: Resource Mobilization)의 관점에서 보더라도 인터넷 기술은 인터넷이라는 새로운 형식의 공공영역을 통해 상대적 박탈감을 끊임없이 재생산해낼 수 있게 할 뿐 아니라 억압-저항 관계에서 특히 저항세력의 동원 능력을 현저히 증대시킨다.

2) 인터넷과 사회운동 간의 관계에 관한 기존 연구들

오프라인상의 집합행동은 과다한 비용 소요를 동반하는 데 반해 온라인상에서 집합행동은 현저한 비용감소로 더욱 참여가 용이해지면서 더 강력한 시민참여의 수단을 확보하게 된다. 즉 웹 기술의 진화는 정보의 생산, 유통, 소비와 관련된 거래 비용(transaction costs)을 감소시킴으로써 시민의 정치참여에 필요한 기본적인 토대를 마련해준다.[304)]

인터넷 기술의 발달은 과거 오프라인상에서만 존재했던 전통적 사회운동 세력들에게 물질적, 인적 정보적 차원의 자원을 보다 풍부하게 활용할 수 있게 함으로써 ***"새로운 정치적 기회구조"***를 제공한다.[305)] 인터넷 기술의 발달로 형성된 사회운동의 새로운 네트워크가 사회운동의 활성화에 긍정적으로 기여할 것이라는 전망은 여러 학자에 의해 주장되고 있다(Benkler 2007; Van Dijk 2002; Negri and Hardt 2008). 특히 반 다이크(van Dijk 2002)는 인터넷에서 커뮤니케이션 상호작용성(interactivity)에 주목하면서 인터넷 기술에 기반하여 형성된 사회운동의 새로운 네트워크는 단지 의사, 정보의 소통만이 아니라 이를 통한 집합행동으로까지 연결될 수 있음을 강조하고 있다. 이들의 논의를 종합해보면 기존 오프라인 중심의 사회운동이 인터넷 기술과 접목되면서 조직형성과 작동원리에 있어서 근본적인 변화를 겪게 됨으로써 기존의 '포드주의적 운동방식'에서 진화하여 '다중심적인 네트워크 조직 운동'으로 체계화되고 있다.

한편, 정연정(2001)은 인터넷을 매개로 한 시민사회운동의 유형을 기존 활동 단체들이 인터넷을 하나의 수단으로 활용하는 경우와 카피레프트 운동이나 통신 검열 반대 운동과 같이 인터넷상에서 발생하는 이슈들을 중심으로 사회운동이 전개되는 경우로 나눈다. 먼저 기존의 사회운동 단체들이 인터넷을 저렴한 비용으로 그들의 조직기반과 활동 영역을 늘리는 유용한 도구로 활용하는 측면에서 인터넷과 사회운동 간의 관계를 모색한 연구로는 황용석·김재영·정연정(2000), 윤성이(2001), 윤영민(2000), 정연정(2000) 등이 있다. 이들은 인터넷의 활용이 사회운동단체의 조직기반을 확대하고 운동의 응집성을 증가시키며, 다른 단체들과 연대 및 조화를 증진하는 데 긍정적인 효과를 미칠 뿐 아니라 통상 재정적으로 취약한 사회운동 단체들이 비용의 효율성 및 사회운동의 공간적 제약성을 극복할 수 있는 유용한 도구로 활용된다고 주장한다.

인터넷상에서 다루어지는 이슈들과 관련된 사회운동의 차원에서 인터넷과 사회운동 간의 관계를 바라보는 대표적 연구로는 백욱인(2001)의 연구를 들 수 있는데 그는 ***"네트상의 사회운동은 네트 사회공간의 공론 영역에서 네티즌의 생활상을 집약하는 운동이며, 참여 주체의 성찰성(reflexivity)을 기반으로 네트워크를 실현하는 것"***이라고 주장한다. 정연정(2001)의 경우에는 ***"네트상의 사회운동이 오프라인상에서 활동하는 시민운동 세력을 자극하고 이들과 쉽게 연결되는 특성이 있기에, 두 유형의 시민운동이 상호역할분담을 통한 발전을 모색해야 한다"***라고 주장하고 있다. 임정수(2003)의 경우에는 사회운동 단체들의 웹사이트 분석을 통해 대안매체로서의 인터넷의 무한한 가능성에 대한 논의를 전개해 나가기도 한다.

그러나 우리나라 사회과학자들이 인터넷이 사회운동에 미치는 영향을 다루는 방법은 매우 제한적이다. 사회운동이라는 보다 폭넓은 개념에서 인터넷의 영향 관계를 주로 다룰 뿐 분쟁 정치(contentious politics)라는 보다 구체화된 개념에서의 접근은 여전히 미흡하다.

3) 다중사회에서 사회운동과 새로운 시민참여의 형식

이 글은 다중사회에서 사회운동에 어떤 본질적인 변화가 나타나고 있는지를 이론적, 경험적 차원에서 살펴보는 데 기본적인 목적을 두고 있다. 따라서 소셜미디어 등 온라인 커뮤니케이션 수단의 혁명적인 기술진화가 가져온 새로운 네트워크 시대 사회운동의 존재 양식이 최근 우리 사회가 경험했던 촛불시위나 이란, 튀니지, 프랑스, 홍콩 등 최근 민주화나 사회개혁을 요구하는 정치적 저항의 폭발을 경험했던 다양한 해외의 경험적 사례들에서 어떻게 발현되고 있는지를 분석할 것이다.

먼저 [표 6-1]은 2002년 여중생 추모 촛불집회를 비롯해 2008년의 미국산 소고기 수입 반대 촛불집회, 2016년의 박근혜 대통령 탄핵 촛불집회 등 국내의 다양한 정치적 저항행위의 대표적 사례들을 저항행위의 주요 내용과 특징 및 함의를 중심으로 분석한 결과이다. 분석 대상이 된 정치적 저항의 사례들은 2009년 온두라스 한지수씨 구명운동과 같은 낮은 수준의 저항 경험에서부터 2016년 박근혜 대통령 탄핵 촛불집회와 같이 대규모 대중 저항운동과 같은 매우 높은 수준의 저항 경험까지 매우 다양한 스펙트럼을 갖고 있다. 대부분의 저항 사례들에서 확인된 바는 대중적 저항을 동원하기 위해 트위터, 팟캐스트 등 다양한 소셜미디어 커뮤니케이션 수단이 활용되었으며, 오프라인에서의 저항과 온라인에서 이슈 파이팅이 결합하면서 서로 강화 효과를 가져온 사례가 많다는 점이다.

[표 6-1]
다중사회의 사회운동 변화와 시민참여의 특징을 보여주는 국내 사례(종합)

이슈 및 사례	주요 내용	특징 및 함의
여중생 추모 촛불집회	2002년 여중생 2명이 훈련 중이던 미군 장갑차량에 치여 숨지는 사건이 발생, 장갑차 운전병에 대한 무죄 판결로 인해 반미 시위의 성격을 띠게 되었고 전국으로 확산됨	다양한 계층이 참여하는 집합행동을 온라인에서 오프라인으로 끌어낸 한국 최초의 사례
미국산 소고기 수입 반대 촛불집회	2008년 한미 FTA 개정을 통한 미국산 소고기의 수입 문제를 주요 쟁점으로 하여 대한민국에서 서울을 중심으로 대규모로 일어났던 시위	ICT를 활용한 1인 미디어의 등장과 활성화, 참여 주체의 다양성, 아고라 등 온라인 공간에서 의견 교환과 토론을 통해 새로운 의견을 수렴하는 집단지성(collective intelligence)의 특징을 보여줌
박근혜 대통령 탄핵 촛불집회	2016년 박근혜-최순실 게이트 및 국정농단 사건으로 인해 박근혜 대통령의 퇴진과 탄핵을 요구	ICT를 활용하여 직접 집회 참여와 함께 온라인 공간에서 행동주의적 참여도 증가, 다중은 탄핵 찬반 의원에 대한 직접 압력 수단으로서 스마트 폰과 ICT를 활용함, 촛불집회 과정에서는 실시간으로 국민의 대표인 국회의원들에게 자신의 의사와 요구를 전달할 수 있는 새로운 방식을 개발함
대선 '노사모' 사이버 선거 운동	2002년 대선 당시 인터넷과 모바일 미디어를 활용하여 노무현 후보의 당선에 영향력을 미친 사건	특정 상황에서 젊은 유권자들 사이에서 적극적으로 활용되는 인터넷과 모바일 매체의 영향력이 얼마나 중요한지 보여주는 사례
국민연금 반대운동	2004년 한 네티즌에 의해 촉발된 국민연금 반대 운동이 인터넷에서 공론화되어 시민이 동원되고 정책개선을 이룬 사건	네티즌들이 시민단체들과 협력하면서 온라인과 오프라인에서 조직적 저항을 통해 정부의 정책적 대응을 요구하는 단계로 발전
온두라스 한지수 사건	2009년 온두라스 로아타 섬에 머물던 한지수씨가 현지에서 발생한 네덜란드 여성 살인 사건에 누명을 쓴 사건	트위터를 통해 한씨 구명운동 소식을 접한 정동영 의원은 같은 해 11월 국회 상임위에서 정부가 나서줄 것을 촉구하고, 외교통상부와 청와대의 지원을 이끌어냄. 트위터에 의한 외교 정책 의제의 대표적 사례로 평가
성수여중 폭력사건	2000년 폭력 사건의 억울함을 호소하기 위해 서울시청 홈페이지와 경향신문 인터넷 자유게시판에 탄원서를 게재한 것이 발단이 되어 오프라인 지지자,	온라인과 오프라인 미디어를 통한 학교폭력 문제에 관한 관심은 시민들이 관여하면서 본격적으로 정책적인 대응을 요구하는 시민운동 단계로 발전

	시민단체를 온라인 학교폭력 반대 운동에 동참, 정부가 <학교폭력예방 및 대책에 관한 법률 안> 제정의 계기가 된 사건	
남산타운 21 사례	20003년 남산타운 21은 중구 남산타운 아파트 지역 42개 동 5,150세대를 대상으로 하는 공개형 사이버공동체	주민들의 자발적인 참여와 의견이 개진되고 그것이 공론화되어 확산과 동원과정을 통해 해결되는 사례가 많은 곳, 지역 내의 문제에 대한 인터넷 집단행동으로 많은 개선을 이루었다고 평가됨
2002 월드컵 '붉은 악마' 거리 응원	2002년 월드컵 개최 기간 불특정 다수의 군중에 의해 주도되어 수행된 거리 응원	붉은악마 응원단은 컴퓨터 통신망을 통해 확산된 일련의 동호회 집단으로서 사이버공동체라 할 수 있음, 오프라인 모임 및 축구 경기장에서 일사불란한 응원 등의 집합행동으로 연결됨

특히, [표 6-2]에 소개된 2008년 미국산 소고기 수입 반대 촛불집회와 [표 6-3]에 소개된 2016년 박근혜 대통령 탄핵 촛불집회의 경우에는 정치적 저항의 동원 규모 면에서 이전에 존재했던 온라인과 오프라인이 결합된 정치적 저항의 동원과는 차원이 다름을 알 수 있다. 아울러 2008년 촛불집회와 2016년 촛불집회를 비교해 보아도 비록 두 개의 정치적 저항의 지향점과 성격이 다른 측면이 있긴 하지만 정치적 저항의 동원 규모와 지속성의 측면에서 비교 불가한 측면이 없지 않다. 이는 2008년 촛불집회 당시에는 주로 웹 1.0 혹은 웹 2.0 기술 단계의 커뮤니케이션 수단이 정치적 동원의 수단으로 활용된 데 반해, 2016년 촛불집회의 경우에는 스마트미디어 사용의 일상화로 인해 보다 기술적으로 진전된 커뮤니케이션 수단에 의존한 다중이 주류를 형성했기 때문으로 풀이해 볼 수 있다.

[표 6-2] 국내 대표사례 1

사례명	미국산 소고기 수입 반대 촛불집회
개요 및 기간	• 2008년 5월 2일부터 8월 15일에 걸쳐 한미 FTA 개정을 통한 미국산 소고기의 수입 문제를 주요 쟁점으로 하여 대한민국에서 서울을 중심으로 대규모로 일어났던 시위
과정	• 2003년 말 미국에서 광우병에 걸린 소가 발견되면서 미국산 소고기의 한국 수입이 중단됨 • 이명박 정부는 광우병 발생 우려가 있는 30개월 이상 미국산 쇠고기를 특정 위험 물질까지 포함하여 제한 없이 수입하겠다고 발표함 • 소고기 연령 제한, 소고기 부위, 검역 권한 포기 등 부실 협상 내용이 공개되면서 반발이 심해졌으며 PD수첩에서 미국산 소고기의 광우병 위험성을 과장 보도하며 시위가 확산됨 • 시위는 교육정책이나 대운하 정책, 민영화 정책 등 정부의 새로운 정책에 대한 비판과 정부의 대응에 대한 비난으로 이어짐
특징	• 2008년 촛불집회는 과거와 다르게 ICT의 활용도가 급증함 • 주체에 있어서는 인터넷 사이트나 동호회를 통해 중고생의 참여와 해외 유학생 및 교민의 참여가 나타났고, 여성의 등장 또한 많은 요리와 패션 관련 동호회의 참여가 나타남 • 이를 통해 새로이 '촛불 소녀'나 '유모차 부대'와 같은 슬로건이 등장했고, 비정치적 동호회에 촛불집회와 관련된 정치 이슈 게시판이 새롭게 게시되기도 함 • 기술 환경에서는 거의 모든 최신 디지털 기기들이 동원되어 커뮤니케이션을 활성화시킴 • 온라인으로 촛불 아이콘을 전파한 '실타래'와 같은 디지털 시위나 '아고라'에서 나타난 적극적인 인터넷 서명운동은 이번 촛불집회에서 나타난 새로운 현상임 • 게이트키퍼(gatekeeper)로서 제도 언론의 필터링(filtering)을 통한 보도가 아닌 개인이 직접 집회 현장에서 1인 미디어를 활용하여 실시간 방송을 한 메커니즘도 새로운 운동의 방식임 • 정보의 중요한 내용으로서 콘텐츠 측면에서는 사이트에서 관련 정보 공유와 UCC 유통이 활발하게 나타났고, 아고라 등 온라인 공간에서 의견교환과 토론을 통해 새로운 의견을 수렴하는 집단지성(collective intelligence)의 특징을 보이기도 함

[표 6-3] 국내 대표사례 2

사례명	2016년 박근혜 대통령 탄핵 촛불집회
개요 및 기간	• 2016년부터 2017년까지 박근혜 대통령의 퇴진과 탄핵을 요구한 시민운동
과정	• 2016년 한겨레신문, 경향신문, JTBC 등 주요 언론에서 박근혜-최순실 게이트에 관한 기사들을 보도함 • 2016년 10월 24일 'JTBC 뉴스룸'이 최순실의 태블릿 컴퓨터 자료를 공개하며 박근혜 퇴진 운동이 본격적으로 시작됨

	• 2016년 10월 26일 서울 서대문구 창전동 현대백화점 유플렉스 앞에서 첫 촛불집회를 개최함 • 초기 시위는 민중총궐기 투쟁본부에서 주최하였으며 이후 박근혜 정권 퇴진 비상국민행동이 집회를 이어감 • 2016년 12월 9일 국회에서 박근혜 대통령 탄핵소추안 통과 • 2017년 3월 10일, 헌법재판소에서 재판관 전원 일치로 대통령 박근혜에 대한 파면 선고
특징	• 2016~17년 박근혜 전 대통령 탄핵 촛불집회는 시작은 최순실 게이트였지만 한국 사회에서 그동안 누적된 모순구조에 대한 불만이 누적되어 터진 결과임 • 첫째, 가장 구조적인 불만의 표출은 민주주의에 관한 불만이었음. 비선 실세 최순실의 등장과 실제 통치행위에 영향을 미쳤다는 증거는 시민들이 직접행동에 나설 수밖에 없는 분노의 자극제가 되었음 • 둘째, 경제적 불만 고조. 20·30세대의 청년실업률 증가와 N포세대로 불리는 포기 세대의 문제, 40·50세대는 일자리 안정, 노후 문제와 집값 폭등으로 인한 경제적 어려움, 60·70세대 빈곤층 증가 등 한국경제의 구조적인 문제 부상 • 셋째, 삶에 대한 불만의 고조. 무엇보다 박근혜 정부시기에 나타난 안전에 대한 불만은 내재적으로 한국민들에게 많은 불만을 만듦. 여기에 이대 부정 입학 사건은 학부모와 청소년들의 삶, 정치적 불만을 자극함 • 이러한 문제점은 누적되어 시민의 변화와 다중의 등장으로 발전하게 되었고 ICT를 활용한 정치정보의 네트워크 확산은 시민들이 다양한 사회문제에 대해 실시간으로 정보를 획득할 수 있게 됨 • 촛불집회에서 인터넷과 SNS를 이용한 네트워크형 정치정보가 확산, 수렴, 조직화 됨. 촛불집회에서 확인된 다양한 정치정보 확산은 전통적인 미디어의 영향력을 넘어서 스스로 네트워킹하면서 정보가 전달되는 방식이었음 • 트위터와 페이스북, 카카오톡을 사용한 시민들 간의 정치정보 공유는 이후 직접행동을 위한 사전 토론까지 확장되기도 함. • 이밖에 정치풍자를 담은 '짤' 제작 및 배포, '집 앞에 박근혜 퇴진 현수막 걸기', '#그런데 최순실은', '#그런데 우병우는' 해시태그 달기 운동, 온라인 촛불 켜기 운동 등이 활발하게 진행됨 • 촛불집회에 참여한 시민들은 SNS를 통해 집회 현장을 생중계하고, 미처 참여하지 못한 시민들은 이 장면을 보고 '좋아요' '공유하기' 등의 상호작용적인 참여를 진행함 • 이와 함께 혼자만의 참여를 확인하기 위한 인증사진 등에서 확인된 새로운 운동방식은 탈권위의 자기과시형 참여의 한 특성을 보여 줌. • 댓글이나 소셜미디어에 인증사진을 공유하며 참여를 숨기는 것이 아니라 타인에게 네트워킹하는 방식의 참여로 발전함. • ICT를 활용하여 직접 집회 참여와 함께 온라인 공간에서 행동주의적 참여도 증가함 • 다중은 탄핵 찬반 의원에 대한 직접 압력 수단으로서 스마트 폰과 ICT를 활용함. 촛불집회 과정에서는 실시간으로 국민의 대표인 국회의원들에게 자신의 의사와 요구를 전달할 수 있는 새로운 방식을 개발함 • 가장 잘 알려진 <박근핵닷컴(https://parkgeunhack.com/)>은 지역구 유권자들이 국회의원에게 박근혜 대통령 탄핵소추안을 찬성하도록 청원하기 위한 웹페이지이다. 주요 청원 통계는 12월 1일~12월 9일까지 929,160건의 청원이 보내졌으며 국회의원 응답 현황도 실시간으로 제공됨

먼저 [표 6-4]는 1999년 11월 시애틀 WTO 각료 회의 반대 시위에서부터 2005년 프랑스 클리시 수부아에서 발생한 이슬람계 소년 감전사 사고로 촉발된 시위, 2018년 프랑스의 '노란 조끼' 운동에 이르기까지 매우 다양한 스펙트럼의 정치적 저항을 소개하고 있다. 이런 저항 사례들이 보여주는 공통점은 저항세력의 동원에 스마트 폰 기기와 연동된 다양한 소셜미디어 기기가 활용되고 있다는 점이다. 이러한 특징은 4차 산업혁명 시대의 스마트 폰을 활용한 소셜미디어 활용의 확산이 사회운동의 성격과 규모를 현저히 변화시킬 수 있는 기제로 작동하고 있음을 잘 보여준다.

[표 6-4]
다중사회의 사회운동 변화와 시민참여의 특징을 보여주는 해외 사례(종합)

이슈 및 사례	주요 내용	특징 및 함의
일본 반원전 운동	2011년 3월 11일 발생한 후쿠시마 원전 사고 이후 일본에서 전개된 반원전 운동	과거 일본의 사회운동이 노조나 시민단체, 정당, 또는 정부나 정부와 협력하는 특정 조직의 주도하에 전개됐다면, 2011년 이후에는 조직화되지 않은 개인들이 자발적으로 대규모 반원전 시위를 일으킴. 트위터나 페이스북 등 소셜미디어가 시위를 활성화하는 데 크게 기여함
필리핀 에스트라다 실각 사건	2001년 1월 필리핀 13대 대통령 에스트라다가 뇌물 및 불법 정치자금 의혹으로 인한 반대 시위로 실각한 사건	휴대전화 문자 메시지에 의해 권력에서 축출된 세계 최초의 대통령으로 기록됨
국제무역기구 회원국 회의 반대 시위	1999년 11월 30일 개최된 WTO 각료회의를 둘러싼 일련의 반 WTO, 반세계화 시위	다양한 정치 사회적 이슈들을 중심으로 활동하는 기존 시민운동 집단들이 하나의 공통 목표를 중심으로 연대 활동을 수행함 이들은 이동전화, 노트북, 컴퓨터, 인터넷 웹사이트, 휴대용 컴퓨터 등을 활용한 '스워밍(swarming)'을 시위 전략으로 활용

미국 통신법 (Telecom-munication Act of 1996) 사례	1996년 미국의 의회가 통신법을 통과시키려고 했을 때 전자프론티어재단(Electronic Frontier Foundation)과 민주주의 기술센터(Center for Democracy and technology) 등의 시민집단들이 이 법안의 문제점을 인터넷을 통해 일반 대중에게 전달한 사건	전자프론티어 재단을 중심으로 이루어진 미국의 영리한 군중의 활동은 이러한 지배적인 의제들에 대해 시민사회의 새로운 관련 의제를 제안하는 힘을 보여줌
클린턴 대통령 스캔들 사례	클린턴 성 추문 사건이라고도 불리며 미국 대통령 빌 클린턴이 모니카 르윈스키 등 여성들과 벌여온 성 추문이 폭로된 사건	'Move On' 사이트에서 전개된 '대통령 탄핵 반대 운동'은 시민 행동주의에 근거한 정치적 효능감을 도출해낸 사례임
프랑스 '노란 조끼' 시위	2018년 11월 마크롱 프랑스 대통령의 유류세 인상 정책에 반대해서 발생한 시위	노란 조끼 시위대는 다른 시위보다 상대적으로 다양한 구성을 하고 있음. 극우 민족주의자와 무정부주의자와 같은 상반되는 신념을 가진 사람들은 물론 온건파도 다수 포진, 시위가 유류세 인하라는 범국민적인 사안을 두고 벌어졌다는 점과 SNS를 통해 퍼졌다는 점이 중요
파리 교외 소요 사태	2005년 10월 27일 프랑스 클리시 수부아에서 두 명의 이슬람계 소년이 경찰의 검문을 피하려고 변전소에 숨었다가 감전사한 사건을 계기로 프랑스 전역에서 10여 일간 지속된 방화와 폭동	10~20대는 휴대전화 문자 메시지나 인터넷 등으로 경찰의 동태를 시시각각 알려주고 시위장소를 바꿔가며 경찰의 추적을 따돌림, 사태를 주도하는 지휘부가 없음
칼레드 모하메드 사이드 사건	이집트 경찰의 체포 과정에서 사망한 칼레드 모하메드 사이드의 시신 사진이 인터넷을 통해 공개되며 2011년 이집트 혁명의 촉매제가 된 사건	SNS를 통해 이집트 시민들이 자유롭게 정부의 비리를 폭로하고 사회문제를 제기할 수 있는 공론장 역할을 수행하였음
이란 대선 시위	2009년 6월 13일부터 아흐마디네자드 대통령의 공식 취임을 5일 앞둔 7월 31일 40여 일 동안 연인원 약 140만 명을 동원한 1979년 이란 종교혁명 이후 최대 시위	이란 대선 시위를 주도하였던 젊은이들과 지식 계층은 폭발적인 인터넷 문명의 개화, 즉 웹 2.0 기술의 진화가 사회 전반에 영향을 미치는 가운데 형성된 전혀 새로운 성격의'스마트 맙'이었음
튀니지 재스민 혁명	2010년 12월 17일 한 20대 튀니지 청년의 분신을 계기로 대규모 시위와 민중봉기가 발생, 이로 인해 아비디네 벤 알리 튀니지 대통령의 23년간 독재정치가 끝난 사건	튀니지 벤 알리 정권의 붕괴는 위키리크스(Wikileaks)와 페이스북(Facebook) 등 각종 소셜미디어와 리얼타임웹(Real TimeWeb)의 영향이 컸다는 점에서'페이스북 혁명', 또는 'SNS(Social Network Service) 혁명' 등으로 부르기도 함

특히, [표 6-5]에 소개된 2009년 이란 대선 시위는 이란의 청년 세대를 중심으로 디지털 융합사회의 스마트미디어 기기가 사회운동의 방향을 어떻게 바꿔놓을 수 있는지를 보여주는 대표적 사례라 할 수 있다. 이런 점에서는 [표 6-6]에 소개된 2010년 튀니지의 재스민 혁명 사례 또한 두고두고 인구에 회자될 수 있는 다중사회의 사회운동 변화의 모범적 사례라 할 수 있다. 튀니지 벤 알리 정권을 붕괴할 수 있게 했던 것은 튀니지의 정치적 저항세력이 행사했던 폭력적 수단이 아니라 대중 동원의 과정에서 튀니지의 청년층에 의해 활용되었던 위키리크스(Wikileaks)와 페이스북(Facebook) 등과 같은 각종 소셜미디어와 리얼타임 웹(Real TimeWeb)이었다. 이런 점에서 튀니지의 재스민 혁명을 '페이스북 혁명', 또는 'SNS(Social Network Service) 혁명' 등으로 부르는 것도 크게 무리는 아니다. 튀니지의 활동가들은 일반적인 홈페이지가 정부의 폐쇄조치로 활용할 수 없게 되자 ***"Free from 404"***라는 슬로건 아래 데모 영상을 모아서 유튜브, 페이스북, 트위터, 데일리모션(Dailymotion), 플리커(Flickr) 등에 게시하였는데 '시디부지드' 와 관련한 동영상만 3천 개 이상 게시될 정도로 온라인의 활동성이 크게 늘어났고 그런 소셜미디어 활용이 재스민 혁명이 성공하는 데 크게 기여했다. 튀니지 재스민 혁명에 대한 더욱 구체적인 사례분석은 7장의 알고리즘 민주주의에 관한 이야기를 풀어나가면서 다시 다루기로 한다.

[표 6-5] 해외 대표사례 1

사례명	2009년 이란 대선 시위
개요 및 기간	• 2009년 6월 13일부터 아흐마디네자드 대통령의 공식 취임을 5일 앞둔 7월 31일 40여 일 동안 연인원 약 140만 명(미확인 수치 포함)을 동원한 1979년 이란 종교혁명 이후 최대 시위
과정	• 2009년 이란 대선에서 개혁파 무사비는 주로 도시의 중산층과 여성들, 젊은이들의 절대적인 지지를 받음 • 이란 국내외 언론들도 이란 내부에서 실시된 여론조사의 결과를 인용하여 무사비가 대선에서 근소한 표 차이로 승리할 것으로 예상 • 그러나 개표 결과, 예상 밖으로 아흐마디네자드가 압도적인 표 차이로 승리를 거둠 • 아흐마디네자드가 62.6%라는 엄청난 득표율로 당선되었다는 정부의 발표는 개표가 모두 끝나기도 전에 이루어진 것이었기 때문에 다수의 이란 국민이 6월 제10대 대선에 대해 부정선거 의혹을 제기했다. • 의혹의 근거 1. 이번 대선의 투표율은 무려 85%로 선거에 참여한 유권자는 모두 3,916만 5,191명으로 집계됨. 이란 내무부는 수작업만으로 선거 결과를 불과 12시간 만에 발표함. 투표율이 62.7%에 그쳤던 지난 대선 때보다 반나절 가량 빠른 속도였음. 2. 첫 500만 표 개표 결과는 투표를 마친 지 불과 1시간 30분 만에 발표됨. 이후 4시간 동안 이란 내무부는 거의 1시간마다 500만 표씩 개표해 그 결과를 속속 발표함. 3. 개혁파 성향 유권자가 절대다수인 테헤란의 투표함이 먼저 열렸지만, 개표 초반부터 아흐마디네자드 대통령은 멀찌감치 앞서나감. 4. 투표율이'정상 범위'를 넘어선 곳도 다수 발견됨. 영국 일간 <가디언>은 6월 17일 자에서 이란 인터넷 매체 <아얀데>의 보도 내용을 따 "이란 전역 200여 투표소에서 투표율이 95%를 넘어서는 기현상이 빚어졌다"라며 "중부 아즈드주 타프트에선 투표율이 141%를 기록했고, 이스파한 주의 차데간에서도 120%를 기록하는 등 30여 도시에서 아예 투표율이 100%를 넘어섰다"라고 전함 • 국민들은 이러한 개표 결과를 받아들이지 못하고 반발하였고 급기야 시민들은 가두시위를 하기에 이름 • 시민들의 첫 가두시위는 아주 평화적인 방법으로 거행되었지만, 정부는 이러한 평화적인 시위조차 탄압했으며, 결국 많은 사상자까지 내게 되었음 • 그럼에도 불구하고 이란 국민들은 지속해서 시위에 참여하였고 탄압이 더욱 심해지자, 국민들은 길거리 시위가 아닌, 한밤중에 옥상에 올라가 '알라 아크바르(Allah Akbar: 하느님은 위대하다)'를 외치는 '옥상 시위'로 시위 형태를 바꾸었음
특징	• 2009년 이란 대선 시위를 주도하였던 젊은이들과 지식 계층은 폭발적인 인터넷 문명의 개화, 즉 웹 2.0 기술의 진화가 사회 전반에 영향을 미치는 가운데 형성된 전혀 새로운 성격의'스마트 맙'이었음 • 2003년 당시 이란인 100명당 인터넷 이용자 수는 7.04명에 불과하였으나 2007년에는 그 두 배가 넘는 18.26명으로 늘어났으며 2009년 6월의 인터넷 이용자 수는 2003년의 3배 수준을 이미 넘어섰을 것으로 추정됨 • 이들 '스마트 맙'이 보유한 IT 기술 장비와 서비스 중에서 2009년 이란 대선 시위에서 원활한 시위 관련 정보 소통을 통해 대중 동원에 크게 기여한 것은 '트위터'와 '블로그' 그리고 '페이스북이었음 • 2009년 이란 대선 시위 당시 이란 내 트위터 사용자 수는 1만에 달했고 등록된 블로그 수는 7~10만을 상회하는 수준이었음

[표 6-6] 해외 대표사례 2

사례명	튀니지 재스민 혁명
개요 및 기간	• 2010년 12월 17일 한 20대 튀니지 청년의 분신을 계기로 대규모 시위와 민중봉기가 발생, 이로 인해 아비디네 벤 알리 튀니지 대통령의 23년간 독재정치가 끝난 사건
과정	• 2010년 11월 28일, 튀니지 시민운동가들이 만든 폭로사이트 '튀니리크스(tuniLeaks)'와 '위키리크스(WikiLeaks)'에서 벤 알리 튀니지 대통령 일가의 불법 재산 축적과 정부 관리들의 부패상을 담은 외교문서가 공개됐음 • 유출된 자료를 본 튀니지 국민의 불만은 더욱 가중되었으나 바로 대규모 시위로 이어지지는 않았음 • 튀니지의 시민혁명은 2010년 12월 17일 남동부 지방 도시 시디 부지드(Sidi Bouzid)에서 과일과 채소 노점상을 하던 26세의 청년 모하메드 부아지지(Muhammad Bouazizi) 군이 경찰의 물품 압수 조치에 항의, 분신자살을 시도한 것이 계기가 됐음.(2011년 1월 5일 사망) • 부아지지 군의 사연은 청년층의 분노를 촉발했으며 벤 알리 정권의 부정부패에 불만을 품고 있던 시민들이 대규모 시위를 벌이기 시작했음 • 그의 분신 소식은 트위터와 페이스북, 블로그, 휴대전화 등 뉴미디어를 통해 튀니지 전역으로 퍼져나갔고, 곳곳에서 시위가 일어나 대규모 민중봉기로 변했음 • 트위터에서는 '#SidiBouzid'라는 해시태그와 함께 시민들의 시위 소식이 전국에 빠르게 전파되었고, 페이스북을 통해 해외에서 반독재 및 시위 지지 여론까지 형성됐음 • SNS라는 저비용의 신속한 의사소통 매체를 통한 시민들의 집합행동이 짧은 시간 안에 기하급수적으로 커지면서 튀니지 재스민 혁명이 시작됐음 • 12월 29일 벤 알리 대통령은 TV에 출연하여 시민들에게 개혁을 약속했음 • 그러나 시위는 더욱 격화되어 2011년 1월 8일 수도 튀니스까지 번졌고 가프사(Gafsa)와 카세린(Kasserine) 지역에서 경찰과 시위대의 충돌로 28명의 사망자까지 발생했음 • 카세린 학살 3일 뒤인 11일, 라시드 암마르(Rachid Ammar) 장군이 벤 알리 대통령의 시위대 발포 명령을 거부했음 • 군이 등을 돌리자 위기를 느낀 벤 알리 대통령은 시위 강경 진압의 책임을 물어 1월 12일 내무장관을 경질하고 야간 통행금지령을 시행했음 • 그러나 벤 알리 대통령의 의도와 다르게 시위는 더 격화됐다. 1월 13일 튀니지 최대 노동조합인 UGTT(Union Générale Tunisienne du Travail)가 파업을 선언, 시위대에 합류하며 반 정권 시위대의 규모는 기하급수적으로 커졌음 • 군부의 무력 진압 거부와 시위대에 위협을 느낀 벤 알리 대통령은 차기 대선 불출마를 선언하고 6개월 내 조기 총선을 약속했으나 결국 이틀 뒤인 15일, 23년의 독재를 뒤로하고 사우디아라비아로 망명했음
특징	• 튀니지 벤 알리 정권의 붕괴는 위키리크스(Wikileaks)와 페이스북(Facebook) 등 각종 소셜미디어와 리얼타임웹(Real TimeWeb)의 영향이 컸다는 점에서 '페이스북 혁명', 또는 'SNS(Social Network Service) 혁명' 등으로 부르기도 함 • 국경 없는 기자회(RWB, Reporters WithoutBorders)의 2010년 발표 자료에 의하면 튀니지의 언론자유지수는 조사대상 178개국 가운데 164위이며, 검열시스템을 매우 잘 갖춘 인터넷의 적(敵) 15개국 가운데 하나로 평가되고 있음

- 이 같은 반정부 언론과 언론인에 대한 지속적인 검열과 통제 강화에도 불구하고, 최근 몇 년간 튀니지 사회에 급속하게 확산된 페이스북을 비롯한 SNS 통제에 실패한 것이 이번 튀니지 사태를 이전의 각종 반정부 시위와 다르게 만들었음
- 통제대상인 반정부 언론과 언론인뿐만 아니라 부유층들에게도 광범위하게 확산된 페이스북 등은 통제할 수 없었고, 그 결과 페이스북을 비롯한 SNS는 튀니지 일반 국민 간에 그리고 튀니지 국민과 세계를 연결해주는 유일하면서도 빠른 미디어의 역할을 한 것임
- 튀니지의 활동가들은 일반적인 홈페이지가 정부의 폐쇄조치로 활용할 수 없게 되자 "Free from 404"라는 슬로건 아래 데모 영상을 모아서 유튜브, 페이스북, 트위터, 데일리모션(Dailymotion), 플리커(Flickr) 등에 게시하였으며 '시디부지드' 와 관련한 동영상만도 3천 개 이상 게시되었음
- 특히 튀니지의 정치변동과정에서 가장 중심적인 역할을 한 것은 페이스북으로, 연일 반정부 메시지와 시위 관련 소식이 올라오고 프랑스와 이집트 등 외국에서도 지지내용을 담은 수많은 블로그와 게시물이 게시되었음
- 또한 외국어로 쓰인 게시글의 내용은 자동으로 튀니지 공용어인 프랑스어로 번역되는 등 페이스북의 자동번역기능은 튀니지 관련 해외 소식을 국내외로 알리는 데 중요한 역할을 하였음
- 이번 시위과정에서 가장 핵심 인물이라 할 수 있는 슬림 아마무는 반정부 페이스북 블로거로서, 2010년 4월 ReadWriteWeb에 정부가 인터넷 이용자의 아이디와 비밀번호를 해킹하여 인터넷 통신을 감시하기 위해 운영하는 '인터넷 비밀경찰' 6백 명이 전국에서 활동하고 있다는 글을 올려 시위촉발의 계기를 제공하였음
- 그는 이 글 게시 후 바로 구속되었으며, 튀니지 내무부 청사에 감금되자 위치정보서비스인 포스퀘어(Foursquare)에 감금 사실을 전하여 전국적으로 그에 대한 온라인 구명운동이 야기되기도 하였음
- 리나 벤 메니는 트위터, 페이스북, 블로그에 지난 시위에서 사망한 5명의 사진을 충돌사태가 발생한 도시의 이름을 붙여 '레겝의 순교자'라는 제목으로 올리기도 하였음
- 시민혁명 과정에서 핵심 블로그는 시위대가 제작한 나와트(Nawaat.org)였음. 이 블로그는 튀니스에서 학생들이 모여 아랍어로 '자유'라는 단어를 인간글자로 만들어 보이는 퍼포먼스를 동영상으로 올리기도 했고, 2010년 11월 28일부터 위키리크스와 같은 튀니 위험(Tunileaks)이라는 사이트를 제작하여 대통령 일가의 부패와 무능을 폭로하는 데 매우 중요한 역할을 하였음

제 7 장

알고리즘 민주주의와 한국 민주주의의 미래

1. 4차 산업혁명 시대의 도래와 사회변화

IT 기술의 혁신적인 발전을 바탕으로 4차 산업혁명이 급격히 진행 중이다. 총체적이고 전면적인 사회변동의 풍랑을 겪고 있는 인류는 그 변화에 적응하고 또 동시에 불확실한 미래를 예측하고 대비하려 노력 중이다. 그러나 직접 겪어 볼 수 없고 아직 도래하지도 않은 미래의 일들에 관한 우려와 염려를 떨쳐 버리기란 쉽지 않은 일이다. 불확실성은 불안을 야기할 수밖에 없기 때문이다.

인공지능(Artificial Intelligence) 시대의 도래와 그에 따른 전반적 사회변화는 빅데이터(Big Data),[306] 로봇공학,[307] 사물인터넷(IoT),[308] 증강현실(AR),[309] 가상현실(VR)[310] 등과 같은 새로운 IT 기술의 발달에 힘입어 물리적, 생물학적, 디지털의 세계를 AI 그리드(grid)를 통해 연결하고 통합시켜 신경회로망을 구축함으로써 전반에 걸쳐 많은 영향을 미치고 있다. 4차 산업혁명 시대의 우리 사회는 사회 전반의 포괄적인 활동들을 지능화하여 현실 세계를 가상화한 다음 그것을 빅데이터와 인공지능을 통해 예측하는 동시에 현실 상황과 부합되도록 하는 맞춤작업을 수행한다. 그 내용을 현실 세계에 적용시켜 작동 형태를 관찰한 뒤 다시 수집된 데이터를 지능화해서 더욱 개선, 발전시키는 일련의 상호작용 사이클이 형성된다.

지금까지 겪어보지 못한 새로운 종류의 사회변동인 4차 산업혁명은 기계와 인간의 평화공존 가능성, 인간보다 우수한 기계의 등장과 그에 따른 새로운 계층화, 잉여노동 집단의 차별과 소외를 초래한다. 그뿐만 아니라 정치, 경제, 지식 권력 분야의 파워엘리트들이 누려온 위상과 권한이 기계를 통제할 수 있는 소프트웨어 프로그래머들의 손에 넘어 갈지도 모른다는 문제제기가 이어지고 있다.

IT 혁명이라는 관점에서 미래예측은 유토피아적인 시각보다는 디스토피아적 뉘앙스를 갖고 있다. 이런 경향은 소설, 영화 등과 같은 대중문화영역이나 각종 게임 등의 소비활동 영역에서도 나타나고 있다. 그러나 이런 우려들은 지금까지 각종 변화에 적응하면서 생존해온 인류의 경험에 비추어 볼 때 기우에 그칠 가능성이 매우 높다. 스스로 데이터를 분석하고 판단해서 행동하는 기계의 등장은 인류의 삶의 질을 높여줄 것으로 기대되는 측면이 있을 뿐 아니라 사회적 약자들에게 그 이전까지는 불가능했던 양질의 서비스를 제공할 가능성도 확대하기 때문이다. 물론 기계작동의 오류로 인한 혼돈과 혼란의 가능성 또한 엄존한다는 사실도 부정하기 어렵다.

IT혁명이 가져올 미래에 대한 지나친 우려와 실제 체험하는 현실 사이의 간극이 생각하기에 따라 완전히 달라질 수 있다고 보는 시각은 4차 산업혁명이 정치적 영역에 미칠 영향을 분석하는 과정에서도 그대로 적용될 수 있다. 4차 산업혁명이라는 표현 자체에 내포된 것처럼 거대한 사회변동이 일어나고 있음은 사실이나 '혁명'이라는 개념이 기존의 생활방식과 가치체계의 근간을 근본적으로 흔들만큼 혁신적인 내용인지에 관해 비판적으로 살펴볼 필요가 있다. 따라서 진행 중인 '혁명'을 고찰하면서 그 성격을 변화의 내용, 변화의 기제, 변화의 형식, 상충하는 이해관계들의 조정과 타협 등의 주제로 나누어 접근할 필요가 있다. 그러한 노력의 일환으로 이어지는 2절에서는 다중사회의 등장과 알고리즘 민주주의를 개념적인 차원은 물론 작동방식의 측면에서도 비판적으로 고찰해보고자 한다.

2. 다중사회의 등장

4차 산업혁명으로 인해 발생한 주요 사회변동 중의 하나로 떠오른 현상이 다중사회(multitude society)의 등장이다. 다중사회의 출현을 제대로 이해하기 위해서는 먼저 IT 기술의 발달이라는 맥락 속에 존재하는 '다중'이 대중을 칭하는 기존의 개념들인 데모스(demos), 군중(crowd), 시민(citizen), 네티즌(netizen), 또는 민중(mass)과 어떻게 다른지를 개념적으로 이해할 필요가 있다. 위키피디아는 '다중'을 다음과 같이 정의하고 설명한다.[311]

'다중'이란 동시대에 같이 공존하고 있다는 사실을 제외하고는 다른 그 어떤 뚜렷한 범주로도 분류될 수 없는 사람들의 집단을 일컫는 말이다. 이 용어는 고대부터 사용되고 있었지만, 정치적 영역에서는 스피노자가 처음으로 사용했고 마키아벨리가 재차 인용하며 정치적인 개념이 되었다. 다중은 정치적 자기 결정권을 보유하고 있는 개인과는 달리 주권적 정치기구와 사회적 계약을 체결하지 않은 인구집단의 개념이다.

즉 '다중'은 기존의 행위 주체로서의 자연인이나 이익집단, 분석단위로서의 개인, 시민사회, 지역사회, 국가, 지정학적 지역, 국제사회를 초월해서 움직이고, 연대하고, 존재하는 노마드적 성향의 집단이며, 이들의 활동 영역은 가상세계와 현실 세계를 넘나들고 있는 것으로 이해될 수 있겠다. 그리고 이런 다중사회의 형성과 등장 그리고 그 활동의 내용과 영역은 4차 산업혁명의 전개 속에서 이루어지고 있음은 두말할 나위가 없다.

3. 알고리즘 민주주의

1) 알고리즘

하나의 개념으로 상정된 '알고리즘 민주주의'를 제대로 이해하기 위해서는 먼저 알고리즘(algorithm)의 작동원리를 이해할 필요가 있다. 알고리즘을 명확하게 정의하기는 어려우나 폭넓은 의미에서 ***"특정한 문제를 해결할 때 따라야 하는 규칙의 집합"***으로 이해할 수 있다. 컴퓨터를 이용한 연산의 맥락에서는, 특정한 작업을 수행하도록 할 때, 컴퓨터가 해당 작업을 수행하는 절차를 지칭하는 용어로 알고리즘이 이용된다. 숫자를 입력받아 간단한 연산을 수행하여 결과를 출력하는 매우 간단한 절차를 담고 있는 것부터, 이미지를 입력받아 그 특징을 추출하고, 이를 바탕으로 이미지의 내용이 무엇인지 판별하는 인공신경망을 거쳐 판별한 내용을 출력하는 고차원의 절차까지 모두 알고리즘이라고 부를 수 있다. 이를 추상적으로는 하나의 흐름도(flowchart)를 통하여 표시할 수도 있고, 흐름도의 내용을 구체화하여 프로그램의 소스 코드로 표시할 수도 있다.

알고리즘은 컴퓨터가 특정한 문제를 해결하는 일련의 절차를 의미하는 넓은 용어로 쓰일 수 있으므로, 이 글에서는 알고리즘 중 특히 민주주의적 담론의 맥락에 영향을 미칠 수 있다는 주장이 제기되는 몇 가지 특정한 알고리즘 유형에 집중할 것이다. 이 중 가장 중요하게 살펴볼 필요성이 있는 알고리즘은 프로파일링을 위한 것이다(고학수, 구본효, 김종윤 2019:7).

프로파일링(profiling)은 알고리즘과 민주주의를 매개하는 대표적 기제이다. 프로파일링은 다양한 자료에서 직접 수집하거나 관찰, 추론한 정보를 통계학적 방법론이나 빅데이터 방법론을 통해 분석하여 종국적으로 개인에 관한 정보를 추론하는 과정이라 할 수 있다. 즉 '알려진 자질에 기초하여 어떤 것에 관한 정보의 외삽(extrapolation)'으로 정의될 수 있겠다. 구체적인 적용 분야로는 정보과학 분야의 프로파일링(정보과학), 소프트웨어 엔지니어링의 프로파일링(컴퓨터 프로그래밍), DNA 프로파일링, 작성자 프로파일링, 데이터 프로파일링, 법의학 프로파일링, 범죄자 프로파일링, 인종 프로파일링, 성적 지향성 프로파일링, 지리 프로파일링 등을 들 수 있다. 너무도 다양한 프로파일링의 유형이 존재한다는 사실을 감안할 때, 프로파일링은 이미 우리 생활 전반에 깊숙이 파고들어 적용되고 있음을 알 수 있다.[312]

다양한 정보를 분석하여 개인에 관한 정보를 추론해 내는 작업이 가능해짐으로써 디지털 기술과 민주주의의 작동방식은 밀접한 관계를 맺게 되었다. 기술의 변화가 시민 개개인에 관한 정보의 습득과 대의민주주의의 참여 방식에 영향을 미치기 때문이다. 따라서 인공지능 시대의 알고리즘으로 대변되는 새로운 소프트웨어 기술은 정치행위 및 정보의 매개자로서 '사회의 접착제' 역할을 수행하고 있다(황용석 2019: 3).

2) 필터버블

필터버블(filter bubble)은 알고리즘과 민주주의의 작동방식을 매개하는 매우 중요한 개념이다. 테크노피디아(Technopedia)의 정의에 따르면 ***"필터버블은 웹사이트가 알고리즘을 사용하여 사용자가 보고자 하는 정보를 선택적으로 가정하고 이 가정에 따라 사용자에게 정보를 제공할 때 발생할 수 있는 지적 고립(intellectual isolation)이다. 따라서 필터 버블은 사용자가 모순되는 관점에 노출되지 않음으로써 지적으로 고립되는 상황이 된다."*** 다시 말해 이용자의 개인맞춤형 알고리즘에 의해 생기는 정보편식 현상을 의미한다. 이용자가 주제의 제한된 정보에 갇혀 정보의 다양성과 여론 지각의 균형성이 떨어진 상태를 말하는데 필터버블은 같은 정보를 공유하는 유유상종적 의견집단을 형성시켜, 사회적 분극화를 부추기는 하나의 원인이 되기도 한다. 유사한 집단 내에서 일어나는 상호작용은 또 다른 심리적 기제인 동조화 효과(conformity effect)를 양산하고 그 결과 집단극화가 일어나게 되는 것이다.

선택적 노출을 통해 개인이 갖는 편향이 소셜미디어에 투영되고 이런 성향이 빅데이터를 통해 수집되어 알고리즘에 의해 추천 및 강화되는 현상은 자신의 성향과 유사한 정보에 갇히게 되는 필터버블 현상으로 이어지게 된다. 즉 필터버블은 개인맞춤형 알고리즘에 의해 생기는 정보편식 현상을 의미하며 이용자가 제한된 주제의 정보에 갇혀 정보의 다양성과 현상 인식의 균형성이 떨어진 상태를 말하는데 정치 커뮤니케이션의 관점에서 필터버블은 같은 정보를 공유하는 유유상종의 정보 및 의견집단이 형성되는 결과를 낳는다. 이견을 가진 타 집단과의 상호교류 없이 동질성이 높은 의견집단은 사회적 분극화를 부추기게 되고 유사한 집단 내에서 확대 재생산의 과정을 일으키는 상호작용은 또 다른 심리적 기제인 동조화 효과를 양산하고 더 나아가 집단극화(group polarization)로 이어질 수 있다. 콜레오니 등(Colleoni, Rozza, & Arvidsson, 2014)이 수행한 트위터 연구에서는 유사한 정치 성향 간의 관계 강화나 토론 증진효과가 있음이 확인되었다.

3) 에코챔버 효과

에코챔버 효과(echo chamber effect)는 밀폐된 반향실에서 자신과 같은 목소리가 메아리치고 증폭되는 현상이다. 옥스퍼드

어휘 사전에 의하면 ***"에코 챔버는 폐쇄된 시스템 내부의 의사소통과 반복으로 신념이 증폭되거나 강화되어 그것들을 반박으로부터 단절시키는 [불통의] 상황을 은유적으로 묘사한 것이다."*** 이는 디지털 공간에서 유사한 사람들끼리만 소통하게 되어 점차 편향된 사고가 강화되는 효과를 뜻한다. 즉 '보고 싶은 것만 보게 되고 듣고 싶은 것만 듣게 되는' 기제를 통해 호모필리(homophily) 또는 유유상종 효과가 나타나는 현상이다. 필터버블과 에코챔버는 사람들의 확증편향을 강화해서 허위 조작 정보(가짜뉴스)를 생산하고 유통하는 원인이 되기도 하다.

에코챔버와 필터 버블 모두 개인이 의견충돌이 없는 콘텐츠에 노출되는 방식과 관련이 있는 것으로 혼용이 가능하다. 다만 에코 챔버는 개인이 동질감을 느끼는 개인의 정보에만 노출되는 전반적인 현상을 말하지만, 필터 버블은 검색 이력이나 온라인 쇼핑 활동과 마찬가지로 이전의 온라인 행동에 근거해 콘텐츠를 선택하는 알고리즘의 결과물이라는 점에서 차이가 있다.[313)]

에코챔버의 효과를 발견한 대표적인 연구로는 브라이트(Bright, 2017)의 연구를 들 수 있다. 그는 23개국 90개의 정당에 대한 토론 네트워크를 고려하여 트위터 데이터를 분석한 결과, 이념적인 측면에서 서로 떨어져 있는 정당 집단들끼리는 상호작용이 덜 나타나고 있었으며, 이데올로기적으로 극단에 있는 정당이나 개인이 에코챔버를 형성할 가능성이 특히 높다고 주장한다. 하지만 이런 경험적 사례만을 근거로 알고리즘이 민주주의에 부정적인 영향을 끼친다고 단정을 지을 수만은 없다. 예를 들면, 가렛(Garrett, 2009)은 인터넷과 온라인 뉴스의 확산과 높아진 접근성을 통해 정치 관련 정보에 노출이 더 많아진 것은 사실이지만 어떤 정보에 자신을 노출할 것인가에 관한 통제력 또한 높아지고 있다고 주장한다. 또한 그는 사람들이 자신의 의견과 다른 생각들로부터 완전히 고립된 상태는 아니기에 인터넷으로 에코챔버가 형성된다는 주장은 근거가 없다고 밝히고 있다. 박시(Bakshy et al., 2015) 등도 페이스북 로그 데이터를 분석한 결과, 페이스북 이용자의 친구 중에서 평균적으로 20%가 개인과 반대되는 이데올로기를 가지고 있었고, 소셜미디어에서도 예상했던 것보다도 반대의 담론에 많이 노출되고 있다고 밝혔다.

4) 전제의 문제: 알고리즘 난민의 존재

알고리즘 민주주의를 본격적으로 논하기 전에 그 논의의 바탕에 깔린 전제들에 관해 먼저 비판적으로 고찰할 필요가 있다. 현재의 논의들은 알고리즘이 적용되기 전 빅데이터의 자료가 되는 개인정보 등을 포함한 기본값들이 존재함을 전제로 한다. 그러나 컴퓨터의 기본 작동원리를 이해하지 못하던 '컴맹' 인구가 그동안 교육받고 학습할 기회를 얻지 못한 채 4차 산업혁명 시대를 맞아 신경회로망에 빅데이터의 형식으로 흔적조차 남기지 못하는 '알고리즘 난민'으로 전락될 가능성을 간과해선 안된다. 만약 그런 사태가 발생하게 될 경우, 민주주의의 실현뿐만 아니라 기본 인권마저 침해당하는 소외계층에 대한 차별로 이어질 가능성이 있기에 반드시 그에 대한 대책을 세울 필요가 있다.

통화와 문자를 주고받는 정도의 가장 기본적인 핸드폰 사용이나 컴퓨터에 접근하지 못해 개인의 신상정보는 물론 생활패턴이나 소비활동 성향 등의 정보를 남기지 못해 중요한 정책결정은 물론이고 소비자 맞춤 시대의 트렌드에서 제외되는 박탈 계층의 상태와 규모에 관한 정확한 진단이 없는 상태에서 알고리즘 민주주의를 논하고 그 관찰을 일반화하기는 어렵다. 특히 IT 기술에 대한 학습수준이 낮을 것으로 추정되는 노령인구와 경제적인 문제로 기계에 대한 접근성이 떨어지는 집단의 '알고리즘의 실종'이 대의민주주의에 함의하는 바는 실로 크다고 할 수 있다.

5) 개념상의 문제: 가치중립적 기술과 가치지향적 정치영역의 병립

'알고리즘 민주주의'가 개념적으로 정립, 통용되기 위해서는 '컴퓨터가 문제를 해결하는 일련의 절차'인 알고리즘과 '국가의 주권이 국민에게 있고 국민을 위하여 정치를 행하는 제도'인 민주주의가 어떻게 하나의 개념 속에서 병립될 수 있는지에 관한 설명이 필요하다. 즉 가치중립적인 기술의 영역인 알고리즘과 역사와 철학의 영역인 민주주의가 개념적 혹은 존재론적으로 공존할 수 있는지를 먼저 살펴볼 필요가 있다. 이런 비판적인 시각에 관한 다중적 탐색 자체가 4차 산업혁명기를 겪고 있는 영역, 활동, 존재 이유, 의지, 그리고 방법론으로서의 정치에 관한 일종의 도전이라 할 수 있다.

4. 알고리즘 민주주의의 명과 암

1) 인터넷미디어의 정치 전장화(戰場化)

알고리즘이 정치 영역에 활용되기 시작하면서 소통의 장인 인터넷미디어가 전장화(戰場化) 되고 있다. 알고리즘과 프로파일링의 활용으로 인쇄 매체의 수요는 줄면서 온라인을 통한 정보제공의 중심축이 이동하게 되었고, 온라인 플랫폼 사업자의 영향력이 점점 더 강화되고 있으며, 인터넷에서 광고 시장의 분화가 더욱 복잡하게 진행 중이다.

SNS가 기존의 미디어를 추월하여 압도적인 소통의 장이 되면서 정치활동의 장도 SNS로 방향 이동을 하고 있으며 이에 프로파일링 기술을 사용해서 개인의 신상에 관한 정보를 불법으로 수집한 뒤 투표행태를 파악하거나 선거전략을 세우는 등의 목적으로 이용하고 있는 정치권의 행태가 크나큰 사회적 이슈로 부각되고 있다. 프로파일링 기술을 이용한 불법 선거 활동의 대표적인 해외 사례로 2016년의 케임브리지 애널리티카(Cambridge Analytica) 사건을 들 수 있다.

케임브리지 애널리티카 사건은 알렉산더 코간(Alexandr Kogan) 박사가 개발한 ***"this is your digital life"라는*** 앱을 통하여 수집한 약 8천 7백만 명의 가입자에 관한 개인정보를 케임브리지 애널리티카라고 하는 회사에서 미국의 2016년 대통령 선거에 이용한 것이 문제가 된 사건이다. 이 사건이 발생하기 이전에 한동안 개발자들은 페이스북의 Graph Application Platform Interface (API)로부터 개별 이용자 및 해당 이용자의 친구들에 관한 개인정보 일부를 수집할 수 있었다. 케임브리지 대학교의 Psychometric Centre의 연구원으로 일하고 있었던 코간 박사는 이에 주목하여, 온라인 퀴즈와 페이스북의 ***"좋아요"*** 등 개인정보를 이용하여 이용자들의 성격을 분석할 수 있는 ***"My Personality"***, ***"CPW Lab App"*** 등의 앱을 개발하였다.

그런데 페이스북이 2014년에 이용자 친구들의 개인정보를 더 이상 수집할 수 없도록 회사의 방침을 변경하게 되면서 케임브리지 애널리티카는 그 이전에 API를 통하여 수집한 개인정보를 이용하고자 알렉산더 코간 박사의 도움을 요청하였다. 결국 그들은 기존의 ***"CPW Lab App"***이라는 이름을 변경한 ***"this is your digital life"***라는 이름의 앱으로 이용자들과 친구의 정보를 수집할 수 있었다. 문제는 케임브리지 애널리티카에서 수집한 개인정보가 구체적으로 본인의 프로필, ***"좋아요"***, 태그된 사진을 포함한 포스트, 친구의 목록과 메시지 등 이용자의 정보뿐 아니라, 친구의 프로필, ***"좋아요"***, 태그된 사진까지도 포함한 광범한 정보를 담고 있었다는 점이다.[314)]

이들은 이렇게 불법적으로 수집된 개인정보를 이용하여 미국의 2016년 대통령 선거에 개입하기 위해 노력했고 이로부터 유권자들의 정치적 의사결정의 자유가 간섭과 조종의 대상이 될 위험에 노출되었다는 주장이 본격적으로 제기되기 시작했다.[315)]

2) 알고리즘과 민주주의 사이의 상관관계: 사례를 통한 분석

알고리즘과 민주주의 사이의 상관관계를 긍정적인 면, 부정적인 면으로 양분해 볼 수 있겠으나 경험적 사례들을 보면 각 사례의 맥락과 사안의 복잡성 등으로 단정적인 결론을 도출하기는 쉽지 않은 것이 현실이다. 소셜미디어를 통한 정보의 확산으로 민주적 저항세력들을 의식화시키고 연대를 가능하게 하는 동시에 그들의 활동 정보력, 기동력, 행동력을 증진해 비민주적 권력 집단과의 대결에서 힘의 균형을 어느 정도 달성 가능하게 하는 긍정적 함의가 있다. 하지만 정치 권력이 알고리즘을 이용하여 다중들을 현혹, 통제하는 것이 더 용이해졌다는 부정적인 함의 또한 엄연히 존재한다.

(1) 경험적 사례분석 1: '아랍의 봄'

'아랍의 봄'은 2010년대 초 아랍의 많은 지역에 퍼진 일련의 반정부 시위, 봉기, 무장 반란 등을 일컫는 말이다. 튀니지에서의 시위를 시작으로 억압적인 정권에 대한 저항과 낮은 생활 준에 대한 불만으로 촉발되었으며, 이후 이웃한 5개 국가로 확산되었다. 폭동, 내전, 반란을 비롯한 사회폭력이 발생했고 리비아, 이집트, 예멘, 시리아, 바레인 등에서 통치자가 퇴위를 이끌어 내었다.[316] 지속적인 거리시위가 모로코, 이라크, 알제리, 이란령 후제스탄에서 일어났으며 레바논, 요르단, 쿠웨이트, 오만, 수단 등에서도 발발했고 지부티, 모리타니아, 팔레스타인, 사우디아라비아, 모로코가 점령한 서부 사하라에서도 소규모 시위가 벌어졌다. 범아랍권 시위대의 주요 슬로건은 ***"국민은 정권을 무너뜨리기를 원한다"***였다.[317]

'아랍의 봄' 시위 확산과 성공을 가져온 내외부적 요인에 관해서는 논쟁의 여지가 많으며 특히 소셜미디어의 역할에 관한 논쟁은 시사하는 바가 크다. 소셜미디어의 통제는 정부가 시위를 억제하는 매우 중요한 수단이었다. 많은 나라에서 정부는 특히 대규모 집회를 앞둔 시기에 특정 사이트를 폐쇄하거나 인터넷 서비스를 완전히 차단했다. 또한 반정부 시위와 관련이 없는 콘텐츠 제작자들을 입증될 수 없는 범죄 혐의로 고발했으며, 페이스북을 포함한 특정 사이트를 폐쇄조치 하기도 하였다. 뉴스 보도기사 등에서는 아랍권 저항운동의 성공 요인이 소셜미디어에 있다고 분석하며 다른 나라에서 일어나는 성공담에 용기를 얻어 새로운 시위가 발생했다. 따라서 소셜미디어의 적극적 역할은 '아랍의 봄'이라는 정치혁명이 전 세계로 빠르게 확산되는 원동력으로 인식되었다.

그러나 초기의 성공과는 달리 많은 '아랍의 봄' 시위가 정부, 친정부 민병대, 친정부 시위대, 군대의 격렬한 진압으로 인해 2012년 중반부터 줄어들기 시작했다. 이러한 정부의 공격은 경우에 따라 시위대의 폭력적 반격을 불러왔다. 특히 시리아의 내전, 알카에다와 매우 긴밀한 관계로 시리아와 이라크의 국경을 넘나들며 활동하던 이슬람 원본주의자들의 그룹인 ISIL(Islamic State in Iraq and the Levant)의 부상, 이라크에서 발생한 반란과 연이은 내전, 이집트 위기와 쿠데타 그리고 그에 따른 소요와 반란, 리비아 내전, 예멘 내전 등과 같은 대규모의 갈등으로 이어졌다.

'아랍의 봄'을 진압하기 위한 권위적 정부들의 즉각적이고 폭력적인 대응에도 불구하고 시민과 정부 사이, 그리고 정권 쟁탈을 목적으로 삼는 세력 사이의 투쟁은 계속되었다. 리더십이 바뀌고 책임소재가 불분명한 권력투쟁 속에서 아랍 세계에서 통치의 공백이 발생했다. 그 과정에서 종교 엘리트에 의한 권력 통합과 민주주의에 대한 열망 사이에서 민주화의 방법과 달성 방향에 관한 격렬한 논쟁이 일어났다. '아랍의 봄'이라는 대중운동이 가졌던 오일머니와 세습 권력을 둘러싼 뿌리 깊은 부패구조를 변화시키고, 일반 시민들의 정치참여를 독려하며, 더 큰 경제적 형평성을 추구한다는 초기의 희망은 예멘 내 외국 국가 행위자들(foreign state actors)의 반혁명적 움직임, 그리고 시리아, 이라크, 바레인, 예멘에서 발생한 소모적이고 파괴적인 내전으로 급속히 무너져 내렸다.

지금까지도 '아랍의 봄'의 여파로 볼 수 있는 여러 가지 갈등이 여전히 계속되고 있다. 시리아 내전으로 시리아의 통화가 사상 최저치로 폭락하는 등 시리아 내부의 정치 불안과 경제난은 현재 진행형이고, 리비아에서도 서방 강대국들과 러시아 사이에 벌어진 대리전의 형태로 대대적인 내전이 진행 중이다. 예멘에서도 내전이 계속되고 있으며 레바논의 대규모 금융 위기가 레바논 뿐만 아니라 이웃 시리아의 경제까지 위협하고 있다.

'아랍의 봄' 항쟁이 발발하면서 지역 내 시민들은 정부가 통제하는 국영 미디어 채널을 우회하는 집단행동의 수단으로 소셜미디어와 디지털 기술의 역할을 활용하는 행태에 관심을 갖게 되었다.[318] 따라서 '아랍의 봄' 기간 동안 소셜미디어가 정치활동에 미친 영향에 대해 많은 논의가 이루어져 왔는데 흥미롭게도 인터넷 사용량이 매우 높은 나라와 인터넷 보급률이 가장 낮은 나라 모두에서 시위가 발생한 사실이 보고되기도 했다. 예를 들면 2011년 인구의 88%가 인터넷 사용자인 바레인, 그리고 예멘과 리비아처럼 대다수 국민이 인터넷에 연결되지 않는 나라에서도 비슷한 빈도로 시위가 발생하였다.[319]

'아랍의 봄'이 진행되는 동안 리비아를 제외한 아랍 국가에서 소셜미디어 플랫폼 사용이 두 배 이상 증가했으며[320] 일부 연구자들은 소셜미디어와 같은 참여형 시스템을 사용하는 군중이 어떻게 집단행동을 이어갈 수 있는, 유지할 수 있는 엄청난 힘을 발휘하는지를 보여준 사례로 평가하였다.[321] 2011년 4월 5일 기준으로 아랍권의 페이스북 이용자 수는 2,770만 명을 넘어섰고, 이것이 디지털 기술과 다른 형태의 커뮤니케이션, 즉 비디오, 휴대폰, 블로그, 사진, 이메일, 문자 메시지 등에서 영향을 받은 북아프리카 일부 지역에 '디지털 민주주의'의 개념을 확산시켰다는 주장이 제기되었다.[322] 특히 페이스북, 트위터 등 주요 소셜미디어는 이집트, 튀니지 활동가들의 움직임에 핵심적인 역할을 했으며 이집트인과 튀니지인 10명 중 9명이 페이스북을 이용해 시위를 조직하고 지지를 확산시켰다고 여론조사를 통해 답했다.[323] 이집트의 젊은 남성 중 많은 수가 자신을 ***"페이스북 세대"*** 라고 불렀는데, 이는 그들이 전근대적인 과거로부터 벗어나고 싶어한다는 사실을 잘 보여준다.[324] 나아가 같은 여론조사에 참여한 이집트인의 28%와 튀니지인의 29%는 페이스북을 차단하는 것이 의사소통을 크게 방해한다고 답했다. 이러한 사실로 미루어 볼 때, 2008년 아흐메드 마헤드가 전국적인 노동 파업을 조직하고 추진하기 위해 시작한 '4·6 청년 운동' 이후 '튀니지의 진보적 청년'이라는 새로운 조직을 탄생시키는 등 소셜미디어는 많은 시민이 조직한 다양한 운동의 근간이 되었다.[325]

'아랍의 봄' 기간 동안 아랍지역의 사람들은 페이스북에 페이지를 만들어 이집트 혁명 경찰의 잔학 행위와 같은 반인륜적 범죄에 대한 경각심을 높였다.[326] 하지만 시민들의 저항운동에 관한 인지도를 높이는 여러 소셜미디어의 내용이 아랍인들 스스로가 추진한 것인지 아니면 서양의 소셜미디어 사용자들에 의해 홍보, 확산된 것인지에 관해서는 논쟁의 여지가 있다. 그 일례로 미국의 대표적 주간지 아틀란틱(The Atlantic)의 기자인 제러드 켈러(Jared Keller)는 대부분의 운동가와 시위자들이 페이스북을 시위를 조직하기 위해 이용했다고 주장하지만, 이란에 영향을 준 것은 ***"아주 오랜 전통인 입소문"***이라고 반박한다. 켈러는 '아랍의 봄'에 관한 폭발적인 소셜미디어 콘텐츠의 생산은 서양인들이 상황을 목격하고 이를 확산한 데서 비롯되었다고 주장하며 이 주장을 뒷받침하는 증거로 중동과 북아프리카 지역에서 문자, 이메일, 블로그 활동의 내용은 시위가 발생한 지역 내부에서만 공유된 정보가 대부분이었다는 사실을 제시했다.[327)]

이처럼 알고리즘과 정치행위를 엮는 대표적 기제인 소셜미디어가 갖는 영향력이 민주주의의 확산에 긍정적인지 또는 부정적인지에 관한 질문에 명확한 결론을 내리기는 쉽지 않다. 그럼에도 불구하고 노스캐롤라이나 대학의 제네프 투페키(Zeynep Tufekci)와 유엔 개발 프로그램의 크리스토퍼 윌슨(Christopher Wilson)의 연구는 ***"일반적으로 소셜미디어, 특히 페이스북은 정권이 쉽게 통제할 수 없는 새로운 정보원의 역할을 했으며 시민들이 참여에 대한 개별적인 결정을 내리는 데 결정적인 역할을 했다"***라고 결론지었다.[328)]

(2) 경험적 사례분석 2: 홍콩민주화운동

현재도 진행 중인 홍콩 민주화운동(2019~2020년)은 홍콩 정부의 '범죄인 인도법 개정안'의 도입으로 촉발되었다. 현재 취소된 법안은 홍콩이 중국 본토와 대만을 포함한 범죄인 인도 협정을 맺지 않은 관할구역으로 범죄인을 인도하는 것을 허용한다는 것이 주요 골자였다. 이 법 개정을 계기로 홍콩 주민과 방문객들이 중국 본토 법체계에 노출돼 홍콩의 자치권을 훼손하고 시민의 자유를 침해할 것이라는 우려가 제기되었다. 2019년 3월 15일 정부 본부 농성, 2019년 6월 9일 수십만 명이 참석한 시위, 6월 12일 입법회의장 밖에서 법안의 제2차 통과를 저지하기 위한 집회로 시작된 일련의 시위행위가 세계의 이목을 사로잡는 폭력 사태로 번졌다.

이런 저항에 부딪힌 홍콩 정부가 법안 처리를 중단한 지 하루 만인 6월 16일, 경찰의 과잉진압에 대한 반발과 법안의 전면 철회를 추진하기 위한 훨씬 더 큰 시위가 벌어졌고 시민들은 법안 철회, 경찰의 만행 및 비위 의혹 수사, 구속자 전원 석방, 시위를 '폭동'으로 정의한 공식 성명의 철회, 행정 수장인 캐리 람 사퇴 등 5가지 핵심 요구안을 내놓기도 했다. 7월 21일 삼합회 용의자들이 윈롱에서 시위대와 통근자들을 폭행하고 8월 31일 경찰서를 습격하면서 시위는 더욱 확대되었다. 이에 캐리 람은 9월 4일 이 법안을 철회했지만, 나머지 네 가지 요구는 받아들이지 않았다. 정확히 한 달 후, 그녀는 마스크 방지법을 시행하기 위해 비상 권한을 발동했고, 이는 역효과를 낳게 되었다. 11월 구의회 선거에서 민주화 진영의 유례없는 압승과 2020년 초 COVID-19 대유행으로 시위는 잠시 주춤했지만 2020년 5월 다시 긴장이 고조되었다. 많은 사람들이 중국 정부와 홍콩 행정부의 일련의 정책과 행위 속에 내재된 정치적 압박과 시민의 자유를 박탈당하는 미래에 불안을 느꼈고, 국제사회 또한 홍콩의 자율성이 위협받는 상황에 우려를 표시했다. 이런 배경과 맥락 속에서 전개된 홍콩 민주화운동에도 소셜미디어는 전장화되고 있었다.

홍콩에서 시위가 정부와 과격하게 대립하며 전개되는 동안 인터넷에서는 또 다른 충돌과 갈등이 생산되고 있었다. 시위 지지자들과 반대자들 모두는 '신상털기'가 포함되는 독싱(doxing)[329]과 사이버 폭력(cyber bullying)[330]과 같은 인터넷 미디어 전술은 반대편을 공격하고 자기 편을 옹호하기 위해 사용되었으며 일부 시위대는 경찰관과 그 가족의 신상을 털어 소셜미디어에서 공격했고 이들의 개인정보를 온라인을 통해 유출하기도 했다.[331] 2019년 7월 초까지 약 1,000명의 장교의 신상 명세가 온라인에 유출된 것으로 알려졌고 9명이 체포되었다. 피해 경찰관, 그들의 친구, 가족들은 살해 협박을 받은 것으로 알려졌다.[332] 2020년 6월 초까지 소셜미디어 업무를 담당한 장교의 수는 1,752명에 달했다.[333] 경찰의 검문검색을 받은 뒤 자신의 신상정보와 사진이 페이스북 등 소셜미디어 플랫폼에 떠도는 것을 발견한 일부 시위대는 유출된 사진이 검문 과정에서 찍힌 것으로 의심하기도 했다.

러시아에 본사를 두고 있으며 중국공산당과 연계된 단체들에 의해 홍보된 익명의 웹사이트인 HK 리크리스(HK Leaks)는 시위를 지지하는 것으로 보이는 약 200명의 시민을 괴롭힌 것으로 밝혀졌는데 이 웹사이트에 의해 괴롭힘을 당한 애플 데일리 기자는 ***"수백 번의 협박 전화"***를 통해 성희롱을 당했다고 밝혔고[334] 대학생 지도자들도 살해 위협을 받았다고 밝혔다.[335] 홍콩의 개인 정보보호 위원회 사무국(Office of the Privacy Commissioner for Personal Data)에 따르면 2019년 8월 30일 현재 경찰관이 연루된 독싱 건수는 전체 신고·발견 건수의 59%를 차지했다. 나머지 41%

는 시위대, 반정부적 정치적 견해를 가진 사람들, 시민들과 그들의 가족 등이 연루된 것으로 밝혀졌으며 독싱 가해자에 대한 체포는 이루어진 적이 없다. 홍콩 경찰은 2019년 10월 25일 경찰관이나 그 가족에 대한 개인정보를 누구라도 공유하지 못하도록 하는 법원 가처분 신청을 받았고 이에 이 조치는 언론의 자유에 부정적인 영향을 미칠 수 있고 그 적용 범위 또한 지나치게 넓다는 이유로 비판의 대상이 되었다.[336)]

오보 확산 및 선전·선동도 홍콩 민주화운동 중에 펼쳐진 알고리즘 민주주의의 명암을 잘 보여준다. 친정부파와 그 반대파 양쪽 모두 검증되지 않은 소문과 잘못된 정보를 퍼뜨려 대중들을 선동하고 사회의 양극화를 야기시켰다. 여기에는 선택적인 뉴스 화면 컷 사용, 거짓 내러티브 작성 등의 전술이 포함됐다.[337)] 대표적인 가짜뉴스로 판명된 사례들도 있었다. 경찰이 작전 중 사람을 때려 숨지게 했다는 소문이 인터넷에서 퍼지자 몇 주 동안 ***"죽은 자"***를 애도하기 위해 역 출구 밖에 흰 꽃을 바치는 퍼포먼스를 벌이기도 했다. 여성 시위대가 남성 시위대에게 ***"무료 성"***을 제공한다는 소문이 나면서 정부 고위 관계자가 이 소문을 반복해서 정론화했으며, 시위에 참여한 백인 남성들의 사진이 온라인에 공유된 후 CIA가 시위의 선동에 관여했다는 내용도 결국 가짜뉴스로 밝혀졌다.

2019년 8월 19일, 트위터와 페이스북을 포함한 소셜 네트워크상에서 조직적이고도 큰 규모의 부정행위가 발견되기도 했다.[338)] 페이스북은 종종 시위대를 비방하고 명예를 훼손하기 위한 자막과 함께 문맥이 변경되거나 합성된 이미지를 포함하는 게시물을 발견하기도 했다.[339)] 페이스북, 트위터, 유튜브 등의 조사에 따르면 일부 공격은 중국 정부 요원들이 벌인 것으로 추정되어 중국의 작전 세력들이 인터넷미디어에서 정보 조작과 왜곡에 적극적으로 개입한 정황이 드러났고, 이에 구글, 페이스북, 트위터는 이러한 계정을 폐쇄조치 했다.[340]

3) 알고리즘 민주주의에 관한 대책과 장치의 마련

알고리즘이 정치행위에 미치는 영향과 문제점을 주제로 논의가 이루어지고 있다. 하지만 알고리즘의 영향력을 검증하거나 확신할 수 있다 하더라도 그에 대한 적절한 규율을 마련하는 것은 간단한 일이 아니다. 알고리즘을 규율하기 위한 기초적인 규범적 개념이나 누구에게 어떠한 권리나 의무를 인정해야 할 것인지 등 각각의 문제를 하나씩 세밀하게 파악하고 그에 따른 그에 대한 대책을 마련하고 관련된 정책을 결정하는 일은 간단하게 추진할 수 있는 문제가 아니기 때문이다. 그럼에도 불구하고 유럽연합의 일반정보보호규정(General Data Protection Regulation)과 같은 장치들이 마련되고 있다는 사실에 주목할 필요가 있다.

- 유럽연합의 일반정보보호규정

일반정보보호규정 GDPR(General Data Protection Regulation, GDPR)은 유럽연합(EU)과 유럽경제구역(EEA)의 데이터 보호 및 프라이버시에 관한 법률의 규정이다.[341] 이 규정은 EU와 EEA 지역 외부에서 전송되는 개인 데이터도 포함한다. GDPR의 주요 목표는 개인에게 개인에 관한 데이터를 통제할 수 있는 권한을 주고 EU 내에서 규제를 일원화함으로써 국제 비즈니스의 규제 환경을 단순화하는 것이다.[342] 구체적으로는 데이터 보호 지침인 95/46/EC에는 개인 데이터 처리와 그와 관련된 규정과 요구 사항이 포함되어 있다. 유럽경제구역 내에 위치하는 모든 데이터의 주체는 시민권 또는 거주지와 관계없이 EEA 내에서 개인의 개인정보를 처리하는 모든 기업에 적용된다. 따라서 개별적 개인 데이터의 컨트롤러와 프로세서는 데이터 보호 원칙을 구현하기 위해 적절한 기술적, 조직적 조치를 취해야만 한다. 개인 데이터를 처리하는 비즈니스 프로세스는 정보보호라는 원칙을 고려하여 설계, 구축되어야 하며 데이터를 보호하기 위한 안전장치를 제공해야 한다. 예를 들면 가명화 또는 적절한 경우 완전한 익명화를 추구하는 것이 바람직하다. 데이터 제어기는 프라이버시를 염두에 두고 정보 시스템을 설계해야 하는데 예를 들자면 데이터 세트를 기본적으로 공개적으로 사용할 수 없을 뿐 아니라 피사체 식별을 위해 사용할 수 없도록 개인정보 설정에 가장 높은 기본값을 지정하도록 요구되고 있다. 이런 규정의 6가지 합법적 근거인 동의, 계약, 공공 업무, 중대한 이익, 정당한 이익 또는 타 관련 법적 요건 중 하나라도 저촉되는 경우 개인 데이터를 처리할 수가 없다. 더 나아가 데이터 주체인 개인의 동의에 근거하여 처리될 때는 개인의 요구가 있는 경우 관련 자료는 언제든지 삭제되어야만 한다.[343]

또한 데이터 통제관(data controller)은 데이터 수집을 명확하게 공개하고, 데이터 처리의 합법적인 근거와 목적을 선언해야 하며, 데이터가 얼마나 오랫동안 보존되고 있는지, 그리고 EEA 외부에서 공유되고 있는지를 명시해야 한다. 기업은 직원, 소비자 또는 제 3자의 데이터 프라이버시를 존중하기 위해 최소한의 간섭을 원칙으로 하여 꼭 필요하다고 판단되는 데이터만 추출함으로써 직원과 소비자의 데이터를 보호할 의무가 있다. 기업들은 감사, 내부 통제, 운영을 담당하는 다양한 부서에 대한 내부 통제와 규제를 수행해야 한다. 데이터 주체인 개인, 기업과 조직은 관제사가 수집한 데이터 사본의 발급을 요청할 수 있으며, 특정 상황에서 해당 데이터를 삭제할 수 있는 권한이 있다. 공공기관과 개인 데이터의 정기적이고도 체계적인 처리를 위해 데이터 사용이 기업과 조직 활동의 핵심인 사업자는 GDPR 준수 관리를 담당하는 데이터보호관(DPO)을 고용해야 한다. 기업은 데이터 침해가 사용자의 사생활에 악영향을 미치는 경우 72시간 이내에 국가 감독기관에 보고해야 한다. GDPR을 위반한 기업에 2천만 유로 또는 이전 회계연도의 연간 전 세계 매출액의 4%까지 중 더 큰 금액에 해당하는 벌금을 부과할 수 있다.

GDPR은 2016년 4월 14일에 채택되었고 2018년 5월 25일부터 시행되었다. GDPR은 권고사항이 아닌 규정이기 때문에 직접적인 구속력이 있지만, 개별 회원국이 조정해야 할 규제의 특정 측면에 대해서는 유연성을 가지고 있다. EU의 이 규정은 한국, 칠레, 일본, 브라질, 아르헨티나, 케냐를 포함한 EU 밖의 여러 국가의 표준이 되었다.[344)]

유럽연합의 일반정보보호규정은 위에서 논의된 알고리즘 민주주의의 개념화 문제와 관련이 있는데, 알고리즘 민주주의를 알고리즘'선택'민주주의, 알고리즘'책임'민주주의, 알고리즘'의무'민주주의, 알고리즘'절차'민주주의, 알고리즘'참여'민주주의 등으로 세분화시킬 필요성이 있음을 시사하고 있다. 이런 개념 정리는 결국 가치중립적 기술의 영역에 속하는 알고리즘의 속성이 정치활동에 응용되거나 활용됨에 있어서 기술의 설명성, 과정의 투명성, 관점의 중립성, 사회적 신뢰 등의 담보가 필요함을 보여준다. 이는 결국 4차 산업혁명이 시작되기 전에 이미 축적된 사회, 정치, 경제, 문화적 자본과 그 체계에 의존할 수밖에 없다는 점에서 변화의 연속성과 혁신성 사이의 변증법적 상호작용을 노정 시키고 있다.

5. 알고리즘의 작동이 한국 민주주의 확장에 주는 시사점

한국은 뉴스 접근방식의 측면에서 높은 포털 의존도를 보이는데 2018년 한국언론진흥재단이 발표한 바에 따르면[345] 응답자의 약 91%가 조사일 직전 1주일 동안 인터넷을 통하여 언론사 공식 홈페이지(기존의 신문, 방송사의 인터넷판)에 직접 접속하여 인터넷 뉴스를 이용한 경험이 없다고 답했다. 모바일 뉴스도 그와 유사해 78%가 포털을 통하지 않고서는 뉴스를 접한 적이 없다고 답했다. 더 나아가 응답자의 62%는 네이버나 구글과 같은 포털 자체를 언론으로 여긴다고 응답했다.

1) 포털 사이트의 영향력과 법적 제재

한국에서 포털 서비스의 영향력은 막강하므로 그들의 행태를 감시하고 통제할 필요성 또한 크다고 볼 수 있다.[346] 위에서 논의된 유럽연합의 일반정보보호규정과 비슷한 조치를 한국의 공정

거래위원회(이하 공정위)가 2019년 3월 취한 적이 있다. 구글과 페이스북, 네이버, 카카오에 10개 유형의 불공정 약관조항을 시정하도록 명령을 내렸던 것이다. 구체적인 시정명령의 내용은 개인정보를 보호하고, 포털 제공자 측의 책임성을 강화하고, 개인 사용자의 경제적 부담을 최소화하는 것에 초점이 맞추어져 있다.

구글의 경우, 그 약관조항에 사업자가 회원의 저작물에 대한 이용목적이나 범위의 제한 없이 광범위하게 이용할 수 있게 되어 있었다. 공정위는 개별계약이 아닌 약관을 통해 회원의 저작물 이용에 대한 허락을 받는 경우 서비스 제공에 필요한 최소한의 범위 내로 제한할 필요가 있다고 판단했다. 또한 구글은 회원에게 아무런 통지 없이 사업자가 콘텐츠 삭제, 계정 종료 등 서비스 이용 제한 조치를 하거나, 언제든지 임의로 서비스를 중단할 수 있도록 규정하고 있었다. 이에 공정위는 콘텐츠 삭제 및 계정 종료는 이용자의 권리를 제한하는 것이므로 그 사유가 구체적이고 합리적이어야 하며, 개별 통지하여 이의를 제기하거나 시정할 기회를 부여하여야 한다고 판단했다.

아울러 구글은 고객에게 미치는 영향에 대한 고려 없이 단순히 공지만으로 약관을 변경할 수 있도록 규정하고 있었다. 이에 공정위는 약관의 변경내용이 중대하거나 고객에게 불리한 경우라면 불특정 다수에 대한 공지가 아니라 그 내용을 충분히 알 수 있도록 개별 통지할 필요가 있다고 지적했다. 더불어 구글은 구글 계정 만들기 화면에서 '동의'를 선택하면 서비스 약관뿐만 아니라 개인정보 처리방침에도 포괄적으로 동의하는 것으로 규정하고 있었다. 이런 행태에 대해서도 공정위는 개인정보의 수집·이용 등은 약관과는 별도로 설명하고 자발적인 의사에 따라 동의 여부를 결정하도록 하여야 한다고 시정권고사유를 들었다. 이외에도 구글은 유용한 제품기능을 제공할 목적으로 콘텐츠(이메일 포함)를 분석할 수 있도록 규정했다. 하지만 개인정보 보호 관련 법령에서는 사업자가 이용자의 개인정보를 수집하는 경우 목적과 항목을 구체적으로 밝히고, 서비스 제공을 위하여 필요한 최소한의 정보만을 수집하도록 정하고 있다. 이에 공정위는 개인정보 수집 범위에서 이메일을 제외했다.[347)]

구글과 페이스북, 카카오는 회원이 콘텐츠를 삭제하더라도 콘텐츠에 대한 라이센스 효력을 유지하고, 사업자의 서버에 사본을 보유할 수 있도록 하고 있었다. 하지만 공정위는 콘텐츠 이용허락 기간은 회원이 콘텐츠를 삭제하는 때에 종료된다고 보는 것이 타당하며, 삭제한 콘텐츠를 사업자의 서버에 보유하는 것은 저작권자의 복제권을 침해한다며, 콘텐츠가 삭제된 경우 원칙적으로 라이센스의 효력이 상실되도록 변경했다고 밝혔다. 또한 구글과 네이버, 카카오는 '사업자는 개인정보 유출, 저작권 침해, 콘텐츠의 부정확성 등에 대하여 일체 책임을 부담하지 않고 있다'라고 규정하고 있었다. 이에 공정위는 ***"사업자는 회원의 손해에 대해 고의 또는 과실이 인정되는 경우 그 손해배상 책임을 부담함이 타당하다"***라며 ***"사업자가 관련 법령상 책임을 부담하도록 수정했다"*** 라고 밝혔다. 아울러 구글과 페이스북은 온라인 사업자와 이용자 간 분쟁이 발생하였을 때 외국 소재지 법원(미국 캘리포니아 지방법원)을 관할법원으로 지정하고 있었다. 이에 공정위는 사업자의 편의에 의해 약관에서 관할법원을 외국 소재지 법원(미국 캘리포니아 지방법원)으로 정하고 있어 국내 소비자의 소재지 또는 응소에 큰 불편을 초래할 우려가 있다며, 소비자가 거주하고 있는 국가의 관할법원에서 분쟁을 해결하도록 수정했다. 마지막으로 카카오는 회원의 약관 위반으로 서비스 이용을 제한하거나 계약을 해지하는 경우 일절 환불을 하지 않았다. 이에 공정위는 「전자상거래 등에서의 소비자보호에 관한 법률」에 의하여 보장되는 소비자의 청약 철회권을 제한하고 있어 고객의 권리를 타당한 이유 없이 배제하는 조항에 해당하여 무효라며 환불 불가 조항을 삭제했다.[348]

2) 정부의 인터넷 통제 방식

한국의 인터넷 검열은 그 내용이나 정도가 다른 선진국과 유사하지만, 친북 웹사이트 차단 등을 포함한 일부 독특한 요소를 포함하고 있어 오픈넷 이니셔티브(OpenNet Initiative)에 의해 분쟁, 보안 영역에서 '퍼베이시브'(pervasive)로 분류됐다.[349] 한국 정부의 인터넷 검열을 1995년부터 2012년까지를 세 시기로 나누어 볼 수 있다.

첫 번째 기간인 1995년부터 2002년까지 한국 정부는 세계 최초의 인터넷 검열법이었던 전기통신사업법(TBA)을 통과시켰다. 이 법은 정보통신윤리위원회(ICEC)라는 기구를 만들어 인터넷을 감시하고 콘텐츠를 삭제하도록 권고했다. ICEC는 불법적인 내용을 진술한 사람들을 형사고소하고 몇몇 외국의 웹사이트를 차단했으며, 1996년 첫 8개월 동안 인터넷 사이트에 있는 약 22만개의 메시지를 삭제했다.

두 번째 기간인 2002년부터 2008년까지 정부는 전기통신사업법(TBA) 개정안을 통과시켰다. 이를 통해 ICEC는 보다 정교한 인터넷 치안유지를 가능토록 했으며, 관료주의적 성격을 지닌 단체들이 인터넷의 불법적 발언을 감시하거나 법을 위반한 웹사이트를 폐쇄할 수 있게 허용했다. 이 기간에 온라인 루머로 인해 발생한 자살 사례들 때문에 인터넷에 대한 광범위한 검열을 확대하려는 정치적 움직임이 있었다. 2007년에만 20만 건 이상의 사이버 왕따 사건이 보고되었다.

세 번째 기간은 2008년부터 2012년까지로 이명박 정권은 당시 총선 공약이었던 방송 개혁을 실행에 옮기기 시작했다. 2008년에는 인터넷의 새로운 규제와 검열 기구인 방송위원회와 정보통신윤리위원회를 방송통신심의위원회(KCSC: Korea Communications Standards Commission)로 통폐합하기 위해 「방송통신위원회의 설치 및 운영에 관한 법률」을 통과시켰다. 이명박 정부가 만든 법에 따라 생긴 가장 큰 변화는 10만 명 이상의 인터넷 방문자들이 실제 이름과 주민등록번호를 입력해야만 웹사이트에 접속할 수 있게 된 것이다. 두 번째 변화는 KCSC에서 민원이 제기되는 즉시 30일 동안 웹 게시물이나 기사를 중지하거나 삭제할 수 있는 권한을 허용한 것이었다. 이 새로운 법이 만들어진 이유는 사이버 폭력을 근절하기 위해서였다. 2013년에는 약 23,000개의 웹페이지가 삭제되었고 또 다른 63,000개의 웹사이트가 KCSC에 의해 차단되었다.

한국 정부는 특정 온라인 콘텐츠에 대해 광범위한 접근 권한을 유지하고 있으며, 정부가 전복적이거나 사회적으로 유해하다고 판단하는 웹사이트와 선거 관련 논의에 대해 상당한 수준의 검열을 가하는 것으로 알려져 있다. OpenNet Initiative는 한국의 인터넷 검열이 분쟁과 보안 영역에서 특히 많이 행해지고 있는 것으로 판단했다. 하지만 사회 영역에서의 검열은 선별적이고, 정치 및 인터넷 도구 영역에서는 필터링의 증거를 찾지 못했다고 밝혔다. 2019년에 한국 정부는 HTTPS 웹사이트를 검열하기 위해 SNI(Server Name Identification, 서버 이름 확인) 스누핑(snooping) 방식을 사용할 것이라고 발표했으며, 이 정책은 강한 반대에 부딪혔음에도 불구하고 강행되었다.

3) 알고리즘 민주주의의 대처 방안

(1) 설명 책임

네이버의 경우 하루 평균 18만 개의 기사가 다양한 언론사로부터 제공되는데 2018년 알고리즘을 통해 뉴스를 선별하는 AiRS(AI Recommender System)를 도입하였다. AiRS 도입 이전에도 언론사가 제공하는 뉴스를 알고리즘을 통해 유사한 이슈끼리 그룹을 만든 뒤 인간 편집자들이 메인 화면에 노출할 기사를 선택하는 방식으로 운영하였다. 이런 뉴스 편집 형식으로 보았을 때 디지털 플랫폼 사업자들은 이용자들이 검색 결과를 능동적이고 또 비판적으로 분석할 수 있는 검색 시스템의 신뢰성 확보에 관심을 기울여야만 하고, 더 나아가 각각의 서비스 제공자가 적용하고 있는 검색 알고리즘을 이해 가능한 형태로 포괄적으로 설명하는 노력 또한 필요하다.

(2) 디지털 리터러시(digital literacy) 교육

황용석 외(2018)의 경험적 연구에 의하면 알고리즘에 관한 설명이 알고리즘의 부정적 효과를 약화하는데 유의미하다는 사실

이 입증되었다. 이 같은 연구 결과는 검색 알고리즘에 대한 설명 방식이 복합적이고 다양할수록 이용자들은 검색 결과의 정확성과 신뢰성에 대해 더욱 명확히 판단할 수 있음을 의미하며, 이는 이용자들의 권익을 위해 알고리즘의 논리가 일정 수준에서 제공되어야 함을 의미한다. 이런 측면에서 디지털 리터러시(digital literacy) 향상을 위한 교육은 알고리즘 민주주의를 앙양함에 있어 없어서는 안될 필수적인 요소라 할 수 있다.

(3) 법 제도의 정비

전 세계적으로 확산 중인 신종 코로나바이러스 감염증(코로나19)으로 인해 전반적인 사회, 경제활동이 언택트 모드로 전환되면서 모든 분야에서 디지털 전환(digital transformation)이 가속화되고 있다. 이런 맥락 속에서 올해 처음으로 디지털 광고비가 전통 매체 광고비를 넘어설 것이라는 예측이 나왔다. 방송통신위원회에서 마련한 ***"온라인 맞춤형 광고 개인정보보호 가이드라인"***(2017. 2.)이 제공하는 관련 규정에 따르면, ***"온라인 행태정보"***란 웹사이트 방문 이력, 앱 사용 이력, 구매 및 검색 이력 등 이용자의 관심, 흥미, 기호 및 성향 등을 파악하고 분석할 수 있는 온라인상의 이용자 활동 정보를 말하는 것이고, ***"온라인 맞춤형 광고"***란 행태정보를 처리하여 이용자의 관심, 흥미, 기호 및 성향을 분석·추정한 후 이용자에게 맞춤형으로 제공되는 온라인 광고를 말한다.

페이스북의 경우, 2020년 총 5천300억 달러(약 600조 원)에 달하는 전 세계 광고비용 중 절반이 넘는 52%가 디지털 마케팅에 사용될 전망이다. 광고비 변화를 매체별로 보면, TV·라디오·

잡지 등 전통 매체에 쓰인 광고비는 2019년에도 전년 대비 감소하였고 그런 추세가 2020년에는 더 큰 폭으로 이어질 것으로 예측했다. TV 광고비는 2019년에 전년 대비 2% 정도로 감소했으며 2020년에는 전년 대비 15.4% 정도로 줄어들 것으로 전망했고, 라디오 광고비 역시 지난해 1% 줄었고 2020년에는 18%로 줄어들 것으로 전망했다. 그러나 2020년 소셜미디어(SNS)·포털 등 디지털 매체에 쓰인 광고비는 코로나19 사태에도 전통 매체에 비해 큰 타격을 받지 않은 것으로 밝혀졌다. 2019년 8%의 증가율을 보여 압도적인 성장세를 보였고 2020년에는 전년 대비 1.4%로 상대적으로 소폭 감소하였다.[350]

디지털 플랫폼을 통해 확산, 공유되는 뉴스의 편집 내용이 정치 영역에 미치는 영향력이 지대하고 인터넷 콘텐츠가 광고 수입이라는 매우 중요한 자원 변수에 의해서도 결정된다는 점을 고려하면 관련 법의 정비는 시급하다.

6. 지방자치에의 함의

알고리즘과 민주주의의 접합이 정치활동의 영역에 긍정적인 효과를 가지는지 아니면 부정적인 함의를 가지는지에 관한 물음에 대해 앞서 살펴본 사례들을 통해서는 단정적인 결론을 내리기가 쉽지 않다. 마찬가지로 알고리즘이 지방자치에 미치는 영향, 또는 두 영역 사이의 상호작용에 관한 논의 역시 보는 관점에 따라 맥락이 다를 수밖에 없다. 본 장에서는 정보격차(Digital Divide), 불평등의 고착화, 그리고 차별의 공고화라는 세 가지 맥락에서 알고리즘이 지방자치에 미치는 영향과 함의를 살펴보고자 한다.

1) 정보격차(Digital Divide)

정보격차(Digital Divide)는 ***"정보통신기술(ICT)에 효과적으로 접근할 수 있는 사람과 접근성이 매우 제한적이거나 아예 없는 사람 사이의 격차"***를 말한다. 인터넷 접속이 가능한 사람들과 가능하지 않은 사람들 사이의 차이는 재정상태, 지리적 위치, 교육의 정도 등에 크게 좌우될 수 있으므로 저소득층, 고연령층, 지방을 중심으로 분포하는 낙후지역일수록 인터넷 접근성이 낮은 것으로 나타난다. 이런 격차는 정부의 정책과 기업의 경제활동에까지 지대한 영향을 미친다.

특히 정부 정책은 인터넷 접근성이 낮은 소외된 계층과 지역에 매우 중요한 역할을 한다. 국가적인 사례로 보자면 후진국으로 분류되는 파키스탄의 경우 경제 근대화의 추진력을 높이기 위해 매우 공격적인 IT 정책을 추진하고 있다. 그 결과 2000년에 사용자가 전체 인구의 0.1%인 13만 3,900명에서 2011년에는 전체 인구의 17.6%인 3천1백만 명으로 늘면서 인터넷 이용자가 폭발적으로 증가했다.[351] 이와 비슷한 맥락에서 국내에서 지역 간, 계층 간의 정보격차를 줄이기 위해 중앙정부와 지방정부의 정책적 지원과 투자가 이루어진다면 민주주의적 의사결정과정에서 소외되고 있는 '알고리즘 난민'의 숫자를 줄이고, 그들이 사회 전반에 걸친 각종 서비스를 제대로 향유하면서 정치, 경제적 활동에도 더욱 적극적으로 참여할 수 있을 것으로 기대된다.

컴퓨터에 대한 접근은 인터넷 접속 수준을 결정하는 주요 요인이다. 컴퓨터나 스마트 폰 등의 기계 접근성과 정보격차는 불가분의 관계를 가지는데, 기계 접근성이 차단되어 인터넷 접속이 불가능한 집단은 급격히 변화하고 있는 시대적 조류나 경제, 정치, 사회생활을 제대로 수행하기 어려운 상황에 봉착해 있다. 이에 더 많은 사람에게 인터넷 접속의 기회를 제공함으로써 그들에게 정치적, 사회적, 경제적, 교육적, 직업적 기회를 공평하게 제공할 필요가 있다. 국제적으로는 2003년 제네바에서 유엔이 소집한 정보사회 세계 정상 회의(World Summit on the Information Society)에서 채택된 67개 원칙 중 몇 가지 원칙은 정보격차를 직접적으로 다루고 있는데 이와 비슷한 정책적 이니셔티브가 국내적으로도 필요하다.

또한 인터넷 접근성은 이용 가격과 가계에서 지출할 수 있는 가용자원에 의해 제한된다. 가용자원의 측면에서 보면 서울-경기 지역과 지방 사이의 격차를 짐작할 수 있다. 일반적으로 인터넷 접속, 특히 광대역 접속의 가장 큰 어려움 중 하나는 농업지역이 대부분인 소도시와 같이 인구밀도가 낮은 지역의 잠재적 고객에게 서비스를 제공하는 일이다. 인구밀도가 높은 도시에서는 서비스 제공업체가 장비 비용을 회수하기가 쉽지만, 시골 지역에 거주하는 고객을 광대역으로 연결하게 하기 위해서는 고성능의 장비가 필요할 수 있으므로 기업들의 투자를 독려하는 제도적 장치가 필요하다.

2) 불평등의 고착화

알고리즘을 이용한 자동적 의사결정이 사회적 차별을 확산시키기도 하고, 더 나아가 경제적 착취(exploitation)와 정치적 조작(manipulation), 사회구성원의 주류 견해에 대한 순응(conformity)을 유도한다는 우려도 나오고 있으므로 인터넷 접근성을 개인의 인권보호의 관점에서 볼 필요도 있다. 이런 움직임은 이미 국제사회에서 나타나고 있으며 코스타리카(2010년), 에스토니아(2000년), 프랑스(2009년), 핀란드(2010년), 스페인(2011년) 등에서 국가가 인터넷 접속을 광범위하게 이용할 수 있도록 보장하거나, 국가가 개인의 정보 및 인터넷에 대한 접근을 불합리하게 제한하는 것을 방지하도록 요구하는 법률을 채택했다. 인터넷 접근성을 시민권의 하나로 정의하고 이를 법률적으로 보호하자는 움직임도 확산 중이다.[352]

좀 더 구체적으로는 2003년 12월, 유엔의 지원 아래 소집된 정보사회 세계 정상 회의에서는 정보사회의 인권보호의 중요성을 재확인하는 선언이 채택되었는데 불평등과 차별에 관한 구체적인 조항은 다음의 두 항목에서 선명하게 나타나고 있다.

> 정보사회 제1차 세계 정상 회의를 위해 모인 세계인의 대표인 우리는 모든 사람이 정보를 만들고, 접근하고, 활용하고, 공유할 수 있는 사람 중심의 포용적이고 발전지향적인 정보사회를 구축하고자 하는 공동의 의지를 천명한다. 개인, 지역사회 및 국민이 유엔 헌장의 목적과 원칙에 따라 그들의 지속가능한 발전을 촉진하고 삶의 질을 향상하는 데 있어 그들의 잠재력을 최대한 발휘할 수 있도록 하기

위해 세계인권선언을 지지한다.

비엔나 선언에서 천명된 바와 같이 모든 인권과 개발권을 포함한 기본적 자유의 보편성, 상호의존성과 상호연계를 재확인한다. 우리는 또한 민주주의, 지속가능한 발전, 인권과 기본적 자유에 대한 존중, 그리고 모든 단위에서의 통치가 상호의존적이고 상호보완적이라는 것을 재확인한다.

이렇게 시민권의 관점에서 알고리즘 민주주의와 지방자치권을 연결해서 접근하면 중앙과 지방 사이의 여러가지 불평등을 해소할 당위론적 노력이 정당화될 수 있으며 이를 근거로 중앙정부와 지방정부의 협조를 촉구할 수 있다.

3) 차별의 공고화

윌리암즈 등이 2018년 발표한 연구는 종종 사람들의 삶에 중대한 영향을 미칠 수 있는 조직의 결정(예: 대학 입학, 채용 등)을 위해 데이터 기반 모델이 사용되고 있으며 성별이나 출신 지역과 같은 사회적 데이터가 차별을 악화시킬 수 있다고 주장한다.[353] 그 이유는 알고리즘 프로세스를 사용하여 의사결정을 하는 사회, 기술적 시스템에서도 차별이 발생하기에 정책 입안자들이 기존 차별의 공고화가 알고리즘 민주주의의 지방자치 영역에 부정적 영향력을 행사할 수 있다는 점을 간과해서는 안 된다는 중요한 시사점을 제공한다.

이런 알고리즘상에서의 차별의식은 투표행위에 중요한 영향을 미치는 것으로 나타나는데[354] 미국과 인도의 무당파와 부동층 투표자들에 대한 일련의 연구들은 검색엔진 결과가 투표 결과를 약 20%까지 바꿔 놓을 수 있다는 사실을 발견했다. 알고리즘의 고의성 여부와 상관없이 경쟁 후보의 페이지 리스트가 증가한다는 현상 하나만으로 선거전에서 승패가 나뉜다는 결론이 가능해진 것이다.[355] 또한 투표와 관련된 메시지를 본 페이스북 사용자들은 투표할 가능성이 더 높은 것으로 나타났는데, 구체적으로는 2010년 페이스북 사용자 무작위 검증에서는 투표를 독려하는 메시지를 본 사용자 중 20%가 투표에 더 참여한 것으로 밝혀졌다.[356] 법률학자 조나단 지트레인(Jonathan Zittrain)은 이런 기제들이 의도적으로 조작될 경우 선거에서 ***"디지털 게리맨더링"*** 효과, 즉 ***"이용자를 위해 서비스를 제공하는 것이 아니라 그 의제를 충족시키기 위해 중개인에 의한 정보의 선별적 표시"***를 만들 수 있다고 경고했다.

투표행위에 알고리즘이 영향을 끼친다는 경험적 사례들은 지방자치에 매우 중요한 함의를 갖는다. 그 이유는 위에서 논의된 정보격차와의 밀접한 연관성 때문인데 인터넷 접근성이 상대적으로 낮은 지방의 경우 대의민주주의의 꽃으로 불리는 선거전에 활발히 참여할 수 없다. 지방의 이익을 제대로 대변할 사람을 가려서 뽑는다는 행위 자체가 어려워질 수 있기 때문이다. 결과적으로 지방주민의 필요과 그것을 요구하는 목소리가 정책에 제대로 반영되기 어렵게 되면서 차별과 불평등이 더 심화되고 공고화되는 현상으로 이어질 수 있다.

제 8 장

나오며

처음 COVID-19 팬데믹이 시작되었을 때 대부분의 사람들은 사스(SARS)나 메르스(MERS) 등 기존의 호흡기성 전염병이 으레 그래왔듯이 어느 정도의 기간이 지나면 통제 가능한 수준에 이를 것으로 믿었다. [그림 8-1]에서 이종구(2020)가 제시한 COVID-19 팬데믹의 전개 시나리오 중에서 소규모의 집단발병을 거쳐 제한적 小유행 단계로 나아가지만 결국에는 방역체계에 의해 통제될 것으로 믿었던 것이다. 하지만 현재 시점에서 우리가 모두 바랐던 그런 시나리오는 하나의 희망사항에 불과할 뿐이었다는 사실이 여지없이 드러났다. COVID-19 팬데믹의 전개 방향은 [그림 8-1]에서 예측하는 최악의 시나리오를 향해 나아가고 있기 때문이다. 즉, COVID-19 팬데믹은 대규모 집단발병을 거쳐 대도시를 중심으로 재발하거나 전국적 유행 단계로 접어드는 모양새를 보여주고 있다.

최근 영국에서 나타나고 있는 COVID-19의 변종 바이러스는 감염 속도가 더 빨라 사실상 현행의 방역체계로는 감당하기 어려운 수준으로 평가될 정도이다. 따라서 현재로서는 COVID-19 팬데믹이 언제 사그라들지 전혀 예측하기 어려운 것이 사실이다. 2020년 연말부터 영국, 미국 등 주요 선진국을 중심으로 시작된 백신 접종이 인구의 60~70%를 상대로 완료되고 그래서 집단면역이 어느 정도 형성되는 2021년 후반기쯤에야 겨우 통제 가능한 수준이 될 것이라는 예측이 지배적이다. 문제는 COVID-19 팬데믹이 지나간 이후의 세계가 지금까지 우리가 살아왔던 세계와는 다른 세계로 변모해 있을 가능성이 높다는 데 있다.

[그림 8-1] COVID-19 주요 시나리오

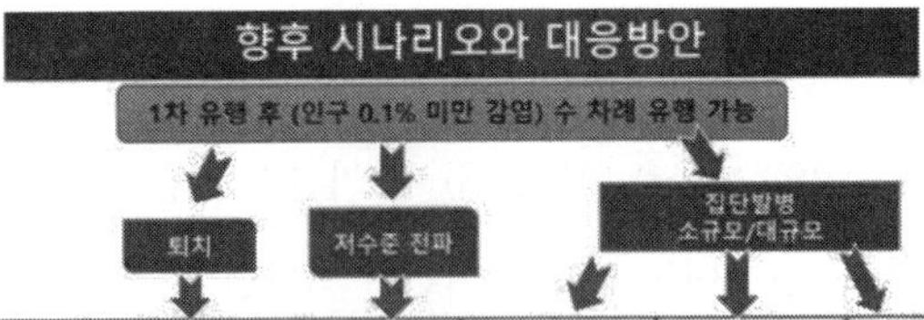

	당분간 불가능 (Vaccine 개발)	산발적 /유입	제한적 소유행	대도시 재발생	전국적 유행
개인위생	○	○	○	○	○
사회적 거리두기	△	△	△	○	○
추적조사	○	○	○	○	△
검역/격리	○	○	○	○	○
조기치료	○	○	○	○	○
지역 지정 병원	○	X	○	○	○
권역별 병원	△	○	○	○	○
대학/중앙 병원	△(국립임상시험병원)	△	△(중앙병원)	○	○

***출처**: 이종구(2020), p.309.

COVID-19 팬데믹이 지나간 이후의 세상은 어떻게 변해 있을까? 이 물음에 대한 답을 찾기란 쉽지 않다. 하지만 이 물음에 답하는 일이야말로 더없이 중요하다. 우리 시대가 던지는 가장 묵직하고 핵심적인 질문을 담고 있기 때문이다. 만약 우리가 COVID-19 팬데믹 이전의 안온했던 세상으로 다시 돌아간다면 (언제 끝날지는 정확히 예측할 수 없지만) COVID-19 팬데믹이 종식된 이후의 세상이 2019년의 어느 가을 우리가 바라보았던 COVID-19 팬데믹 발생 이전의 마지막 모습과 그리 다르지 않다면, COVID-19 팬데믹이 창궐하는 이 와중에 우리가 굳이 달라질 미래를 걱정하며 준비할 필요가 있을까 하는 점이다. 문제는 그리 간단하지 않다. 왜냐하면 COVID-19 팬데믹이 종식된 이후 우리가 맞게 될 포스트 코로나 뉴노멀의 시대는 2019년 인류가 마지막으로 목격했던 COVID-19 이전의 세계와는 완전히 다를 수밖에 없다는 것이 포스트 코로나 시대를 예측하는 많은 학자의 공통된 주장이기 때문이다.

미래학자 월트(2020.3.20.)는 ***"COVID-19가 세계를 더욱더 폐쇄적이고 퇴행적이며 자유 축소적 상황으로 몰아갈 것이며, 치명적인 바이러스와 함께 부적절한 기획들, 무능한 지도력들이 결합하면서 인류를 암울한 미래로 유도할 듯하다"***라고 예측하고 있다. 피셔(2020.4) 또한 ***"코로나19 대유행의 충분한 함의는 아직 결론 내릴 수는 없지만, 더 큰 재앙을 막기 위해 국내외 정치가 변화해야만 하고 변화하리라는 것은 이미 확실하며, '큰(강) 정부'와 '국제적 연대'가 필요한 새로운 세계에 진입하고 있다"***라고 전망한다. 제레미 리프킨(Jeremy Rifkin)은 코로나19 사태의 발생 원인을 화석연료에 기초한 문명이 야기한 기후변화에서 찾으면서 화석연료 기반의 글로벌 밸류 체인의 변화와 3차 산업혁명(4차 산업혁명의 제레미 리프킨식 표현)의 기술진화를 반영한 세방화(glocalization), 생물지역 거버넌스(bioregional governance), 그린 뉴딜(Green New Deal) 등의 새로운 개념에 입각한 경제, 사회문화, 정치 행정의 패러다임 변화를 예고하고 있다(안희경 2020).

이 밖에도 포스트 코로나 뉴노멀 시대가 가져올 미래사회의 변화에 대한 전망은 대체로 부정적이다. 대부분의 미래학자나 미래를 예측하는 연구기관들은 코로나19 사태의 전 세계적 확산은 코로나19 자체가 기존의 뉴노멀 시대를 앞당기는 촉진제의 역할을 함으로써 포스트 코로나 시대 미래전망의 틀을 전체적으로 크게 변화시키는 일종의 '게임 체인저(game changer)'로 작용하게 될 것으로 전망한다. 미국 정보기술혁신재단(ITIF), 폴리티코(Politico), 딜로이트(Diloitte), 캐나다 국제협력위원회(CCIC) 등에서 제시하고 있는 포스트 코로나 시대와 관련된 다양한 미래전망을 그 예로 들 수 있다. 이들 대부분이 기존 뉴노멀에서 강조되던 경제 위기가 포스트 코로나 시대에는 더욱 심화될 뿐만 아니라 그로 인한 사회 전반의 불확실성이 증가할 것으로 전망하고 있다.

뉴노멀 시대의 미래상에 대한 부정적 전망을 제시한 아이켄그린(Barry Eichengree)이 대표적 사례라 할 수 있다. 그는 일찍이 21세기 국제정치를 초불확실성의 시대(age of hyper uncertainty)로 명명한 바 있는데(Eichengreen 2016), 노멀 시대를 지배해 온 자유무역주의에 기반을 둔 자유주의 국제 질서가 주요 선진국들 스스로에 의해 부정당하고 있어 국제정치 경제 체제는 장기간 리더십 부재가 지속될 가능성이 증대하리라는 것이 그의 주장이다(이승주 2017). 이 밖에도 탈 지구화와 탈 지역화로 신자유주의 세계화가 촉진해왔던 세계적인 차원의 공급사슬이 해체되면서, 세계가 직면하게 될 다양한 위험을 회피하기 위한 새로운 경제관리 시스템의 구축과 경제적 수단의 무기화 및 세계적인 경기침체의 장기화 사태를 경험하게 될 가능성이 증대할 것이라는 부정적 전망도 제기되고 있다. 또한 4차 산업혁명과 관련된 투자와 기술경쟁이 세계적으로 격화될 가능성이 증대되는 가운데 첨단 과학기술 분야에서 민족주의와 보호주의 경향이 더욱 심화·확대되어 나타나게 될 것이란 전망도 더해지고 있다. 부캐넌(Buchanon 2007)은 뉴노멀 시대의 모든 위험은 정규분포를 대신하는 멱함수 분포에 의존하므로 뉴노멀 시대의 모든 사회경제적 위기는 훨씬 자주 발생하고 광범한 영향력을 갖게 될 가능성이 증대할 것으로 예측했다. 탈렙(Taleb 2010) 역시 뉴노멀 시대에는 위기의 불확실성이 상존하는 Blcak Swan의 시대를 살게 될 가능성 상존한다고 주장하며, 2008년의 미국 금융위기처럼 한순간에 찾아와서 모든 것을 바꿔버리는 위기가 더욱 빈번해지게 될 가능성을 예견한 바 있다.

우리나라의 미래학자들도 해외의 미래학자들과 견해를 같이하는 경향이 강하다. 고한상 외(2020), 안희경(2020), 윤기영·이명호(2020), 최윤식(2020), 이종찬(2020) 등 많은 미래연구 학자가 포스트 코로나 시대의 뉴노멀에 대해 대체로 우울한 전망을 잇달아 제시하고 있다. 특히 이종찬(2020)은 4차 산업혁명의 기술진화와 코로나19의 팬데믹이 가져올 중요한 사회적 변화로 다음의 요소들을 제시하고 있는데, ① 위험사회(risk society)의 도래와 불확실성(uncertainty)의 세계, ② 비대면(uncontact) 사회의 도래, ③ 탈인간화와 직업의 종말, ④ 소유의 종말, ⑤ 탈중국화와 오프쇼어링(off-shoring)에서 리쇼어링(re-shoring)으로의 변화, ⑥ 세계화(globalization)의 몰락과 로컬화(localization)의 부상, ⑦ 도시화(urbanization)의 몰락, ⑧ 플랫폼 사회 + 초연결성 사회(hyper-connected society), ⑨ 탈종교화와 개인주의의 심화에 따른 혐오 사회의 등장이 그것이다.

물론 긍정적 측면의 전망도 부정적 측면의 전망만큼이나 많이 제기되고 있는 것이 사실이다. 첫째, 포스트 코로나 뉴노멀 시대에는 리더십이 부재한 다원적 체제하의 국제정치경제체제에서 다원화된 국제 질서가 갈등과 상호 경쟁보다는 협력과 조정을 택할 가능성이 높다고 보는 국제정치학적 견해가 있다. 즉, 인류 공동의 위기를 극복하기 위해 포용성에 기반을 둔 국제적 연대가 강화될 가능성이 있다는 것이다.

둘째, COVID-19 팬데믹이 인류가 공동으로 직면할 새로운 위험사회에 대한 깊은 성찰의 기회를 제공하는 가운데 인간과 공동체 중심의 가치에 대해 새롭게 조명하는 움직임이 가속화될 가능성이 있다고 보는 학자들도 있다. 다시 말해, 인류 공동체의 위기 상황에 대해 절제된 통제를 통해 자유민주주의 형해화의 위기를 인류가 스스로 극복해 낼 가능성이 있다는 희망이 존재한다는 것이다.

셋째, 이성적 합리주의와 개인주의에 바탕을 둔 근현대적 사회계약을 넘어서는 인간과 생태계의 관계까지도 고려하는 새로운 지구정치(cosmopolitics) 관점에서 새로운 사회계약에 대한 사회적 합의가 도출될 가능성이 높다고 주장하는 사람들도 있다. 따라서 우리나라의 경우, COVID-19 팬데믹 이전의 노멀 시대에 사회 갈등을 야기했던 '차이'를 초래한 주요 이슈들(현대사의 주요 사건들에 대한 평가와 관련된)에 대한 사회적 합의 형성의 결과를 반영한 전면적 헌법개정이 이루어질 가능성을 예견하는 목소리도 조심스럽게 흘러나오고 있다.

넷째, 우리 사회에 만연해 있던 양극화의 정치가 다극화의 정치로 발전해 갈 가능성을 점치는 일도 있다. 이는 권력구조의 장기적 발전 방향에 대한 사회적 합의가 형성되고 나아가 승자독식의 선거제도 개편과 소수대표제의 대표 원리를 적극적으로 반영하는 선거제도의 개혁이 전개되면서 장기적으로 양당제를 지향하고 다당제 구조로 진화해 나갈 가능성이 있음을 시사하는 것이다.

다섯째, 성평등의 측면에서도 남성 우위의 정치에서 양성평등의 정치로 나아갈 가능성이 있다. 포스트 코로나 뉴노멀 시대에는 여성 정치인의 역할이 증대되면서 여성의 정치적 권한 강화를 위한 제도의 획기적 개선이 이루어질 가능성이 크다는 전망이 이를 뒷받침해주고 있다.

여섯째, 권력의 공간적 배분 과정에서도 민주적 성격이 강화될 가능성을 예견하는 경우도 있다. 즉 중앙 중심의 정치에서 지역 중심의 정치로 권력의 중심이 공간을 따라 움직이게 된다는 주장이다. 이는 중앙정부의 집권적 통치에 기반을 둔 노멀 시대의 중앙-지방의 수직적 권력관계가 포스트 코로나 뉴노멀 시대에는 분산과 분권을 통해 지역 중심의 분권적 통치체제로 전환됨을 의미한다. 따라서 모든 종류의 지역 격차의 해소를 위한 균형 발전의 이상이 실현되고, 단체자치에서 주민자치로 지방자치 프레임이 전환되면서 풀뿌리 생활정치가 일상화되면, 결국 지방분권형 개헌의 완성으로 지역의 완전한 자치권이 확보될 가능성이 증대하게 될 것이란 전망이다.

일곱째, 다스리는 국가에서 보장하고 책임지는 국가로 국가 역할의 근본적인 변화를 예견하는 목소리도 있다. 합리적, 이성적 국가를 지향하는 규율권력으로서 노멀 시대의 근대적 통치성을 탈피하면서 시민사회와의 투명한 소통을 통해 전문적 역량을 매개로 협력하는 새로운 협치 공동체의 구축이 가능하게 되며,

이러한 과정을 통해 국가는 스스로 보장하고 책임지는 국가로 전환하게 된다는 것이다.

포스트 코로나 뉴노멀 시대에 대한 이와 같은 긍정적 예측들은 결국 포스트 코로나 시대의 정치사회와 국가 관료제, 그리고 시민사회의 운영원리가 뉴노멀 거버넌스에 기반을 둔 새로운 협치 행정을 구현하는 방향으로 나아가게 될 것이란 예측과 무관하지 않다. 그리고 그와 같은 통치양식 변화의 기저에는 포스트 코로나 뉴노멀 시대를 통괄하는 정치체제의 이념적 원리로서의 민주주의의 내용과 형식의 변화가 내재되어 있음을 알 수 있다. 즉 포스트 코로나 뉴노멀 시대의 새로운 민주주의 형태로서의 뉴노멀 데모크라시의 탄생과 연관되어 있다. 포스트 코로나 뉴노멀 시대가 초래한 불확실성의 위기 속에 포퓰리즘에 기반을 둔 파시즘의 대두 가능성에 대비하는 민주주의의 새로운 프레임이 구축되고 있다. 이는 정치라는 상품의 소비자로 존재하는 시민에 의해 노멀 시대 정치에서 '대표의 위기'를 극복해 나가는 뉴노멀 데모크라시의 실현과도 관련이 있다.

그러한 민주주의는 어떤 민주주의를 말하는 것일까? 이 책의 7장에서 살펴본 알고리즘 민주주의에 관한 문제의식이 그에 대한 답을 찾아가는 하나의 실마리를 제공하게 될 것이다. 노멀 시대의 고장 나버린 대의민주주의를 고쳐 쓰기 위해 다양한 민주주의의 보완을 위한 노력이 이어졌다. 참여 민주주의(participatory democracy)와 숙의 민주주의(deliberative democracy)를 향한 다양한 실험들이 그에 해당한다. 하지만 그러한 노력이 결코 대의민주주의의 오작동을 제대로 보완하지 못한다는 결론에 도달할 즈음 우리는 노멀에서 뉴노멀로의 근본적인 변화와 함께 COVID-19 팬데믹을 경험하게 되었다. 그 과정에서 대의민주주의의 오작동에 대한 보다 근본적인 처방으로 직접민주주의에 의존하려는 강한 경향성을 경험하게 된 것이다.

COVID-19 팬데믹에 대한 효율적 대응을 위해 국가권력의 효율성이 강조되면 될수록 그와 정반대의 원심력이 작용하게 되는데 그것이 바로 시민의 보다 직접적인 정치과정에의 개입과 관여를 요청하는 직접민주주의로의 회귀 경향이다. 이처럼 고장 난 대의민주주의의 대증요법에 대한 인식의 이동은 대의민주주의 체제가 의존하고 있던 제도와 절차 중심의 민주주의에서 직접민주주의가 지향하는 가치 중심의 민주주의로의 이동을 의미하는 것이고 그것이야말로 어떤 의미에선 민주주의의 제도적 안정성이 약화하는 결과를 초래하게 될지도 모른다. 그리고 그 모든 변화의 중심에는 그런 변화를 기술적으로 가능하게 해주는 4차 산업혁명의 기술진화에 바탕을 둔 다중사회(multitude society)의 새로운 정치 커뮤니케이션과 시민의 정치참여 활성화가 자리하고 있음을 알 수 있다.

이 글의 4장에서 6장에 이르는 다중사회의 새로운 변화, 즉 정치과정, 정책과정, 사회운동의 변화과정에서 나타나는 새로운 시민참여의 방식에는 어떤 형식으로든 뉴노멀 시대 4차 산업혁명의 기술진화를 활용한 '언택트 정치(untact politics)'를 구현하는 기술적 메커니즘이 작동하고 있다. 4차 산업혁명 기술을 활용한 정치과정의 언택트화와 사이버화경향은 COVID-19 팬데믹의 영향으로 더욱 과감하고 공공연한 방식으로 추진되면서 노멀 시대의 대의민주주의 체제의 전통적인 정치과정의 근본적 변화를 초래하고 있다. 과거 뉴노멀 시대의 대의민주주의 체제를 특징지었던 오프라인 중심 선거 관리 체제의 대대적 개편을 통해 온라인 투표 등 혁신적 투표제도가 COVID-19 팬데믹을 극복하기 위한 방역체계의 일환으로 적극적으로 도입되고 있다. 그뿐 아니라 COVID-19 팬데믹하에서 치러졌던 각종 선거에서 확인된 바와 같이 온라인 기반 선거운동의 자유가 확대되면서 전통적인 대의민주주의 체제하에서 선거 과정에 근본적인 변화가 나타나고 있다. 물론 아직은 초기적 형태의 변화에 불과하지만, 심지어 온라인 기반 정당의 정당활동을 가능하게 하는 제도의 도입이 일반화될 가능성조차 조심스럽게 점쳐지고 있는 것이 포스트 코로나 뉴노멀 시대에 4차 산업혁명이 주도하는 알고리즘 민주주의의 실체라고 주장한다면 지나치게 시대를 앞서가는 예측일까? 그러나 분명한 것은 변화하고 있는 이 시대를 제대로 읽지 못하고 다가올 미래를 제대로 준비하지 못한다면 포스트 코로나 뉴노멀의 시대에 우리는 어쩌면 지금 우리가 누리고 있는 시민적 자유의 일부를 집단과 공동체의 효율적 관리라는 국가권력의 이데올로기 선동으로 저당 잡히게 될지도 모를 일이다.

미주

1) COVID-19가 세계적으로 확산되기 시작했을 때, 미국을 비롯한 서구 선진국 대부분이 야생동물을 거래하던 중국 우한의 한 재래시장을 COVID-19 바이러스의 발원지로 지목했다. 하지만 중국 정부가 이를 완강히 부인하고 있고 일부 전문가는 중국 외 다른 지역에서의 전파 가능성을 주장하는 등 COVID-19 바이러스의 발원지에 대한 논쟁은 여전히 정리되지 않은 채 남아있다. 현대 인류가 경험했던 가장 심각한 전염병 중 하나였던 스페인 독감 역시 그 발원지를 두고 영국, 미국, 중국 발원설이 각각 제기되는 등 COVID-19와 유사한논쟁을 경험한 바 있다.

2) 실제 그럴 가능성이 현실화 되고 있는 것이 사실이다. 최근 영국에서는 기존 코로나19 바이러스보다 전염력이 70% 이상 강하고 한 명의 확진자가 감염시킬 수 있는 사람의 수를 나타내는 감염재생산지수를 최대 0.4 정도 높일 수 있는 변종 코로나19 바이러스가 빠르게 확산되고 있어 변종 바이러스의 유입을 막기 위해 유럽 각국이 영국발 항공편의 운항을 중단하는 사태가 빚어지고 있다(https://biz.chosun.com/site/data/html_dir/2020/12/21/2020122101713.html, 검색일: 2020.12.21.).

3) 물론 COVID-19와 같은 전염병의 세계적 대유행이 현대 인류가 경험한 최초의 사례로 보는 것은 온당치 않은 설명일 수 있다. 가까운 예로 스페인 독감(Spanish Flu)의 경우 제1차 세계대전 중

에 유행하여 1918년 봄의 1차 유행과 가을~겨울에 이어진 2차 유행의 결과, 전 세계 인구의 약 1~3%에 해당하는 1,700만 명에서 5,000만 명이 사망한 것으로 추정된다. 스페인 독감 이외에도 전 세계적으로 매년 30만~50만 명이 독감으로 사망하고 있고, 최근에도 사스나 메르스 등 다양한 호흡기 전염병이 유행한 바 있다.

4) 실제로 2018년 일본 타마시(多摩市)에서는 마츠다 미치히토(松田 道人, 44세)라는 무소속 후보가 AI를 대신해서 선거를 치르고(일본의 현행법상 인간만 선거에 나설 수 있으므로) 선거에서 승리하면 실제로 AI가 시장의 역할을 대신하게 하겠다는 공약을 내세워 출마하였으나 낙선한 사례가 있다(중앙일보 2019년 12월 7일,https://news.joins.com/article/23651227(검색일: 2020.12.21.).

5) 세계적인 AI 기술자이자 연구자인 벤 괴르첼(Ben Goerzel) 박사가 중심이 되어 수행 중인 인공지능을 활용하여 중요한 정책결정을 하게 만든다는 취지의 프로젝트로 2016년 서울에서 개최된 글로벌 리더스 포럼(Global Leaders Forum)에서 발표된 바 있다. 동 프로젝트가 지향하는 목표는 AI 기술을 적극적으로 활용하여 정치인이나 관료의 부정부패나 편파적이거나 포퓰리즘적인 정책결정경향을 극복함으로써 정책의 공정성과 효율성을 제고한다는 것이다.

6) 이승원 1993. p.2.

7) 이상민 2017. p.2.

8) 미래창조과학부 미래준비위원회 외 2017.

9) 박경완 2019.

10) 정애리 2005, pp.296-297.

11) 성백균 2008, p.58. 스마트 폰과는 다른 모바일 인터넷 기기로서 아이팟터치나 아이패드를 비롯한 태블릿 PC 또한 앱스토어에서 거래되는 애플리케이션 대부분을 아이패드에서도 그대로 동기화해 사용할 수 있다는 점에서 스마트 폰과 유사하거나 동일한 모바일 인터넷 단말로 볼 수 있다(공영일 2010, 10). 따라서 본 논문에서 소셜미디어의 기술진화 사례로 살펴보게 될 스마트 폰의 범주에는 아이패드나 아이팟터치와 같은 모바일 인터넷 기반의 태블릿 PC도 함께 다루게 될 것이다.

12) 권오철 외 2009, p.436.

13) 이상윤 외 2004, p.181.

14) 이소아 2019, 중앙일보. "'PC의 제왕' 모바일에선 안 통했다…'굿바이' 윈도폰", (https://news.joins.com/article/23655158, 검색일: 2020년 10월 23일)

15) DMC MEDIA 2019.

16) 한국저작권위원회 2010.

17) 정보통신기획평가원 2011.

18) Number of smartphones sold to end users worldwide from 2007 to 2021(https://www.statista.com/statistics/263437/

global-smartphone-sales-to-end-users-since-2007/, 검색일: 2020년 10월 24일)

19) Global mobile data traffic from 2017 to 2022(https://www.statista.com/statistics/271405/global-mobile-data-traffic-forecast/, 검색일: 2020년 10월 24일)

20) Global mobile data traffic from 2017 to 2022, by region(https://www.statista.com/statistics/292859/north-america-mobile-data-traffic/, 검색일: 2020년 10월24일)

21) 공영일 2010, p.4.

22) 앱스토어는 애플사가 당사의 제품인 아이폰에 탑재할 애플리케이션과 콘텐츠가 거래될 수 있도록 마련한 온라인 디지털 장터이다.

23) 공영일(2010)은 디지털 오픈 장터의 개설 및 거래의 활성화가 스마트 폰의 매출 성장 간에 강력한 선순환 관계가 존재한다고 주장한다. 즉 디지털 오픈 장터의 개설이 스마트 폰의 활용 가치를 높여주어 스마트 폰의 매출 증가로 이어지고 이것은 다시 디지털 오픈 장터의 거래 활성화로 이어지는 선순환 관계가 존재한다는 것이다. 이러한 주장은 ATLAS(2010)에서 조사한 애플사의 아이폰 구입 사유에 대한 설문조사 결과에서도 그대로 드러나고 있는데 응답자의 42.1%가 풍부한 애플리케이션을 써보고 싶어 아이폰을 구매하게 되었다고 답한 바 있으며, 중복응답을 허락한 경우, 응답의 83.7%가 동일한 이유를 구매 사유로 들었다.

24) http://sisun.tistory.com/457, 검색일: 2010년 10월 8일

25) 삼성경제연구소(2010). "스마트 폰이 열어가는 미래," 『CEO Information』제741호(2010년 2월), p.7.

26) 조인스닷컴 2010년 10월 11일 자, http://news.joins.com/article/910/4514910.html?ctg=-1,검색일: 2010년 10월 12일

27 Worldwide mobile app revenues in 2014 to 2023(https://www.statista.com/statistics/269025/worldwide-mobile-app-revenue-forecast/, 검색일: 2020년10월 24일)

28) Worldwide mobile app revenues in 2014 to 2023(https://www.statista.com/statistics/1010716/apple-app-store-google-play-app-downloads-forecast/,검색일: 2020년 10월 24일)

29) Boyd and Ellison(2007)은 소셜 네트워크 서비스를 "각 개인의 프로필을 만들어 개인들 간의 관계를 통해 형성된 연결을 통해 공유하고, 그러한 연결에 기초하여 발생하는 개인들 간의 상호작용을 지원하는 웹에 기반을 둔 서비스"로 정의한다.

30) 고상민·황보환·지용구 2010, p.105.

31) 소셜 네트워크 서비스가 미치는 사회적 영향에 대해서는 Boyd and Ellison(2007), Donath(2007), Ellison, Steinfield, and Lampe(2007), Steinfield, Ellison, and Lampe(2008), Valkenburg, Peter, and Schouten(2006) 등을 참고하기 바란다.

32) Boase et. al. 2006; Ryberg and Larsen 2008; Wellman 2001.

33) '교량적 사회자본'이란 정서적 측면에서 밀접한 관계가 맺어지면

서 생겨나는 것이 아니라 유용한 정보를 제공하거나 새로운 시각을 제시함으로써 형성되는 개인들 간의 약한 유대관계를 말하는 것이다(Granovetter1973; Williams 2006).

34) Donath and Boyd 2004; Wellman et. al. 2001.

35) 김광석·이예진 2016.

36) Number of social network users worldwide from 2017 to 2025(https://www.statista.com/statistics/278414/number-of-worldwide-social-network-users//, 검색일:2020년 10월 24일)

37) Most popular social networks worldwide as of July 2020, ranked by number of active users(https://www.statista.com/statistics/272014/global-social-networks-ranked-by-number-of-users/, 검색일: 2020년 10월 24일)

38) Global mobile social network penetration rate as of January 2019, by region(https://www.statista.com/statistics/412257/mobile-social-penetration-rate-region/,검색일: 2020년 10월 24일)

39) Social Media Fact Sheet - Who uses each social media platform(https://www.pewresearch.org/internet/fact-sheet/social-media/#who-uses-social-media, 검색일:2020년 10월 24일)

40) Social Media Fact Sheet - Who uses each social media platform(https://www.pewresearch.org/internet/fact-sheet/

social-media/#who-uses-social-media, 검색일:2020년 10월 24일)

41) Social Media Fact Sheet - How often Americans use social media sites(https://www.pewresearch.org/internet/fact-sheet/social-media/#who-uses-social-media,검색일:2020년 10월 24일)

42) 권혜진, “한국, OECD 첫 초고속 무선인터넷 보급률 100%”, 2012년 7월 22일, 연합뉴스(https://www.yna.co.kr/view/AKR20120721035300017, 검색일: 2020년 10월 23일)

43) 장성구. (2020). [그래픽] 글로벌 기업 시가총액 순위. (https://m.yna.co.kr/view/GYH20200112000100044, 검색일: 2020년 10월 22일)

44) 박형훈. (2019). “글로벌 시총 상위 10개 중 6개가 IT 기술 기업”, 2019년 9월 8일, 서울경제(https://m.sedaily.com/NewsVIew/1VO60OUGZK#cb, 검색일: 2020년 10월 23일)

45) Karlson, et al. 2009.

46) Matthews, et al. 2009.

47) Ling & Sunsoy 2009.

48) 심미선·김은미 2011, p.21 재인용

49) Java et al. 2007; Joinson 2008; Livingstone 2008; Urista,

Dong & Day 2009; 심홍진·황유선 2010; 최영·박성현 2011.

50) Lampe, Ellison & Steinfield 2006, 2008.

51) Mehdizadeh 2010; Gonzeles & Hancock 2011.

52) 금희조 2010; 최영·박성현 2011.

53) 정보통신산업진흥원 2019.

54) 김희복·김희주 2019, p.191.

55) 한국방송통신전파진흥원 2018, p.3.

56) 박정수 2020.

57) 장필성, 2016.

58) 박정수 2020.

59) 박정수 2020.

60) 박정수 2020.

61) 김영순 2019.

62) 김영순 2019.

63) 이애리 2020.

64) 윤지영, 전현욱, 김진묵, 류부곤, 이병욱, 이원상 2019, pp.1-405.

65) 김영순 2019.

66) 이애리 2020.

67) Gartner Says 8.4 Billion Connected "Things" Will Be in Use in 2017, Up 31 Percent From 2016(https://www.gartner.com/en/newsroom/press-releases/2017-02-07-gartner-says-8-billion-connected-things-will-be-in-use-in-2017-up-31-percent-from-2016, 검색일: 2020년 10월 24일)

68) 정보통신산업진흥원. 2019. 2019년도 사물인터넷 산업 실태조사

69) 유성민 2020.

70) 최백준, 서중원, 박수용 2020.

71) 최백준, 서중원, 박수용 2020.

72) 최백준, 서중원, 박수용 2020.

73) 유성민 2020.

74) Size of the blockchain technology market worldwide from 2018 to 2025(https://www.statista.com/statistics/647231/worldwide-blockchain-technology-market-size/, 검색일: 2020년 10월 21일)

75) KISTI 마켓리포트 2017-24

76) 양희태 외 2019.

77) 양희태 외 2019.

78) 한국 IDC, 2020.

79) 허석중 2020. p.8.

80) 임연희 2020. p.5

81) Al Nuaimi et al. 2015: 4; 김태은·이석환 2020, pp.3-4.

82) Pajevic and Shearmur, 2017.

83) 구자용, 2016; 우현지·김영훈, 2017; 문성국 등, 2018

84) 이종원·오선민, 2016.

85) 이금숙·박소현, 2018.

86) 손정렬 2020.

87) Big data market size revenue forecast worldwide from 2011 to 2027(https://www.statista.com/statistics/254266/global-big-data-market-forecast, 검색일: 2020년 10월 25일)

88) 한국데이터산업 진흥원 2019.

89) 김성철 2013.

90) Cloud Market Share - a Look at the Cloud Ecosystem in 2020(https://kinsta.com/blog/cloud-market-share, 검색일: 2020년 10월 24일)

91) 김지선, "대한민국 클라우드 시장의 상승 추세를 주도하는 대한민국 주요 IT 서비스 제공 업체 및 중소기업 클라우드 서비스 제공 업체", 전자신문(2019년 8월 14일)(https://english.etnews.com/20190814200002, 검색일: 2020년 10월 15일)

92) 신진욱 2008, pp.13-16; 장우영·송경재 2009.

93) Shirky 2009.

94) 송경재 2011; Castells 2009; Chadwick 2006.

95) 장우영·송경재 2009.

96) Barber 1998.

97) 송경재 2019.

98) 라틴어로 '유목민'을 뜻하는 노마드의 개념은 30여 년 전 미디어학자인 마셜 맥루한에 의해서 처음으로 제시되었으며, 이후 프랑스 사회학자인 자크 아탈리에 의해 보다 보편화된 개념으로 사용되기에 이르렀다. 디지털 노마드족은 일반적으로 노트북, 휴대폰, PDA 등의 각종 디지털 기기를 활용해서 시간과 장소를 가리지않

고 외부세계와 접촉하며 활동하는 사람들을 말한다. 삼성경제연구소는 2002년 9월 발간한 소비시장 분석보고서에서 "자유와 개방, 홀가분하고 쾌적한 삶을 추구하는 노마드족이 늘어나고 있으며 이들의 유목 성향이 21세기의 주도적 소비 흐름이 되고 있다"고 진단한 바 있다(http://news.hankooki.com/lpage/life/200304/h2003040918133823360.htm, 검색일: 2010년 6월 22일). 고대에서부터 현대에 이르기까지 인류가 지녀왔던 유목성에 대한 보다 깊이 있는 분석은 자크 아탈리(2005)를 참고하기를 바란다.

99) 심혜련(2009)은 이와 같이 시공간적 제약을 벗어난 디지털 노마드의 전형으로 <본 아이덴티티(The Boune Identity)>(2002), <본 슈프리머스(The Boune Supremacy)>(2004), <본 얼티메이텀(The Boune Ultimatum)>(2007)으로 이어지는 <본 시리즈>에 등장하는 주인공 본(Boune)을 떠올리고 있다.

100) 이용경 2004, p.114.

101) 황중연은 이런 트렌드를 다음과 같이 요약하고 있다. "스마트 폰 혁명에서 주목할 것은 정보통신의 생산-유통-소비 과정에서 나타나고 있는 혁신적인 변화다. 우선 단말기 제조사나 통신사가 제품에 심어놓은 기능 또는 기술에 사용자들이 적응하고 수용해야 했던 시대는 지나가고, 사용자 스스로 자신의 모바일 기기에 필요한 프로그램을 개발하고 유통하는 앱스토어 생태계가 확산되고 있다. 또 최근 미국에서 출시 첫날 60만대 이상 팔린 아이패드는 다양한 IT 기기의 모바일적 경향을 강화하고, e북 리딩 기능 등으로 콘텐츠 시장의 경쟁을 확대하는 계기가 될 것으로 보인다. 스마트 폰 성장의 배경이 되는 무선인터넷 시장에서도 마찬가지다. 사람들은 대형 포털들에 취합된 정보보다는 모바일성이 강화된 트위터나 페이스북 같은 소셜 네트워킹 사이트

(SNS) 망을 통해 자신들 입맛에 맞는 현장의 정보를 생산ㆍ소통시키는 데 열중하고 있다. 자신의 팔로워(follower) 또는 이웃들로부터 정보를 접수하고 이를 다시 가공해 전파하는 소통의 주체로 등장하게 된것이다" (황중연, "스마트 폰과 디지털 노마드 시대", 매일경제 4월 28일자, http://news.mk.co.kr/outside/view.php?year=2010&no=218387, 검색일: 2010년 6월 22일).

102) Jones, S., & Fox, S. .2009. Generations online in 2009. Pew Internet and American Life Project. (http://www.pewinternet.org/Reports/2009/Generations-Online-in2009.aspx/, 검색일: 2019년 3월 9일)

103) 차재권 등 2019. 『4차산업혁명시대 주민자치 활성화 방안연구』. 행정안전부-한국정치학회 용역과제, p.45.

104) Shirky 2009.

105) 류춘렬 2004. pp.45-46.

106) 이동훈·정영덕 2007, 『디지털 커뮤니케이션 융합과 포털의 차세대 미디어전략 분석』 한국방송영상산업진흥원 보고서. p.28.

107) 3 스크린에 한 단계 더 진화된 형태인 4 스크린의 개념에는 이른바 '디지털 OOH(Out of Home)' 개념이 포함된다. '디지털 OOH'는 '전통적인 OOH'가 디지털 융합기술과 만나 탄생시킨 새로운 미디어 매체로 주로 다중을 대상으로 한 광고에 활용되고 있다. 포스터나 입간판과 같은 광고물이 '전통적인 OOH'라면 지하철이나 대형쇼핑몰에서 자주 목격하게 되는 디지털 광고가 제공되는 TV와 같은 것이 '디지털 OOH'라 할 수 있다.

108) 정애리 2005, pp.296-297.

109) '제4차 산업혁명' 용어는 2016년 세계 경제 포럼(WEF: World Economic Forum)에서 언급되었으며, 정보통신기술(ICT) 기반의 새로운 산업 시대를 대표하는 용어가 되었다. 컴퓨터, 인터넷으로 대표되는 제3차 산업혁명(정보 혁명)에서 한 단계 더 진화한 혁명으로도 일컬어진다(한국정보통신기술협회 2017).

110) 송경재 2019.

111) 송경재 2019.

112) 송경재 2018에서 재인용.

113) Negri and Hardt, 2008.Reflection on Empire. Polity Press.: Malden, pp.322-346; 송경재 2018에서 재인용.

114) 장우영·송경재 2009.

115) Barber 2000; 장우영·송경재 2009에서 재인용.

116) Negri and Hardt. 2008. Reflection on Empire . Polity Press: Malden, 268; 송경재 2018, pp.2-12에서 재인용.

117) 장우영·송경재 2009; 송경재 2018.

118) Castells 2009.

119) 윤성석·이삼성 2002, pp.186-187.

120) 손혁재 2003, pp.82-83.

121) 정용준 2006, p.359.

122) Merkl 1993.

123) 김윤철 2009, p.27.

124) 조중혁 1991, p.158.

125) Leftwich, ed. p.1990.

126) Cohen and Arato 1992. 이외에도 시민사회가 무엇인지에 대한 개념적 논의는 매우 활발한데 김성국(1992)의 경우 시민사회를 시민권을 지닌 개별 시민들의 전체적인 집합체로 이해하는 반면, 유팔무·김호기(1995)의 경우에는 "일상적인 소비 및 여가, 문화생활이 이루어지는 생활공간이자 정치적인 여론이 형성되는장"으로 정의한다.

127) Diamond 1994.

128) 정용준 2006, p.359.

129) 박상필 2009, p.171. 시민사회의 결사체는 그야말로 다양할 수 있는데 개별 시민들은 자신들이 지닌 생각과 이념, 이해관계, 취미 등에 따라 다양한 종류의 결사체를 만들게 된다.

130) Diamond, Linz, and Lipset 1989.

131) 김대영 2003, p.41.

132) 문병주 2002, p.121.

133) 문병주 1999, 문병주 2002.

134) 정상호 2007, pp.161-162.

135) Meyer and Tarrow 1998.

136) Jenkins 1995.

137) Goldstone 2003.

138) Offe 1990.

139) Gamson 1990.

140) 서두원 2001; 정상호 2007.

141) Hanagen Moch and Brake ed., 1998.

142) Dalton 1996.

143) 정부-NGO 관계의 유형화에 대한 보다 자세한 연구 성과는 김상구(2003)의 논문 80~84페이지를 참고하기 바란다.

144) 김윤철 2009, pp.15-17.

145) Panebianco 1988.

146) Menzies 1999.

147) 소셜미디어는 블로그(Blogs), 위키(Wikis), RSS, 팟캐스트(Podcasts), 비디오캐스트(Videocasts), 모블로그(Moblogs), MMS, 인터넷 텔레포니(Internet telephony) 등 다양한 소통 매체의 형태로 존재한다. 이러한 소셜미디어는 효과적인 커뮤니케이션이 지니는 사회적 특성을 간파한 조직들이 전통적인 커뮤니케이션 활동을 보완할 목적으로 사용하는 미디어의 일종으로 커뮤니케이션과 관여(engagement)를 활성화하고 투명성과 신뢰를 높이는 하나의 도구로 활용된다(Hobson 2006).

148) 설진아 2009, p.48.

149) 이상현 2011, p.87.

150) 이호영 외 2008.

151) Reingold 2002; Norris 2000.

152) 대우자동차 노동조합의 '대자보 BBS', 민중교회의 '평화 만들기', 사당 의원의 '북소리 BBS', 아리컴의 '노동해방통신' 등이 대표적인 사설 BBS의 운영사례라 할 수 있다.

153) 윤성이·장우영, 2009.

154) 장우영, 2007; 윤성이, 2008.

155) Smith, 1998.

156) Smith, 1998; Lin & Dutton, 2003; Gibson, 2004.

157) 장우영·송경재, 2010.

158) 류석진 외, 2011.

159) Nagri and Hardt, 2005.

160) 물론 이런 변화들은 최근 우버 택시의 도입을 POLIS라는 디지털 정책 네트워크를 통해 결정한 대만 정부의 사례. 2015년 스페인 총선에서 국민당과 사회노동당의 양당 체제를 혁파한 디지털 네트워크 기반의 신생 정당인 포데모스(Podemos)의 성공 사례, 디지털 네트워크를 통해 시민들이 직접 400여 개의 법안을 제안하고 그중 16개를 공식 법안으로 상정하는 데 성공한 아르헨티나의 데모크라시 OS 사례 등에서 이미 어렵지 않게 확인되고 있다.

161) 김희복·김희주 2019, p.191

162) Castells 2007, 2009; 허태욱 2017, p.96.

163) 서용석 2016; 이민화 2016; 박창기 2016; 김선혁 2016; 조권중 2015.

164) 정정길 외, 2003.

165) 여기에서 말하는 권력 구조란 중앙-지방 관계, 행정부-입법부 관계, 행정조직의 위계화 정도, 대통령-관료 관계 등에 따라 권력이

어떻게 배분되어 있는가를 말한다.

166) O'Reily, 200

167) 최선희 2008, p.8.

168) Di Maio 2007.

169) 최선희(2008)는 웹 2.0 기술에 바탕을 둔 정부 2.0 시대가 1단계 개방의 단계를 거쳐 2단계 참여의 단계로, 다시 3단계 융합의 단계로 발전해 간다고 주장한다. 이 과정에서 정부의 역할은 정보의 생산 및 배분에 있어서 주도적 역할을 하는데서 점점 정보 생산의 주체와 객체 사이에서 조정자의 역할을 하는 것으로 바뀌어 가게 된다는 것이다. 결국 정보의 생산과 공급을 둘러싼 이러한 변화는 정책의제를 설정하여 정책대안을 개발, 선택하고 나아가 정책결정에 까지 이르는 정책형성(policy formulation)의 과정에 매우 직접적인 질적 변화를 가져오게 된다.

170) 이런 경우 정부는 수집된 다양한 사회적 의제 혹은 정책 대안 중 자신의 정책목표에 적합한 것을 선택하기만 하면 되었다.

171) 이종수 외 2007, pp.268-272.

172) Dunn 1994.

173) 조화순·송경재 2004.

174) Jones 1977.

175) 이종수 외 2007, p.273.

176) Cobb & Ross 1997, pp.8-9.

177) 이원태·차재권·홍순식 2008.

178) Nakamura and Smallwood 1980.

179) 정부 기관 내의 연구기관이나 부처, 예산담당 기관, 의회 위원회, 감사기관, 외부에서 고용된 특수 평가자 등이 이에 해당된다.

180) 웹 2.0의 기술적 진화는 이러한 집단지성의 개입에 의한 보다 객관적이고 공정한 평가를 가능하게 만들수 있다.

181) 각 정책결정모형에 대한 상세한 설명은 지면 관계를 고려하여 의도적으로 생략하였음을 밝힌다.

182) Paul Baran. 1964.

183) 실제로 기존 정책학에서 전통적인 정책결정모형을 네트워크적 시각에서 바라볼 수 있는지에 대해서도 더 많은 논의가 필요할 것이다. 실제 전통적인 정책결정모형들은 위계(hierarchy)에 입각한 베버리안(Weberian)적인 관료정치의 정책결정모형을 바탕에 깔고 있다고 보는 것이 더 옳을 것이다.

184) 이런 네트워크 조직 간의 본질적 차이에 대해서는 Paul Baran의 1964년 RAND 메모를 참고하기 바란다.

185) 심홍진·황유선 2010, p.199.

186) Krishnamurthy and Gills 2008.

187) 최창현 2008, p.77.

188) 이런 점에서 마크&올슨(March and Olsen 1976)이 제시한 의사결정과정에서 조직화된 무정부 상태(organized anarchy)모형의 이론적 적합성 또한 다시 한번 고려해 볼 수 있을 것이다(최창현 2008, 78). 복잡계 네트워크 이론에 관한 보다 구체적인 내용은 정하웅(2004), 민병원(2006)을 참고하기 바란다.

189) 이동훈·정영덕 2007.

190) 되먹임(feedback)이란 구성요소 간의 상호작용의 결과가 다시 원래의 요소들에 영향을 미치는 것을 말하는 것으로 변화의 순방향으로 결과가 다시 순환되는 양의 되먹임(positive feedback)과 변화의 역방향으로 결과가 영향을 미치는 음의 되먹임(negative feedback)이 있다(다이아몬드 하버드 비즈니스 1998)

191) 윤영수·채승병 2006.

192) Chadwick 2008.

193) 이러한 시민 및 시민사회 변화의 근저에는 웹 2.0시대와 디지털 융합(digital convergence) 사회의 도래를 가져온 기술적 진화가 그 토대를 제공해 주고 있다. 방송과 통신의 융합, 인터넷과 방송, 인터넷과 통신의 융합 등 디지털 융합 매체의 폭발적인 증가는 현대사회의 시민을 디지털 유목민(digital nomad)으로 변신시켜 가고 있다. 태블릿 PC, 스마트 폰 등 첨단의 디지털 기기로 무장한 그들 시민은 SNS로 대표되는 다양한 소셜미디어 서비스를 통

해 전통적인 산업사회나 초기 지식정보화사회의 고립된 군중이 아니라 컴퓨터나 통신기기와 같은 단말과 단말이 이어주는 활발한 네트워크 속에서 집단지성(collective intelligence)의 힘을 응집해 가는 스마트 맙(smart mob)으로 거듭나고 있다.

194) 여기에서 시민사회는 개별 시민들이 공공의 이익을 위해 결성한 다양한 결사체로 이루어진 공론의 장을 말한다.

195) Bonchek 1997.

196) Barber 1999.

197) Barber 2000.

198) Rheingold 2002.

199) 정연정 2004.

200) 유석진·이현우·이원태 2005.

201) 윤주명 2001; 김종호·김강민 2004; 임준형 2006.

202) 이원태 2004; 정중호·채송화 2006; 정영철·박종안 2007; 석호익 2008; 윤성이·김용철 2009.

203) 이원태·차재권·홍순식 2008.

204) 윤성이·김용철 2009.

205) 윤성이·송경재 2014.

206) 차재권·장우영 2010.

207) 박준수·서진완 2008; 서진완·박준수 2010.

208) Sadri and Mlikota 2002; Riley 2003; Kakabadse et al. 2003; Stanley and Weare 2004 등.

209) Rogers W'O Okot-Uma 2004; Hardy and Williams 2008.

210) Laanpere et. al. 2011.

211) Kardara et. al. 2011.

212) Faria 2010.

213) Matheus et. al. 2010.

214) Gigler 2011.

215) Royo et. al. 2012.

216) Zhang 2011.

217) Hu 2011.

218) 조희정 2011; 임광현 2008.

219) Huntington and Nelson 1976.

220) Verba 1967.

221) 정정길 외 2003, p.113.

222) 이원태 2003, pp.1-40.

223) 송경재 외 2018. p.179.

224) 예컨대 굿윈(Goodwin 1997)이 대표적 경우라 할 수 있다.

225) Tarrow 1994; 1996.

226) McAdam, Tarrow & Tilly 1996.

227) Kornhauser 1959.

228) Smelser 1962.

229) Davis 1962; Feierabend and Feierabend 1966; Gurr 1970; Lichbach 1987.

230) Davis 1962.

231) Gurr 1970.

232) Ellina and Moore 1990, p.267.

233) Ellina and Moore 1990.

234) Wickam-Crowley 1997.

235) Iyer, Schmader and Lickel 2007.

236) Lohmann 1994, p.56.

237) McCarthy and Zald 1977.

238) Oberschall 1979; 1980.

239) Marx 1979.

240) Piven & Cloward 1977.

241) Lohmann 1994.

242) Lofland 1977.

243) Marx 1979.

244) Jenkins and Perrow 1977; Tilly 1978; Skocpol 1979; McAdam 1983; 1989; Tarrow 1988; 1991, 1996; 1998; Goldstone 1980; 1997.

245) McAdam 1983; 1989.

246) Katzenstein & Mueller 1987; Rochon 1988; Tarrow 1989;

Smith 1991; Brockett 1991; 1992; Costain 1992; Meyer 1993; Hipsher 1996.

247) Gamson & Meyer 1995; McAdam 1989; 1996; 1998; Opp & Gern 1993.

248) McAdam 1998, p.253.

249) Curtis and Zurcher 1973; Finifter 1974; Isaac, Mutran, and Stryker 1980; Snow, Zurcher, and Ekland-Olson 1980; Oliver 1984; Opp 1986, 1989; Gamson 1992; Opp and Gern 1993.

250) Opp and Gern 1993.

251) Wickham-Crowley 1997.

252) Sewell 1985.

253) Skocpol 1979.

254) Jasper 1997.

255) Goodwin 1997.

256) Hunt 1984.

257) Touraine 1971; 1977; 1981; 1985; 1988; Offe 1985; Melucci 1980; 1981; 1988; Inglehart 1990; Habermas 1962, 1984; Kriesi 1989; 1993.

258) Feeny 1983.

259) Lachmann 1997.

260) Colburn 1994; Selbin 1997; Goldstone 1991; chapter 4; Sewell 1985; Foran 1997a; 1997b.

261) Olson 1965.

262) 집합행동 논리에서, 그는 노동자 조직, 이익집단, 혹은 다른 사회-정치-경제적 조합 등의 그룹들과 연관된 집합행동의 조직적 측면과 관계되어 있다고 흔히 말한다.

263) Muller & Weede 1990; Kuran1991.

264) Tarrow 1996, p.879.

265) Tullock 1974.

266) DeNardo 1985, pp.52-7; Muller & Opp 1986, pp.472-4.

267) Oberschall 1979.

268) Uhlaner 1989.

269) Chong 1991.

270) Berejikian 1992; Klandermans 1984; Taylor 1988; Lichbach 1994; 1995.

271) Granovetter 1985, p.481; Lohmann 1994, p.56.

272) Koopman 1993.

273) Oberschall 1979.

274) Moore 1998, p.852.

275) Lichbach 1987.

276) Tsebelis & Sprague 1989.

277) Mason & Krane 1989.

278) Muller & Weede 1990.

279) Hoover & Kowaleski 1992.

280) Khawaja 1993.

281) Opp 1994.

282) Gupta, Singh, & Sprague 1993.

283) Rasler 1990.

284) Moore 1998, 2000.

285) Granovetter 1978; Granovetter & Soong 1983; Oliver &

Marwell 1985; Marwell & Oliver 1993; Kuran 1989; 1991.

286) Granovetter 1978.

287) Lohmann 1994, p.47.

288) Oliver and Marwell 1985; 1993.

289) Kuran 1989; 1991.

290) DeNardo 1985.

291) Lohmann 1994, p.48.

292) Chong 1991.

293) Lohmann 1994.

294) Shellman 2004.

295) Richardson 1960.

296) Futrell & Brents 2003.

297) Ferrara 2003.

298) 김영명 1992. 대표적 사례로 해방 직후의 10월 인민봉기, 1960년의 4월 혁명, 1980년의 광주민주화운동, 1987년의 6월 민주항쟁 등을 들 수 있을 것이다.

299) 이 글에서는 이러한 고전적 집합행동이론을 별도로 다루지 않는다. 이 고전적 집합행동이론에 대한 자세한 내용은 임희섭(2001)의 pp. 24-32를 참고하기 바란다.

300) 박영신 2000.

301) 김용직 1994.

302) 송경재 2009, p.56.

303) Lichbach 1995.

304) 조화순·송경재 2004, p.201.

305) 송경재 2009, p.58.

306) 빅데이터란 디지털 환경에서 생성되는 데이터로 그 규모가 방대하고, 생성 주기도 짧고, 형태도 수치 데이터뿐 아니라 문자와 영상 데이터를 포함하는 대규모 데이터를 말한다. 빅데이터 환경은 과거보다 데이터의 양이 폭증했다는 점과 함께 데이터의 종류도 다양해져 사람들의 행동은 물론 위치정보와 SNS를 통해 생각과 의견까지 분석하고 예측할 수 있다(https://terms.naver.com/entry.nhn?docId=1691554&cid=42171&categoryId=42183, 검색일: 2020년 10월 20일).

307) 로봇에 관련된 구조 설계, 제어와 운용 기술, 지능에 관한 기술 등을 활용하기 위해 기계공학, 전기·전자공학, 컴퓨터공학, 생체공학 등을 융합시켜 적용한 분야이다. 이때 로봇은 사람과 비슷한 기계, 즉 주어진 제어 명령에 따라 공학적으로 업무를 처리하는

기계를 의미한다. 이를 효과적으로 이용하기 위해 사람의 기술을 모방하여 자동으로 작동할 수 있게끔 하는데, 주로 산업체의 생산 설비 등에 먼저 적용되기 시작했다. 그러나 IT 기술의 발달 및 기계 제어 기술의 발전으로 산업용뿐만 아니라, 가정용, 국방용, 의료용, 오락용, 교육용 등으로 그 활용 범위가 넓어졌다(https://terms.naver.com/entry.nhn?docId=3652305&cid=40942&categoryId=32433, 검색일: 2020년 10월 20일.

308) Internet of Things의 준말로 사물인터넷은 사물에 센서를 부착해 실시간으로 데이터를 인터넷으로 주고 받는 기술이나 환경을 일컫는다. 지금까진 인터넷에 연결된 기기들이 정보를 주고받으려면 인간의 '조작'이 개입돼야 했다. 사물인터넷 시대가 열리면 인터넷에 연결된 기기는 사람의 도움 없이 서로 알아서 정보를 주고받으며 대화를 나눌 수 있다. 블루투스나 근거리무선통신(NFC), 센서 데이터, 네트워크가 이들의 자율적인 소통을 돕는 기술이 된다(https://terms.naver.com/entry.nhn?docId=3577301&cid=59088&categoryId=59096, 검색일: 2020년 10월 20일).

309) 증강현실(Augmented Reality, AR)은 현실의 이미지나 배경에 3차원 가상 이미지를 겹쳐서 하나의 영상으로 보여주는 기술이다. 증강현실은 현재 일반인들에게도 널리 활용될 만큼 대중화된 상태다. 예를 들어, 인터넷을 통한 지도 검색, 위치 검색 등도 넓은 의미에서는 증강현실에 포함된다. 다만 컴퓨터는 이동 중 사용이 곤란하니 스마트 폰이나 태블릿 PC 등의 휴대용 기기를 대상으로 한 증강현실 기술이 주목을 받기 시작했다(https://terms.naver.com/entry.nhn?docId=3573450&cid=59088&categoryId=59096, 검색일: 2020년 10월 20일).

310) 가상현실(Virtual Reality, VR)은 경험 중심적 관점에서 지각하는

자가 원격현전을 경험하게 해주는 시뮬레이션 환경으로 정의될 수 있는데, 이런 점에서 첨단의 테크놀로지를 활용하는 몰입형 가상현실 이외에 모든 미디어가 가상현실이라고 할 수 있으며, 따라서 그 역사도 아주 길다. 현대적인 가상현실 기술들은 다분히 군사적 기원을 갖는다. 입력장치와 출력장치로 구분될 수 있는 가상현실 시스템을 통해 경험하게 되는 원격현전은 기술적 요인과 이용자 요인에 의해 결정되는데, 특히 기술적 요인으로는 크게 생동감과 상호작용성을 들 수 있다(https://terms.naver.com/entry.nhn?docId=1526241&categoryId=42180&cid=42171, 검색일: 2020년 10월 20일).

311) https://en.wikipedia.org/wiki/Multitude, 검색일: 2020년 10월 23일

312) https://en.wikipedia.org/wiki/Profiling, 검색일: 2020년 10월 23일

313) Bakshy, Eytan, Messing, Solomon and Adamic, Lada A. (2015-06-05).

314) Information Commissioner's Office, Investigation into the use of data analytics in political campaigns (Information Commissioner's Office, 2018), pp.26-40.

315) 고학수, 구본효, 김종윤. 2019, p.26.

316) 그들은 지네 엘 아비딘 벤 알리, 무아마르 가다피, 호스니 무바라크, 알리 압둘라 살레를 비롯한 권위주의적 통치자들이었다.

317) Abulof, Uriel, March 2011. "What Is the Arab Third Estate?". Huffington Post.

318) “CNN at SXSW: Social media in Arab Spring” (Online video clip). YouTube. 검색일: 2020년 10월 23일.

319) Stepanova, Ekaterina. 2011(May). “The Role of Information Communication Technologies in the “Arab Spring””. Pircenter.org/, 2020년 10월 19일 접속.

320) Salem, Fadi, Mourtada. 2012. "Civil Movements: The Impact of Facebook and Twitter", Dubai School of Government, 2020년 10월 18일 접속.

321) Salem, Fadi, Mourtada. 2013. "Participatory Systems: Introduction, 2020년 10월 19일 접속.

322) Wellman, Barry and Lee Rainie, 2014: 207. Networked. Boston, MA: The MIT Press.

323) Salem 2012.

324) Wellman & Lee 2014.

325) Wellman & Lee 2014, p.208.

326) Mellen (2013): 115쪽.

327) Keller, Jared. 2010. "Evaluating Iran’s Twitter Revolution".

The Atlantic. 6월 18일.

328) AFP, 2013년 3월 10일. “Debate flares on ‘Twitter revolutions,’ Arab Spring.” Agence France-Presse . NewsBank. Web. 검색일: 2020년 10월 20일

329) 독싱(Doxing) 또는 독쓰(Doxx, 문서[document]의 약칭)에서 파생된 신조어로 개인이나 조직에 대한 식별정보(특히 개인적으로 정보를 식별)를 인터넷에서 수집하는 행위를 일컫는다. 이 정보를 취득하기 위해 흔히 쓰이는 방법으로는 공개적으로 이용 가능한 데이터베이스와 소셜미디어 웹사이트(예: 페이스북)의 해킹 또는 소셜 엔지니어링 등이 있다. 온라인에서 수치심 유발, 괴롭힘, 강탈, 강요, 사업 분석, 위험 분석, 법집행 보조 등 다양한 이유로 독싱을 수행할 수 있으며 독싱 또한 용처와 그 목적에 따라서 공익을 증진시킬수도 있고 범법행위가 될 수 있다.

330) 온라인상에서 이루어지는 다양한 종류의 폭력을 일컫는다.

331) Mozur & Paul. 2019년 7월 26일.

332) RTHK, 2019년 7월 4일.

333) Wong, Brian, 2020년 6월 2일. “Hong Kong student shot by officer during protests last year has applied to drop out of school, court hears”. South China Morning Post.

334) Chan, Esther and Blundy, Rachel, 2019년 11월 1일.

335) RTHK. 2019년 8월 19일.

336) Cheng, Kris, 2019년 10월 25일.

337) Japan Times, 2019년 11월 12일.

338) Twitter Safety Blog, 2019년 8월 19일.

339) Hussain, Suhauna. 2019년 8월 19일.

340) Kelly, Makena, 2019년 8월 19일.

341) https://gdpr-info.eu/, 검색일: 2020년 10월 20일.

342) https://ec.europa.eu/info/law/law-topic/data-protection_en, 검색일: 2020년 10월 20일.

343) https://ec.europa.eu/info/law/law-topic/data-protection/eu-data-protection-rules_en, 검색일: 2020년 10월 20일.

344) 2018년 6월 28일 채택된 캘리포니아 소비자 프라이버시 법(CCPA)은 GDPR과 유사한 점이 많다.

345) 2018년도 언론수용자 의식조사.

346) 미연방 정부가 검색포터인 구글(Google)을 독과점법 위반으로 2020년 10월 22일 제소한 사례와 유사함(Wu, 2020).

347) 이영진, 2019년 3월 14일.

348) 이영진, 2019년 3월 14일.

349) OpenNet Initiative(ONI)는 국가별 인터넷 필터링 및 감시 관행을 모니터링하고 보고하는 것이 목표였던 공동 프로젝트였다. 이 프로젝트는 정부가 운영하는 인터넷 필터링 프로그램의 범위와 성격을 결정하기 위해 국제 조사관 네트워크뿐만 아니라 많은 기술적 수단을 동원했다. 참여 학술기관으로는 토론토 대학교 멍크 국제학 센터의 시민 연구실, 하버드 로스쿨의 버크만 인터넷 학회 센터, 옥스퍼드 대학교의 옥스퍼드 인터넷 연구소(OII), 캠브리지의 어드밴스트 네트워크 연구 그룹으로부터 인수한 SecDev 그룹 등이었다.

350) 연합뉴스, 2020년 10월 25일.

351) International Telecommunication Union 2014.

352) Klang & Murray 2005.

353) Williams, Brooks & Shmargad 2018.

354) 투표행위 이외에도 성적, 인종적 차별이 알고리즘의 운용상에서 상당수 보고되고 있다.

355) Epstein & Robertson 2015.

356) Bond 외 2018.

참고 문헌

고상민·황보환·지용구. 2010. “소셜 네트워크 서비스와 온라인 사회적 자본: 한국과 중국 사례를 중심으로.” 『한국전자거래학회지』 15(1), 103-118.

고학수·구본효·김종윤. 2019. ‘민주주의는 위협받고 있는가?: 알고리즘, 프로파일링 시대의 명암,’ 서울대학교 인공지능정책 이니셔티브 이슈페이퍼 2019-01.

공영일. 2010. “웹 브라우저 경쟁구도 변화와 시사점.” 『방송통신정책』 22(20), 61-70.

구자용. 2016. “도시 지역 트윗 데이터의 시간대별 공간분포 특성: 부산광역시를 사례로.” 『지적과 국토정보』 46(2), 269-281.

권오철·김주성·이창건·하은용. 2009“안드로이드 모바일 플랫폼에서의 사용자 인터페이스 자동전환 기술의 개발.” 『한국정보과학회 학술발표논문집』 36(2). 436-440.

권해수. 1999. “시민단체의 조직화과정과 정책변화에 대한 영향력 비교연구.” 『한국사회와 행정연구』 10(1).

금희조. 2010. “온라인 소셜미디어와 참여적 사회자본: 한국과 미국 대학생의 연결적 vs 결속적 이용을 중심으로.” 『한국방송학보』 24(5), 9-46.

금희조·조재호. 2010. “스마트 폰, 커뮤니케이션 격차, 그리고 정치 참여: 소셜미디어효과에 대한 스마트 폰 이용의 조절 역할을 중심으로.” 『한국언론학보』 54(5), 348-371.

김광석·이예진. 2016. “일본 소셜미디어 산업동향과 시사점.” 『과학기술정책』 26(11), 8-13.

김기영·강동호. 2009. “개방형 모바일 환경에서 스마트 폰 보안기술.” 『정보

보호학회지』 19(5), 21-28.

김대영. 2003. “시민사회의 정치적 중립성에 관한 비판적 고찰.” 『동향과 전망』 58, 41-69.

김민식·정현준. 2009. “스마트 폰의 Wi-Fi 적용에 대한 시사점.” 『방송통신정책』 21(8), 42-46.

김상구. 2003. “정부와 NGO간의 관계유형에 관한 실증적 연구.” 『지방정부연구』7(4), 75-91.

김선혁. 2016. “정보통신기술혁명과 민주주의의 미래.” 『국제·지역연구』 25(3), 95-124.

김성국. 1992. “신사회운동과 새로운 시민사회.” 『사회과학연구』 10, 61-81.

김성철. 2013. “클라우딩 컴퓨팅 활성화를 위한 정책개선방안에 관한 연구.” 『대한산업공학회 춘계공동학술대회 논문집』, 451-457

김수현. 2010. “스마트 폰에 대한 지각특성이 스마트 폰 채택의도에 미치는 영향.”『한국콘텐츠학회논문지』 10(9). 318-326.

김영순. 2019. “제4차 산업혁명과 초연결사회 그리고 사물인터넷 시대.” 『한국콘텐츠학회지』 17(3), 14-19.

김용직. 1994. “사회운동으로 본 3.1운동.” 『한국정치학회보』 28(1), 51-79.

김용직. 2002. “3.1운동과 집합행동-역사사례데이터 분석을 통한 연구.” 『한국정치학회보』 36(3), 91-113.

김윤철. 2009. 『정당』. 서울: 책세상.

김종호·김강민. 2004. “IT 활용을 통한 정책과정의 시민참여 활성화 방안: 경기도 홈페이지 평가를 중심으로.” 『한국행정연구』 13(3), 85-115.

김종호. 2013. 빅데이터 시대의 정부의 역할. 정보통신산업진흥원 IT 기획시리즈 (2.27).

김준기. 2000. “정부-NGO관계의 이론적 고찰-자원의존모형의 관점에서.” 『한국정책학회보』 9(2), 5-28.

김태은·이석환. 2020. “우리나라 광역자치단체 빅데이터 정책의 확산.” 『한국공공관리학보』 34(1), 1-25.

김헌·백미정. 2010. “소셜 네트워크 서비스의 유형별 분류에 따른 웹 인터페이스 연구." 『한국디자인문화학회지』 16(1), 80-93.

김혜진·김도연. 2011. "스마트 폰 채택단계별 스마트 폰 인식과 이용." 『한국언론학보』 55(4), 382-405.

김희복·김희주. 2019. "4차 산업혁명 시대의 인문성과 인문역량 모색." 『인문사회과학연구』 20(1), 183-207.

김희복·김희주. 2019. "4차 산업혁명시대의 인문성과 인문역량모색." 『인문사회과학연구』 20(1), 183-207.

김희연·오주현. 2011. "국내외 SNS의 현황과 사회적 의미." 『방송통신정책』 24(12), 19-42.

네그리·하트. 조정환·정남영·서창현 역. 2008. 『다중』. 서울: 세종서적.

다이아몬드 하버드 비즈니스(편). 1998. 『복잡계 경제학』. 서울: 평범사.

라영재·김세진. 2003. "사회운동이 정부정책 변화에 미치는 영향에 관한 연구." 한국행정학회 추계학술대회 발표논문.

류석진·윤성이·장우영·송경재·금혜성. 2011. "스마트-소셜 시대의 민주주의와 거버넌스." 디지털 컨버전스 기반 미래연구(Ⅲ) 시리즈 11-03. 정보통신정책연구원.

류춘렬. 2004. "커뮤니케이션 이용 유형과 미디어 이용의 관계: 이용과 충족 연구에 대한 논의." 『사회과학연구』 17, 241-255.

문병주. 1999. 『국가·정치사회·시민사회: 한국 민주주의의 이행과 공고화』. 서울: 양지.

문병주. 2002. "'시민사회 주도적' 정당정치 개혁의 가능성." 『한국정당학회보』1(1), 115-147.

문성국·조성진·황철수. 2018. "위치 참조가 없는 블로그 텍스트를 이용한 위지 정보 추출." 『대한지리학회지』 53(5), 777-788.

미래창조과학부 미래준비위원회 외 2017. 『10년 후 대한민국 미래전략 보고서 : 미래 일자리의 길을 찾다』 도서출판 지식공감.

민병원. 2006. "불확실성 속의 질서: 복잡계이론과 국제정치학." 『한국정치학회보』 40(1), 201-221.

박경완. 2019. "4차 산업 혁명에 대한 단상." 『진공이야기』6(2). 한국진공학회. 2-4.

박상필. 1999. “시민단체와 정부의 관계유형과 지원체계.” 『한국행정학보』 33(1), 261-278.

박상필. 2009. “민주화 이후 시민사회에 대한 정부의 대응: 이해 부족에 따른 발전의 지체.” 『2009년 한국행정학회 목요국정포럼 발표논문집』, 169-189.

박영신. 2000. “사회운동 ‘이후’의 사회운동: ‘4.19의 구성’.” 『현상과 인식』 82, 183-203.

박인곤·신동희. 2010. “스마트 폰 이용자들의 이용과 충족, 의존도, 수용자 혁신성이 스마트 폰 이용만족에 미치는 영향에 관한 연구.” 『언론과학연구』 10(4), 192-225.

박재묵. 2001. “한국시민운동의 정치세력화 방향: 환경운동연합과대전지역시민운동단체의 지방선거참여 사례를 중심으로.” 권태환、임현진、송호근 공편 『신사회운동의사회학』. 서울: 서울대학교출판부.

박정수. 2020. “4차 산업혁명 시대, 혁신적 비즈니스 모델의 등장과 사회적 갈등.” 『국토』 통권 463, 26-31.

박준수·서진완. 2008. “사이버공동체의 평가모형 및 방법: 정책참여 역량을 중심으로.” 『한국공공관리학보』 22(3), 1-30.

박창기. 2016. “블록체인과 암호화폐의 미래.” 『과학과 기술』 584, 51-52.

박현희. 2008. “주민발의 운동의 정치적 동학: ‘성남시립병원설립 조례제정운동’을 중심으로.” 『한국정치학회보』 42(2), 231-260.

반 다이크. 배현석 역. 2002. 『네트워크 사회』. 서울: 커뮤니케이션북스.

방송통신위원회. 2010. 『스마트 모바일 강국 실현을 위한 무선인터넷 활성화 종합계획』.

방송통신위원회·한국인터넷 진흥원. 2009. 『인터넷 이용자의 SNS 이용실태 조사』.

방송통신위원회·한국인터넷 진흥원. 2010. 『스마트 폰 이용실태 조사』.

방송통신위원회·한국인터넷 진흥원. 2012. 『2012년 상반기 스마트 폰 이용실태 조사』.

방송통신위원회·한국인터넷진흥원. 2010. 『인터넷이용실태조사 요약보고서』

백욱인. 2001. "네트와 사회운동." 홍성욱 • 백욱인 엮음. 『2001 사이버스페이스 오디세이』. 서울: 창작과 비평사, 48-68.

삼성경제연구소. 2010. "스마트 폰이 열어가는 미래." 『CEO Information』 제741호(2010년 2월).

서두원. 2001. "신사회운동의제도화와민주주의의발전." 권태환·임현진·송호근 공편 『신사회운동의사회학』. 서울: 서울대학교출판부.

서용석. 2016. "첨단 기술의 발전과 미래 정부의 역할과 형태." 『미래연구포커스』. 서울: 과학기술정책연구원.

서진완·박준수. 2010. "사이버공동체의 정책참여와 정부정책의 변화." 『한국지역정보화학회지』 13(2), 109-130.

석호익. 2008. "u-Society 구현을 위한 IT 발전전략." 『정보와 통신』 25(1), 19-24.

설진아. 2009. "소셜미디어(Social Media)의 진화양상과 사회적 영향." 2009년 한국언론정보학회 가을정기학술대회 발표논문집.

성백균. 2008. "스마트 폰에서 사용자 상태 추론을 위한 지능형 에이전트." 『한국정보기술학회논문지』 6(1). 57-63.

손정렬. 2020. "빅데이터 연구에서의 빅마켓, 빅네임 그리고 빅네트워크: 국제학술지를 통해 본 도시 빅데이터 연구동향." 『대한지리학회지』 55(2), 161-179.

손혁재. 2003. "한국 시민사회의 개념과 실제." 『아시아의 시민사회-개념과 역사』. 서울: 아르케.

송경재. 2009. "네트워크 시대의 시민운동 연구: 2008 촛불집회를 중심으로." 『현대정치연구』 2(1), 55-83.

송경재. 2011. "이슈형 사이버 커뮤니티 네트워크의 시민참여 : 2008년 촛불시위를 중심으로." 『국가전략』 17(2), 91-121.

송경재. 2018. "다중의 등장과 민주주의 심화: 2016~17년 촛불집회를 중심으로." 『한국지방정치학회보』 8(2), 1-27.

송경재. 2019. “인터넷 시민참여의 과거, 현재, 미래: 시민참여 1.0에서 시민참여 3.0으로.” 김신동 외. 『미디어 공진화』. 서울: 한울아카데미.

송경재·이원태·조인호. 2018. “빅데이터 거버넌스의 가능성과 과제에 대한 탐색.” 『사회이론』 봄/여름, 153-186.

신율. 2001. “한국 시민운동의 개념적 위상과 문제점: 경실련과 참여연대를 중심으로.” 『한국정치학회보』 35(2), 159-180.

신진욱. 2004. “사회운동, 정치적 기회구조, 그리고 폭력: 한국 노동자 사례, 1960-1986.” 『한국사회학』 38(6), 219-250.

신진욱. 2008. 『시민』. 서울: 책세상.

신희권. 1999. “지방정치의 변화와 자발적 조직의 역할.” 『한국행정연구』 8(1), 44-67.

심미선·김은미. 2011. 『스마트미디어 서비스 이용실태 조사』. 방송통신위원회.

심혜련. 2009. “디지털 노마드와 유비쿼터스: 영화 <본 시리즈>를 중심으로.” 『미학』 6, 115-150.

심홍진·황유선. 2010. “마이크로블로깅(micro-blogging) 이용동기에 관한 연구: 트위터(twitter)를 중심으로”, 『한국방송학보』 24(2), 192-234.

양희태·최병삼·이제영·장훈·백서인·김단비·추형석·오혜연·정혜동·신사임·김선진. 2019. 『인공지능 기술 전망과 혁신정책 방향 - 국가 인공지능 R&D 정책 개선방안을 중심으로』. 과학기술정책연구원.

연합뉴스, 2020년 10월 25일.‘TV보다 SNS 광고시장이 더 커졌다…글로벌 액수 올해처음 역전,’ 검색일: 2020년 10월 25일.

오일환. 2000. “1980년대 이후 한국 사회운동과 정치발전.” 『한국정치외교사논총』 21(2), 199-226.

오재일. 2000. “지역사회에 있어서 지방정부와 NGO와의 관계에 대한 고찰.” 『정부와 NGO』. 한국행정학회 2000년도 기획세미나 발표논문집.

오현철. 2004. “시민단체의 선거참여활동을 제약하는 요인분석: 담론적 기회구조를 중심으로.” 『한국정치학회보』 38(5), 105-123.

우현지·김영훈. 2017. “토픽 모델링을 이용한 트위터 데이터의 공간 분포 패턴 분석.” 『한국지역지리학회지』 23(2), 376-387.

유석진·이현우·이원태. 2005. “인터넷의 정치적 이용과 정치참여: 제17대 총선에서 대학생 집단의 매체이용과 투표참여를 중심으로.” 『국가전략』 11(3), 141-169.

유성민. 2020. “4차 산업혁명과 블록체인: 데이터 경제 중심으로.” 『정보와 통신』 37(2), 23-30.

유팔무·김호기 공편. 1995. 『시민사회와 시민운동』. 서울: 한울.

윤성석·이삼성. 2002. “한국의 시민사회 운동과 민주주의 발전.” 『한국동북아논총』 24, 183-217.

윤성이. 1999. “사회운동론적 관점에서 본 한국 권위주의체제의 변동.” 『한국정치학회보』 32(4), 112-128.

윤성이. 2001. “인터넷 혁명과 시민운동의 새로운 전개.” 한국정치학회 라운드테이블 발표문.

윤성이. 2008. “온라인 정치참여 연구의 동향과 쟁점: 인터넷 선거 연구를 중심으로.” 『정보화정책』 15(3), 3-20.

윤성이·김용철. 2009. 『디지털 컨버전스 환경에서 정치 거버넌스의 변화』. 과천: 정보통신정책연구원.

윤성이·장우영. 2009. “온라인 정치참여와 신뢰.” 『동북아연구』 14, 65-97.

윤성이·송경재. 2014. “정보사회 참여지향적 시민과 거버넌스:혼합형 거버넌스 모델을 중심으로.” 『한국정치연구』23(1). 127-154.

윤영민. 2000. 『사이버공간의 정치: 시민권력과 공동체의 부활』. 한양대학교 출판부.

윤영수·채승병. 2005. 『복잡계개론: 세상을 움직이는 숨겨진 질서 읽기』. 서울: 삼성경제연구소.

윤주명. 2001. “시민참여와 행정의 대응성: 인터넷 시민참여에 대한 도시정부의 반응을 중심으로.” 『한국지방자치학회보』 13(2), 143-163.

윤지영·전현욱·김진묵·류부곤·이병욱·이원상. 2019. 『제4차 산업혁명 시대의 형사사법적 대응 및 발전방안(Ⅱ): 사물인터넷(IoT)과 블록체인』. 형사정책연구원 연구총서.

이금숙·박소현. 2018. “스마트매체와 결합된 일상 활동장소 정보를 이용한

도시 이동성 변화: 미디어 패널조사 미디어 다이어리 데이터를 토대로." 『대한지리학회지』 53(5), 745-760.

이동훈·정영덕. 2007. 『디지털 커뮤니케이션 융합과 포털의 차세대 미디어 전략 분석』. 서울: 한국방송영상산업진흥원.

이민화. 2016. "블록체인과 거버넌스 혁신." 창조 경제 연구회 제30차 공개 포럼 자료집.

이상민. 2017. "과학기술 문명과 인류의 구원." 『주간기술동향』 1779. 정보통신기술진흥센터.

이상윤 외 2004. "한국 무선인터넷 표준 플랫폼(WIPI)의 표준화 현황 및 발전방향." 『정보과학학회지』 22(1). 16-23.

이상현. 2011. "소셜네트워크서비스(Social Network Service)가 선거에 미치는 영향과 선거법상 규제: 미국과 캐나다를 중심으로." 『형사법의 신동향』 32, 84-110.

이승원. 1993. "과학기술 개발과 인류문명의 발전." 『전기저널』 대한전기협회지 198. 2-5.

이애리. 2020. "사물인터넷(IoT) 서비스에 대한 프라이버시 패러독스 현상과 IoT 사용 가치: 자기효능감의 조절효과와 인구통계학적 특성별 차이 분석." 『e-비즈니스연구』 21(1), 205-223.

이영진. 2019년 3월 14일. "구글·페이스북·네이버·카카오, '불공정 약관조항'…시정명령," 시사포커스. 검색일: 2020년 10월 20일.

이원태. 2003. "사이버공동체와 정치참여: 사회적 자본과 정치적 자본의 개념을 중심으로,"『시민사회와 NGO』 1(2), 1~40.

이원태. 2004. 『사이버공동체와 인터넷 정치참여: 사회자본과 정치자본의 개념을 중심으로』. 한국전산원 IT정책연구자료집.

이원태·차재권·신호철. 2012. 스마트미디어 환경에서 SNS 이용과 정책참여 활성화 방안 연구. 방송통신위원회 방송통신정책연구 보고서.

이원태·차재권·홍순식. 2008. "웹 2.0시대 의사결정방식의 변화와 정책적 대응방안." 과천: 정보통신정책연구원.

이재명. 2004. " 정당과 시민단체." 『공법학연구』 5(2), 73-99.

이종수·윤영진 외. 2007.『새행정학』. 서울: 대영문화사.

이종원·오선민. 2016. “모바일 테크놀로지 활용 탐구기반 야외조사활동의 설계와 적용: 경주 양동마을을 사례로.”『대한지리학회지』 51(6), 893-914.

이호영 외. 2008.『한국 인터넷 문화의 특성과 발전방안 연구』. 서울: 정보통신정책연구원.

임광현. 2008. “전자민원서비스 활성화 방안에 관한 연구.”『한국자치행정학보』 22(2), 286-316.

임연희. 2020. “빅데이터 공통기반 ‘혜안’을 활용한 소셜분석: 대전 ‘트램’을 중심으로.”『사회과학연구』 31(2), 3-21.

임정수. 2003. “인터넷 이용패턴에 대한 연구-채널 레퍼토리 형성과 수용자 집중현상을 중심으로.”『한국언론학보』47(2). 282-305.

임준형. 2006. “도시전자정부가 시민참여에 미치는 영향: 환경의제를 중심으로.”『한국행정학보』 40(3), 53-76.

임희섭. 2001.『집합행동과 사회운동의 이론』. 서울: 고려대학교 출판부.

장우영. 2007. “ICTs와 정당의 ‘적응’: 정치인 팬클럽의 역할을 중심으로.”『국제정치논총』 47(1), 95-119.

장우영·송경재. 2009.『디지털 융합시대 온라인 사회운동 양식의 변화와 의미』. 과천: 정보통신정책연구원.

장필성. 2016. “다가오는 4차 산업혁명에 대한 우리의 전략은?”『과학기술정책』 26(2), 12-15.

전영평. 2003. 지방정부의 거버넌스 모형 구축: 공익형 NGO의 형성 정도와 정책참여 수준을 중심으로.『행정논총』 41(1), 47-71.

정보통신산업진흥원. 2011.『2011 소프트웨어 산업 백서』.

정상호. 2007. “시민사회운동과 정당의 관계 및 유형에 관한 연구.”『한국정치학회보』 41(2), 161-184.

정애리. 2005. “디지털 미디어 액세스: 개념의 확대와 범위의 재구조화를 중심으로.”『방송연구』 통권 60호, 293-321.

정연정. 2000. “미국 시민이익집단 활동과 인터넷 이용.”『한국정치학회보』 34(4), 337-358.

정연정. 2001. "인터넷과 시민운동." 『언론개혁시민연대 토론회 자료집: 인터넷 시대, 미디어와 시민사회』. 31-46.

정연정. 2004. "영리한 군중(Smart Mobs)의 등장과 디지털 정치참여." 『국제정치논총』 44(2), 237-258.

정영철·박종안. 2007. "컨버전스 사회 변화에 따른 u-Gov 서비스 모델." 『한국정보기술학회논문지』 5(2), 242-249.

정용준. 2006. "시민사회와 국가/시장의 관계 분석: 김대중/노무현 정부의 방송정책갈등을 중심으로." 『언론과학연구』 6(2), 356-379.

정정길·최종원·이시원·정준금. 2003. 『정책학원론』. 서울: 대명출판사.

정중호·채송화. 2006. "디지털 융합시대의 디지털콘텐츠 정책과 추진전략." 『SW insight 정책리포트』 16, 한국소프트웨어진흥원. 53-89.

정하웅. 2004. "복잡계 네트워크의 구조와 응용." 『전자공학회지』 31(4), 438-444.

조권중. 2015. "디지털과 시민의 정치참여." 『세계와 도시』 7권. 서울연구.

조중혁. 1991. "정당의 역할과 기능: 정당정치의 활성화 방안." 『국회보』 292, 156-159.

조화순·송경재. 2004. "인터넷을 통한 시민 정책참여: 단일이슈 네트운동의 정책결정과정." 『한국행정학보』 38(5), 197-214.

조희정. 2011. "전자정부 시민참여 서비스의 전환과 정부 모바일 애플리케이션의 쟁점: 중앙정부와 지방정부의 활용 현황을 중심으로." 『의정연구』 17(2), 72-109.

차재권·장우영. 2010. 『융합 환경에서 정책결정과정의 변화와 전망』. 과천: 정보통신정책연구원.

차재권. 2019. "네트워크 사회의 다중운동: 커뮤니케이션 환경 변화와 사회운동." 장우영 외. 『촛불집회와 다중운동』 서울: 한국학술정보.

차재권. 2009. "혁명과 저항: 개인 vs. 집단." 한국정치학회(편), 『현대비교정치이론과 한국적 수용』 서울: 법문사. 33-61.

최백준·서중원·박수용. 2020. "블록체인 경량화를 위한 클라우드 기반의 전

처리 합의 알고리즘.” 『정보와 통신』 37(3), 21-27.

최선희. 2008. “웹 2.0과 정부의 역할 변화.” 『정보통신정책』 20(5), 1-26.

최영·박성현. 2011. “소셜미디어 이용동기가 사회 자본에 미치는 영향.” 『한국방송학보』 25(2), 241-276.

최창현. 2008. “복잡계이론(Complexity Theory)과 행정” 『kapa@포럼』 123호. 77-80.

최해옥. 2012. “빅데이터를 활용한 수도권 지식집약산업 네트워크의 기관들 간 연계구조 및 공간적 특성 분석.” 『도시행정학회보』 25(3). 111-128.

최현. 2007. “구조, 의미틀과 정치적 기회구조.” 『경제와 사회』 75, 251-281.

하성보·강성묵. 2011. “스마트 폰의 이용행태와 이용환경이 갖는 사회문화적 함의 고찰.” 『한국콘텐츠학회논문지』 11(7). 89-99.

한국데이터산업진흥원. 2019. 『2019 데이터산업현황조사 결과 요약』.

한국방송통신전파진흥원. 2018. 『4차 산업혁명 관련 전파정책 동향 조사 분석 및 발전방안 연구』.

한국언론진흥재단. 2010. 『미디어 이용과 효과: 개별 면접 및 다이어리 조사』.

한국언론진흥재단. 2018. 『언론수용자 의식조사』. 한국언론진흥재단.

한국정보통신기술협회. 2017. 『IT용어사전』. 성남: 한국정보통신기술협회.

한국정보화진흥원. 2011. 『2010년 인터넷 이용실태조사』.

한국정치학회. 2019. 『4차산업혁명시대 주민자치 활성화 방안연구』. 행정안전부.

허석중. 2020. AI 기술·시장 동향: 핵심기술, 시장규모, 사업리스크 중심으로. 한국신용정보원 CIS이슈리포트 2020-5호. 1-13.

황용석. 2019. ‘알고리즘 매개성과 정치적 양분사회: 기술과 사회심리의 상호작용효과,’ 『서울대학교 인공지능정책 이니셔티브 이슈페이퍼』 2019-02.

황용석·김재영·정연정. 2000. 『인터넷 시대의 새로운 정치환경』. 서울: 커뮤니케이션북스.

황주성·이재현·이나경. 2010. 『모바일 인터넷으로 인한 미디어 이용패턴의 변화: 스마트 폰 이용자를 중심으로』. 과천: 정보통신정책연구원.

황하성·손승혜·최윤정. 2011. “이용자 속성 및 기능적 특성에 따른 스마트 폰 중독에 관한 탐색적 연구.” 『한국방송학보』 25(2), 277-313.

Abulof, Uriel, March 2011. "What Is the Arab Third Estate?". Huffington Post, 검색일: 2020년 10월 21일.

Agence France-Presse (AFP), 2013년 3월 10일. "Debate flares on 'Twitter revolutions,' Arab Spring." NewsBank. Web. 2020년 10월 20일 접속.

Al Nuaimi et al. 2015. “Applications of big data to smart cities.” Journal of Internet Services and Applications volume, 6

Bakshy, Eytan, Messing, Solomon and Adamic, Lada A. (2015-06-05). "Exposure to ideologically diverse news and opinion on Facebook". Science. 348 (6239): 1130–1132.

Baran, Paul. 1964. “On Distributed Communications Networks.” IEEE Transaction on Communications System. Vol.12. 1-9.

Barber, B. 1999. “Three Scenarios for the Future of Technology and Strong Democracy.” Political Studies Quarterly 113, 573-590.

Barber, B. 2000. A Passion for Democracy: American Essays. Prunceton University: Princeton.

Barber, Benjamin. 1998. A Place for Us: How to Make Society Civil and Democracy Strong. Hill and Wang.

Benkler, Yochai. 2007. Wealth of Networks: How Social Production Transforms Markets and Freedom. New Haven: Yale University Press.

Berejikian, Jeffrey. 1992. "Revolutionary Collective Action and Agent-Structure Problem." American Political Science Review 86,,647-57.

Boase, Jeffrey and Barry Wellman. 2006. “Personal Relationships: On and Off the Internet.” The Cambridge Handbook of Personal Relationships 8, 709-723.

Bonchek, Mark S. 1998. From Broadcast to Netcast: The Internet and the Flow of Political Information. Harvard University. Cambridge, Massachusetts.

Bond, Robert M., Fariss, Christopher J., Jones, Jason J., Kramer, Adam D. I., Marlow, Cameron, Settle, Jaime E., and Fowler, James H. (13 September 2012). "A 61-million-person experiment in social influence and political mobilization". Nature. 489(7415): 295–8.

Boyd, Danah M. and Nicole B. Ellison. 2007. "Social Network Sites: Definition, History, and Scholarship." Journal of Computer-Mediated Communication, 13(1).

Bright, Jonathan. 2017. Explaining the Emergence of Echo Chambers on Social Media: The Role of Ideology and Extremism (March 10, 2017).

Brockett, Charles D. 1991. "The Structure of Political Opportunities and Peasant Mobilization in Central America." Comparative Politics 23, 253-74.

Brockett, Charles D. 1992. "Measuring Political Violence and Land Inequality in Central America." American Political Science Review 86, 169-176.

Browning, G. 1996. Electronic Democracy: Using the Internet to Influence American Politics. Wilton, CT. Pemberton.

Castells, Manuel. 2007. "Communication, Power and Counter-Pwer in the Network Society." International Journal of Communication 1(1), 238-266.

Castells, Mauel. 2009. Communication Power. Oxford: Oxford University Press.

Chadwick, Andrew. 2006. Internet Politics: States, Citizens, and New Communication Technologies. New York & Oxford: Oxford University Press.

Chan, Esther and Blundy, Rachel, 2019년 11월 1일. "'Bulletproof' China-backed doxxing site attacks Hong Kong's democracy activists". Agence France-Presse. 검색일: 2020년 10월 17일.

Cheng, Kris, 2019년 10월 25일. "Hong Kong court orders temporary ban on the release of police officers' personal information". Hong Kong Free Press, 검색일: 2020년 10월 19일 접속.

Chong, Dennis. 1991. Collective Action and the Civil Rights Movement. Chicago: University of Chicago Press.

Cobb, Roger W., and Marc H. Ross. 1997. "Agenda Setting and the Denial of Agenda Access: Key Concepts." In Cultural Strategies of Agenda Denial: Avoidance, Attack, and Redefinition, Roger W. Cobb and Marc H. Ross. eds. Lawrence. KS: The University Press of Kansas.

Cohen, J., and A. Arato. 1992. Civil Society and Political Theory. Mass., The MIT Press.

Colleoni, E., Rozza, A., & Arvidsson, A. 2014. "Echo chamber or public sphere? Predicting political orientation and measuring political homophily in Twitter using big data," Journal of Communication, 64(2), 317-332.

Costain, Anne. 1992. Inviting Women's Rebellion: A Political Process Interpretation of the Women's Movement. Baltimore, MD: Johns Hopkins University Press.

Courtland Brooks. 2011. Social Networking Watch: All Social Networking Statistics

Curtis, Russell L., and Louis A. Zurcher. 1973. "Stable Resources of Protest Movements: The Multi-Organizational Field." Social Forces 52, 53-61.

Dalton, R. 1996. "Comparative Politics: Micro-behavioral Perspectives." In A. Heath, R. Jowell and J. Curtice, eds. A New Handbook of Political Science. Oxford: Oxford University Press. 336-352.

Dalton, Russell. 2009. The Good Citizen: How a Younger Generation Is Reshaping American Politics. Washington: CQ Press.

Davis, James Chowning. 1962. "Toward a Theory of Revolution." American Sociological Review 27, 5-18.

DeNardo, James. 1985. Power In Numbers: The Political Strategy of

Protest and Rebellion. Princeton, NJ: Princeton University Press.

Di Maio, Andrea 2007. "What Does Web 2.0 Mean to Government?" Gartner Publication ID Number: G00146261, March 8.

Diamond, Larry. 1994. "Toward Democratic Consolidation." Journal of Democracy 5(3).

Diamond, Larry. J.J. Linz, and S. M. Lipset. 1989. Democracy in Developing Countries: Latin America. Boulder, CO.: Lynne Rienner Publishers.

Donath, Judith and Danah Boyd. 2004. "Public Displays of Connection." BT Technology Journal 22(4), 71-82.

Ellina, Maro, and Will H. Moore. 1990. "Discrimination and Political Violence: A Cross-National Study with Two Time Periods." Western Political Quarterly 43, 267-278.

Epstein, Robert; Robertson, Ronald E. (18 August 2015). "The search engine manipulation effect (SEME) and its possible impact on the outcomes of elections". Proceedings of the National Academy of Sciences. 112 (33): E4512–E4521.

Faria, C. F. 2010. "Can People Help Legislators To Make Better Laws?: The Brazilian Parliaments e-Democracia." presented at the 4th Inernational Conference on Theory and Practice of Electronic Governance.

Feeny, David. 1983. "The Moral or the Rational Peasant? Competing Hypotheses of Collective Action." Journal of Asian Studies 42, 769-789.

Feierabend, Ivo K., and Rosalind L. Feierabend. 1966. "Aggressive Behviors within Polities, 1948-1962: A Cross-National Study." Journal of Conflict Resolution 10, 249-71.

Ferrara, Federico. 2003. "Why Regimes Create Disorder: Hobbes's Dilemma During a Rangoon Summer." Journal of Conflict Resolution 47, 302-325.

Finifter, Ada W. 1974. "The Friendship Group as a Protective Environment for Political Deviants." American Political Science Review 68, 607-25.

Foran, John. 1997a. "The Comparative-Historical Sociology of Third World Social Revolutions: Why a Few Succeed, Why Most Fail." In Theorizing Revolutions, ed. John Foran. London: Routledge.

Foran, John. 1997b. "Discourses and Social Forces: The Role of Culture and Cultural Studies in Understanding Revolutions." In Theorizing Revolutions, ed. John Foran. London: Routledge.

Futrell, Robert, and Barbara G. Brents. 2003. "Protest as Terrorism?: The Potential for Violent Anti-Nuclear Activism." American Behavioral Scientist 46, 745-765.

Gamson, William A., and David S. Meyer. 1995. "The Framing of Political Opportunity." In Opportunities, Mobilizing Structures and Framing: Comparative Applications of Contemporary Movement Theory, ed. Jon McCarthy, Doug McAdam, and Mayer N. Zald. New York: Cambridge University Press.

Gamson, William. 1990. The Strategy of Social Protest. Wadsworth Publishing Company.

Garrett, R. K. 2009. “Echo chambers online?: Politically motivated selective exposure among internet news users,“ Journal of Computer-Mediated Communication, 14(2):265-285.

Gigler, Björn-Sören. 2011. “Decentralization, Clientalism and Popular Participation—Is there a role for ICTs to improve local governance, 3rd International Conference on Information and Communication ICTD 2009 Proceedings, Carnegie Mellon University. Carnegie Mellon University, Education City, Doha, Qatar: Carnegie Mellon University, 2009.

Goldstone, Jack A. 1980. "The Weakness of Organization: A New Look at Gamson's The Strategy of Social Protest," American Journal of Sociology 85, 1017-42.

Goldstone, Jack A. 2003. “Introduction: Bridging Institutionalized and

Noninstitutionalized Politics." in Jack A. Goldstone, eds. States, Parties and Social Movements, Cambridge University Press.

Gonzeles, A. L., and J. T. Hancock. 2011. "Mirror, Mirror on my Facebook Wall: Effects of Exposure to Facebook on Self-Esteem." Cyberpsychology, Behavior, and Social Networking 14(1-2), 79-83.

Goodwin, Jeff. 1997. "State-Centered Approaches to Social Revolutions: Strengths and Limitations of a Theoretical Tradition." In Theorizing Revolutions, ed. John Foran. London: Routledge.

Granovetter, Mark, and Soong Roland. 1983. "Threshold Models of Diffusion and Collective Behavior." The Journal of Mathematical Sociology 9, 165-79.

Granovetter, Mark. 1978. "Threshold Models of Collective Behavior," American Journal of Sociology 83, 1420-43.

Gupta, Dipak K. 1990. The Economics of Political Violence: The Effects of Political Instability on Economic Growth. New York: Praeger.

Gupta, Dipak K., Harinder Singh, and Tom Sprague. 1993. "Government Coercion of Dissidents: Deterrence or Provocation?" Journal of Conflict Resolution 37, 301-339.

Gurr, Ted Robert. 1970. Why Men Rebel. Princeton: Princeton University Press.

Hanagen Moch and Brake ed., 1998. Chanllenging Authority: The Historical Study of Contentious Politics. University of Minnesota Press: Minneapolis.

Hardy, Catherine A. and Susan P. Williams. 2008. "E-Government Policy and Practice: A Theoretical and Empirical Exploration of Public E-Procurement." Government Information Quarterly 25, 155-180.

Hilbert, Martin. 2010. "When is Cheap, Cheap Enough to Bridge the Digital Divide? Modeling Income Related Structural Challenges of Technology Diffusion in Latin America" World Development. 38 (5):

756–770.

Hipsher, Patricia. 1996. "Is Movement Demobilization Good for Democratization? Some Evidence from the Shantytown Dwellers' Movement in Chile." Politics and Society.

Hobson. 2006. How to develop a social media communication strategy. http://www.nevillehobson.com.

Hoover Dean, and David Kowalewski. 1992. "Dynamic Model of Dissent and Repression." Journal of Conflict Resolution 36, 150-82.

Hunt, Lynn. 1984. Politics, Culture, and Class in the French Revolution. Berkeley: University of California Press.

Huntington, Samuel P. and Joan M. Nelson. 1976. Political Participation in Developing Countries. Cambridge: Harvard University Press.

Hussain, Suhauna. 2019년 8월 19일. "Facebook, Twitter accuse China of spreading Hong Kong disinformation". Los Angeles Times, 검색일: 2020년 10월 20일.

Information Commissioner's Office. 2018. Investigation into the use of data analytics in political campaigns (Information Commissioner's Office).

International Telecommunication Union, 2014. Definitions of World Telecommunication/ICT Indicators, March 2010 Archived 2014-12-20.

Isaac, Larry, Elizabeth Mutran, and Sheldon Stryker. 1980. "Political Protest Orientations Among Black and White Adults." American Sociological Review 42, 249-68.

Iyer, Arati, Toni Schmader, and Brian Lickel. 2007. "Why Individuals Protest the Perceived Transgressions of Their Country: The Role of Anger, Shame, and Guilt." Personality and Social Psychology Bulletin 33, 572-587.

Japan Times. 2019년 11월 12일. "Fake news is stoking violence and anger in Hong Kong's continuing protests". 검색일: 2020년 10월 16일.

Jasper, James M. 1997. The Art of Moral Protest: Culture, Biography, and Creativity in Social Movements. Chicago: University of Chicago Press.

Java, A., X. Song, T. Finin, and B. Tseng. 2007. "Why We Twitter: Understanding Microblogging Usage and Communities." Paper presented at the Proceedings of the 9th WebKDD and 1st SNA-KDD 2007 workshop on Web mining and social network analysis, San Jose, California.

Jenkins, J. Craig and Bert Klandermans. 1995. The Politics of Social Protest, University of Minnesota Press.

Jenkins, J. Craig, and Charles Perrow. 1977. "Insurgency of the Powerless: Farm Workers' Movements, 1946-72." American Sociological Review 51, 812-29.

Jinrong Hu: Zhou Enyi. 2011. "On Virtual Public Sphere and Network Citizen Participation." International Conference on Multimedia and Signal Procession.

Joinson, A. N. 2008. "Looking at, Looking up or Keeping up with People?: Motives and Use of Facebook." Paper presented at the Proceeding of the 26th Annual SIGCHI conference on Human factors in Computing systems. Florence, Italy.

Jones, Charles O. 1977. An Introduction to the Study of Public Policy. 2nd ed. North Scituate. MA: Duxbury Press.

Kakabadse, L. et al. 2003. "Reinventing the Democratice Governance Project through Information Technology? A Growing Agenda for Debate." Public Administration Review. January/February.

Kardara et. al. 2011. "A Service Oriented Architecture Enabling Policy Simulation in Virtual Spaces." Presented at the 2011 Third International Conference on Games and Virtual Worlds for Serious Applications.

Karlson, Amy K., AJ Bernheim Brush, and Stuart Schechter. 2009. "Can I Borrow Your Phone? Understanding Concerns When Sharing Mobile

Phones." Proceedings of the SIGCHI Conference on Human Factors in Computing Systems, 1647-1650.

Katzenstein, Mary Fainsod, and Carol McClurg Mueller. Eds. 1987. The Women's Movements of the United States and Western Europe: Consciousness, Political Opportunity, and Public Policy. Philadelphia: Temple University Press.

Keller, Jared. 2010. "Evaluating Iran's Twitter Revolution". The Atlantic. 6월 18일, 검색일: 2020년 10월 10일.

Kelly, Makena, 2019년 8월 19일. "Facebook and Twitter uncover Chinese trolls spreading doubts about Hong Kong protests". The Verge, 검색일 2020년 10월 20일.

Khawaja, Marwan. 1993. "Repression and Popular Collective Action: Evidence from the West Bank." Sociological Forum 8, 47-71.

Klandermans, Bert. 1984. "Mobilization and Participation: Social-Psychological Expansions of Resource Mobilization Theory." American Sociological Review 49, 583-600.

Klang, Mathias; Murray, Andrew. 2005. Human Rights in the Digital Age. Routledge.

Koopmans, Ruud. 1993. "The Dynamics of Protest Waves: West Germany, 1965 to 1989." American Sociological Review 58, 637-658.

Kornhauser, William. 1959. The Politics of Mass Society. Glencoe, IL: Free Press.

Krishnamurthy, B., Gill, Phillipa, and Martin Arlitt. 2008. "A Few Chirps About Twitter." In Proceedings of ACM SIGCOMM Workshop on Online Social Networks.

Kuran, Timur. 1989. "Sparks and Prairie Fires: A Theory of Unanticipated Revolution." Public Choice 61.

Kuran, Timur. 1991. "Now out of Never: The Element of Surprise in the East European Revolution of 1989." World Politics 44, 7-48.

Laanpere·Tammsaar·Sausa. 2011. "A Case Study on Using Social Media for e-Participation Design of Initiative Mapper Web Service." Presented at the 5the International Conference on Theory and Practice of Electronic Governance. 290-292.

Lachmann, Richard. 1997. "Agents of Revolution: Elite Conflicts and Mass Mobilization from the Medici to Yeltsin." In Theorizing Revolutions, ed. John Foran. London: Routledge.

Lampe, C., N. Ellison & C. Steinfield. 2006. "A Face(book) in the Crowd: Social Searching vs. Social Browsing." Paper presented at the Proceedings of the 2006 20th anniversary conference on Computer supported cooperative work. Banff, Alberta, Canada.

Lampe, C., N. Ellison & C. Steinfield. 2008. "Changes in Use and Perception of Facebook." Paper presented at the Proceedings of the 2008 ACM conference on Computer supported cooperative work. San Diego, CA.

Leftwich, A. ed. 1990. New Developments in Political Science. Aldershot: Edward Elgar.

Lichbach, Mark Irving. 1987. "Deterrence or Escalation? The Puzzle of Aggregate Studies of Repression and Dissent." Journal of Conflict Resolution 31, 266-297.

Lichbach, Mark Irving. 1994. "What Makes Rational Peasants Revolutionary? Dilemma, Paradox, and Irony in Peasant Collective Action." World Politics 46, 382-417.

Lichbach, Mark Irving. 1995. The Rebel's Dilemma. Ann Arbor: University of Michigan Press.

Ling, R. and Sunsoy, P. R. 2009. "The iPhone and Mobile Access to the Perception of Facebook." Paper presented at the Mobile 2.0: Beyond Voive?. Pre-conference workshop at the International Communication Association. Chicago. Illinois.

Livingstone, S. 2008. "Taking Risky Opportunities in Youthful Content Creation: Teenagers' Use of Social Networking Sites for Intimacy, Privacy and Self-Expression." New Media & Society 10(3), 393-411.

Lofland, John. 1979. "White-Hot Mobilization: Strategies of a Millenarian Movement." In The Dynamics of Social Movements: Resource Mobilization, Social Control, and Tactics, ed. Mayer N. Zald and John D. McCarthy. Cambridge, Massachusetts: Winthrop Publishers.

Lohmann, Suzanne. 1994. "The Dynamics of Informational Cascades: The Monday Demonstrations in Leipzig, East Germany, 1989-91." World Politics 47, 42-101.

Luo, Guifa. 2011. "The Research on Government Decision-Making Mechanism Shift under E-government Environment." Paper presented at 2011 IEEE.

March, James G. and Johan P. Olsen. 1976. Ambiguity and Choice in Organizations. Bergen, Norway: Universitetsforlaget.

Marwell, Gerald, and Pamela Oliver. 1993. The Critical Mass in Collective Action: A Micro-Social Theory. Cambridge: Cambridge University Press.

Marx, Gary T. 1979. "External Efforts to Damage or Facilitate Social Movements: Some Patterns, Explanations, Outcomes, and Complications." In The Dynamics of Social Movements: Resource Mobilization, Social Control, and Tactics, ed. Mayer N. Zald and John D. McCarthy. Cambridge, Massachusetts: Winthrop Publishers.

Mason, David T., and Dale A. Krane. 1989. "The Political Economy of Death Squads: Toward a Theory of The Impact of State-Sanctioned Terror." International Studies Quarterly 33, 175-98.

Matheus et al. 2010. "Case Studies of Digital Participatory Budgeting in Latin America: Models for Citizen Engagement." Presented at the 4th International Conference on Theory and Practice of Electronic

Governance.

Matthews, T., and J. Pierce. 2009. No Smart Phone Is an Island: The Impact of Places, Situations and Other Deviceson Smart Phone Use. IBM

May, P. 1992. "Policy Learning and Failure." Journal of Public Policy 12(4).

McAdam, Doug, Sidney Tarrow, and Charles Tilly. 1996. "To Map Contentious Politics" Mobilization 1, 17-34.

McAdam, Doug. 1983. "Tactical Innovation and the Pace of Insurgency." American Sociological Review 48, 735-754.

McAdam, Doug. 1989. "The Biographical Consequences of Activism." American Sociological Review 54, 744-760.

McAdam, Doug. 1998. "One the International Origins of Domestic Political Opportunities." Social Movements and American Political Institutions. Rowman & Littlefield Publishers, IND: Boston.

McCarthy, John D., and Mayer N. Zald. 1977. "Resource Mobilization and Social Movements: A Partial Theory." American Journal of Sociology 82, 1212-41.

Mehdizadeh, S. 2010. "Self-Presentation 2.0: Narcissism and Self-Esteem on Facebook." Cyberpsychology, Behavior, and Social Networking 13(4), 357-364.

Mellen, Roger. 2013. "Modern Arab Uprisings and Social Media: An Historical Perspective on Media and Revolution". Explorations in Media Ecology, 11(2): 110-25.

Menzies, H. 1999. "Digital Networks: The Medium of Globalization, and the Message." Canadian Journal of Communication 24(4).

Merkl, Peter. 1993. "Which are Today's Democracies?" Internatinal Social Science Journal 45.

Meyer, David and Sidney Tarrow, 1998. "A Movement Society: Contentious Politics for a New Century," in Meyer and Tarrow. eds. The Social Movement Society. Lanham, Rowman & Little Field.

Meyer, David. 1993. "Protest Cycles and Political Process: American Peace Movements in the Nuclear Age." Political Research Quarterly 47, 451-79.

Moore, Will H. 1998. "Repression and Dissent: Substitution, Context, and Timing." American Journal of Political Science 42, 851-873.

Moore, Will H. 2000. "The Repression of Dissent: A Substitution Model of Government Coercion." Journal of Conflict Resolution 44, 107-127.

Mozur, Paul. 2019년 7월 26일. "In Hong Kong Protests, Faces Become Weapons". The New York Times, 검색일: 2020년 10월 17일.

Muller, Edward N., and Erich Weede. 1990. "Cross-National Variation in Political Violence: A Rational Action Approach." Journal of Conflict Resolution 34, 624-651.

Muller, Edward N., and Karl-Dieter Opp. 1986. "Rational Choice and Rebellious Collective Action." American Political Science Review 80, 471-89.

Nakamura, R. T., and F. Smallwood. 1980. The Politics of Policy Implementation. New York: St. Martin's Press.

Negri and Hardt, 2008. Reflection on Empire. Polity Press.: Malden

Negri, Antonio & Hardt, Michael., Multitude (War And Democracy In The Age Of Empire). 2005. Penguin USA.

Norris, P. 2000. "Internet World: Parties, Governments and Online Democracy." IPSA World Congress 2000, Canada.

Norris, P. 2000. A Virtuous Circle? Political Communications in Post-Industrial Democracies. Cambridge: Cambridge University Press.

Norris, Pippa. 2011. Democratic Deficit: Critical Citizens Revisited. Cambridge: Cambridge University Press.

Oberschall, Anthony. 1979. "Protracted Conflict." In The Dynamics of Social Movements: Resource Mobilization, Social Control, and Tactics, ed. Mayer N. Zald and John D. McCarthy. Cambridge, Massachusetts: Winthrop Publishers.

Oberschall, Anthony. 1980. "Loosely Structured Collective Conflict: A Theory and an Application." In Research in Social Movements, Conflict, and Change, ed. L. Kriesberg. Greenwich, Connecticut: JAI Press.

OECD. 2001. Citizens as Partners: Information, Consultation and Public Participation in Policy-Making.

Offe, Claus. 1990. "Reflection on the Institutional Self-Transformation of Movement Politics." Russel J. Dalton and Manfred Kuechler. eds. Challenging the Political Order: New Social and Political Movements in Western Democracies. Oxford University Press.

Oliver, Pamela, and Gerald Marwell. 1985. "A Theory of the Critical Mass I: Interdependence, Group Heterogeneity, and the Production of Collective Action." American Journal of Sociology 91.

Oliver, Pamela. 1984. " 'If you don't do it, nobody else will': Active and Token Contributors to Local Collective Action." American Sociological Review 49, 601-10.

Olson, Mancur, Jr. 1965. Logic of Collective Action: Public Goods and the Theory of Groups. Cambridge, MA: Harvard University Press.

Opp, Karl-Dieter, and Christiane Gern. 1993. "Dissident Groups, Personal Networks, and Spontaneous Cooperation: The East German Revolution of 1989." American Sociological Review 58, 659-680.

Opp, Karl-Dieter. 1986. "Soft Incentives and Collective Action: Participation in the Anti-Nuclear Movement." British Journal of political Science 16, 87-112.

Opp, Karl-Dieter. 1989. The Rationality of Political Protest: A Comparative Analysis of Rational Choice Theory. Boulder, CO: Westview Press.

Opp, Karl-Dieter. 1994. "Repression and Revolutionary Action: East Germany in 1989." Rationality and Society 6, 101-138.

Pajevic, F., and R. G. Shearmur. 2017. "Catch Me if You Can: Workplace

Mobility and Big Data." Journal of Urban Technology 24(3).

Panebianco, Angelo. 1988. Political Parties: Organization and Power. Cambridge: Cambridge University Press.

Pascu and Lieshout .2009. User-led, citizen innovation at the interface of services PewResearchCenter

Pateman, C. 1970. Participation and Democratic Theory. Cambridge: Cambridge University Press.

Paul Baran. 1964. "On Distributed Communications Networks." IEEE Transaction on Communications System. Vol.12. 1-9.

Peristeras et al. 2009. Transforming E-government and E-participation through IT. IEEE Intelligent Systems (2009 September/October). 14-19.

Piven, Fox, and Richard A. Cloward. 1977. Poor People's Movement: Why They Succeed, How They Fail. New York: Pantheon.

Rasler, Karen. 1996. "Concessions, Repression, and Political Protest in the Iranian Revolution." American Sociological Review 61, 132-152.

Reingold, Howard. 2002. Smart Mobs : The Next Social Revolution. Perseus.

Rheingold, H. 1993. The Virtual-community: Homesteading on the Electronic Frontier. Reading, MA. Addison-Wesley.

Rheingold, Howard. 2002. Smart Mobs : The Next Social Revolution. Perseus. 라인골드, 하워드. 이운경 옮김. 2003. 『참여군중』 서울: 황금가지.

Richardson, Lewis F. 1960. Arms and Insecurity. Pittsburgh: The Boxwood Press and Quadrangle Books.

Riley, C. G. 2003. The Changing Role of the Citizen in the e-Governance and e-Democracy Equation. Commonwealth Centre for e-Governance, Available at: http://www.electronicgov.net.

Rochon, Thomas R. 1988. Mobilizing for Peace: The Antinuclear Movements in Eastern Europe. Princeton, NJ: Princeton University Press.

Royo et. 2012. "Local e-government 2.0: Social media and corporate transparency in municipalities." Government Information Quartely. 29(2). 123-132.

RTHK, 2019년 7월 4일. "Nine arrested for 'doxxing' police officers", 검색일: 2020년 10월 16일.

RTHK. 2019년 8월 19일. "Getting death threats, say uni student leaders,", 검색일: 2020년 10월 16일 접속.

Ryberg, T. and M.C. Larsen. 2008. "Networked Identities: Understanding Relationships between Strong and Weak Ties in Networked Environment." Journal of Computer Assisted Learning 24(2), 103-115.

Sadri, X.C. & K. Mlikota. 2002. Overview on E-governance. Prepared in the Framework of the ICT Cross-Cutting Project for United Nations Educational, Scientific and Cultural Organization.

Salem, Fadi, 2012. Mourtada. "Civil Movements: The Impact of Facebook and Twitter", Dubai School of Government, 2020년 10월 18일 접속.

Salem, Fadi, Mourtada. 2013. "Participatory Systems: Introduction, 검색일: 2020년 10월 19일.

Selbin, Eric. 1997. "Revolution in the Real World: Bringing Agency Back In." In Theorizing Revolutions, ed. John Foran. London: Routledge.

Sewell, William Jr. 1985. "Ideologies and Social Revolutions: Reflections on the French Case." Journal of Modern History 57, 57-85.

Shellman, Stephen M. 2004. "Measuring the Intensity of International Political Events Data: Two Interval-Like Scales." International Interactions 30, 109-141.

Shirky, Clay. 2008. Here Comes Everybody: The Power of Organizing Without Organizations. USA: Penguin Books. 송연석 옮김. 2008. 『끌리고 쏠리고 들끓다』. 서울: 갤리온.

Skocpol, Theda. 1979. States and Social Revolutions. Cambridge: Cambridge University Press.

Smelser, Neil J. 1962. Theory of Collective Behavior. New York: Free Press.

Smith, Christian. 1991. The Emergence of Liberation Theology: Radical Religion and Social Movement Activism. Chicago: University of Chicago Press.

Snow, David A., Louis Zurcher, and Sheldon Ekland-Olson. 1980. "Social Networks and Social Movements: A Microstructural Approach to Differential Recruitment." American Sociological Review 45, 787-801.

Spivack. 2007. Evolution of World Wide Web. Source Own elaboration based on radar networks

Stanley, W. J., & Christopher Weare. 2004. "The Effects of Internet Use on Political Participation: Evidence From An Agency Online Discussion Forum." Administration & Society, 36(5): 503-527.

Stepanova, Ekaterina, May 2011. "The Role of Information Communication Technologies in the "Arab Spring"". Pircenter.org/, 2020년 10월 19일 접속.

Tarrow, Sidney. 1988. "National Politics and Collective Action: Recent Theory and Research in Western Europe and the United States." Annual Review of Sociology 14, 421-440.

Tarrow, Sidney. 1989. Democracy and Disorder: Protest and Politics in Italy, 1965-75. New York: Cambridge University Press.

Tarrow, Sidney. 1991. Struggle, Politics, and Reform: Collective Action, Social Movements, and Cycles of Protest. Ithaca, NY: Cornell University Press.

Tarrow, Sidney. 1994. Power in Movement: Social Movements, Collective Action and Politics. Cambridge: Cambridge University Press.

Tarrow, Sidney. 1996. "Social Movements in Contentious Politics: A Review Article." American Political Science Review 90, 874-882.

Tarrow, Sidney. 1998. Power in Movement: Social Movements and Contentious Politics, Second Edition. Cambridge: Cambridge University Press.

Taylor, Michael. 1988. "Rationality and Revolutionary Collective

Action."In Rationality and Revolution, ed. Michael Taylor. Cambridge: Cambridge University Press.

The Justice Department is demanding that the company prove its greatness by competing in the market," New York Times, 검색일: 2020년 10월 22일.

Tilly, Charles. 1978. From Mobilization to Revolution. New York: McGraw-Hill.

Tsebelis, G., and J. Sprague. 1989. "Coercion and Revolution: Variations on a Predator-Prey Model." Mathematical and Computer Modelling 12, 547-560.

Tullock, Gordon. 1974. The Social Dilemma. Fairfax, VA: Center for the Study of Public Choice. George Mason University.

Twitter Safety Blog. Information operations directed at Hong Kong". 2019년 8월 19일. 검색일: 2020년 10월 19일.

Uhlaner, Carole J. 1989. "Rational Turnout: The Neglected Role of Groups." American Journal of Political Science 33.

United Nations. 2005. Global E-government Readiness Report 2005: From E-Government to E-Inclusion. New York: United Nations.

Urista, M. A., Q. Dong & K. D. Day. 2009. "Explaining Why Young Adults Use Myspace and Facebook through Uses and Gratifications Theory." Human Communication 12(2), 215-229.

Verba, Sidney. 1967. "Democratic Participation." The ANNALS of the American Academy of Political and Social Science 373(1), 53-78.

Viktor Mayer-Schönberger, Kenneth Cukier. 2013. Big Data: A Revolution that Will Transform how We Live, Work, and Think. Houghtom Mifflin Harcourt. Boston New York

Wellman, B., AQ Haase, J. Witte, and K. Hampton. 2001. "Does the Internet Increase, Decrease, or Supplement Social Capital? Social Networks, Participation, and Community Commitment." American Behavioral Scientist 45(3), 436-455.

Wellman, Barry and Lee Rainie, 2014: 207. Networked. Boston, MA: The MIT Press.

Wellman, Barry. 2001. “Physical Place and Cyberplace: The Rise Of Personalized Networking.” International Journal of Urban and Regional Research 25(2), 227-252.

Wickham-Crowley, Timothy P. 1997. "Structural Theories of Revolution." In Theorizing Revolutions, ed. John Foran. London: Routledge.

Williams, Betsy Anne, Catherine F. Brooks and Yotam Shmargad. 2018. “How Algorithms Discriminate Based on Data They Lack: Challenges, Solutions, and Policy Implications,” Journal of Information Policy (8): 78-115.

Wong, Brian, 2020년 6월 2일. "Hong Kong student shot by officer during protests last year has applied to drop out of school, court hears". South China Morning Post, 검색일: 2020년 10월 19일.

World Summit on the Information Society, Geneva, 2003년 12월 12일. "Declaration of Principles", WSIS-03/GENEVA/DOC/4-E, 검색일: 2020년 10월 20일.

Wu, Tim. 2020년 10월 22일. “Google, You Can't Buy Your Way Out of This:

Zhang, He. 2011. “Internet-mediated Participation in Public Policy Setting and Its Effect.” IEEE Working Paper.

Zittrain, Jonathan. 2014. “Engineering an Election” (PDF). Harvard Law Review Forum. 127: 335–341.

우리시대 질문총서 9

4차 산업혁명 시대 다중사회의 알고리즘 민주주의
시민 참여와 관여의 새로운 패러다임

초판 인쇄 2021년 2월 15일

초판 발행 2021년 2월 22일

저자 차재권

기획 우리시대 질문총서 제작위원회

간사 장윤서 · 김은진

교정·교열 서선영

디자인·편집 배영미

발행인 차정인

펴낸곳 부산대학교출판문화원

출판등록 제1983-000001호 1983.11.10.

부산광역시 금정구 부산대학로 63번길 2 (우편번호46241)

대표전화 051-510-1932 팩시밀리 051-512-7812

https://press.pusan.ac.kr

ISBN 978 - 89 - 7316 - 696 - 1 (04300)

978 - 89 - 7316 - 650 - 3 (세트)

※ 이 총서는 부산대학교 국립대학육성사업(REN)의 지원으로 제작되었습니다.